知天之所为
知人之所为者
至矣

（《庄子·大宗师》）

How to be Human
A Guided Reading of
Humanities and Social Science Classics

How to Know the Cosmos
A Guided Reading of
Natural Science Classics

武大通识

博雅弘毅

文明以止

成人成才

四通六识

珞珈博雅文库

通识教材系列

融媒体

A Guided Reading of
Humanities and Social Science Classics

人文社科经典导引

（第三版）

主　编　李建中

副主编　高文强　苏德超

WUHAN UNIVERSITY PRESS
武汉大学出版社

图书在版编目(CIP)数据

人文社科经典导引/李建中主编．—3 版.—武汉：武汉大学出版社，2021. 7(2024.9 重印)
(珞珈博雅文库.通识教材系列)
ISBN 978-7-307-22412-4

Ⅰ.人…　Ⅱ.李…　Ⅲ.①人文科学—文集　②社会科学—文集　Ⅳ.C53

中国版本图书馆 CIP 数据核字(2021)第 119169 号

责任编辑：陈　红　沈岑砚　　责任校对：汪欣怡　　版式设计：韩闻锦

出版发行：**武汉大学出版社**　(430072　武昌　珞珈山)
(电子邮箱：cbs22@ whu.edu.cn 网址：www.wdp.com.cn)
印刷：武汉中科兴业印务有限公司
开本：787×1092　1/16　印张：21.25　字数：438 千字　插页：5
版次：2018 年 7 月第 1 版　2019 年 7 月第 2 版
2021 年 7 月第 3 版　2024 年 9 月第 3 版第 6 次印刷
ISBN 978-7-307-22412-4　定价：68.00 元

主编简介

李建中，1955年生，湖北江陵人，武汉大学文学院教授，博士生导师。武汉大学珞珈杰出学者，武汉大学通识教育中心主任。国家“万人计划”教学名师，国务院有突出贡献专家，教育部“马工程”首席专家，国家社科基金重大招标项目首席专家。兼任中国古代文学理论学会副会长，中国《文心雕龙》学会副会长，中国大学通识教育联盟常务理事。

主要从事中国文论及文化的研究与教学，著有《体：中国文论元关键词解诠》《古代文论的诗性空间》《批评文体论纲》等，主编《中国文化：元典与要义》《中国文化概论》《中国传统文化人格》（丛书）等，多次获教育部和湖北省社科优秀成果奖，获国家级和省级教学成果奖。主讲的“人文社科经典导引”获评首批国家级一流（线下）课程；主讲的“中国文化概论”获评首批国家级一流（线上）课程，同名教材获中国大学出版社图书一等奖。

先师孔子行教像，曲阜孔庙石刻，据传原本为唐代吴道子所作

总 序

2015年的“本科教育改革大讨论”确立了武汉大学本科教育的基本理念：人才培养为本，本科教育是根；以成“人”教育统领成“才”教育。在这样一个背景之下，“武大通识3.0”于2016年正式开启。作为一个新的课程体系，“3.0”版本的核心元素是什么？这个核心元素就是《人文社科经典导引》和《自然科学经典导引》(以下简称“两大《导引》”)。因而，两大《导引》的正式出版标志着武汉大学的通识教育进入一个新的历史阶段。

一、两大《导引》的意义

为全校本科生开设两大《导引》课程，这在武汉大学的历史上是开天辟地第一回。武汉大学建校120多年，有过共同的政治课、共同的外语课和共同的体育课，但从未有过共同的通识教育课，而且是以跨学科经典阅读为模式的基础通识课，这将在武汉大学校史上写下浓墨重彩的一笔，必将对武汉大学今后的人才培养产生深远影响，因此毫无疑义具有里程碑意义。

“武大通识3.0”提出了十六字方针，即“博雅弘毅，文明以止，成人成才，四通六识”，并在此基础上构建了“4-2-660”的课程体系，而其中的“2”就是两门基础通识课程(即两大《导引》)。两大《导引》以“人、自然、社会”为关键词，以“如何成人”为问题阈，以“四通六识”为具体目标，集中体现出“3.0”的核心理念，因而构成“武大通识3.0”的核心元素，也是实现十六字方针的重要途径。

两大《导引》作为所有本科生的必修课，已经写进《2018武汉大学本科人才培养方案》。2018级新生品尝的第一道精神大餐就是两大《导引》，这对于他们的博雅弘毅、成人成才意义重大。从中学到大学，是人生最重要的转折期，用哲学家的话说，大一新生必须回答三大终极追问：我是谁？我从哪里来？我到哪里去？因此，两大《导引》首先是对大学生"人生道路"的导引。其次，是对大学生"心灵提升"的导引。大一新生第一次离开父母和家乡，来到陌生的校园，如何与他人、环境和自己相处？如何认知人的天性、理性和悟性？如何养成人的博雅、美感和自由？这些问题，专业教育并不能回答，因此需要通识教育，需要两大《导引》。最后，是对"经典悦读"的导引。从"应试教育"中走出来的中学生，对中外经典的接触大多仅限于教科书。何为经典？为何要读经典？如何阅读经典？阅读经典的意义及乐趣何在？……两大《导引》不仅能提供深邃厚重的理论阐释，而且能提供丰富多彩的课堂实践。

二、学校对两大《导引》高度重视

学校对两大《导引》的建设和实施高度重视。最新版的本科教学培养方案，规定通识教育为 12 个学分，其中两大《导引》课程共 4 个学分，占通识课程总学分的 1/3，可见其地位之重要。学校不仅投入大量经费建设两大《导引》课程，每一门《导引》的课程建设经费达百万元，而且举全校师资之力建设两大《导引》课程。两大《导引》的课程团队约 60 人，来自全校 6 大学部的 20 多个院系，其中有国家"万人计划"教学名师，有"351 人才计划"各个层次的专家，有多次获教学成果奖、业绩奖或竞赛奖的中青年教师。更重要的是，团队全体成员都有共同的人文情怀、博雅理念和奉献精神，已经并将继续为两大《导引》课程的建设尽心尽职，殚精竭虑，努力使武汉大学全体本科生拥有高质量高品位的"共同核心课程"。

三、两大《导引》所面临的挑战

首先是师资的挑战。两大《导引》课程的老师来自不同的专业学院，拥有不同的专业背景和研究方向，如何协调并融通专业课讲授与跨学科经典导引之间的关系，就显得尤为重要。在跨文化、跨语境、跨学科的经典导读之中，需要突破专业教育的束缚及思维惯性，从而在知识结构、学术视野、思维方式和授课方法等不同层面，真正实现由专业教育向博雅教育的创造性转换。

其次是备课的挑战。两大《导引》课程团队的老师均归属于专业院系，各自有着繁重的科研和教学任务。而《导引》的备课任务非常繁重，每门《导引》包括十多部经典，老师要讲解其中的一部经典先须精读多部经典，讲席勒的《审美教育书简》要先读康德，讲《文心雕龙》要先读五经。比如《论法的精神》，孟德斯鸠不仅是在讲法律，而且讲了很多"法律"之外的东西，诸如政治、经济、宗教、社会甚至气候等。因此，在讲授每一部经典时，老师们不仅要对经典本身有着深入的了解，而且要研究经典作者的历史背景、相关的学术前史及成果等，这样才可能抓住每部经典最核心的思想，也才能对学生提供正确的导引。

最后是助教和教室的挑战。两大《导引》将全面实施“大班授课，小班研讨”的教学模式。据初步估算，为满足全校7200多名大一学生的修课需求，两大《导引》每学期要开出近50个课头，需要近300名助教。如何从在读硕、博士研究生中选拔助教，如何对助教进行培训，这是一项艰巨的任务。另外，武汉大学可供研讨的小教室相对偏少，需要本科生院规划和协调。

我一直认为，世界上最好的职业就是教师。教师的职责是培养人，而人的健康成长是社会最大的财富。作为教师，我们能够参与武汉大学发展史上具有如此重要意义的事情，是十分荣幸的。从2018级本科生开始，我们要将通识课程和通识教育理念一直延续下去。我们有理由相信，在两位首席专家的带领下，在课程团队全体教师和助教的努力下，武汉大学的两大《导引》课程会做得越来越好，会成为海内外一流大学通识教育和通识课程的典范。

周叶中

（作者为武汉大学副校长、武汉大学法学院教授；本文根据作者在武汉大学通识教育两大《导引》课程教师培训开班式上的讲话录音整理而成）

序

先讲两个小故事。

一位刚考上武汉大学的新生，平生第一次站在武大牌坊前，仰视牌坊正面“国立武汉大学”六个大字，内心充满自豪：终于如愿以偿！人生将翻开新的一页！他仰首挺胸从牌坊下走过，回头看见“文法理工农医”六个大字，内心陡生几分困惑：我的专业属于哪个字？我为什么要选这个专业？

一位刚被某高校钢铁冶金专业录取的考生，接到大学入学通知书之后去逛新华书店。马上要上大学了，他想买几本专业书读一读，为上大学作一点准备。看见书架上有一本《钢铁是怎样炼成的》，心想这一定是钢铁冶金的专业书，他拿着书就到收银台付款去了。

两个故事均属虚构，可读作寓言，又可分别命名为《牌坊困惑》和《炼钢误读》。“言”之所“寓”，不仅关涉专业教育与通识(博雅)教育的关系，更关涉通识教育的价值与意义。20世纪40年代，有两篇关于通识教育的经典文献(作者分别是大名鼎鼎的钱穆和梅贻琦)，或可视为对“牌坊困惑”和“炼钢误读”的先在性破解。

1940年，曾任教武汉大学的钱穆先生撰写了《改革大学制度议》，对新生入校伊始即各选其科、各受其学的制度提出异议，认为这样做是“各筑垣墙，自为疆境”，其结果是误导学生“治文学者可以不修历史，治历史者可以不知哲学，治哲学者可以不问政治”。武大牌坊背面的六个字，学生只需知道某一个字所属的某一个分支(如“文”之属的或文学或历史或哲学或政治)就可以了。如此以往，莘莘学子无法化解“牌坊困惑”，其“炼钢误读”也就在所难免。钱穆先生忧心忡忡，感叹“国家社会各色各门中坚领袖人物，则仍当于曾受大学教育之学者中求之。生心害事，以各不相通之人物，而相互从事于国家社会共通之事业，几乎而不见其日趋于矛盾冲突，分崩离析，而永无相与以有成之日”①。七十多年后，武汉大学本科教育的培养目标是“国家脊梁，领袖人才”；而大学本科教育若缺乏通识理念、博雅精神和人文情怀，是不可能实现这一目标的。

1941年，清华大学校长梅贻琦撰写了《大学一解》，直陈“通识之授受不足，为今日大学教育之一大通病”，并认为光是讲“通专兼顾”或“通专并重”还远远不够。梅贻琦先生站在“新民”的高度，以一种“社会、人生、事业”的大视野，旗帜鲜明地标举“通识为本，专识为末”“通才为大，专家次之”。本着这一原则，大学给学生以“出身”时，应该坚持“才不通则身不得出”；而社会给毕业生以“资格”时，则应该坚持“无通识之准备者，不能取得参加社会事业之资格”，因为“以无通才为基础之专家临民，其结果不为新民，而为扰民”。故大学教育“重心所寄，应在通而不在专；换言之，即须一反目前重视专科之倾向，方足以语于新民之效”②。一位大学生，在校期间若未能破解“牌坊困惑”和“炼钢误读”，毕业后进入社会究竟是“新民”还是“扰民”，则不难想见。

武汉大学是百年老校，改革开放以来推行通识教育已有三十多年的历史，先后经历了“开创期(1.0版本)”、“成长期(2.0版本)”和“新变期(3.0版本)”三个阶段，在长期的理论探索和教学实践过程中，逐步形成了具有武大特色的本科教育文化和通识教育文化。本科教育文化是“以成‘人’教育统领成‘才’教育”，通识教育文化是“博雅弘毅，文明以止，成人成才，四通六识”；二者共通的核心理念是“成‘人’”，共通的关键词是“人”。而作为“武大通识3.0”核心元素之一的《人文社科经典导引》(以下简称《导引》)，其课程关键词理所当然也是“人”。

早在人类的轴心期时代，古希腊神话有斯芬克斯之谜，古华夏易乾有天地人三才之卦，其共同指向是关于“人”的终极追问。从形而上层面论，人之所以为人，就在于人具有关于“人”的身份认知、历史回忆和未来想象的自觉意识及探索能力。这种意识和能力在人类漫长的历史进程中，以经典的方式留存、传播和通变。因此，以“人”为第一关键词的武汉大学通识教育，其时间和逻辑的起点，必然也必须是经典阅读。这一点，正是我们为大一新生设立通识教育基础必修课两大《导引》(《人文社科经典导引》与《自然科学经典导引》)的合法性依据与价值论支撑。何为“人”？何以成“人”？成为何“人”？这些问题，武大牌坊背面“文法理工农医”之中任何一个专业都无法单独回答。因此，就大学本科教育而言，“专业教育”之前、之中和之后均需要“通识(或博雅)教育”；就大学通识教育而言，

① 钱穆：《改革大学制度议》，原载《大公报》1940年12月1日，见钱穆：《文化与教育》，生活·读书·新知三联书店2009年版，第62~63页。

② 梅贻琦：《大学一解》，载《清华学报》1941年第1期。

“核心(和一般)课程”之前需要“基础课程”，这门《导引》课程即属于基础通识课。

作为一门基础通识课，《导引》旨在对大一同学进行启蒙性质的通识教育，打开学生视野，激发学生兴趣，培养学生博雅品味，养成学生君子人格，并为后面三年的核心及一般通识课程的学习打下良好基础。而从课程问题阈这一更深的层面论，《导引》所精选的12部中外伟大著作，从不同角度切入一个共通的主旨：何以成“人”。6部中国经典，既融通儒道释，又覆盖文史哲，其核心问题是人的仁爱、感悟与超越。6部西方经典，从古希腊、古罗马，到文艺复兴、启蒙运动，其核心问题是人的自由、理性与审美。而中西人文社科经典的会通之处，则是引导大一学生如何成为合格公民和博雅君子。

围绕着“人”这一课程关键词和“如何成人”这一问题阈，《导引》的课程内容和课程目标，可以用《周易·贲卦·彖传》的“观乎人文，以化成天下”来表述。引导学生阅读中外人文社科经典的过程，就是一个“观乎人文”的过程；而“观”所要达成的目标，则是“化成天下”。《导引》所选12部中外经典，以关键词“人”为核心，可凝练为4项理论命题，并呈现为4大课程板块及12个课程单元：

1.《论语》《庄子》与《坛经》，人的仁性、天性与悟性。

2.《史记》《文心》与《红楼》，人的使命、博雅与爱恨。

3.《历史》《斐多》与《书简》，人的历史、生命与审美。

4.《精神》《国富》与《正义》，人的自由、理性与正义。

就课堂方法而言，大学专业教育是以“教”为主，可称之为“教师主体”；而通识教育应该是“教”与“学”并重，可称之为“双重主体”即教师与学生互为主体，借用现象学的术语表达就是“交互主体”。

《导引》的讲授模式是“大班授课，小班研讨”，“大班授课”以教师为主体，而“小班研讨”以学生为主体，二者你中有我、我中有你，将教学活动中“学生主体”提升到与“教师主体”同等重要的位置，形成“交互主体”，激发学生的积极性和创造性，提高学生的语言表达能力和团队合作能力。首先，“大班授课”看上去是以教师为主体，但在教师导读某一部经典之前，学生是否认真阅读了这部经典，是否认真思考了相关问题，在某种程度上决定了教师导读的效果。同样的道理，“小班研讨”看上去是以学生为主体，但是教师为每一次研讨所精心设计的思考题，以及教师(包括助教)所做的大量的组织工作和细心的个别辅导，又在某种程度上决定了小班研讨能否成功。

说到底，交互主体与“人”这个关键词密切相关。孔子讲“仁者人也”(《礼记·中庸》)。从某种意义上讲，“仁”也可以用来表述人际关系的和谐、友善和真诚。《导引》从课程内容上讲是以“人”为关键词，从课堂形式上讲也是以“人”为关键词：二者共同地通向“何以成人”和“人文化成”这一目标。

在武汉大学，两大《导引》均为基础通识必修课(通识课程)；“大班授课”、“小班研讨”则是对这两门通识课程的课堂设计(通识课堂)；学校对这两门通识课程非常重视，制定了相关的政策并配备了相应的才力与财力(通识管理)。无论是“通识课程”“通识课堂”还是“通识管理”，从根本上说都是一种文化，即“通识文化”：四者整体性地构成“武大通识 3.0”的核心内涵。

就与两大《导引》相关的“通识文化”建设而言，我们的工作已经在四个层面立体推进。一是“通识教育大讲堂”，邀请海内外知名学者到武汉大学樱顶老图书馆讲经典，所选经典与两大《导引》密切相关；二是“教师团队集体备课”，两大《导引》教学团队堪称世上最大的课程组，200 多位教师分成两个大组定期研讨，拥有不同学术背景和科研专长的老师在一起切磋琢磨，为同学们精心烹调精神食粮；三是“珞珈博雅沙龙”，以悦读经典为主旨，一次一部经典，由导引课主讲教师主持，师生同读经典，同题研讨；四是“《武大通识教育》公众微信号”，特辟“通识文化”专栏，推介中外通识经典，同时推出与两大《导引》课程相关的武大本科同学的习作。

《人文社科经典导引》选了《庄子》的《逍遥游》，而《逍遥游》中的“鲲鹏”在珞珈山上与“武大校友”同义。珞珈学子在接受了包括两大《导引》在内的大学教育之后，破解“炼钢误读”，走出“牌坊困惑”，“海运将徙于南冥，南冥者，天池也”。

是为序。

李建中

目　录

甲编　“人”的仁性、天性与悟性

第一章　《论语》与仁性 …… 3
第二章　《庄子》与天性 …… 28
第三章　《坛经》与悟性 …… 53

乙编　“人”的使命、博雅与爱恨

第四章　《史记》与使命 …… 77
第五章　《文心雕龙》与博雅 …… 100
第六章　《红楼梦》与爱恨 …… 118

丙编　“人”的历史、生命与审美

第七章　《历史》与历史 …… 135
第八章　《斐多》与生命 …… 169
第九章　《审美教育书简》与审美 …… 217

丁编　“人”的自由、理性与正义

第十章　《论法的精神》与自由 …… 249
第十一章　《国富论》与理性 …… 266
第十二章　《正义论》与正义 …… 293

后记 …… 322

第二版后记 ………………………………………………………………………… 325

第三版后记 ………………………………………………………………………… 327

甲　编

“人”的仁性、天性与悟性

第一章
《论语》与仁性

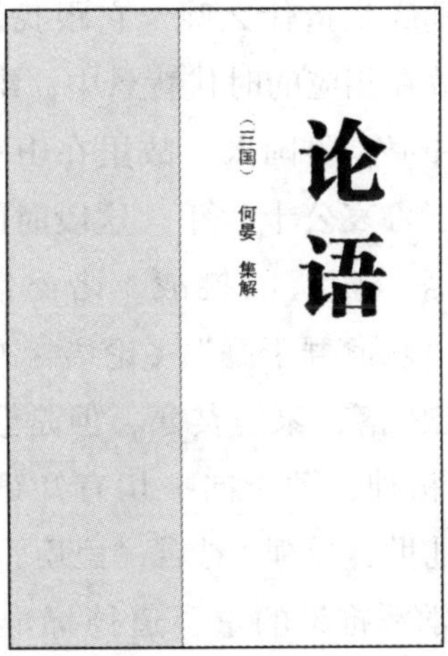

孔子(公元前551年—公元前479年)，名丘，字仲尼，春秋末期鲁国人。孔子生活的年代礼崩乐坏，他却选择积极入世。仕鲁受挫便周游列国，即便退修诗书、授徒讲学也仍然在努力作为儒家学派的开创者，他整理和传授的“六经”(《诗》《书》《礼》《乐》《易》《春秋》)，既是儒家学派的经典，也构成了中华文明的内核。文献载孔子的言行被弟子们以笔记的形式记录在《论语》之中。流传到今天的《论语》包括二十篇，是在东汉末年郑玄注本的基础上形成的。了解孔子的思想，《论语》是最重要的资料。

【大班导引】

提到“仁”，大家可能会想到“仁爱”“仁善”“仁慈”等相关概念。仁性属于道德范畴，指人与人之间的友爱、互助、同情，以及设身处地为他人着想的能力和行为。每个人都生活在与他人的联系之中，具有各种社会身份。在家要面对亲子关系，上学要面对师生、同学及室友关系，工作要面对同事及上下级关系等。维持良好的人际关系，对正常、愉快的生活和工作，有着重要的作用。而建立和维持良好人际关系的办法，就是遵守道德行为规范，包括尊敬师长、爱护同学、助人为乐、遵纪守法等，在保证自己基本、合理的要求的同时，不要妨碍和伤害别人。具体的道德标准会随着时代发展而变化，而“仁”则是2000多年前孔子所倡导的重要道德标准之一。

孔子说的“仁”到底是指什么呢？它跟我们今天的道德标准有哪些异同？回答这个问题，需要把《论语》放在相应的时代背景中，结合孔子的人生经历去阅读和体会。

孔子名丘，字仲尼，鲁国人，故里在山东曲阜。据《史记·孔子世家》，孔子生于鲁襄公二十二年，卒于鲁哀公十六年。这段时间正是礼崩乐坏的春秋末期，西周建立的礼乐宗法制度受到了各个阶层的挑战。诸侯僭越天子，大夫僭越诸侯。“陪臣执国命”（《论语·季氏》），“八佾舞于庭”（《论语·八佾》）说的就是这种情况。孔子是殷商贵族的后裔，① 虽然家道中落，家境贫寒，但是勤奋好学的孔子却以“三人行，必有我师焉”（《论语·述而》）的精神，勤于向一切有知识的人学习，最终掌握了周公礼乐之制，并想以此改造眼前的乱世，重建“君君，臣臣，父父，子子”（《论语·颜渊》）的安定社会。而“仁”这一被儒家学派推崇的重要道德标准，就贯穿于礼乐社会重建的每一个步骤之中，是孔子和孔门弟子的行为准则。虽说“礼”是最终目标，“仁”这一道德要求却是必不可少的。据杨伯峻先生统计，《论语》中讲到“礼”有75次，而讲到“仁”则有109次②。由此看来，孔子认为“仁”才是“礼”的核心，礼制需要建筑在仁道的基础之上。

文献载孔子“述而不作”，除了整理“六经”以外，并没有给人们留下自己的作品。他的言行思想是借由门人弟子的记录流传下来的。这一点与苏格拉底类似，然而详略却存在很大的不同。关于孔子的记载有很多，除了大家最熟悉的《论语》以外，还有《礼记》《韩诗外传》《庄子》等。汉代独尊儒术以后，相关的传述就更多了。这当然是由于儒家独尊的地位，但是如果你读过司马迁对孔子的追述，了解了这位“至圣先师”坎坷却永不停步的一生，一定不难察觉字面背后的那个执着、坚韧的灵魂的巨大吸引力。而在

---

① 杨伯峻：《论语译注》，中华书局2009年第3版，第1页。
② 杨伯峻：《论语译注》，中华书局2009年第3版，第16页。

这些流传数千年的纷繁复杂的“孔子史料”中，《论语》一直以来都被认为是最为可靠的。

据《汉书·艺文志》记载，“《论语》者，孔子应答弟子、时人及弟子相与言而接闻于夫子之语也。当时弟子各有所记。夫子既卒，门人相与辑而论纂，故谓之《论语》”。《论语》的成书时间一般认为是战国时期，在其后的流传中，形成了不同版本。汉初有《齐论语》《鲁论语》和古文《论语》三个版本。三个版本的主要内容大致相同，但篇章顺序有别，用字也有差异。西汉中期的安昌侯张禹以《鲁论语》为基础，将齐、鲁二本合并在一起，成为二十篇的《张侯论》。东汉末年郑玄在此基础上，结合齐、古二本为之做注，成为通行的本子。我们今天看到的《论语》，就由此而来。① 今本《论语》包括二十篇，依次是：《学而》第一、《为政》第二、《八佾》第三、《里仁》第四、《公冶长》第五、《雍也》第六、《述而》第七、《泰伯》第八、《子罕》第九、《乡党》第十、《先进》第十一、《颜渊》第十二、《子路》第十三、《宪问》第十四、《卫灵公》第十五、《季氏》第十六、《阳货》第十七、《微子》第十八、《子张》第十九、《尧曰》第二十。每篇由若干段对话组成，每一段就是一章。篇名一般取第一章的前两个字或所论主题而成。

《论语》中的“仁”，是“爱人”，“己所不欲，勿施于人”(《论语·颜渊》)，“己欲立而立人，己欲达而达人”(《论语·雍也》)。用今天的话说，就是尊重自己，也尊重别人，是严以律己，也是宽以待人。然而这些都还不是“仁”的全部。孔子的“仁”也是“修己以安人”(《论语·宪问》)，首先依据礼乐文化和高尚的道德完善自己，其次还要通过对一国领导者的干预和影响，实施到全国，乃至天下。一言以蔽之，孔子的“仁”并不仅仅是一种道德准则，既要有仁之德，也要有仁之功。

这样的“仁”是很难达到的。孟武伯曾经问孔子，他的优秀弟子仲由、冉求、公西赤算不算仁人。孔子的回答是：“由也，千乘之国，可使治其赋也。不知其仁也”，“求也，千室之邑，百乘之家，可使为之宰也。不知其仁也”，“赤也，束带立于朝，可使与宾客言也。不知其仁也”(《论语·公冶长》)。显然，对于孔子来说，仅仅熟知礼乐制度，能够从政，还远远达不到“仁”的要求。据李零先生统计，整部《论语》中被孔子认为符合“仁”这一标准的，只有微子、箕子、比干、伯夷、叔齐、管仲六位。② 其中，最能代表孔子心目中“仁人”标准的，应该就是管仲了。管仲其人，若以纯粹的道德标准来衡量，恐怕不得不说他是有瑕疵的，然而孔子却说他辅佐齐桓公“九合诸侯，一匡天下”，做出了非常了不起的事业，是一位地地道道的“仁人”。这一评价就是出于对“仁之功”的考量。至于孔子自己，他说“若圣与仁，则吾岂敢”(《论语·述而》)，认为自己远未达到这样的标准，原因多半在于孔子的仕途并不顺利。在那样一个礼崩乐坏的年代，诸侯、大夫、家臣们日思夜

① 其他三个版本全部失传。2015 年度全国十大考古发现之一的江西南昌西汉海昏侯墓葬中出土了《齐论语》，这对于认识汉代《论语》版本的差异等问题有重要意义。

② 李零：《丧家狗——我读〈论语〉》，山西人民出版社 2007 年版，第 345 页。

想的是如何成为强者，让他人臣服，又怎么会按照孔子设想的那样重建礼乐、屈身于他人之下呢？不论孔子去齐国（“吾老矣，不能用也。”《论语·微子》齐景公语），还是在鲁国（“齐人归女乐，季桓子受之，三日不朝，孔子行。”《论语·微子》）以及后来的周游列国，他都几乎一无所获。从上博楚简《季康子问于孔子》等相关篇章来看，孔子晚年归鲁以后，虽然德高望重，但在国是的决策上，他的主张却往往得不到重视。虽然有一腔治世的理想，却始终缺乏实现的机会。

那是不是意味着可以放弃对“仁”的追求了呢？虽然孔子的确说过“道不行，乘桴浮于海”（《论语·公冶长》）之类的气话，他的去鲁却仍然是在寻找一个可以施展才能的岗位，并不只是不管不顾地“浮于海”。周游列国，困难重重，《庄子·秋水》记“孔子游于匡，宋人围之数帀，而弦歌不惙”。礼乐就是他用来对抗“礼崩乐坏”的武器。这种“知其不可而为之”饱含着打动人心的力量。在这种悲壮的理想主义衬托下，故事的结局反而显得不那么重要了。至于“三军可夺帅也，匹夫不可夺志也”（《论语·子罕》），又是多么有力量的话语，即使敌人再强大，也不能动摇生命个体对于理想的追寻。

自始至终，“仁”都是孔子用来要求自己，教导学生的核心内容之一，贯穿于他与弟子不同时期的对话之中。樊迟问仁，孔子说：“先难而后获，可谓仁矣。”（《论语·雍也》）颜渊问仁，孔子答：“克己复礼为仁。”仲弓问仁，子曰：“出门如见大宾，使民如承大祭。己所不欲，勿施于人。在邦无怨，在家无怨。”（《论语·颜渊》）这些不同的答案，既是出于因材施教的需要，又是“仁”丰富的内涵在某一个方面的具体表现。

对于“不仁”的行为和思想，孔子往往毫不留情地予以批评。“人而不仁，如礼何？人而不仁，如乐何？”（《论语·八佾》）“巧言令色，鲜矣仁！”（《论语·学而》）可见，“仁”是礼乐的根本。而只会做表面文章，表里不一的人，是不“仁”的。对那些追求以仁为本的弟子，孔子鼓励有加。“志于道，据于德，依于仁，游于艺”，“仁远乎哉？我欲仁，斯仁至矣。”（《论语·述而》）孔子弟子三千，贤人七十二。《史记·儒林列传》载“自孔子卒后，七十子之徒散游诸侯，大者为师傅卿相，小者友教士大夫，或隐而不见。故子路居卫，子张居陈，澹台子羽居楚，子夏居西河，子贡终于齐。如田子方、段干木、吴起、禽滑厘之属，皆受业于子夏之伦，为王者师。”他们都是孔子仁道的继承人和践行者。

本章围绕“仁”这一核心关键词节选《论语》相关的篇章供大家阅读和研讨。《论语》是对话体，结构比较松散，但若能结合时代背景、孔子的人生经历，以及孔门弟子的性格特点来读，就会发现非常有趣。说到底，《论语》是孔子和弟子之间关于人生、理想以及当时所面对的种种问题的讨论。书中的对话非常真诚，嬉笑怒骂有之，悲痛扼腕有之。至于书中真实的、活着的孔子，与后世被供奉的“大成至圣先师”“万世师表”的“孔圣人”究竟有什么不同，就留待大家在阅读和研讨中去发现吧。

【经典悦读】

《论语》(节选)

学而第一

1.2① 有子②曰："其为人也孝弟而好犯上者，鲜矣。不好犯上而好作乱者，未之有也。君子务本，本立而道生。孝弟也者，其为仁之本与？"

【今译】

有子说："孝顺父母、友爱兄弟，却喜欢触犯上级的人，是很少的。不爱触犯上级却爱作乱的人，是没有的。君子应专心致力于最基础的工作，基础树立好了，道就会自然产生。孝悌，应该就是实行仁的基础吧。"

1.3 子曰："巧言令③色，鲜矣仁。"④

【今译】

孔子说："花言巧语、媚脸相迎的人，是很少有仁德的。"

1.6 子曰："弟子入则孝，出则弟，谨而信，泛爱众而亲仁。行有余力，则以学文。"

【今译】

孔子说："学生们在家应该孝顺父母，出门要尊敬长上，说话、做事都要谨慎诚实，博爱众人，并亲近仁人。这些做到了还有力量的话，就要好好学习文化知识。"

八佾第三

3.1 孔子谓季氏⑤："八佾⑥舞于庭，是可忍⑦也，孰不可忍也！"

---

① 这里的序号表示该章节在《论语》中的篇号和章号。比如"1.2"就是《论语》第1篇《学而》的第2章。

② 有子：有若(公元前508年—？或公元前518年—？)，字子有，鲁人，小孔子43岁(或33岁)，是孔子的第三批学生，长得和孔子比较像。这条记载称他为"有子"，可能是他的学生所记。有关孔门弟子的情况均参考李零：《丧家狗——我读〈论语〉》导读二《孔门弟子及其他》，山西人民出版社2007年版，第16~27页。下不出注。

③ 令：善、美好的样子。

④ 此章内容又见《论语》17.17。本章批评虚伪者将不满情绪隐藏起来，表面上装得很和善。

⑤ 季氏：鲁国大夫，执政大臣。

⑥ 八佾：古代的乐舞，八人为一行，一行为一"佾"。"八佾"是八行，六十四人的"群舞"，按照礼制，只有天子可以享用。诸侯用六佾，大夫用四佾。季氏是大夫，按照礼制，只能享受四佾。

⑦ 杨伯峻先生把"忍"理解为狠心，"是可忍也，孰不可忍也"的意思是"这都可以狠心做出来，什么事不可以狠心做出来呢？"参见《论语译注》，中华书局2009年第3版，第23页。

【今译】

孔子说季氏：“竟然享用八佾乐舞，如果这都可以忍受的话，还有什么不能忍受？”

3.3 子曰：“人而不仁，如礼何？人而不仁，如乐何？”①

【今译】

孔子说：“做人如果不仁爱，将如何对待礼？做人如果不仁爱，将如何对待乐？”

里仁第四

4.1 子曰：“里②仁为美。择不处仁，焉得知(智)？”

【今译】

孔子说：“住的地方要邻近仁人才好。不主动选择接近仁人，又怎么能叫作明智呢？”

4.2 子曰：“不仁者，不可以久处约③，不可以长处乐。仁者安仁，知(智)者利仁。”

【今译】

孔子说：“没有仁德的人，不能长期安于穷困，不能长期处于安乐。有仁德的人在为仁中获得内心的安宁，聪明的人在为仁中获得好处。”

4.3 子曰：“唯仁者能好人，能恶人。”

【今译】

孔子说：“只有仁人能喜爱某人，厌恶某人。”④

4.4 子曰：“苟志于仁矣，无恶也。”

【今译】

孔子说：“如果立志实行仁德，就不会有邪恶。”

4.5 子曰：“富与贵，是人之所欲也，不以其道得之，不处也。贫与贱，是人之所恶

① “仁”是礼乐制度的根本，如果没有“仁”，礼乐制度就只剩下一个毫无意义的空壳了。

② 里：居住。

③ 约：穷困。

④ 孔子的意思是，只有仁人能够对人做出正确的评价。

也，(不)①以其道得之，不去也。君子去仁，恶乎成名？君子无终食②之间违仁，造次③必于是④，颠沛必于是。”

【今译】

孔子说：“富贵，是人人都想要的。不用正当的方式得到，君子是不接受的。贫贱，是人人都讨厌的。如果因为遵循仁道而导致贫贱，君子是不会逃避的。君子如果没有仁德，又怎么成就君子之名？君子一顿饭的工夫也不愿意离开仁德，匆忙时要遵循仁德，颠沛流离时要遵循仁德。”

4.6 子曰：“我未见好仁者，恶不仁者。好仁者无以尚之，恶不仁者其为仁矣，不使不仁者加乎其身。有能一日用其力于仁矣乎，我未见力不足者。盖有之矣，我未之见也。”⑤

【今译】

孔子说：“我没见过喜爱仁德的人，也没见过憎恶不仁的人。喜爱仁德的人，再好也不过了。憎恶不仁的人，如果行仁德，可以让那些不仁的东西不要施加在自己身上。可现在有哪怕用一天的力气去实行仁德的人吗？我从未见过因为力量不够而不能实践仁德的人。这样的人可能有吧，但我从未见过。”

公冶长第五

5.5 或曰：“雍⑥也仁而不佞⑦。”子曰：“焉用佞？御人以口给⑧，屡憎于人。不知其仁⑨，焉用佞？”

【今译】

有人说：“冉雍有仁德，却不能言善辩。”孔子说：“为什么要能言善辩呢？没完没了地与人争辩，常常被人讨厌。我不知道冉雍有没有仁德，但为什么一定要能言善辩呢？”

5.7 子曰：“道不行，乘桴浮于海。从我者，其由与！”子路闻之喜。子曰：“由也好

① 李零引孙钦善意见认为，这个“不”字是衍文，正确的原文应为“以其道得之”。
② 终食：一顿饭的工夫，时间很短。
③ 造次：匆忙。
④ 是：仁德。
⑤ 为仁其实并不难，只要认准了目标，努力去做就可以了。但孔子生活的那个时代，却几乎没有一个人这样做。
⑥ 雍：冉雍，字仲弓。
⑦ 佞：能言善辩，有口才。
⑧ 口给：说话滔滔不绝，没完没了。给，足也。
⑨ 虽然仲弓是个道德高尚的老实人，但在孔子看来，还远达不到“仁”的标准。

勇过我，无所取材。”

【今译】

孔子说：“我的主张如果行不通，我就坐个小船出海漂游去。到时候还跟着我的，大概就是仲由了吧！”子路听了很高兴。孔子说：“仲由好勇超过了我，没什么可取的。”

5.8 孟武伯①问：“子路②仁乎？”子曰：“不知也。”又问。子曰：“由也，千乘之国③，可使治其赋④也。不知其仁也。”

“求⑤也何如？”子曰：“求也，千室之邑⑥，百乘之家⑦，可使为之宰⑧也。不知其仁也。”

“赤⑨也何如？”子曰：“赤也，束带立于朝，可使与宾客言也。不知其仁也。”⑩

【今译】

孟武伯问：“子路是仁人吗？”孔子说：“不知道。”孟武伯又追问。孔子说：“仲由这个人，可以去大国管理军用物资，掌管兵役。至于他算不算仁人，我就不知道了。”

孟武伯继续问：“冉求怎么样呢？”孔子说：“冉求嘛，一千户人家的公邑、(拥有百辆兵车的)大夫的私邑，都可以让他去掌管。至于他算不算仁人，我就不知道了。”

“公西赤怎么样呢？”孔子说：“公西赤呀，他可以穿好朝服在朝堂之上跟宾客交流。至于他算不算仁人，我就不知道了。”

5.19 子张问曰：“令尹子文⑪三仕为令尹，无喜色；三已⑫之，无愠色。旧令尹之政，必以告新令尹。何如？”子曰：“忠矣。”曰：“仁矣乎？”曰：“未知。焉得仁？”

---

① 孟武伯：鲁国“三桓”中的孟氏，是孟懿子的儿子。

② 仲由(公元前542年—公元前480年)：字子路或季路，鲁人，小孔子9岁，是孔门第一批学生，“十哲”中“政事”科的代表，曾任季桓子宰，后死于卫国内乱。为人耿直、忠义，但较冲动。虽然常挨孔子骂，实际上却与孔子的感情很深厚，更像是无话不说的朋友。孔子周游列国，其始终随侍左右。

③ 千乘(shèng)之国：拥有一千辆兵车的大国。

④ 赋：军赋，包括征伐粮草、车马、兵甲和兵役等。

⑤ 冉求(公元前522年—?)：字子有，鲁人，小孔子29岁，是孔门第二批学生，“十哲”中“政事”科的代表，公元前492年接替冉雍作季康子宰。

⑥ 邑：诸侯势力范围内的公邑。

⑦ 家：卿大夫获封的采邑，属于私邑。

⑧ 宰：古代城邑的长官和大夫家的总管。

⑨ 公西赤(公元前509年—?)：字子华，鲁人，小孔子42岁。三人中年龄最小。好礼，有外交才能。《论语·先进》记载孔子问他志向，公西赤说：“宗庙之事如会同，端章甫，愿为小相焉。”

⑩ 这三位弟子各有所长，但在孔子看来，都算不上“仁”。

⑪ 令尹：楚国的宰相。令尹子文即斗谷(gòu)於(wū)菟(tú)，字子文。生活的年代早于孔子。他三次被任命为令尹，又三次被解职。

⑫ 已：罢免。

"崔子①弑②齐君，陈文子③有马十乘④，弃而违之。至于他邦，则曰：'犹吾大夫崔子也。'违之。之一邦，则又曰：'犹吾大夫崔子也。'违之。何如？"子曰："清矣。"曰："仁矣乎？"曰："未知。焉得仁？"

【今译】

子张问："楚国的令尹子文三次被任命为令尹，没有得意的样子。被罢免了三次，也没有怨恨的样子。还把原来做令尹时的政令，全部告诉接替他的人。这个人怎么样？"孔子说："很忠诚。"子张又问："算有仁德吗？"孔子说："不知道。这怎么能算有仁德呢？"

子张又问："崔杼杀掉了齐庄公，陈文子本有四十匹马，却毅然抛弃家产，离开齐国。到了别国，却说：'这里的执政者就像我们的崔大夫一样坏。'于是离开。又到了一个国家，说：'这里的执政者就像我们的崔大夫一样坏。'再次离开。这个人怎么样？"孔子说："很清廉、高尚。"子张又问："他算有仁德吗？"孔子说："不知道。这怎么能算有仁德呢？"

雍也第六

6.3　哀公问："弟子孰为好学？"孔子对曰："有颜回者好学，不迁怒，不贰过。不幸短命死矣！今也则亡，未闻好学者也。"

【今译】

鲁哀公问："弟子中谁好学？"孔子回答："有个叫颜回的学生最好学，不拿别人撒气，同样的错误绝不会犯两次。但不幸死得早！现在就没有了，没听说过谁好学。"

6.11　子曰："贤哉，回也！一箪食，一瓢饮，在陋巷，人不堪其忧，回也不改其乐。贤哉，回也！"

【今译】

孔子说："颜回真是贤人呀！一竹筐饭，一瓢水，住在狭小的巷子里，别人都受不了那样的贫穷，颜回却依然那样快乐。颜回真是贤人呀！"

6.12　冉求曰："非不说子之道，力不足也。"子曰："力不足者，中道而废。今女画⑤。"

---

① 崔子：齐大夫崔杼。
② 弑：《说文解字》："弑，臣杀君也。"
③ 陈文子：齐国的大夫，名须无。
④ 一车四马叫一乘。
⑤ 画：止也（何晏注《论语》）。

【今译】

冉求说："不是我不认同您的主张，是我能力不够，所以没法按您说的办。"孔子说："能力真的不足的人，走到一半才走不动。你现在是故意止步不前。"

6.20 子曰："知之者不如好之者，好之者不如乐之者。"

【今译】

孔子说："(对于任何学问或事业都是)懂得的人不如真正喜欢它的人，喜欢它的人又不如以之为乐的人。"

6.22 樊迟①问知(智)②。子曰："务③民之义，敬鬼神而远之，可谓知(智)矣。"

问仁。曰："先难而后获，可谓仁矣。"④

【今译】

樊迟问孔子怎么做才能算有智慧。孔子说："尽力让人民的行为符合'义'，对待鬼神要保持敬意，但不可以太接近，就可以算有智慧了。"

又问怎么做才能算有仁德。孔子说："先做困难的事情，付出努力，然后才考虑收获，就是有仁德了。"

6.23 子曰："知(智)者乐水，仁者乐山。知(智)者动，仁者静；知(智)者乐，仁者寿。"⑤

【今译】

孔子说："智者喜欢水，仁者喜欢山。智者爱动，仁者爱静。智者快乐，仁者长寿。"

6.30 子贡⑥曰："如有博施于民而能济⑦众，何如？可谓仁乎？"子曰："何事于仁，

---

① 樊须(公元前515年—?)：字子迟，齐人(一说鲁人)，比孔子小36岁，是孔子周游列国时所招收的，属于孔子第三批学生，喜欢种田。

② 古书多用"知"表示"智慧"的"智"。

③ 务：专力从事。

④ 杨伯峻先生指出，《颜渊篇》中又有一段孔子答樊迟的话"先事后得，非崇德欤"，与这里的"先难而后获，可谓仁矣"是一个意思。孔子这样说，可能是因为樊迟有坐享其成的想法。《论语译注》，中华书局2009年第3版，第128页。

⑤ 李零先生认为，山性静，象征孔子曾说过的"仁者安仁"。"仁者安仁"可以长久，故曰"寿"。水性动，象征孔子说的"智者利仁"，可以悦人，故曰"乐"。参见李零：《丧家狗——我读〈论语〉》，山西人民出版社2007年版，第137页。

⑥ 端木赐(公元前520年—?)：字子贡，卫人，比孔子小31岁，孔子自齐返鲁后招收的学生，也是孔子第二批学生。属于孔门"十哲"中的"言语"科，是孔子晚年最重要的弟子。

⑦ 济：救助、拯救。"知周乎万物，而道济天下，故不过。"(《周易·系辞上传》)

必也圣乎！尧舜其犹病①诸！夫仁者，己欲立而立人，己欲达而达②人。能近取譬③，可谓仁之方④也已⑤。”

【今译】

子贡说：“如果有人能广泛地给人民利益、救助众人，怎么样？能称得上‘仁’吗？”孔子说：“哪里仅仅是‘仁’，这就是‘圣’啊！恐怕就连尧舜都做不到呢！仁者，自己要站得住，也要让别人站得住，自己要达成目标，也要让别人达成目标。通过从实际情况中选择合适的例子让别人明白，一步一步去做，就可以说是实践仁道的方法了。”

述而第七

7.6 子曰：“志于道，据于德，依于仁，游于艺。”

【今译】

孔子说：“要以道为目标，以德为根据，以仁为原则，游心于礼、乐、射、御、书、数之中。”

7.11 子谓颜渊曰：“用之则行，舍之则藏，唯我与尔有是夫。”

子路曰：“子行三军，则谁与？”

子曰：“暴虎冯河⑥，死而无悔者，吾不与也。必也临事而惧，好谋而成者也。”

【今译】

孔子对颜渊说：“如果有人任用，就为他做事，发挥才干；如果没人任用，就隐藏起来。能这样做的，大概只有我和你吧。”

子路说：“您如果统领三军，要带着谁一起？”

孔子说：“徒手就和老虎搏斗，徒步过河不坐船，死了都不知道后悔的冒失鬼，我才不要和他一起打仗。我一定会找那些面临大事小心谨慎，擅长谋略能够成功的人。”

7.14 子在齐闻《韶》⑦，三月不知肉味。曰：“不图为乐之至于斯也。”

【今译】

孔子在齐国听到了《韶》乐后，吃肉都不觉得香。说道：“真没想到音乐居然可以美妙到这

① 病：心有所不足也。参见程树德：《论语集释》(二)，中华书局 1990 年版，第 427 页。

② “立”和“达”都是比较抽象的概念，可以有多种理解。比如“达”可以理解为“通达”“显达”等。

③ 譬：譬喻，用举例子、打比方的方法让别人明白。

④ 方：方式和方法。

⑤ 只有自己明白和实践仁道还不够，还要让别人明白和实践。“仁”不是自己的事，还关乎他人。保持个人的高尚道德还远远达不到“仁”的标准。这一段话很重要，让我们知道了“仁”和“圣”的区别。

⑥ 冯(píng)河：《尔雅·释训》：“冯河，徒涉也。”

⑦ 韶：《说文·音部》：“虞舜乐也。”《尚书·益稷》：“箫韶九成，凤皇来仪。”

种境界。"

7.15 冉有[①]曰："夫子为[②]卫君[③]乎？"子贡曰："诺，吾将问之。"

入曰："伯夷、叔齐[④]，何人也？"曰："古之贤人也。"曰："怨乎？"曰："求仁而得仁，又何怨？"

出，曰："夫子不为也。"

【今译】

冉有问："老师会帮助卫君吗？"子贡说："哦，我去问问吧。"

子贡进门问孔子："伯夷、叔齐是什么人？"孔子说："古时候的贤人。"又问："他们有怨悔吗？"孔子说："他们追求仁德，得到了仁德，有什么可怨悔的？"

子贡出门对冉有说："老师是不会帮助卫君的。"

7.16 子曰："饭疏食，饮水，曲肱而枕之，乐亦在其中矣。不义而富且贵，于我如浮云。"

【今译】

孔子说："吃粗粮，喝冷水，胳膊肘一弯当枕头，（虽然贫苦）也有乐趣。靠做坏事而得到的富贵，就像天上的浮云，我一点儿也不想要。"

7.20 子曰："我非生而知之者，好古，敏以求之者也。"

【今译】

孔子说："我并不是生来就什么都知道的天才，只不过是个爱好古代文化，勤奋求学的人罢了。"

7.22 子曰："三人行，必有我师焉。择其善者而从之，其不善者而改之。"

【今译】

孔子说："三个人一起走，其中一定有可以做我老师的人。选择他的长处来学习，而他的

---

① 冉有：冉求。

② 为：帮助，读四声。

③ 卫君：卫出公辄，卫灵公之孙，太子蒯聩之子。太子蒯聩得罪了卫灵公的夫人南子，逃到晋国。灵公死后，立辄为君，是卫出公。晋国的赵简子又把蒯聩送回，借以侵略卫国。卫国拒绝蒯聩回国，并抵御晋兵。可参杨伯峻：《论语译注》，中华书局2009年第3版，第69页。

④ 伯夷、叔齐：商末孤竹君的儿子。相传其父遗命要立次子叔齐为继承人。孤竹君死后，叔齐让位给伯夷，伯夷不受，叔齐也不愿登位，先后都逃走。武王灭商后，他们耻食周粟，饿死于首阳山。兄弟相让的故事与卫国现下的父子相争正好形成一个鲜明的对比。子贡没有直接问孔子是否会帮助新立的卫出公与其父争位，而是通过试探孔子对伯夷、叔齐的看法，判断出了孔子的想法。

缺点我会对照自己的情况改正。”

7.23 子曰：“天生德于予，桓魋[1]其如予何？”

【今译】

孔子说：“既然上天让我具备了这样的德行(肩负着将其推广到天下的使命)，桓魋又能把我怎么样呢？”

7.30 子曰：“仁远乎哉？我欲仁，斯仁至矣。”

【今译】

孔子说：“难道仁德是遥不可及的吗？只要我追求仁德，仁德自然就会来到。”

7.34 子曰：“若圣与仁，则吾岂敢？抑为之不厌，诲人不倦，则可谓云尔已矣。”[2]公西华曰：“正唯弟子不能学也。”

【今译】

孔子说：“说起‘圣’和‘仁’，我怎么敢当？我也只是能够尽自己的努力，以这两条为目标，不断地追求并教诲别人，仅此罢了。”公西华说：“这正是我们这些弟子学不到的呀。”

7.37 子曰：“君子坦荡荡，小人长戚戚。”

【今译】

孔子说：“君子胸怀坦荡，小人常忧愁、抱怨。”

7.38 子温而厉，威而不猛，恭而安。

【今译】

孔子既温和又严厉，既有威严又不凶猛，既恭敬又安详。

泰伯第八

8.2 子曰：“恭而无礼则劳，慎而无礼则葸[3]，勇而无礼则乱，直而无礼则绞[4]。君

---

① 桓魋(tuí)：宋国的司马向魋，宋桓公之后，故称“桓魋”。《史记·孔子世家》：“孔子去曹，适宋，与弟子习礼大树下。宋司马桓魋欲杀孔子，拔其树。孔子去，弟子曰：‘可以速矣！’孔子曰：‘天生德于予，桓魋其如予何？’”

② 孔子认为自己算不得仁人，更别说“圣人”了。李零先生指出，孔子说的“仁”是道德范畴，“圣”则是政治范畴。参见李零：《丧家狗——我读〈论语〉》，山西人民出版社2007年版，第158~160页。

③ 葸(xǐ)：胆小怕事。

④ 绞：急切偏激。

子笃于亲，则民兴于仁。故旧不遗，则民不偷①。”

【今译】

孔子说：“如果一味恭敬而没有用礼节制，就会疲劳；一味谨慎而没有用礼节制，就会胆小怕事；一味勇猛而没有用礼节制，就会引发祸乱；一味心直口快而没有用礼节制，就会变得尖刻伤人。在上位者如果能亲睦家人，民众就会逐渐遵循仁道。在上位者如果不随便抛弃老朋友，民众也就不会冷漠无情。”

8.7 曾子②曰：“士不可以不弘毅③，任重而道远。仁以为己任，不亦重乎？死而后已，不亦远乎？”

【今译】

曾子说：“士人不可以不坚强有毅力，因为行仁道的责任很重大，而路途很遥远。以仁为自己的责任，不是很重吗？直到死的那一天才停止，不是很远吗？”

8.10 子曰：“好勇疾贫，乱也。人④而不仁，疾之已甚，乱也。”⑤

【今译】

孔子说：“热衷武力、厌恶贫穷，会导致混乱。在上位者如果不仁慈，被憎恨到极点，就会发生动乱。”

子罕第九

9.5 子畏于匡⑥，曰：“文王既没，文不在兹乎！天之将丧斯文也，后死者⑦不得与于斯文也。天之未丧斯文也，匡人其如予何！”

【今译】

孔子在匡被围困，说：“周文王之后，天下文脉不就在我这里嘛！上天如果要让文脉断绝，那我这个后来人就不可能掌握这些文化了。上天如果要让文脉延续，这些匡人又能把我

① 偷：人情淡薄。为仁要从在上位者做起。

② 曾子：曾参（公元前505年—公元前432年），字子舆，鲁人，小孔子46岁，是孔子第三批学生。曾参也有传学，对后世影响很大。

③ 弘毅：强毅。杨伯峻引章太炎说，“弘”就是“强”。参见杨伯峻：《论语译注》，中华书局2009年第3版，第80页。

④ 《论语》中的“人”有两个含义。一是与“己”相对，指别人；二是与“民”相对，指有地位有钱财的统治者。

⑤ 大多数人厌恶贫穷，如果为富不仁，穷人诉诸武力，就会发生动乱。可见“仁”对于维持社会稳定的重要性。

⑥ 《史记·孔子世家》载孔子离开卫国，在匡地遭到匡人的围困。因为鲁国的“阳虎尝暴匡人”，而“孔子状类阳虎”，匡人误以为孔子是阳虎。

⑦ 后死者：指孔子自己。

怎么样！”

9.6 太宰问于子贡曰：“夫子圣者与？何其多能也？”子贡曰：“固天纵之将圣，又多能也。”

子闻之，曰：“太宰知我乎！吾少也贱，故多能鄙事。君子多乎哉？不多也。”

【今译】

太宰问子贡：“孔夫子是圣人吗？怎么这么多才多艺呢？”子贡说：“本来就是上天要他成为圣人，使他多才多艺。”

孔子听了说：“太宰哪里了解我呀！我从小贫贱，所以学会了不少低微的本事。高贵的君子需要会很多这样低微的技能吗？自然是不需要的。”

9.15 子曰：“吾自卫反鲁，然后乐正，雅、颂各得其所。”

【今译】

孔子说：“我从卫国回到鲁国后，才把音乐的篇章整理好，让《雅》《颂》各篇有了各自的位置。”

9.17 子在川上，曰：“逝者如斯夫，不舍昼夜！”

【今译】

孔子在河边说：“时光就像这河水一样不停流去呀，不分日夜，一刻也不会停留。”

9.18 子曰：“吾未见好德如好色者也。”

【今译】

孔子说：“我从没见过爱德行如同爱美色的人。”

9.20 子曰：“语之而不惰者，其回也与！”

【今译】

孔子说：“能听我说话而始终不懈怠的，大概只有颜回(一个人)吧。”

9.21 子谓颜渊，曰：“惜乎！吾见其进也，未见其止也。”

【今译】

孔子说起颜渊，叹道：“真是难得！我只见过他不断进步，却从未见过他止步不前。”

9.23 子曰：“后生可畏，焉知来者之不如今也？四十、五十而无闻焉，斯亦不足畏也已。”

【今译】

孔子说：“年轻人也有让人敬畏的，怎么知道他将来不如现在的人？如果一个人四五十岁还没有什么名声，也就没什么可怕的了。”

9.26 子曰：“三军可夺帅也，匹夫不可夺志也。”

【今译】

孔子说：“可以夺走一支军队的主帅，却改变不了一个普通人的意志。”

9.27 子曰：“衣敝缊袍，与衣狐貉者立，而不耻者，其由也与？‘不忮不求，何用不臧？’”子路终身诵之。子曰：“是道也，何足以臧？”

【今译】

孔子说：“穿着破破烂烂的棉袍，与穿着华贵的裘皮大衣的人一块站着，却丝毫不觉得羞耻的人，大概只有仲由了吧！《诗经·邶风·雄雉》中说：‘不嫉妒别人，也不贪求富贵，又怎么会没有好结果呢？’”子路很开心，整天把这段表扬挂在嘴边。孔子说：“就这么点儿优点，有什么好炫耀的？”

颜渊第十二

12.1 颜渊①问仁。子曰：“克己复礼为仁。一日克己复礼，天下归②仁焉。为仁由己，而由人乎哉？”

颜渊曰：“请问其目。”子曰：“非礼勿视，非礼勿听，非礼勿言，非礼勿动。”

颜渊曰：“回③虽不敏，请事斯语矣。”④

【今译】

颜渊问仁德。孔子说：“克制自己，言行都要符合礼制，就是仁德了。一旦做到了，天下的人都会称赞你有仁德。实践仁道要靠自己，怎么能靠别人呢？”

颜渊又问：“请问具体怎么做。”孔子说：“不合礼制的不要看，不合礼制的不要听，不合礼制的不要说，不合礼制的不要做。”

---

① 颜回(公元前521年—公元前481年)字子渊，鲁人，小孔子30岁，是孔子最喜欢的学生，“四科十哲”中“德行”科的代表。

② 归：称赞。曹植《名都篇》：“观者咸称善，众工归我妍。”

③ 跟孔子说话时称呼自己的名字，是恭敬的表现。

④ 在孔子看来，回复西周建立的礼制，重建社会的秩序，是治理春秋乱世的唯一办法。为仁要做到合乎礼制，正是在这一时代背景下的要求。

颜渊说："颜回虽然迟钝，但一定会按照您的话去做。"

12.2 仲弓①问仁。子曰："出门如见大宾，使民如承大祭。己所不欲，勿施于人。在邦无怨，在家无怨。②"

仲弓曰："雍虽不敏，请事斯语矣。"

【今译】

仲弓问仁德。孔子说："在外接人待物，要像接待重要的宾客一样。指派百姓做事，要像承办重大的祭典一样。都要小心、谨慎。自己不想要的，也不要施加给别人。为诸侯做事不要抱怨，为卿大夫做事也不要抱怨。"

仲弓说："雍虽然迟钝，但一定会按照您的话去做。"

12.3 司马牛③问仁。子曰："仁者其言也讱④。"

曰："其言也讱，斯谓之仁已乎？"子曰："为之难，言之得无讱乎？"

【今译】

司马牛问什么是仁人。孔子说："仁人说话很谨慎。"

司马牛说："说话谨慎就是仁人了吗？"孔子说："做事难，说话不谨慎一点行吗？"⑤

12.11 齐景公问政于孔子。孔子对曰："君君，臣臣，父父，子子。"公曰："善哉！信如君不君，臣不臣，父不父，子不子，虽有粟，吾得而食诸？"

【今译】

齐景公向孔子问政。孔子回答说："国君的行为要符合国君的身份，大臣的行为要符合大臣的身份，父亲的行为要符合父亲的身份，儿子的行为要符合儿子的身份。"齐景公说："说得好！如果国君不像国君，大臣不像大臣，父亲不像父亲，儿子不像儿子，即使有再多粮食，我能吃到吗？"

12.22 樊迟问仁。子曰："爱人。"问知(智)。子曰："知人。"

---

① 冉雍(公元前522年—?)：字仲弓，鲁人，小孔子29岁，是孔子的第二批学生，"德行"科的代表。曾接替子路担任季桓子宰。

② 这段话强调不要抱怨，是针对仲弓为官而言的。

③ 司马耕(？—公元前481年)：字子牛，是宋国贵族，孔子的第三批学生，《史记·仲尼弟子列传》说他"多言而躁"。

④ 讱(rèn)：《说文解字》："讱，顿也。"是说话谨慎，不轻易说出口的样子。

⑤ 显然，孔子的回答是针对司马牛的缺点而言的。

樊迟未达[①]。子曰：“举直错[②]诸枉，能使枉者直。”

樊迟退，见子夏[③]曰：“向也吾见于夫子而问知(智)，子曰：‘举直错诸枉，能使枉者直’，何谓也?”

子夏曰：“富哉言乎！舜有天下，选于众，举皋陶，不仁者远矣。汤有天下，选于众，举伊尹，不仁者远矣。”[④]

【今译】

樊迟问什么是仁德。孔子说：“仁德就是爱人。”又问什么是智慧。孔子说：“智慧就是了解他人。”

樊迟没明白。孔子说：“把笔直的东西放在弯曲的东西上面，能把弯曲的变直。”

樊迟出门后，遇到子夏，说：“刚才我见了老师，向他请教什么是智慧，老师说：‘把笔直的东西放在弯曲的东西上面，能把弯曲的变直’，这是什么意思?”

子夏说：“这话的含义太丰富了！舜从众人中提拔出皋陶，不仁的人就自然远去了。汤做君主的时候，提拔了伊尹，不仁的人也就自然远去了。”

子路第十三

13.12　子曰：“如有王者，必世而后仁。”

【今译】

孔子说：“如果有王者出现，三十年才能使仁大兴于天下。”

13.27　子曰：“刚、毅、木、讷，近仁。”[⑤]

【今译】

孔子说：“刚强、坚毅、质朴、少言，这四种品质与仁德类似。”

宪问第十四

14.1　宪[⑥]问耻。子曰：“邦有道，谷。邦无道，谷，耻也。”

---

① 达：明白。

② 错：放置。

③ 卜商(公元前507年—?)：字子夏，卫国人，小孔子44岁，是“十哲”中“文学”科的代表，孔子得意门生之一。樊迟比较迟钝，听了孔子的话不明白，就向子夏请教。

④ “仁”的核心是“爱人”，就是对别人好。“仁”的实施，需要智慧。知人善任才能使不仁的人远去。

⑤ 孔子喜欢坚强并且老实的人，最得意的学生(颜渊、仲弓)往往也是这类人。

⑥ 原宪(公元前515年—?)：字子思，鲁人(有说宋人)，小孔子36岁，是孔子的第三批学生。

"克、伐、怨、欲不行焉，可以为仁矣？"子曰："可以为难矣，仁则吾不知也。"①

【今译】

原宪问什么是耻。孔子说："如果国家政治清明，可以做官拿俸禄。如果明知国家政治腐败，仍然做官拿俸禄，这就是可耻了。"

原宪又问："克服好胜、自夸、抱怨、贪婪这四种缺点，可以算作有仁德吗？"孔子说："可以说难能可贵，但是不是仁我不知道。"

14.4 子曰："有德者必有言，有言者不必有德。仁者必有勇，勇者不必有仁。"

【今译】

孔子说："有道德的人一定有名言传世，有名言传世的人不一定有高尚的道德。仁者一定勇敢，勇者不一定有仁德。"

14.16 子路曰："桓公杀公子纠，召忽死之，管仲不死。"②曰："未仁乎？"③子曰："桓公九合诸侯，不以兵车，管仲之力也。如其仁，如其仁！"④

【今译】

子路说："齐桓公杀了他的哥哥公子纠，召忽因此自杀，管仲却没自杀。"接着说："这不符合仁的标准吧？"孔子说："齐桓公没有用武力就能够多次召集诸侯盟会（共同尊事周天子），靠的可是管仲的力量啊。这就是管仲的仁德，这就是管仲的仁德！"

14.28 子曰："君子道者三，我无能焉：仁者不忧，知（智）者不惑，勇者不惧。"子贡曰："夫子自道也。"⑤

【今译】

孔子说："君子应该做到的三件事，我都做不到：仁者不忧虑，智者不疑惑，勇者不畏惧。"子贡说："老师的三句话就是在说他自己呀。"

14.42 子路问君子。子曰："修己以敬。"曰："如斯而已乎？"曰："修己以安人。"曰：

---

① 克、伐、怨、欲不行：不去做坏事，而不是主动去做好事。

② 齐桓公：名小白，与公子纠都是齐襄公的弟弟。齐襄公无道，公子小白由鲍叔牙侍奉逃到莒国，公子纠由师傅召忽和管仲侍奉逃到鲁国。齐襄公被杀以后，公子小白先入齐国即位为桓公，兴兵伐鲁，逼鲁国杀了公子纠。召忽自杀，管仲却做了桓公的国相。

③ 子路是性情中人，重义气，够朋友，觉得管仲这样的行为不够意思。

④ 孔子认为在春秋乱世，管仲能辅佐齐桓公尊王攘夷，立下了大功。死不死节，跟这样的大功比起来，并不重要。管仲是当之无愧的"仁人"。《论语·宪问》还有类似的内容，只是提问的是子贡。孔子的回答更详细："管仲相桓公，霸诸侯，一匡天下，民到于今受其赐。微管仲，吾其被发左衽矣。岂若匹夫匹妇之为谅也，自经于沟渎而莫之知也。"

⑤ 子曰："知（智）者不惑，仁者不忧，勇者不惧。"（《论语·子罕》）与此段内容有重复的部分。

“如斯而已乎?”曰:“修己以安百姓。修己以安百姓,尧舜其犹病①诸!”

【今译】

子路问什么是君子。孔子说:“以言行恭敬修正自己。”子路说:“这样就可以了吗?”孔子说:“修正自己,并影响上层人物。”子路说:“这样就可以了吗?”孔子说:“修正自己,并影响到天下万民。这一点,尧舜这样的上古圣王恐怕都难以做到呢!”

卫灵公第十五

15.2 在陈绝粮,从者病,莫能兴。子路愠见曰:“君子亦有穷乎?”子曰:“君子固穷,小人穷斯滥矣。”

【今译】

孔子在陈国没有粮食吃了。跟着孔子的人都饿病了,站都站不起来。子路生气地对孔子说:“君子也有穷途末路的一天吗?”孔子说:“君子当然也会有这样的时候(但即使这样,也会不断坚持,)只有小人一遇到困难就不讲原则了。”

15.10 子贡问为仁。子曰:“工②欲善其事,必先利其器。居是邦也,事其大夫之贤者,友其士③之仁者。”

【今译】

子贡问如何行仁道。孔子说:“工匠要想做好活儿,必须先准备好工具。在这个国家里行仁道,就要敬奉有贤德的大夫,并和有仁德的士人做朋友。”

15.33 子曰:“知(智)及之,仁不能守之,虽得之,必失之。知(智)及之,仁能守之,不庄以莅④之,则民不敬。知(智)及之,仁能守之,庄以莅之,动之不以礼,未善也。”

【今译】

孔子说:“能用智慧得到,却不能用仁德守护,即使得到了,也一定会失去。能用智慧得到,也能用仁德守护,但不庄重严肃地统治百姓,百姓就不会敬畏他。能用智慧得到,能用仁德守护,也能庄重严肃地统治,但不合礼制地随便指派百姓为自己做事,也不好。”

---

① 病:为难,何晏《论语集解》谓:“病,犹难也。”

② 工:工匠。

③ 士:有一定社会地位的人,在大夫之下。孔子让子贡“事”大夫,而“友”士人,可见他认为子贡的身份与“士”差不多。

④ 莅:临,指治理、统治。

15.36 子曰："当仁不让于师。"

【今译】

孔子说："行仁道这件事，不要让给老师。"

季氏第十六

16.2 孔子曰："天下有道，则礼乐征伐自天子出；天下无道，则礼乐征伐自诸侯出。自诸侯出，盖十世希①不失矣；自大夫出，五世希不失矣；陪臣②执国命，三世希不失矣。天下有道，则政不在大夫。天下有道，则庶人不议。"

【今译】

孔子说："如果天下太平，那么礼乐征伐的政令就由天子发出；如果天下无道，那么礼乐征伐的政令就由诸侯发出。如果由诸侯发出，大约可以传十代，之后很少有不失去的；如果由大夫发出，传到五代很少有不失去的；如果由大夫的家臣发出，传到三代就很少有不失去的了。天下如果太平，政权不会掌握在大夫手里。天下如果太平，普通人就不会议论政治。"

阳货第十七

17.1 阳货③欲见孔子，孔子不见④，归孔子豚。

孔子时(待)其亡也，而往拜之，遇诸塗(途)。

谓孔子曰："来！予与尔言。"曰："怀其宝而迷其邦，可谓仁乎？"曰："不可。好从事而亟失时，可谓知(智)乎？"曰："不可。日月逝矣，岁不我与。"

孔子曰："诺。吾将仕矣。"

【今译】

阳货想见孔子，孔子却不愿意见他。阳货送了一只小猪给孔子。

孔子特意等到阳货不在家时去答谢他，却偏偏在路上遇到了。

阳货对孔子说："过来，我跟你说话。"接着说："你这么有才华，却眼睁睁看着国家混乱而不管，可以称为仁吗？"阳货自己答道："不可以。想要有所作为，却屡屡错过机会，可以称

---

① 希：通"稀"，很少。

② 陪臣：大夫的家臣。

③ 阳货：也叫阳虎，主要活动时间是公元前515年—公元前486年，是鲁国重要大臣"三桓"中季氏的家臣，曾事季平子、季桓子，后来却背叛了季氏。公元前502年，阳货勾结三桓的家臣，要除掉三桓，结果失败了，先后逃到齐国、晋国。参见李零：《丧家狗——我读〈论语〉》，山西人民出版社2007年版，第296页。

④ 获得官职，有所作为，一直是孔子最大的愿望。但在政治黑暗的情况下，这个愿望是较难实现的。一方面，当权者不会完全按照孔子的想法重建礼制社会；另一方面，孔子也不会向这样的现实妥协，孔子说："邦无道，谷，耻也。"(《论语·宪问》)所以阳货这样的人要他去做官，孔子是不愿意的。

为智吗?”阳货又自己答道:“不可以。时光飞逝，岁月不会等待我们。”

孔子说:“好吧，我会做官为国家效力。”①

17.6　子张②问仁于孔子。孔子曰:“能行五者于天下为仁矣。”

“请问之。”曰:“恭、宽、信、敏、惠。恭则不侮，宽则得众，信则人任焉，敏则有功，惠则足以使人。”

【今译】

子张问孔子什么是“仁”。孔子说:“能把五种品德推行于天下，就可以称得上‘仁’了。”

子张问:“请问是哪五种?”孔子说:“恭敬、宽厚、诚实、勤奋、慈惠。恭敬就不会遭受侮辱，宽厚可以得到众人的支持，诚实可以得到别人的信任，勤奋可以成功，慈惠才有人愿意为他所用。”

17.8　子曰:“由也，女(汝)闻六言③六蔽(弊)矣乎?”对曰:“未也。”

“居，吾语女(汝)。好仁不好学，其蔽(弊)也愚;好知(智)不好学，其蔽(弊)也荡;好信不好学，其蔽(弊)也贼;好直不好学，其蔽(弊)也绞;好勇不好学，其蔽(弊)也乱;好刚不好学，其蔽(弊)也狂。”

【今译】

孔子说:“由，你听说过六句关于六种弊病的话吗?”仲由回答说:“没有。”

孔子说:“坐，我告诉你。爱仁德却不爱学习，会愚昧无知;爱智慧却不爱学习，会使知识变得零碎缺乏系统性;轻信别人不爱学习，会被人利用，害了自己;性格太直不爱学习，会变得偏激刻薄;好勇却不爱学习，会引发祸乱;崇尚刚强不爱学习，会变得狂妄自大。”

17.21　宰我④问:“三年之丧，期已久矣。君子三年不为礼，礼必坏;三年不为乐，乐必崩。旧谷既没，新谷既升⑤，钻燧改火⑥，期⑦可已矣。”

---

① 阳货的这番话说进了孔子的心里，正所谓“日月逝矣，岁不我与”。但即便孔子最后答应出仕，据李零先生考证，这段对话发生的时间应该在公元前505年。这一年季桓子执政，阳货事季桓子，想要孔子出仕。孔子真正出来做官是在前501年阳货逃往晋国之后，阳货当政时，孔子并没有真的做官。参见李零:《丧家狗——我读〈论语〉》，山西人民出版社2007年版，第296页。

② 颛孙师(公元前503年—?):字子张，陈人(或说阳城人、鲁人)，小孔子48岁，是孔子的第三批弟子，性格豪爽。

③ 六言:“好仁不好学”等六句话。

④ 宰予:字子我，鲁人，孔子的第二批学生，是孔门“十哲”中“言语”科的代表。能言善辩，所以不太讨孔子喜欢。

⑤ 旧谷既没，新谷既升:每年秋天的新粮入库仪式——“登”礼。

⑥ 古人靠钻木和燧石取火，叫“钻燧”。按照古代月令，一年四季分别用不同的木材取火，叫作“改火”，一年一轮回。宰我用了这么多字句来表示一年，看来他确实长于言语。而他所表达的观点又与孔子相悖，怪不得被孔子讨厌。

⑦ 期:音基，即“期月”，指从今年某月到来年某月一整年的时间。

子曰："食夫稻，衣夫锦，于女(汝)安乎？"

曰："安。"

"女(汝)安，则为之。夫君子之居丧，食旨不甘，闻乐不乐，居处不安，故不为也。①今女(汝)安，则为之。"

宰我出。子曰："予之不仁也！子生三年，然后免于父母之怀。夫三年之丧，天下之通丧也。予也有三年之爱于其父母乎？②"

【今译】

宰我问："父母死后要为他们守丧三年，太久了。君子三年不习礼仪，礼仪一定会废掉；三年不奏乐，乐制也一定会有所损坏。陈谷吃完，新谷登场；取火之木随着季节的变化也轮换了一遍，一年过去也就可以了。"

孔子说："没到三年你就吃白米饭，穿锦衣，心里安乐吗？"

宰我说："安乐呀。"

孔子说："如果你心里安乐，就这么办吧。君子为父母守丧，吃再好的东西也觉得没味道，听再美的音乐也高兴不起来，坐卧不安，所以才不做这些。如今你既然觉得心安理得，那你就这么办吧。"

宰我退了出去。孔子说："宰我真不仁！子女生下来，三年离不开父母的怀抱。为父母守三年的丧期，普天之下的人们都是这样做的。难道宰我小时候没有得到父母怀抱三年的爱护吗？"

微子第十八

18.1 微子③去之，箕子④为之奴，比干⑤谏而死。孔子曰："殷有三仁焉。"

【今译】

商纣王暴虐，微子果断离开了他，箕子佯狂为奴，比干因极力劝谏他而被杀。孔子说："殷商有三位仁人啊。"

18.3 齐景公待孔子曰："若季氏，则吾不能；以季、孟之间待之。"曰："吾老矣，不能用也。"孔子行。

---

① 为父母守丧，不可以举行任何礼乐活动，饮食方面也要有所限制，还得住在草木搭成的临时茅草屋里，睡在草编的垫子上，枕着土块，这才是"孝子"。

② 孔子觉得宰我连为父母守丧三年都做不到，实在是对不起父母的养育，非常不仁。

③ 微子：名启，是商纣王的兄长。

④ 箕子：商纣王的叔叔。他进谏，纣王不听，便披头散发假装发疯，被降为奴隶。

⑤ 比干：商纣王的叔叔，力谏纣王，被剖心而死。

【今译】

齐景公谈到给孔子的待遇时说：“要是想像季氏一样，在我国当上卿，恐怕不行；像孟氏一样，当下卿，又有点屈才。我只能给你安排一个比季氏略低，比孟氏略高的职位。”后来又说：“我老了，恐怕不能给你安排职位了。”于是，孔子离开了齐国。①

18.4 齐人归女乐，季桓子受之，三日不朝，孔子行。

【今译】

齐国人给鲁定公送了歌舞伎，季桓子接受了，三日不上朝，孔子就离开了鲁国。

子张第十九

19.6 子夏曰：“博学而笃志，切问而近思，仁在其中矣。”

【今译】

子夏说：“广泛地学习，坚守自己的志愿，围绕着问题发问和思考，这样就是在实行仁德了。”

(《论语》原文据(清)阮元校刻：《十三经注疏》，中华书局2009年影印版校订)

① 释义参考李零：《丧家狗——我读〈论语〉》，山西人民出版社2007年版，第313页。

【小班研讨】

1. 孔子所说的“仁”包括哪些含义？其最核心的内涵是什么？

2. 以“仁性”为关键词，谈谈何为“君子”、何为“小人”。

3. “仁者不忧，知(智)者不惑，勇者不惧”，《论语》有许多关于“仁者”“知(智)者”和“勇者”的论述。试辨析三者的联系与区别。

4. “己所不欲，勿施于人。”己之“所欲”，是否必“施于人”？

5. 你有过“衣敝缊袍，与衣狐貉者立”的经历吗？说说你对贫富的看法。

【课外博览】

1. 程树德：《论语集释》，中华书局 1990 年版。

2. 杨伯峻：《论语译注》，中华书局 2009 年第 3 版。

3. 李泽厚：《论语今读》，安徽文艺出版社 1998 年版。

4. 李零：《去圣乃得真孔子——〈论语〉纵横读》，生活·读书·新知三联书店 2008 年版。

5.《史记》(点校本二十四史修订本)中的《孔子世家》和《仲尼弟子列传》，中华书局 2014 年版。

第二章
《庄子》与天性

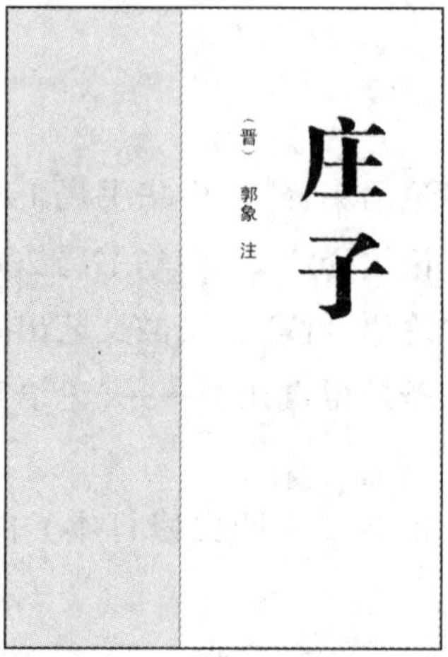

庄子(约公元前369年—公元前286年)，名周，战国中期思想家，与梁惠王、齐宣王同时。宋国蒙人，曾经做过漆园吏。目前《庄子》的通行本是由晋代的郭象删定，编排为内、外、杂共三十三篇。《庄子》一书文笔恣肆，想象奇特，论理精辟，郭象评价说：“夫庄子者，可谓知本矣，故未始藏其狂言。”(《庄子序》)

【大班导引】

《庄子》是道家思想的代表性经典。如果说以《论语》为代表的儒家思想所关注的是秩序与仁性，那么《庄子》则特别突出了自由和天性。虽然后来荀子曾批评庄子"蔽于天而不知人"(《荀子·解蔽》)，却也恰恰点出了《庄子》一书对于天性的深刻洞见。

天性，是人的个体生命中最朴素自然的那份本真。当人来到这个世界，便开始了与社会的无尽交接。在现实的物欲之中、在人与人错综复杂的关系之中，生命最容易走向对自己本真的背离，心灵最容易陷入生活世界的困境。庄子身处乱世，当同时代其他思想家都在关注如何治世的时候，庄子却在思考如何治心，思考如何能够保全人的天性而逍遥于人间世。个体对待这个世界当然不能选择逃避，而且也不可能真正地逃避，因此对天性的思考实际上是对世界中的"人"的个体生命的思考，是对心灵安顿的回答。

庄子，名周，战国中期思想家，与梁惠王、齐宣王同时。他是宋国蒙人，曾经做过漆园吏。相传某日庄子钓于濮水，楚威王让使者以厚礼聘其为相，而庄子却选择了"终身不仕，以快吾志"(《史记·老子韩非列传》)。对于庄子来说，一切的声名利禄都比不上纵其天性的自由，这份处世的态度与姜太公的不饵而钓、愿者上钩实在太不相同，在自足其乐和累于俗世之间庄子做了最坚定的选择。

我们现在所见的《庄子》一书由晋代的郭象删定，编排为内、外、杂共三十三篇。其中内七篇是《庄子》全书的核心，一般认为是庄子本人的作品；外篇和杂篇则比较驳杂，可以统认为是庄子学派的作品。① 从篇目的命名上看，内篇与外篇、杂篇不同，内七篇的篇名主要是对思想的提要和精练，而外篇、杂篇则直接取篇首两三字为篇名。《庄子》一书文笔恣肆，想象奇特，论理精辟，郭象评价说"夫庄子者，可谓知本矣，故未始藏其狂言"(《庄子序》)。书中多通过寓言寄托思想，故司马迁指出"其著书十余万言，大抵率寓言也"(《史记·老子韩非列传》)。同时，《庄子》不仅是一部思想深刻的哲学作品，还是一部文笔优美的文学作品，书中的许多典故后来成了大家耳熟能详的成语，比如：鲲鹏展翅、越俎代庖、大相径庭、偃鼠饮河、槁木死灰、朝三暮四、沉鱼落雁、栩栩如生、庖丁解牛、游刃有余、踌躇满志、安时处顺、薪尽火传、望洋兴叹、见笑大方、非愚则诬、以管窥天、井蛙之见、邯郸学步等。读者在阅读中可以寻找这些成语在《庄子》书中的出处，对比书中的原义和今天的转义，当另有一番思考的乐趣。

进入《庄子》思想世界的一个基点就是天人之分。对"天"的关注已经暗示了人自身存在的界限，也就是人所能控制和决定之外的力量。这个"天"不仅仅是与地相对的苍苍自然

① 外、杂篇有可疑，而内七篇则无可疑；外、杂篇有非庄子所作，而内七篇则非庄子莫能为。见钟泰：《庄子发微》，上海古籍出版社 2002 年版，第 2 页。

之天，更确切地说是指事物的自然状态，正如《齐物论》中的"天籁"并不是与"地籁""人籁"相对的某物，而就是自然之音本身。过度的人为会走向对天性的背离，所以庄子在天人之分中不断地告诫，"无以人灭天，无以故灭命，无以得殉名。谨守而勿失，是谓反其真"(《秋水》)。反真就是对天性的复归。"真"是《庄子》中特别突出的字眼，我们今天经常用到这个字，可是在《论语》中竟没有出现一处。《庄子》讲"真人"，讲"真知"，讲"真性"，认为人的行为应该依循自然，纵其天性方能处于自得的境地。

于是，庄子的笔下呈现出道的世界和物的世界。在物的世界中万物千差万别，从而人心对事物区分了彼此是非，正是在这种区分中出现了心与形的紧张关系。如何能够从这种紧张中解脱呢？庄子认为要从道的角度看待万物，因任自然的道理，也就是"齐物"；让心挣脱束缚而进入道的世界，破除形的遮蔽而进入心的通达，也就是"逍遥"。对事物之"不齐"的肯定在儒家那里仿佛是常情，人伦关系以及礼的秩序所体现的就是亲疏远近之分别，孟子所言"夫物之不齐，物之情也"(《孟子·滕文公上》)。然而，庄子深见当时为天下之显学的儒墨两家论辩不休，彼此是非莫衷一是，故而言"天地与我并生，而万物与我为一"(《齐物论》)。当然，"齐物"并不仅仅是要超越物与物之间的区别，因为在有形之物的世界中差别是不可能被磨平的；"齐物"其实是一种个体生命的生活态度，是逍遥心灵在道的世界中的"以心齐物"。

那么，如何才能在人间世达到逍遥呢？《庄子》提出了"无用之用"。当庄子拒绝出仕担当治世之任的时候，也正避开了政治之乱而保全自身，不肯"弊弊焉以天下为事"(《逍遥游》)。这正像《逍遥游》篇最后谈到的大樗树，"逍遥乎寝卧其下"又何尝不是一种"用"呢？"无用之用"这样一种吊诡的说法，正是人与世界之间紧张关系的反映，有用之人往往容易身处两难而有"阴阳之患"甚至"人道之患"，可是这个生活世界又是无可逃避的，正所谓"绝迹易，无行地难"(《人间世》)，人所能做的不是让身体之形离开这个世界，而是让心顺应天性，逍遥游世。所以当厌倦官宦生活的陶渊明深感"心为形役"的时候，他选择的归隐方式是"心远地自偏"，因为心灵的逃避才是真正的逃避，心灵的自由才是真正的逍遥。

因此，《庄子》要破除世俗的规范和成见，破除人们通常认为的大小寿夭、有用无用的判断标准。"小知不及大知，小年不及大年"(《逍遥游》)，蜩与学鸠不知鲲鹏九万里之志，彭祖不及上古大椿以八千岁为春八千岁为秋，人们也往往容易陷入自己的世俗闻见之"小"，而不知道什么是真正的"大"。而关于什么是真正的"用"也是如此，五石之瓠、不龟手之药在世俗之见看来只是"无用"，却不知有泛游江湖、助吴退越之"大用"。可见，真正重要的不是物本身，而是用心；同样地，对于人在生活世界的"用"而言，真正重要的不是才能本身，而是用心发现自己的才能。破除人们对大用、小用的世俗之见，才能发现无用之为大用的真谛。

《庄子》一书的独特魅力还在于，它力图冲破形对心的束缚，力图打通道的世界和物的世界，从而使得个体不再是一种庸俗的、物欲的存在，而进入一种艺术的生命。徐复观先生将庄子当作中国艺术精神的真正所在，“老、庄思想当下所成就的人生，实际是艺术的人生，而中国的纯艺术精神，实际系由此一思想系统所导出”①。艺术的世界是非功利的世界，是突破形的框架、获得心灵自由的世界。《庄子》“庖丁解牛”的故事特别能体现真正的技(艺)与道之间相即不离的关系，庖丁所用的刀之所以能够十九年依然刀刃如新，正是因为他深谙解牛之道，从而“恢恢乎其于游刃必有余地矣”(《养生主》)。人生在世正如庖丁解牛，人间世中各种关系的复杂也正如牛之筋骨经络的错综，庄子借庖丁之口告诉我们，只有遵循自然之道的天性“缘督以为经”(《养生主》)，才能在这个纷杂的世界中游刃有余而保全其生。所以，真正实现自己天性的个体生命一定是一种通达于道的艺术生命，这种艺术不是形式的艺术，而是心灵的纯艺术精神。

本章所涉及的《庄子》选文为《逍遥游》《养生主》的全文以及《齐物论》《秋水》的部分选段。这四篇都集中讨论了庄子对于“天”的理解以及天与人的关系，出现了如“天池”“天籁”“天理”“天机”等诸多带有“天”字的词语，这些也正与“天性”这个关键词相关。与此同时，所选的四篇文本在思想上又是相互关联的，其中《逍遥游》是全书的总纲。《逍遥游》以逍遥无待讨论了心灵自由的问题，庄子理解的逍遥自由并不是形体的无所拘束，而是心灵的无待自得，而无待就涉及对“小大之辩”的讨论，也就是《逍遥游》所讲的小知与大知、小年与大年，以及小用与无用之大用等问题。既然有小和大的区分，那么就必然进入对齐与不齐问题的思考，《齐物论》篇正是对是非、彼此这些对立二者的无尽循环所做的深刻反思，从而提出以“道通为一”作为超越是非、彼此的无对待之“齐”，也就是超越外形的差别而达到以心齐物。《养生主》篇对《逍遥游》中的“游”做了深度解读，庄子以庖丁解牛的故事提出了一种“以无厚入有间”的游刃有余之道：社会中人与人之间的关系、人与事之间的关系错综复杂，这当然是“有”；但是若能依乎天理而处世和处事，就像庖丁的刀刃游走筋骨错综复杂的牛身之间一样，则能够物无所伤，这便是“无”。因此，“游”其实就是一种以无化有的逍遥状态。《秋水》篇讲述了庄子在钓于濮水时的人生选择以及庄子和惠施之间不同的生命关怀和思想取向，对内七篇中讨论的小大之辩、真知、无用之用等主题都有涉及，而更重要的是对天与人之间关系的提示，即所谓“天在内，人在外”。在这里庄子看似倒转了天人关系，将本来在人之内的“人”转成了在外的“天”，从而将“天”纳入人性的内涵之中，认为天所赋予的才是人的自然本性，也就是本章经典的关键词——天性。

“经典悦读”部分的文本注释和译文主要参考了郭庆藩的《庄子集释》、王叔岷的《庄子校诠》以及陈鼓应的《庄子今注今译》。

① 徐复观：《中国艺术精神》，华东师范大学出版社 2001 年版，第 28 页。

【经典悦读】

《庄子》(节选)

逍遥游

一

北冥①有鱼，其名为鲲。鲲之大，不知其几千里也。化而为鸟，其名为鹏。鹏之背，不知其几千里也。怒②而飞，其翼若垂天之云。是鸟也，海运③则将徙于南冥。南冥者，天池也。

《齐谐》者，志怪者也。《谐》之言曰：“鹏之徙于南冥也，水击三千里，抟扶摇④而上者九万里，去以六月息⑤者也。”野马也，尘埃也⑥，生物之以息相吹也。天之苍苍，其正色邪？其远而无所至极邪？其视下也，亦若是则已矣。

且夫水之积也不厚，则负大舟也无力。覆杯水于坳堂之上，则芥为之舟；置杯焉则胶，水浅而舟大也。风之积也不厚，则其负大翼也无力。故九万里，则风斯在下矣，而后乃今培风；背负青天而莫之夭阏⑦者，而后乃今将图南。

【今译】

北海有一条鱼，它的名字叫鲲。鲲的巨大，不知道有几千里长。鲲化成鸟，它的名字叫鹏，鹏的脊背，不知道有几千里长。鹏鸟奋起而飞，张开的翅膀就像天边的云。这只鸟随着海风的涌动飞往南海，南海是个天然的大池。

《齐谐》是一本记载怪异之事的书。这本书上说：“鹏鸟飞往南海的时候，激起三千里的水花，翅膀拍打旋风能上行到九万里的高空，乘着六月的风而去。”空中的游气和游尘，天地之间的各种生物都因风而吹动。天色苍苍，这是天本来的颜色吗？天的高远是没有穷极的吗？鹏鸟从高空往下俯视，也就是这个样子的。

水的聚积不深厚，就没有力量承载大船。倒杯水在庭堂前的洼地上，那么小小的芥草就可以当作船；如果放个杯子就粘塞不动了，这是因为水太浅而船太大。风的聚积不雄厚，就没有力量承载巨大的翅膀。因此鹏鸟高飞九万里，狂风就在它的下面，然后才能凭借风力飞行，背

---

① 冥：通“溟”，海。后文“南冥”之“冥”与此同。
② 怒：即“努”，振奋。
③ 海运：意谓大风海动。
④ 抟：当作“搏”，拍。扶摇：上行风，指海上的飓风。
⑤ 息：风。后文“生物之以息相吹也”之“息”与此同。
⑥ 野马：谓空中的游气。尘埃：谓空中的游尘。
⑦ 夭：折。阏(è)：止。莫之夭阏：意谓无所窒碍。

负青天而无所阻碍，然后才能飞往南海。

蜩(tiáo)与学鸠①笑之曰："我决起而飞，枪榆枋②，时则不至而控于地而已矣，奚以之九万里而南为？"适莽苍者，三飡(cān)而反，腹犹果然；适百里者，宿舂粮③；适千里者，三月聚粮。之二虫又何知！

小知不及大知，小年不及大年。奚以知其然也？朝菌不知晦朔④，蟪蛄⑤不知春秋，此小年也。楚之南有冥灵者，以五百岁为春，五百岁为秋；上古有大椿者，以八千岁为春，八千岁为秋(此大年也)⑥。而彭祖⑦乃今以久特闻，众人匹之，不亦悲乎！

【今译】

蝉和小鸟讥笑鹏鸟说："我从地面急速地起飞，飞到榆树和檀树上栖息，有时飞不上去就落到地上，为什么非要飞九万里而去南海呢？"到近郊的地方去，一日之内就可以往返，肚子还是饱的；到百里之外的地方去，要准备一宿的粮食；到千里之远的地方去，则要准备三个月的粮食。蝉和学鸠这两个小虫小鸟又懂得什么呢？

小智比不上大智，寿命短的比不上寿命长的。怎么知道是这样呢？朝生暮死的虫子不知道一个月的时光，春生夏死、夏生秋死的寒蝉也不知道一年的时光，这就是寿命短。楚国的南边有一只灵龟，以五百年为春，以五百年为秋；上古有一棵椿树，以八千年为春，以八千年为秋(这就是寿命长)。而彭祖如今以长寿而闻名，人们都与他相比，这不是可悲吗？

汤之问棘⑧也是已："穷发⑨之北有冥海者，天池也。有鱼焉，其广数千里，未有知其修者，其名为鲲。有鸟焉，其名为鹏，背若泰山，翼若垂天之云，抟扶摇羊角而上者九万里，绝云气，负青天，然后图南，且适南冥也。斥鴳⑩笑之曰：'彼且奚适也？我腾跃而上，不过数仞而下，翱翔蓬蒿之间，此亦飞之至也。而彼且奚适也？'"此小大之辩也。

【今译】

汤问夏革也有这样的话："在草木不生的北方有个大海，是个天然的大池。那里有条鱼有几千里那么大，不知道有多长，它的名字叫鲲。有只鸟叫作鹏，脊背像泰山那么大，翅膀

---

① 蜩：蝉。学鸠：小鸟。

② 枪：飞到。榆枋：两种小树名。

③ 宿舂粮：成玄英《疏》"为一宿之借"。

④ 朝菌：朝生暮死之虫。晦朔：一个月的时光。

⑤ 蟪蛄(huì gū)：即寒蝉，此虫春生而夏死，夏生而秋死。

⑥ "此大年也"四个字，王叔岷《庄子校诠》中认为陈碧虚《阙误》引成玄英本有此四字，与前文"此小年也"相对，当据补。

⑦ 彭祖：上古传说中的长寿之人。

⑧ 棘：商汤时的贤人，《列子》谓之夏革。

⑨ 发：指草木。穷发：意谓不毛之地。

⑩ 斥：小泽。斥鴳(yàn)：池泽中的小麻雀。

张开像天边的云，拍打着旋风能直飞到九万里的高空，穿过云气，背负青天，向南海飞去。池泽中的小麻雀讥笑鹏鸟说：‘它这是要飞到哪里去呢？我奋力跳起而飞，不过几丈高就落下来了，盘旋于蓬蒿之间，这就是我飞翔的极限了。它这是要飞到哪里去呢？’”这就是小和大的区别。

故夫知效一官，行比一乡，德合一君，而征一国者①，其自视也亦若此矣。而宋荣子犹然笑之②。且举世而誉之而不加劝，举世而非之而不加沮，定乎内外之分，辩乎荣辱之竟③，斯已矣。彼其于世未数数然④也。虽然，犹有未树也。

夫列子御风而行，泠然⑤善也，旬有五日而后反。彼于致福者，未数数然也。此虽免乎行，犹有所待者也。

若夫乘天地之正，而御六气之辩，以游无穷者，彼且恶(wū)乎待哉！故曰：至人无己，神人无功，圣人无名。

【今译】

有些人的才智能够胜任一官的职守，行为能够顺乎一乡的风俗，德行能够合乎一君的心意，能力能够征信一国的国民，他们看待自己也就是这样子。但是宋荣子对此不以为然，世上的人们都赞誉他，他不会因此就更加勉励；世上的人们都非议他，他也不会因此就更加沮丧。他能清楚地划定自我和外物的分际，辨别荣誉和耻辱的界限，但也不过如此而已。他对于世俗的赞誉并不孜孜以求，但即便如此还是未能达到最高的境界。

列子能够乘风而行，非常轻妙，十五天后才返回。他对于福分之事并不孜孜以求，但即便如此还是未能达到最高的境界。列子虽然免于行走的劳苦，但还是有所依凭。

如果能够顺着天地自然的规律，应着六气的变化，游于无穷的境域，那还有什么需要依凭的呢？所以说：至人能够顺物而无己，神人能够顺理而无功，圣人能够顺性而无名。

二

尧让天下于许由⑥，曰：“日月出矣，而爝火⑦不息，其于光也，不亦难乎！时雨降矣，而犹浸灌，其于泽也，不亦劳乎！夫子立而天下治，而我犹尸⑧之，吾自视缺然。请

① 而(nài)：同“耐”，能。征：信。

② 宋荣子：即宋钘，稷下早期人物。韩非评价说：“宋荣子之议，设不斗争，取不随仇，不羞囹圄，见侮不辱。”(《韩非子·显学》)犹然：嗤笑的样子。

③ 竟：即“境”。

④ 数(shuò)数然：急迫的样子。

⑤ 泠(líng)然：轻妙的样子。

⑥ 许由：隐者。《庄子·天地》篇言“尧之师曰许由”。

⑦ 爝(jué)火：小火。

⑧ 尸：主。

致天下。”

许由曰：“子治天下，天下既已治也，而我犹代子，吾将为名乎？名者，实之宾也，吾将为宾乎？鹪鹩①巢于深林，不过一枝；偃鼠饮河，不过满腹。归休乎君，予无所用天下为！庖人虽不治庖，尸祝不越樽俎而代之矣②。”

【今译】

尧想把天下让给许由，说：“日月出来了，小小的炬火还不熄灭，要和日月之光比，不是很难么！季雨及时降落了，还在灌溉，对于润泽禾苗，不是徒劳么！先生您若在君位则天下自然安定，可我却还居此位，我自己觉得能力不足。请允许我把天下让给你。”

许由说：“你治理天下，天下便已经安定了，而我还来代替你，我是为了这个名吗？名是实的宾位，我是为了这个实所派生出来的东西吗？小鸟在森林筑巢，所需不过一棵树；偃鼠到河边喝水，所求不过填满肚子。你还是请回去吧，天下对我来说没有什么用。厨师即使不下厨，主祭的人也不会越位去代替他。”

肩吾问于连叔曰：“吾闻言于接舆③，大而无当，往而不反。吾惊怖其言，犹河汉而无极也，大有径庭④，不近人情焉。”

连叔曰：“其言谓何哉？”

“曰：‘藐姑射之山⑤，有神人居焉。肌肤若冰雪，淖(chuò)约若处子；不食五谷，吸风饮露；乘云气，御飞龙，而游乎四海之外。其神凝，使物不疵疠⑥而年谷熟。’吾以是狂而不信也。”

连叔曰：“然！瞽者无以与乎文章之观，聋者无以与乎钟鼓之声。岂唯形骸有聋盲哉？夫知亦有之。是其言也，犹时女⑦也。之人也，之德也，将旁礴万物以为一，世蕲乎乱⑧，孰弊弊焉以天下为事！之人也，物莫之伤，大浸稽天而不溺，大旱金石流、土山焦而不热。是其尘垢秕(bǐ)糠(kāng)将犹陶铸尧舜者也，孰肯(分分然)⑨以物为事。”

【今译】

肩吾问连叔说：“我听接舆说话，言语夸张而不着边际，一说开去就收不回来，我惊骇于他的言论，就好像银河一样没有边际，和一般人的言谈相差甚远，太不近情理。”

---

① 鹪鹩(jiāo liáo)：小鸟。
② 尸祝：主祭的人。樽：酒器。俎：肉器。樽俎，指厨事。
③ 肩吾、连叔：传说中的古时修道之人。接舆：楚国隐士，与孔子同时，《论语·微子》有“楚狂接舆”。
④ 径庭：激过之辞。大有径庭：意谓太过度。
⑤ 藐：远。姑射(yè)之山：神话中的山名，在北海中。
⑥ 疵疠(cī lì)：灾害疫病。
⑦ 时：是。女：汝。时女，意谓肩吾。
⑧ 蕲(qí)：同“祈”，求。乱：治。
⑨ 王叔岷《庄子校诠》中据《淮南子·俶真训》补“分分然”，本书据补。

连叔问：“他说了些什么呢？”

“他说：‘在遥远的姑射山上，住着一位神人，肌肤像冰雪一般洁白，体态如处女一般柔美；不吃五谷，吸清风，饮甘露；乘云气，驾飞龙，云游于四海之外。他神气凝聚，使物没有灾害疫病，谷物丰熟。’我觉得他的言语诳而不可信。”

连叔说：“是啊，目盲之人无法与他共赏花纹和色彩，耳聋之人无法与他共赏钟鼓的声音。难道只有形体上的聋盲吗？心智也有啊！这话说的就是肩吾你啊！这位神人的盛德，已经与万物混同为一体，世人都祈求有所治，他又怎么肯忙忙碌碌去劳神于天下之事呢！这样的人啊，外物无法伤害他，滔滔的洪水不能淹没他，熔化金石、烧焦土山的大旱也不能烧伤他。他那些像尘垢秕糠一样琐碎的东西都能造出像尧舜这样的圣人，他又怎么肯纷纷扰扰把治理天下当己任呢！”

宋人资章甫而适诸越①，越人断发文身②，无所用之。尧治天下之民，平海内之政，往见四子藐姑射之山，汾(fén)水之阳，窅然③丧其天下焉。

【今译】

宋国人到越国去卖帽子，然而越国的人不蓄头发，身刺花纹，并不需要帽子。尧治理天下的百姓，安定海内的政事，到遥远的姑射山、汾水的北面去拜见四位修道之人，不禁怅然若失，忘记自己身居治理天下之位。

三

惠子④谓庄子曰：“魏王贻我大瓠⑤之种，我树之成而实五石。以盛水浆，其坚不能自举也；剖之以为瓢，则瓠落无所容⑥。非不呺然大也，吾为其无用而掊之⑦。”

庄子曰：“夫子固拙于用大矣。宋人有善为不龟手之药者⑧，世世以洴澼絖⑨为事。客闻之，请买其方百金。聚族而谋曰：‘我世世为洴澼絖，不过数金。今一朝而鬻技百金，请与之。’客得之，以说吴王。越有难，吴王使之将，冬与越人水战，大败越人，裂地而封之。能不龟手，一也；或以封，或不免于洴澼絖，则所用之异也。今子有五石之瓠，何不

① 宋人：殷之后人。资：货，卖。章甫：殷冠。

② 越国逼近江湖，断发文身，以避蛟龙之难。

③ 窅(yǎo)然：茫茫然的样子。

④ 惠子：即惠施，宋人，做过梁国的宰相。惠施是庄子的好友，《庄子》中记载了许多他与庄子的论辩，《庄子·天下篇》评价其“惠施多方，其书五车，其道舛驳，其言也不中”，并记述了惠施“历物十事”的观点。

⑤ 瓠(hù)：葫芦。

⑥ 瓠落：犹“廓落”，宽大之意。瓠落无所容：意谓大瓠剖开所成之瓢太大而无处可容。

⑦ 呺(xiāo)然：虚大的样子。掊(pǒu)：击破。

⑧ 龟(jūn)手：天冷而手的皮肤冻裂。

⑨ 洴澼絖(píng pì kuàng)：漂洗丝絮。

虑以为大樽而浮乎江湖①，而忧其瓠落无所容？则夫子犹有蓬之心也夫！”

【今译】

惠施对庄子说：“魏王送给我一颗大葫芦的种子，我种下以后长成的果实有五石那么大。用这个葫芦盛水浆，它的坚固程度却不足以承受所装水的重量；把它剖开做瓢，又没有地方可以放得下。这个葫芦不是不大，但我觉得没什么用处，就把它砸破了。”

庄子说：“先生真是不善于用大的东西啊！宋国有个善于调制不冻手药的人，他们家世世代代以漂洗丝絮为业。有个客人听说以后，希望用百金收买他的药方。他聚集族人商量此事：‘我们家世世代代漂洗丝絮，所得也不过数金。现在一下子就能卖得百金，我们就卖了吧！’这个客人得到药方，便去游说吴王。正逢越国发难，吴王派他带兵，在冬天和越国人水战，成功地击败越军，吴王便割地封赏此人。同样是不冻手的药方，有的人用此能获得封赏，有的人却只能以漂洗丝絮为业，这就是所用的不同。现在先生有五石大的葫芦，为什么不用绳系着当作腰舟来浮游江湖，反而担心葫芦太大而没有地方放呢？看来还是先生的心闭塞不通啊！”

惠子谓庄子曰：“吾有大树，人谓之樗②。其大本拥肿而不中绳墨，其小枝卷曲而不中规矩；立之涂，匠者不顾。今子之言，大而无用，众所同去也。”

庄子曰：“子独不见狸狌③乎？卑身而伏，以候敖者④；东西跳梁，不避高下；中于机辟，死于罔罟。今夫斄(lí)牛，其大若垂天之云。此能为大矣，而不能执鼠。今子有大树，患其无用，何不树之于无何有之乡，广莫之野，彷徨乎无为其侧，逍遥乎寝卧其下。不夭斤斧，物无害者，无所可用，安所困苦哉！”

【今译】

惠施对庄子说：“我有一棵大的椿树，它的树干臃肿而不合于绳墨，它的小枝弯曲而不合于规矩，长在路上，匠人都不看它。你的话(就像这大椿树)，大而无用，为众人所鄙弃。”

庄子说：“你没看见过猫和黄鼠狼吗？低着身子匍匐在地，等待出游的小动物；东西跳来跳去，不害怕上下的危险，却落入捕兽的机关，死在猎网之中。你再看那斄牛，身形庞大好像天边的云，它的本事很大，不过不会捕鼠。现在你有这么一棵大树，却忧虑它没有用，为什么不把它栽种在空阔的地方上，广袤的旷野里，悠然徘徊于树旁，优游自得地躺在树下。不会遭到斧头的砍伐，不会受到外物的伤害，没有什么可用，又有什么困苦呢！”

① 虑：用绳结缀缚系之意。樽：腰舟。

② 樗(chū)：臭椿之木。

③ 狸：猫。狌(shēng)：黄鼠狼。

④ 敖者：鸡鼠之类出游的小动物。

齐物论

一

南郭子綦隐几而坐①，仰天而嘘，嗒焉似丧其耦②。颜成子游③立侍乎前，曰：“何居④乎？形固可使如槁木，而心固可使如死灰乎？今之隐几者，非昔之隐几者也？”

子綦曰：“偃，不亦善乎，而问之也！今者吾丧我，汝知之乎？女闻人籁而未闻地籁，女闻地籁而未闻天籁夫！”

子游曰：“敢问其方。”

子綦曰：“夫大块噫气⑤，其名为风。是唯无作，作则万窍怒呺。而独不闻之翏翏⑥乎？山陵之畏佳⑦，大木百围之窍穴，似鼻，似口，似耳，似枅（jī），似圈，似臼，似洼者，似污者⑧，激者、謞（xiào）者、叱（chāo）者、吸者、叫（jiào）者、譹（háo）者、宎（yǎo）者、咬者⑨，前者唱于而随者唱喁⑩，泠风则小和，飘风则大和，厉风济则众窍为虚。而独不见之调调之刁刁乎⑪？”

子游曰：“地籁则众窍是已，人籁则比竹是已，敢问天籁。”

子綦曰：“夫吹万不同，而使其自已也，咸其自取，怒者其谁邪？⑫”

【今译】

南郭子綦靠着几案而坐，仰头向天缓缓吐气，好像进入了一种忘我的精神状态。颜成子游陪站在跟前，问：“这是什么情况啊？形体诚然可以使它像干枯的树木，心灵难道也可以使它像熄灭的灰烬吗？现在的您和之前的您大不一样啊？”

子綦回答：“偃，你问得很好啊！现在的我进入了一种忘我的状态，你知道吗？你听说过‘人籁’却没有听说过‘地籁’，听说过‘地籁’却没有听说过‘天籁’啊！”

子游问：“请问是如何达到的呢？”

---

① 南郭子綦（qí）：其人名子綦，住城郭南端。隐几（jī）：凭几。

② 嗒（tà）焉：相忘貌。似丧其耦（ǒu）：即下文“吾丧我”，一说为身与神相耦，一说为物与我相耦。

③ 颜成子游：南郭子綦的弟子，名偃，字子游。

④ 何居：何故。

⑤ 大块：大地。噫（yī）气：吐气出声。

⑥ 翏翏（liù）：长风之声。

⑦ 畏佳：即“畏崔”，形容山势高低盘回的样子。

⑧ 此处“似鼻，似口，似耳，似枅，似圈，似臼，似洼者，似污者”都是形容众窍的形状。

⑨ 此处“激者、謞者、叱者、吸者、叫者、譹者、宎者、咬者”都是形容众窍所发出的声音。

⑩ 于、喁（yú）：声之相和也。

⑪ 调调、刁刁：摇动的样子。“调调”为树枝大动，“刁刁”为树叶微动。

⑫ 郭象注：“夫天籁者，岂复别有一物哉？即众窍比竹之属，接乎有生之类，会而共成一天耳。”此句意谓一切声音都是由这些孔窍自己发出，并没有其他的东西来发动它们，天籁就是万物率性而动的自然之音。

子綦说："大地吐出的气，名字叫风。风不发作则已，一旦发作整个大地上的各种孔窍都怒吼起来。你没有听过那长风的呼呼声吗？山陵上各种陡峭盘回的地方，百围大树上的孔窍，有的像鼻子，有的像嘴巴，有的像耳朵，有的像柱上插入横木的方孔，有的像杯圈，有的像舂米的臼窝，有的像深池，有的像浅池。它们发出的声音，像湍急的流水声，像迅疾的箭镞声，像大声的呵斥声，像细细的呼吸声，像叫喊声，像嚎哭声，像深谷的回荡声，像叹气的哀切声。前面的风声在呜呜地倡导，后面的孔窍在呼呼地唱和。徐徐微风有小的和声，呼呼长风则有大的和声，迅猛的暴风停止，则万般孔窍也就寂然无声了。你没见风吹过的地方枝叶随风摇曳的样子吗？"

子游说："地籁是从众窍发出的风声，人籁是从竹箫发出的乐音。那什么是天籁呢？"

子綦说："所谓天籁，就是风吹各种孔窍发出的声音。这些声音虽然有万般不同，但都是各个孔窍自然率性而产生的，使得它们发声的还能有谁呢？"

二

物无非彼，物无非是。自彼则不见，自知则知之。故曰彼出于是，是亦因彼。彼是方生①之说也。虽然，方生方死，方死方生；方可方不可，方不可方可；因是因非，因非因是。是以圣人不由而照之于天，亦因是也。

是亦彼也，彼亦是也。彼亦一是非，此亦一是非。果且有彼是乎哉？果且无彼是乎哉？彼是莫得其偶，谓之道枢。枢始得其环中，以应无穷。是亦一无穷，非亦一无穷也。故曰：莫若以明。

【今译】

事物没有不是"彼"的，也没有不是"此"的。从他物的角度就看不见这方面，从自己的角度来了解就知道了。所以说"彼"是相对于"此"来说的，"此"也是相应于"彼"而成的。"彼"和"此"相对而生、相互依存。既然如此，事物的生与死、可与不可、是与非都是相互依存而又相互转化的。所以圣人并不区分"彼""此"，而是观照事物的本然，这就是因任自然的道理。

"此"就是"彼"，"彼"就是"此"。"彼"之中有其是非，"此"之中亦有其是非。那么，果真有"彼"和"此"的分别吗？果真没有"彼"和"此"的分别吗？没有"彼"和"此"的相对待，就是道之枢要。道的枢要就像是圆环的中心，可以顺应无穷。"是"的变化是无穷的，"非"的变化也是无穷的。所以说，要以明静的心境观照事物。

三

昔者庄周梦为胡蝶，栩栩然②胡蝶也，自喻适志与③！不知周也。俄然觉，则蘧蘧然

① 方生：并生。此句意谓彼和是的观念是相对而生、相互依存的。

② 栩栩(xǔ)然：即"翩翩然"，欢畅之貌。此处形容蝴蝶飞舞的样子。

③ 喻：即"愉"，喜悦。自喻适志：意谓自快得意的样子。

周也①。不知周之梦为胡蝶与？胡蝶之梦为周与？周与胡蝶，则必有分矣。此之谓物化。

【今译】

从前庄周梦见自己变成蝴蝶，翩翩飞舞，自快得意，根本不知道自己是庄周。忽然醒过来，发现自己分明是庄周。不知道是庄周做梦化为蝴蝶，还是蝴蝶做梦化为庄周呢？庄周和蝴蝶必定是有所分别的。这就叫作“物化”。

养生主

吾生也有涯，而知②也无涯。以有涯随无涯，殆已。已而为知者，殆而已矣。为善无近名，为恶无近刑③。缘督以为经④，可以保身，可以全生，可以养亲⑤，可以尽年。

【今译】

人的生命是有限的，而心思却是无限的。以有限的生命去追求无限的心思，自然会形乏而神伤；既然如此还在不停地追求，那就更加疲惫不堪了。为善则有声名之累，为恶则有刑戮之害，只有顺事理之本然以为常法，才可以保护身体，全其天性，养生如新，终享天年。

庖丁为文惠君解牛⑥，手之所触，肩之所倚，足之所履，膝之所踦（yǐ），砉然向然，奏刀騞然⑦，莫不中音，合于《桑林》之舞，乃中《经首》之会⑧。

文惠君曰：“譆（xī），善哉！技盖至此乎？”

庖丁释刀对曰：“臣之所好者道也，进乎技矣。始臣之解牛之时，所见无非牛者。三年之后，未尝见全牛也。方今之时，臣以神遇而不以目视，官知止而神欲行。依乎天理，批大郤，导大窾⑨，因其固然，技经肯綮之未尝⑩，而况大軱⑪乎！良庖岁更刀，割也；族庖月更刀，折也；今臣之刀十九年矣，所解数千牛矣，而刀刃若新发于硎⑫。彼节者有

---

① 蘧（qú）蘧然：惊动之貌。

② 知：音“智”，指人的心思。

③ 此句历来难解。一说是忘善恶之分别而居处中道，任万物之自为，则名、刑皆远（郭象）；一说是为善事不近乎名誉，为恶事免遭刑戮（成玄英）；一说是善、恶皆针对养生而言，善养生则无近于浮虚，不善养生则无近于伤残（王叔岷）。本书采用郭象的注释。

④ 督：中。缘督以为经：意谓顺着自然之道以为常法。

⑤ 亲：即“新”，与后文庖丁解牛“刀刃若新发于硎”之“新”义同。

⑥ 庖丁：庖人，其名为丁。文惠君：不知何许人，旧说以为是梁惠王。

⑦ 砉（huā）然：骨肉相离的声音。騞（huō）然：声音大于砉然。

⑧ 《桑林》：殷汤乐名。《经首》：尧乐，《咸池》的乐章名。

⑨ 批：击。郤（xì）：筋骨的间隙。导：引刀而入。窾（kuǎn）：骨节的空处。

⑩ 技：即“枝”，枝脉。经：经脉。肯：骨肉。綮（qìng）：筋肉结节处。技经肯綮之未尝：意谓于经络骨肉结节处未尝以刀刃试之。

⑪ 大軱（gū）：大骨。

⑫ 硎（xíng）：磨刀石。

间而刀刃者无厚，以无厚入有间，恢恢乎①其于游刃必有余地矣。是以十九年而刀刃若新发于硎。虽然，每至于族②，吾见其难为，怵然为戒，视为止，行为迟，动刀甚微，謋然③已解，如土委地。提刀而立，为之四顾，为之踌躇满志，善刀④而藏之。”

文惠君曰：“善哉！吾闻庖丁之言，得养生焉。”

【今译】

庖丁给文惠君宰牛，手所触及的地方，肩所倚靠的地方，脚所踩踏的地方，膝所抵住的地方，都发出骨肉相离的响声，随着刀的进出而发出的声音，无不像美妙的音乐，合于《桑林》乐章的舞曲，合于《经首》乐章的韵律。

文惠君说：“啊，真妙呀！技术怎么能达到如此高超的地步呢？”

庖丁放下刀回答说：“我所喜好的是道，已经超出一般的技艺。我刚开始宰牛的时候，所看见的不过是一头整牛而已。三年之后，看见的就不再是浑沦的整牛了。现在，我只用心神去感受而不必用眼睛去观察，眼睛的感官作用停止而心神的感通作用在进行。我顺着牛身上自然的纹理，劈开筋骨的间隙，把刀导向那些骨节间大的空隙，顺着牛的天然结构去运刀，从不碰那些经络结聚的部位和骨肉连接的地方，何况是那些大骨头呢！优秀的厨师一年更换一把刀，他们是在用刀割筋肉；普通的厨师一个月就更换一把刀，他们是在用刀砍骨头。如今我这把刀已经用了十九年，宰杀的牛有上千头了，而刀刃锋利得就像刚在磨刀石上磨过一样。牛的骨节之间是有空隙的，而刀刃几乎没有什么厚度，用薄薄的刀刃切入有空隙的骨节间，当然是游刃有余了。所以我的刀用了十九年，刀刃仍像刚从磨刀石上磨过一样。即便如此，每当遇到筋骨盘结、骨节交错的地方，我知道此处难于下刀，因此格外谨慎，目光专注，动作放缓，动刀十分轻微，而牛就哗啦地解体了，如同一摊泥土溃散在地上。我提着刀站在那儿，环顾四周，感到心满意足，这才将刀擦拭干净然后收藏起来。”

文惠君说：“妙啊，我听了庖丁这一番话，从中获得了养生的道理。”

公文轩见右师⑤而惊曰：“是何人也？恶(wū)乎介⑥也？天与？其人与？”曰：“天也，非人也。天之生是使独也，人之貌有与也。以是知其天也，非人也。”

泽雉⑦十步一啄，百步一饮，不蕲畜乎樊中。神虽王，不善也⑧。

---

① 恢恢乎：宽大貌。
② 族：交错聚结处。
③ 謋(huò)然：骨肉相离之声。
④ 善刀：犹拭刀。
⑤ 公文轩：宋人。右师：官名。
⑥ 介：指一足。
⑦ 泽雉：草泽中的野鸡。
⑧ 王：即“旺”。此句意谓神采虽然旺盛，但是并不为乐。

【今译】

公文轩看到右师大吃一惊，说：“这是什么人呢？怎么只有一只脚呢？是生下来就这样，还是人为地失去一只脚呢？”说：“天生成的，不是人为的。天生就只有一只脚，人的形貌是天所赋予的。所以知道是天生的，而不是人为的。”

沼泽边的野鸡走上十步才能啄到一口食物，走上百步才能喝到一口水，可是它并不会祈求被畜养在笼子里。生活在樊笼里虽然精力十分旺盛，但并不快乐。

老聃死，秦失吊之①，三号而出。

弟子曰：“非夫子之友邪？”

曰：“然。”

“然则吊焉若此可乎？”

曰：“然。始也吾以为其人②也，而今非也。向吾入而吊焉，有老者哭之，如哭其子；少者哭之，如哭其母。彼其所以会之，必有不蕲言而言，不蕲哭而哭者。是遁天倍情③，忘其所受，古者谓之遁天之刑。适来，夫子时也；适去，夫子顺也。④ 安时而处顺，哀乐不能入也，古者谓是帝之悬解⑤。”

指⑥穷于为薪，火传也，不知其尽也。

【今译】

老聃死了，他的朋友秦失去吊丧，大哭了三声就出来了。

弟子问道：“老聃不是先生的朋友吗？”

秦失说：“是的。”

“那么像这样吊唁朋友，可以吗？”

秦失说：“可以的。原先我以为老聃是至人，现在才知道不是。刚才我进去吊唁的时候，看见老年人哭他，就像哭自己死去的儿子一样；年轻人哭他，就像哭自己死去的母亲一样。他们之所以这样悲伤，一定是有无须言而言、无须哭而哭的原因。这就是逃避自然、违背实情了，他们忘掉了人是受命于天的，古人称之为逃避自然的刑罚。该来的时候，老聃应

---

① 老聃：即老子。秦失(yì)：老子的朋友。

② 其人：当作“至人”。王叔岷《庄子校诠》中依文如海本校作“至人”，其意为长。

③ 遁天倍情：意谓逃避自然，违反情实。

④ 庄子对生死持有一种达观的态度，主张对于生死要安之若命。《庄子》外篇中“鼓盆而歌”这个故事特别能表达这种生死观。“庄子妻死，惠子吊之，庄子则方箕踞鼓盆而歌。惠子曰：‘与人居，长子老身，死不哭，亦足矣；又鼓盆而歌，不亦甚乎！’庄子曰：‘不然。是其始死也，我独何能无概然！察其始而本无生；非徒无生也，而本无形；非徒无形也，而本无气。杂乎芒芴之间，变而有气，气变而有形，形变而有生，今又变而之死，是相与为春秋冬夏四时行也。人且偃然寝于巨室，而我嗷嗷然随而哭之，自以为不通乎命，故止也。’”(《庄子·至乐》)

⑤ 帝之悬解：意谓天然之解脱。

⑥ 指：即“脂”，脂膏，可用来燃烧取光。

时而生；该去的时候，老聃顺时而死。安于天时，顺应自然，哀乐之情便不会进入心中，古人称之为自然的解脱。”

烛薪的燃烧是有穷尽的，而火在传续，不知道什么时候可以穷尽。

秋水

一

秋水时至，百川灌河。泾流之大，两涘(sì)渚(zhǔ)崖之间，不辩牛马。于是焉河伯欣然自喜，以天下之美为尽在己。顺流而东行，至于北海，东面而视，不见水端。于是焉河伯始旋其面目，望洋向若而叹曰：“野语有之曰‘闻道百以为莫己若者’，我之谓也。且夫我尝闻少仲尼之闻而轻伯夷之义者，始吾弗信；今我睹子之难穷也，吾非至于子之门，则殆矣，吾长见笑于大方之家①。”

北海若曰：“井蛙不可以语于海者，拘于虚②也；夏虫不可以语于冰者，笃③于时也；曲士④不可以语于道者，束于教也。今尔出于崖涘，观于大海，乃知尔丑，尔将可与语大理矣。天下之水，莫大于海。万川归之，不知何时止而不盈；尾闾⑤泄之，不知何时已而不虚；春秋不变，水旱不知。此其过江河之流，不可为量数。而吾未尝以此自多者，自以比形于天地而受气于阴阳，吾在于天地之间，犹小石小木之在大山也，方存乎见少，又奚以自多！计四海之在天地之间也，不似礨空⑥之在大泽乎？计中国之在海内，不似稊米⑦之在太仓乎？号物之数谓之万，人处一焉；人卒九州，谷食之所生，舟车之所通，人处一焉；此其比万物也，不似豪末之在于马体乎？五帝之所连，三王之所争，仁人之所忧，任士之所劳，尽此矣。伯夷辞之以为名，仲尼语之以为博，此其自多也，不似尔向之自多于水乎？”

【今译】

秋天河水上涨，众多的川流汇入黄河，河面宽阔，两岸和水中的沙洲之间连牛马都不能分辨。于是河神欣然自喜，认为天下的盛美都聚集在自己这里。河神顺着水流向东而去，来到北海边，朝东面一望，看不见大海的尽头。于是河神方才改变自己先前扬扬自得的面色，对着北

---

① 大方之家：犹言大道之人。
② 虚：即“墟”，意谓所居之地。
③ 笃：固陋、拘限之意。
④ 曲士：一曲之士，犹言乡曲之人。
⑤ 尾闾：指泄海水出外的地方。
⑥ 礨(lěi)空：小穴。
⑦ 稊(tí)米：小米。

海神慨叹道：“俗话说‘听了许多的道理便以为天下谁都不如自己’，说的就是我这样的人了。我还曾听说有人小看孔丘的见闻、轻视伯夷的道义，起初我不相信；如今我亲眼看到您如此浩渺博大、无边无际，要不是来到您这里，我可就危险了，我肯定会永远地被那些知晓大道的人所耻笑。”

北海神说：“井里的青蛙不可能跟它们谈论大海，因为受到生活空间的限制；夏天的虫子不可能跟它们谈论冰冻，因为受到生活时间的局限；乡下的书生不可能跟他们谈论大道，因为受到礼仪教养的束缚。如今你从河岸边出来，看到了大海，知道了自己的固陋，这样就可以和你谈论大道了。天下的水没有比海更大的，千万条川流归于大海，不知道什么时候才会停止，可是大海却从不会盈满；海水从尾闾流出去，不知道什么时候才会停止，可是海水却从不曾减少；无论春天还是秋天都不见有变化，无论水涝还是干旱都不会有感觉。可见大海远远超过了江河的流量，不能用数量来计算。但我从不曾因此而自满，我从天地那里具有了形体，从阴阳那里禀受了元气，我在天地之间就好像小石子、小树木在大山之中一样，正以自身的存在而感到渺小，又怎么会自满呢！那么四海在天地之间，不就像小穴在大泽之中吗？中国在四海之内，不就像小米在大仓之中吗？物种的名称千千万，而人只是其中一种；人聚集于九州，粮食在这里生长，舟车在这里通行，而个人只是众人中的一个；个人和万物比起来，不就像一根毫毛之于整匹马吗？五帝所禅让的，三王所争夺的，仁人所忧虑的，贤才所操劳的，不过如此而已。伯夷辞让此而博取名声，孔丘谈论此而显示渊博，他们的自夸不就像你刚才自夸水流之大一样吗？”

河伯曰：“然则吾大天地而小豪末，可乎？”

北海若曰：“否。夫物，量无穷，时无止，分无常①，终始无故。是故大知观于远近，故小而不寡，大而不多，知量无穷；证曏②今故，故遥而不闷，掇而不跂③，知时无止；察乎盈虚，故得而不喜，失而不忧，知分之无常也；明乎坦涂，故生而不说，死而不祸，知终始之不可故也。计人之所知，不若其所不知；其生之时，不若未生之时；以其至小求穷其至大之域，是故迷乱而不能自得也。由此观之，又何以知豪末之足以定至细之倪，又何以知天地之足以穷至大之域！”

【今译】

河神说：“既然这样，那我把天地看作大的，把毫末看作小的，可以吗？”

北海神回答：“不可。事物的量是没有穷尽的，时间的流逝是没有止境的，得失是无所定的，终始是有变化的。所以具有大智慧的人观物从不局限于一隅，因而小的并不以之为少，大

---

① 分：指得失。分无常，意谓得失之分皆无所定。

② 曏(xiàng)：明。

③ 遥：长。掇：短。

的并不以之为多，因为他知道事物的量是没有穷尽的；明白古往今来的各种情况，因而对遥远的并不苦闷，对近前的也不企求，因为他知道时间的流逝是没有止境的；洞悉事物的盈虚消长，因而得到了并不欣喜，失去了也并不忧伤，因为他知道得失是无所定的；明白死生之间的自然转化，因而生时并不喜悦，死去也并不害怕，因为他知道终始是有变化的。人所知道的，比不上人所不知道的；人有生命的时间，比不上人没有生命的时间，因此以有限的生命去追求无穷的东西，当然会迷乱而无所得。这样看来，又怎么知道毫末就是最小的限度，而天地就是最大的域所呢？”

河伯曰：“世之议者皆曰：‘至精无形，至大不可围①。’是信情②乎？”

北海若曰：“夫自细视大者不尽，自大视细者不明。夫精，小之微也；垺(póu)，大之殷也。故异便，此势③之有也。夫精粗者，期于有形者也；无形者，数之所不能分也；不可围者，数之所不能穷也。可以言论者，物之粗也；可以意致者，物之精也；言之所不能论，意之所不能察致者，不期精粗焉。是故大人之行，不出乎害人，不多仁恩；动不为利，不贱门隶；货财弗争，不多辞让；事焉不借人，不多食④乎力，不贱贪污；行殊乎俗，不多辟异；为在从众，不贱佞谄；世之爵禄不足以为劝，戮耻不足以为辱；知是非之不可为分，细大之不可为倪。闻曰：‘道人不闻，至德不得，大人无己。’约分之至也。”

【今译】

河神说：“世间议论的人们都说：‘最精细的东西是没有形体的，最广大的东西是没有边界的。’真是这样吗？”

北海神说：“从小的角度去看广大的东西不可能全面，从大的角度去看精细的东西不可能分明。精是小中之小，垺是大中之大。虽然各有所偏，但却是本来如此。所谓的精粗，是从有形之物的角度来说的；对于无形的东西，则不可以数量来分别；没有边界的东西，也不可以数量来穷尽。可以用言语来讨论的东西，是粗大的事物；可以心意致得者，是精细的事物；而那些言语所不能讨论的、心意所不能传达的，便不可用精粗来规定了。所以大人的行为不会害人，也不赏誉仁慈和恩惠；所做之事既不为了私利，也不轻视薄利；既不争夺财物，也不推崇辞让；凡事既不借助他人，也不疲劳心力，不以贪污为贱；行为与世俗不同，但并不主张邪僻乖异；行为和众人无异，但并不以奉承和谄媚为贱；世间的高官厚禄不足以为勉励，刑戮侮辱也不足以令其羞耻；知道是非之间并没有截然的区分，大小之间也没有绝对的界限。听人说：‘大道之人不求闻达，修道之人不计得失，至真之人顺物无己。’这就是无分限的极致了。”

---

① 至精无形，至大不可围：此与《庄子·天下》中引述惠施的“至大无外，谓之大一；至小无内，谓之小一”的思想相近。

② 情：实。

③ 势：形。

④ 食：即“蚀”，意谓疲劳。

河伯曰：“若物之外，若物之内，恶至而倪①贵贱？恶至而倪小大？”

北海若曰：“以道观之，物无贵贱；以物观之，自贵而相贱；以俗观之，贵贱不在己。以差观之，因其所大而大之，则万物莫不大；因其所小而小之，则万物莫不小。知天地之为稊米也，知豪末之为丘山也，则差数睹矣。以功观之，因其所有而有之，则万物莫不有；因其所无而无之，则万物莫不无。知东西之相反而不可以相无，则功分定矣。以趣观之，因其所然而然之，则万物莫不然；因其所非而非之，则万物莫不非；知尧、桀之自然而相非，则趣操②睹矣。昔者尧、舜让而帝，之、哙让而绝③；汤、武争而王，白公争而灭④。由此观之，争、让之礼，尧、桀之行，贵贱有时，未可以为常也。梁丽⑤可以冲城而不可以窒穴，言殊器也；骐（qí）骥（jì）骅（huá）骝（liú）一日而驰千里，捕鼠不如狸狌，言殊技也；鸱鸺⑥夜撮蚤，察豪末，昼出瞋目而不见丘山，言殊性也。故曰，盖⑦师是而无非，师治而无乱乎？是未明天地之理，万物之情者也。是犹师天而无地，师阴而无阳，其不可行明矣。然且语而不舍，非愚则诬也。帝王殊禅，三代殊继。差其时，逆其俗者，谓之篡夫；当其时，顺其俗者，谓之义之徒。默默乎河伯，女恶知贵贱之门，小大之家！”

【今译】

河神说：“那么在事物的内外，如何来区分它们的贵贱呢？如何来区分它们的大小呢？”

北海神说：“从道的角度来看，万物本没有贵贱的分别。从万物自身的角度来看，万物各自为贵而以他物为贱；从世俗的角度来看，则贵贱不在事物自身。从万物之间的差别来看，顺着万物大的一面而认为它是大的，那么万物没有什么不是大的；顺着万物小的一面而认为它是小的，那么万物没有什么不是小的；因此，明白天地如同一粒小米，毫毛如同一座山丘，那么就能看清万物的差数了。从功用的角度来看，顺着万物有的一面而认为它是有的，那么万物没有什么不是有的；顺着万物无的一面而认为它是无的，那么万物没有什么不是无的；因此，明白东和西是相互对立而又相互依存的，那么就能确定万物的功用了。从人对事物的取向来看，顺着万物对的一面而认为它是对的，那么万物没有什么不是对的；顺着万物错的一面而认为它是错的，那么万物没有什么不是错的；因此，明白尧和桀都自以为是而互相鄙薄，那么就能知悉万物的意趣了。从前尧、舜通过禅让而称帝，子之和燕王哙却因禅让而灭国；商汤、周武王

① 倪：分，界限。

② 趣操：意谓意趣之操持。

③ 之：燕国的国相子之。哙（kuài）：燕王。战国时期的燕王哙拙于谋虑，听从了苏代的建议，效法上古圣王尧舜的禅让，将王位让给子之，三年后国家大乱。

④ 白公：名胜，楚平王之孙，白县尹，僭称公，作乱而死。

⑤ 梁丽：屋栋。

⑥ 鸱鸺（chī xiū）：猫头鹰。

⑦ 盖（hé）：同“盍”，何不。

因争夺天下而成为帝王，白公胜却因争夺却被杀。由此看来，争夺与禅让的礼制，尧与桀的行为，成功与否有其特定的时机，不可作为常法。栋梁之材可以用来冲城，却不可以用来堵塞小穴，这是说器用的不同；骏马良驹一天能跑上千里，捕鼠却不如猫和黄鼠狼，这是说技能的不同；猫头鹰能在黑夜里捉跳蚤，明察秋毫，可是大白天睁大眼睛也看不见山丘，这是说禀性的不同。所以说何不取法于对的而抛弃错的、取法于安定而抛弃作乱呢？这都是未能明晓天地的道理和万物的实情。就像是说取法天而轻视地、取法阴而无视阳，显然是行不通的。然而人们对此还是谈论不休，这不是愚昧就是瞎说。远古帝王的禅让各不相同，夏商周三代的继承也各自有别。不合时宜、悖逆世俗的人，就被称为篡逆之徒；合于时代、顺应世俗的人，就被称为高义之士。沉默吧，河神！你哪里知道贵贱大小的分别呢！”

河伯曰：“然则我何为乎？何不为乎？吾辞受趣舍，吾终奈何？”

北海若曰：“以道观之，何贵何贱，是谓反衍①；无拘而②志，与道大蹇。何少何多，是谓谢施③；无一而行，与道参差。严严乎④若国之有君，其无私德；繇繇乎若祭之有社，其无私福；泛泛乎其若四方之无穷，其无所畛域。兼怀万物，其孰承翼⑤？是谓无方。万物一齐，孰短孰长？道无终始，物有死生，不恃其成；一虚一满，不位乎其形。年不可举，时不可止，消息盈虚，终则有始。是所以语大义之方，论万物之理也。物之生也，若骤若驰，无动而不变，无时而不移。何为乎，何不为乎？夫固将自化。”

【今译】

河神说：“既然这样，那么我应该做什么，不应该做什么呢？对于事物的辞让和接受、取向和舍去，我到底应该怎么办呢？”

北海神说：“从道的角度来看，无所谓贵贱，贵贱是相互转化的；不要束缚你的心志，而与大道相违碍。无所谓多少，多少是互相交替的；不要偏执而行事，而与大道不相合。威严的样子像是一国的国君，没有偏私的恩惠；超然的样子像是祭祀的土神，没有偏私的赐福；阔大的样子像是通达四方而旷远无穷，没有界限的区分。兼蓄万物，有谁承受扶助？这就是说没有偏向。万物齐一，谁优谁劣呢？大道没有终始，万物却有死有生，因而不可依仗一时的所成；盈虚消长之间，万物不固守于不变的形态。岁月不可挽留，时间不会停息，消退、生长、充实、空虚，万物终结然后又开始。这就是谈论大道的方向，讨论万物的道理。万物的生长，犹如快马奔驰，无时无刻不在变化，无时无刻不在迁移。应该做什么呢？不应该做什么呢？万物原本会自然变化。”

---

① 反衍：郭象注为“贵贱之道，反覆相寻”。
② 而：即“尔”，你。
③ 谢施：犹言代谢交替而无中正。
④ 严严乎：原作“严乎”，据后文“繇繇乎”“泛泛乎”句式补。
⑤ 怀：安抚。承翼：扶助。

河伯曰：“然则何贵于道邪？”

北海若曰：“知道者必达于理，达于理者必明于权，明于权者不以物害己。至德者，火弗能热，水弗能溺，寒暑弗能害，禽兽弗能贼。非谓其薄①之也，言察乎安危，宁于祸福，谨于去就，莫之能害也。故曰：天在内，人在外，德在乎天。知天②人之行，本乎天，位乎得，蹢躅③而屈伸，反要而语极。”

曰：“何谓天？何谓人？”

北海若曰：“牛马四足，是谓天；落马首，穿牛鼻，是谓人。故曰：无以人灭天，无以故灭命，无以得殉名④。谨守而勿失，是谓反其真。”

【今译】

河神说：“既然如此，为什么还要以道为贵呢？”

北海神说：“懂得大道的人必定通达事理，通达事理的人必定明于应变，明于应变的人不会让外物伤害自己。至德之人，火不能灼烧他，水不能沉溺他，严寒酷暑不能损伤他，飞禽走兽不能侵害他。这并不是说他逼近水火、寒暑、禽兽而能幸免，而是说他能明察安危之境，安于祸福之时，进退出处都很谨慎，所以没有什么东西能够伤害他。因此说：“天机蕴含于心内，人为显露于身外，至德顺应自然。明白人的行为，本于自然，居于自得，进退屈伸各当其时，这也就返于道之枢要而论及理之极致了。”

河神说：“什么叫作天？什么叫作人？”

北海神说：“牛马生来就有四只脚，这就叫天然；用辔头套住马头，用缰绳穿过牛鼻，这就叫人为。所以说：不要用人为去毁灭天然，不要用造作去毁灭性命，不要因贪得去追求名声。谨慎地持守自然的禀性而不丧失，这就叫返璞归真。”

二

夔怜蚿⑤，蚿怜蛇，蛇怜风，风怜目，目怜心。

夔谓蚿曰：“吾以一足趻踔⑥而行，予无如矣。今子之使万足，独奈何？”

蚿曰：“不然。子不见夫唾者乎？喷则大者如珠，小者如雾，杂而下者不可胜数也。今予动吾天机⑦，而不知其所以然。”

蚿谓蛇曰：“吾以众足行，而不及子之无足，何也？”

① 薄：迫，此处引申为侵害之义。
② 此处“天”当为“夫”之误。
③ 蹢躅(zhí zhú)：进退不定的样子。
④ 故：巧故造作。得：贪得。殉：追求。
⑤ 夔：即“一足兽”，传说中一条腿的怪物。怜：爱尚。蚿(xián)：即“百足虫”马陆，多条腿的虫子。
⑥ 趻踔(chěn chuō)：跳跃。
⑦ 天机：即自然之枢机。

蛇曰："夫天机之所动，何可易邪？吾安用足哉！"

蛇谓风曰："予动吾脊胁而行，则有似也。今子蓬蓬然起于北海，蓬蓬然①入于南海，而似无有，何也？"

风曰："然。予蓬蓬然起于北海而入于南海也，然而指我则胜我，鰌②我亦胜我。虽然，夫折大木、蜚③大屋者，唯我能也。故以众小不胜为大胜也。为大胜者，唯圣人能之。"

【今译】

独脚兽夔羡慕多脚的蚿，多脚的蚿羡慕无脚的蛇，无脚的蛇羡慕无形的风，无形的风羡慕眼睛，眼睛羡慕心。

夔对蚿说："我依靠一只脚跳跃而行，没有比我更简便的了。现在你使用上万只脚行走，这怎么走呢？"

蚿说："你错了。你没见过吐唾沫的人吗？喷出唾沫大的像珠子，小的像雾滴，混杂着吐落而下，不可计数。如今我顺其自然而行，我也不知道自己为什么能够这样。"

蚿对蛇说："我用好多脚行走反倒不如你没有脚走得快，这是为什么呢？"

蛇说："我顺其自然而行，怎么可以改变呢？我哪里用得着脚呢！"

蛇对风说："我用脊柱和腰部行走，还是像有脚的样子。如今你呼呼地从北海掀起，又呼呼地吹到南海，却没有足行的形迹，这是为什么呢？"

风说："是的，我呼呼地从北海来到南海，可是人们用手来阻挡我而我并不能吹断手指，人们用腿脚来踢踏我而我并不能吹断腿脚。即便如此，折断大树、掀飞房屋，却只有我能够做到，这就是不求小的胜利而求获得大的胜利。获取大的胜利，只有圣人才能做到。"

三

庄子钓于濮水。楚王使大夫二人往先焉，曰："愿以竟内累矣！"

庄子持竿不顾，曰："吾闻楚有神龟，死已三千岁矣。王巾笥④而藏之庙堂之上。此龟者，宁其死为留骨而贵乎？宁其生而曳尾于涂中乎？"

二大夫曰："宁生而曳尾涂中。"

庄子曰："往矣！吾将曳尾于涂中。"

【今译】

庄子在濮水边垂钓，楚王派了两位大臣先行前往致意，说："楚王希望将国内的政事委托

---

① 蓬蓬然：风动的声音。
② 鰌(qiū)：蹴，踢踏。
③ 蜚：飞。
④ 巾笥(sì)：意谓以巾包裹，藏入箱箧。

给先生。”

庄子手把钓竿头也不回地说：“我听说楚国有只神龟，已经死了三千年了，楚王用竹箱装着它，用巾饰包着它，珍藏在宗庙里。这只神龟，是愿意死去留下骨骸而让人尊贵呢？还是宁愿活着拖着尾巴在泥水里爬呢？”

两位大臣说：“宁愿活着拖着尾巴在泥水里爬。”

庄子说：“那么请你们走吧！我还是希望拖着尾巴在泥水里爬。”

惠子相梁①，庄子往见之。或谓惠子曰：“庄子来，欲代子相。”于是惠子恐，搜于国中三日三夜。

庄子往见之，曰：“南方有鸟，其名为鹓雏②，子知之乎？夫鹓雏，发于南海而飞于北海，非梧桐不止，非练实③不食，非醴泉不饮。于是鸱得腐鼠，鹓雏过之，仰而视之曰：‘吓！’今子欲以子之梁国而吓我邪？”

【今译】

惠施在梁国做宰相，庄子去看望他。有人对惠施说：“庄子来梁国，是想取代你做宰相。”于是惠施恐慌起来，在都城内搜寻庄子，整整三天三夜。

庄子去见他，说：“南方有一种鸟，它的名字叫鹓雏，你知道吗？鹓雏从南海出发飞到北海，不是梧桐树它不会停息，不是竹子的果实它不会进食，不是甘甜的泉水它不会饮用。这时，一只猫头鹰寻觅到一只腐烂了的老鼠，鹓雏刚巧从空中飞过，猫头鹰抬头发出一声怒气：‘吓！’如今你想用你的梁国来吓我吗？”

庄子与惠子游于濠梁之上。

庄子曰：“鯈鱼④出游从容，是鱼乐也。”

惠子曰：“子非鱼，安知鱼之乐？”

庄子曰：“子非我，安知我不知鱼之乐？”

惠子曰：“我非子，固不知子矣；子固非鱼也，子之不知鱼之乐，全矣。”

庄子曰：“请循其本。子曰‘女安知鱼乐’云者，既已知吾知之而问我。我知之濠上也。”

【今译】

庄子和惠施在濠水的桥上游玩。

---

① 相梁：指惠施为梁惠王的国相。

② 鹓(yuān)雏：鸾凤之类的鸟。

③ 练实：即竹实。

④ 鯈(tiáo)鱼：一种白鱼。

庄子说：“白鯈鱼游得多么自在，这是鱼的快乐啊。”

惠施说：“你不是鱼，怎么知道鱼的快乐?”

庄子说：“你不是我，怎么知道我不知道鱼的快乐?”

惠施说：“我不是你，固然不知道你；你也不是鱼，那么你不知道鱼的快乐，也是可以明白的。”

庄子说：“让我们回到讨论的开始。你说‘你怎么知道鱼的快乐’这句话，就是你已经知道了我知道鱼的快乐而问我。我是在濠水的桥上知道的。”

（《庄子》原文据《四部丛刊》影印明世德堂刊本校订）

【小班研讨】

1.《荀子》评价“庄子蔽于天而不知人”，结合选文中对“天”和“人”关系的讨论，谈谈你对“天性”的理解。

2. 结合《逍遥游》中对“无用之用”的讨论，谈谈你对“用”和“无用”之间关系的理解。讨论一下，对于物和人来说如何才是真正的“用大”呢？

3.《庄子》一书记载了很多庄子和惠施的对话和故事，试结合这些文本，谈谈庄子和惠施的思想及其处世特点。

4.《史记》中说《庄子》“著书十余万言，大抵率寓言也”，请选择一两则《庄子》中的寓言故事，谈谈你对寓言背后的思想解读。

5. 徐复观先生将庄子作为中国艺术精神的真正所在，中国古典的诗词、绘画、音乐等艺术作品中，有哪些方面体现了《庄子》文本的思想精神？试举例分析。

【课外博览】

1.（晋）郭象注，（唐）成玄英疏：《庄子注疏》，中华书局2011年版。

2. 陈鼓应：《庄子今注今译》，中华书局2016年版。

3. 王博：《庄子哲学》，北京大学出版社2004年版。

4. 郑开：《庄子哲学讲记(新师说)》，广西人民出版社2016年版。

5. 杨立华：《庄子哲学研究》，北京大学出版社2020年版。

6. 储昭华：《何以安身与逍遥——庄子“虚己”之道的政治哲学解析》，商务印书馆2020年版。

7. 陈引驰：《无为与逍遥：庄子六章》，中华书局2016年版。

第三章
《坛经》与悟性

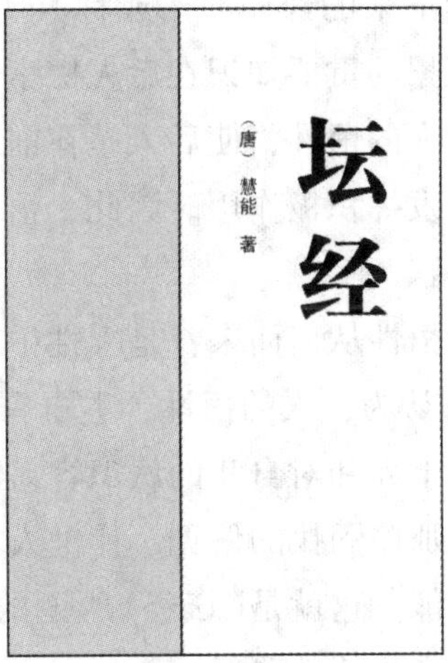

慧能(638年—713年)，也作“惠能”，唐代高僧，禅宗南宗创始人，佛教史上称为禅宗六祖。俗姓卢，河北范阳(今河北涿州)人，生于南海新州(今广东新兴)。先于湖北黄梅东山寺弘忍处学佛法，后于广州法性寺正式出家，不久回到韶州(今广东韶关)曹溪宝林寺，开始弘扬禅法。其弟子法海将其说教汇编成书，名《六祖法宝坛经》，简称《坛经》，为后来禅宗所宗。唐宪宗时被追谥为“大鉴禅师”。弟子有神会、怀让、行思等四十余人。

【大班导引】

“佛祖拈花，迦叶微笑”，这是禅宗历史上广为流传的一个故事，佛祖“拈花”所传，迦叶“微笑”所受，正是禅宗极力倡导的“以心传心”的修行法门。这一故事虽为禅门中人所虚构，但却真实道出了禅宗思想重“心悟”的特点。《坛经》，作为中国禅宗的经典，对禅宗思想的这一特点，有着非常突出的表现，其内容在开启人的悟性方面，至今依然有着独特的意义和价值。

悟性，是人类认识和理解自然、社会和人生真理的一种能力。世界常常在我们面前呈现出纷纭复杂的表象，而在这些纷繁的表象背后，世界的本然状况或者根本规律到底是什么？可以说，这是人类千百年来一直在努力探寻答案的基本问题。前人在探索世界本然真理的过程中积累下来的经验——或称其为知识——成为后人继续探索宇宙奥秘的重要依据。这些前人积累的重要知识在后人探索真理的过程中之所以有着重要意义，主要是因为这些知识能借助人的悟性，使后人站在前人探索经验的基础上，在其进一步探索自然、社会和人生真理中发挥积极作用。因此，悟性在人类认识世界、认识自我的历程中具有非常关键的意义。

那么，人的悟性从何而来？是天性中所固有，还是后天修炼而得？这是一个见仁见智的问题。《坛经》认为，人的悟性，本自有之，只不过常人的悟性多被各种固执的偏见所遮蔽，所以我们对世界和对自我的认识容易陷入偏见或谬误之中。若要改变这种被遮蔽的状况，就必须扫除那些固执的偏见，让世人本有的悟性重新呈现，从而使我们正确认识世界本然真理成为可能。这就是《坛经》所谓的“顿悟”。这种说法虽难说绝对正确，但不失为认识悟性的一种有价值的路径。

在《坛经》看来，固执的偏见更多时候是因人们对前人知识的误读而形成的。前人的知识是在探索世界真理过程中积累的经验，探索世界真理是一个无限的过程。因此，前人的知识也是一个开放的系统，不应有固定的边界，不应做固化理解。固化的知识可称之为“成见”，而谬误多源于“成见”。因此，破除“成见”也常成为顿悟追求的重要境界。这一境界不唯对禅门修行至关重要，而且对于今天的我们，无论是在大学中的学习者，还是在社会中的工作者，同样都非常重要。虽然人生不同阶段有着不同顿悟的境界，但是破“成见”作为基本之悟，在人生的各个阶段都非常需要。而在如何破“成见”方面，《坛经》可以说是一部极好的教科书。

《坛经》被称为中国禅宗经典之首。关于禅宗的形成，历史上有多种说法，如著名的“西天二十八祖”“东土六祖”之说。所谓“西天二十八祖”是从摩诃迦叶到菩提达摩，“东土六祖”则从菩提达摩到慧能。今天看来，禅宗的这一传承谱系后人编造的成分较多，尤其是西天二十八祖之说。东土六祖的传承关系，在历史上确实存在，但学术界对到底是谁创立禅宗这一问题目前仍有争议。不过，有一点是大家公认的，那就是慧能对中国禅宗基本理论的奠定发挥了非常重要的作用，而《坛经》正是记录慧能生平行事和思想要义的一部经典。

慧能，生于唐贞观十二年(公元638年)，逝于唐先天二年(公元713年)，是奠定中国禅宗基本理论的一代高僧。《坛经》是慧能一次讲法的记录，慧能的佛学思想基本保留在《坛经》中，这部经典奠定了禅宗的理论基础，成为禅宗的“宗经”，影响了唐以后禅宗乃至整个中国佛教理论的发展。《坛经》在中国佛教史以及中国文化史上都有着非常重要的地位和价值。

《坛经》在历史上的流传，由于不同时代、不同地域、不同派别的传抄刻印的差异，形成了各种不同的版本。其中有两个版本是我们必须了解的。第一是宗宝本，这个版本是元代禅师宗宝于至元二十八年(1291年)编辑成书，题名《六祖大师法宝坛经》，一卷，十品，这是自元代至今最流行的一个版本，也被称为通行本。第二是敦煌本，这个版本是1923年日本学者矢吹庆辉在伦敦大英博物馆敦煌文献中发现的，全名为《南宗顿教最上大乘摩诃般若波罗蜜经六祖惠能大师于韶州大梵寺施法坛经》，一卷，日本学者铃木大拙将其分为五十七节，这是目前能看到的最早版本。由于越古老的版本常常越接近原貌，而后出的版本则一般掺杂着更多后人增删修改的内容，因此，本书所选《坛经》以敦煌本为底本，然后依据其他版本做一定的补充修订，以便我们能更好地了解慧能以及《坛经》的原创性思想，并从中体悟超越“成见”的大智慧。

敦煌本《坛经》内容大致可分为三个部分。第一部分是慧能自述生平及学法经历，包括第一节至第十二节；第二部分是慧能讲法的具体内容，包括第十三节至第三十七节；第三部分是慧能与弟子之间关于佛法的问答以及临终嘱咐等诸项内容，包括第三十八节至第五十七节。《坛经》第二部分讲法内容是全书主体，而第一部分慧能生平及学法经历可以帮助我们了解慧能其人，并辅以了解他的思想。因此，本书所选篇目便包含这两个部分的大部分篇目，这样更有利于大家对《坛经》思想有一个较全面的了解。

本书所选篇目大体上可分为“叙事”与“说法”两部分。

所谓“叙事”是指《坛经》第一部分的第一至十二节，主要讲述慧能家世、求法经历，以及获得五祖弘忍所传衣法而成为禅宗六祖的过程。这一部分有较强的叙事性，读起来生动有趣，引人入胜。

所谓“说法”是指《坛经》第二部分的第十三至三十五节，以及第三部分的第四十二节，主要记录慧能讲法的内容，是慧能阐述他的佛学理论的最主要部分。理论内容包括禅宗的核心关键词如：悟、定、慧、顿、渐、坐禅、三身佛、见性成佛、一行三昧、四弘大愿、无相忏悔、无相三归依、摩诃般若波罗蜜、西方净土等。

读《坛经》我们可以发现，慧能所说之佛法都是传统佛学理论中的经典理论，那么慧能的“说法”新意何在？如果我们读完慧能所讲之法，就可以发现慧能讲解各种佛学经典理论时具有一个共性：破除“成见”。

就佛教修行而言，对佛教理论的固化理解而形成的“成见”，是令人们陷入执着而无法超越的重要因素。以慧能所说的“坐禅”为例。慧能指出，坐禅作为一种修行方法，其根本意义不在于“坐着不动”这种形式，而在于“本性不乱”这一境界。因此，若能达到这一境界，坐禅的方式可不拘一格，行、住、坐、卧皆可谓之“坐禅”。而如果对“坐禅”方法作固化理解，所坐所念的方式不可越雷池一步，反倒会阻碍我们达到“本性不乱”这一境界。而这，恰是一种非常不易察觉的执着。再如慧能说“经书”，他指出，一切经书皆因人而有，都是因大智慧者为迷人说法而得，也就是说，一切经书不过是大智慧者引导迷人开悟的工具罢了。因此，后人学习经书，不应把经书作为学习的目的，而应借助它去悟到心中的佛性。所以，经书好比是渡人到达彼岸的那条“筏”，只有“舍筏”才能“登岸”。故遵守经典，也是一种非常不易察觉的执着。

佛教自两汉之际传入中国，至慧能时代已有六百年历史，但对佛教修行方法作固化理解而陷入一种执着却不自知的境地的现象依然普遍存在，《坛经》中神秀的形象便是一个经典例子。慧能讲法中所做的一项主要工作就是要打破人们心中的这类“成见”，让人们能观到佛法的本然，观到世界的本然，如此才能做到超越所有“成见”，超越一切执着。敦煌本《坛经》全书虽只有一万余字，但慧能在其中却留下了超越“成见”的大智慧。

上述现象不唯在佛教修行中存在，在我们平时的学习、生活、工作中同样无处不在。比如以在校大学生为例，进入大学之前，他们绝大多数经历了十二年基础教育的训练，在获得了大量知识的同时也囤积了大量的“成见”，而这些“成见”在一定程度上遮蔽了他们本有的悟性。例如对一般知识的学习，基础教育阶段特别重视知识的确定性一面，而较忽略知识的不确定性一面，这一教育方式极易让学习者对知识做固化理解，从而将“知识”转变为“成见”，将“认识世界真相的工具”转变为“阻挡认识世界真相的障碍”。再如经典阅读问题，基础教育阶段的经典阅读特别重视知识的记忆，这种学习方式极易让学习者视掌握经典本身为学习的目的，而忽视了经典只是帮助我们获得认识世界的大智慧的工具，阅读经典根本的方法恰恰不在“记”，而在“忘”，“得意”需要“忘言”，“登岸”必须“舍筏”。诸如此类的“成见”不破除，我们本有的认识世界真相的悟性就难以完全呈现。进入大学学习阶段，这些现象依然存在；将来走入社会后，这些现象还会存在。知识帮助我们认识世界，“成见”却阻碍我们感悟和认知事物的真相，所以我们无论是在进入大学之时，还是走出大学步入社会之后，都需要破除“成见”，恢复悟性，如此我们才能更好地学习、更好地工作、更好地生活。因此，慧能在《坛经》中所呈现的破“成见”的大智慧，无疑值得我们在往后人生的每一个阶段不断地学习和借鉴。

【经典悦读】

《坛经》(节选)

一

惠能①大师于大梵寺②讲堂中，升高座，说摩诃般若波罗蜜法③，受无相戒。其时座下僧尼道俗一万余人，韶州刺史韦璩及诸官僚三十余人，儒士三十余人，同请大师说摩诃般若波罗蜜法。刺史遂令门人僧法海集记，流行后代，与学道者承此宗旨，递相传授，有所依约，以为禀承，说此《坛经》。

二

能大师言："善知识④！净心念摩诃般若波罗蜜法。"大师不语，自净心神，良久乃言："善知识静听：惠能慈父，本官范阳⑤，左降迁流岭南⑥，作新州⑦百姓。惠能幼小，父亦早亡。老母孤遗，移来南海⑧。艰辛贫乏，于市卖柴。忽有一客买柴，遂领惠能至于官店，客将柴去。惠能得钱，却向门前，忽见一客读《金刚经》。惠能一闻，心明便悟。乃问客曰：'从何处来，持此经典？'客答曰：'我于蕲州黄梅县东冯墓山，礼拜五祖弘忍⑨和尚，见今在彼，门人有千余众。我于彼听见大师劝道俗，但持《金刚经》一卷，即得见性，直了成佛。'惠能闻说，宿业有缘⑩，便即辞亲，往黄梅冯墓山礼拜五祖。"

---

① 惠能："惠"通"慧"，"惠能"也作"慧能"。北宋前禅宗典籍多写作"惠能"，北宋以后的典籍中才开始出现"慧能"写法。

② 大梵寺：位于今广东韶关。

③ 摩诃般若波罗蜜："摩诃"意为"大"，"般若"意为"智慧"，"波罗蜜"意为"到彼岸"，全句意思是"到彼岸的大智慧"。

④ 善知识：原指有较高道德及学问的佛教信仰者，此处是惠能对广大听众的一种尊称。

⑤ 范阳：今河北涿州。

⑥ 岭南：指五岭以南，相当于今广东。

⑦ 新州：今广东新兴。

⑧ 南海：今广东佛山一带。

⑨ 五祖弘忍：弘忍(601—674年)，唐代高僧，俗姓周，湖北黄梅人，被尊为禅宗五祖。

⑩ 宿业有缘：指前世结下的缘分。

三

弘忍和尚问惠能曰：“汝何方人？来此山礼拜吾，汝今向吾边，复求何物？”惠能答曰：“弟子是岭南人，新州百姓，今故远来礼拜和尚，不求余物，唯求佛法作。”大师遂责惠能曰：“汝是岭南人，又是獦獠①，若为堪作佛！”惠能答曰：“人即有南北，佛性②即无南北；獦獠身与和尚不同，佛性有何差别？”大师欲更共议，见左右在旁边，大师更便不言，遂发遣惠能令随众作务。时有一行者③，遂差惠能于碓坊踏碓④八个余月。

四

五祖忽于一日唤门人尽来，门人集讫。五祖曰：“吾向汝说，世人生死事大。汝等门人，终日供养，只求福田⑤，不求出离生死苦海。汝等自性⑥迷，福门何可救汝？汝总且归房自看，有智慧者，自取本性般若之智，各作一偈⑦呈吾。吾看汝偈，若悟大意者，付汝衣法⑧，禀为六代。火急作！”

五

门人得处分，却来各至自房，递相谓言：“我等不须澄心用意作偈，将呈和尚。神秀上座⑨是教授师⑩，秀上座得法后，自可依止⑪，请不用作！”诸人息心，尽不敢呈偈。时大师堂前有三间房廊，于此廊下供养⑫，欲画楞伽变⑬，并画五祖大师传授衣法流行

① 獦(gé)獠：“獦”，犬类；“獠”，打猎。“獦獠”是当时对以携犬行猎为生的南方少数民族的侮称。

② 佛性：原指佛陀的本性，后逐渐发展为指众生成佛的可能性或种子。

③ 行者：指佛教寺院中尚未正式剃度出家、主要从事杂役的人。

④ 碓：舂米的工具。

⑤ 福田：即可生福德之田。人若能行善修慧，必能获福德之善报，犹如农夫于田中播种，必有收获一般，故名“福田”。

⑥ 自性：自我之本性。这里的“自性”相当于“佛性”。

⑦ 偈：佛经体裁之一，有固定的字数，一般为四句，有不同的种类。中国僧人的偈与诗类似。

⑧ 衣法：“衣”指传说禅宗初祖达摩传下来的僧衣，“法”指禅宗教义。

⑨ 神秀上座：神秀(606—706年)，俗姓李，开封尉氏人，唐代著名高僧，禅宗北宗的创立者。上座，寺院僧职之名称，唐代禅宗寺院上座位在住持之下。

⑩ 教授师：专门负责教授出家弟子仪轨的僧人。

⑪ 依止：依赖、追随之意。

⑫ 供养：一般指用花烛饮食等物供奉佛、菩萨等，有时也指布施僧尼。

⑬ 楞伽变：楞伽，指《楞伽经》；变，也称变相，指将佛经故事绘成图画，以宣传教义。

后代为记。画人卢珍看壁了，明日下手。

六

上座神秀思惟：诸人不呈心偈，缘我为教授师，我若不呈心偈，五祖如何得见我心中见解深浅？我将心偈上五祖，呈意即善，求法觅祖①；不善，却同凡心，夺其圣位。若不呈心，终不得法。良久思惟，甚难。夜至三更，不令人见，遂向南廊下中间壁上题作呈心偈，欲求衣法。若五祖见偈，言此偈语，若访觅我，我见和尚，即云是秀作。五祖见偈言不堪，自是我迷，宿业障重②，不合得法，圣意③难测，我心自息。秀上座三更于南廊中间壁上秉烛题作偈，人尽不知。偈曰：

身是菩提树④，心如明镜台，时时勤拂拭，莫使有尘埃⑤。

神秀上座题此偈毕，却归房卧，并无人见。

七

五祖平旦⑥，遂唤卢供奉⑦来南廊下，画楞伽变。五祖忽见此偈，请记，乃谓供奉曰："弘忍与供奉钱三十千，深劳远来，不画变相也。《金刚经》云：'凡所有相，皆是虚妄。'⑧不如留此偈，令迷人诵。依此修行，不堕三恶⑨；依法修行，有大利益。"大师遂唤门人尽来，焚香偈前，众人见已，皆生敬心。弘忍曰："汝等尽诵此偈者，方得见性，依此修行，即不堕落。"门人尽诵，皆生敬心，唤言善哉！五祖遂唤秀上座于堂内，问："是汝作偈否？若是汝作，应得我法。"秀上座言："罪过！实是神秀作。不敢求祖，愿和尚慈悲，看弟子有少智慧识大意否？"五祖曰："汝作此偈，见解只到门前，尚未得入。凡夫依此偈修行，即不堕落；作此见解，若觅无上菩提⑩，即不可得。要入得门，见自本性。汝且去，一两日思惟，更作一偈来呈吾，若入得门，见自本性，当付汝衣法。"秀上座去数日，作偈不得。

---

① 觅祖：指为求得当第六代祖师。

② 宿业障重：指过去所作的善恶之业很重，影响到认识本心。

③ 圣意：指弘忍的心意。

④ 菩提树：原名毕钵罗树，因释迦牟尼在这种树下悟道而得名。

⑤ 莫使有尘埃："有"，一作"惹"。

⑥ 平旦：清晨，天亮的时候。

⑦ 卢供奉：即画师卢珍，供奉是官职名称。

⑧ 凡所有相，皆是虚妄："相"泛指人能感觉到的一切有形的事物和现象。此句大意是：一切有形的事物或现象都处于不停变动之中，都不是永恒存在的，所以是不真实的，是"虚妄"的。

⑨ 三恶：此处指三恶道，即地狱、饿鬼、畜生。

⑩ 无上菩提：指至高无上的觉悟，即对佛教真理的彻底觉悟。

八

有一童子，于碓坊边过，唱诵此偈。惠能一闻，知未见性，即识大意。能问童子：“适来诵者，是言何偈？”童子答能曰：“你不知大师言生死事大，欲传衣法，令门人等各作一偈来呈吾看，悟大意即付衣法，禀为六代祖。有一上座名神秀，忽于南廊下书无相偈一首，五祖令诸门人尽诵，悟此偈者，即见自性；依此修行，即得出离。”惠能答曰：“我此踏碓八个余月，未至堂前，望上人①引惠能至南廊下，见此偈礼拜，亦愿诵取，结来生缘，愿生佛地。”童子引能至南廊下，能即礼拜此偈。为不识字，请一人读。惠能闻已，即识大意。惠能亦作一偈，又请得一解书人，于西间壁上题著，呈自本心②。不识本心，学法无益，识心见性，即悟大意。惠能偈曰：

菩提本无树③，明镜亦非台④，佛性常清净，何处有尘埃？⑤

院内徒众，见能作此偈，尽怪，惠能却入碓坊。五祖忽来廊下，见惠能偈，即知识大意。恐众人知，五祖乃谓众人曰：“此亦未得了。”

九

五祖夜至三更，唤惠能堂内，说《金刚经》。惠能一闻，言下便悟。其夜受法，人尽不知，便传顿教⑥法及衣，以为六代祖。衣将为信禀⑦，代代相传；法以心传心，当令自悟。五祖言：“惠能！自古传法，气如悬丝！若住此间，有人害汝，汝即须速去。”

十

能得衣法，三更发去。五祖自送能至九江驿⑧，登时便别。五祖处分：“汝去，努力将法向南，三年勿弘此法，难起在后弘化，善诱迷人，若得心开，与悟无别。”辞违已了，便发向南。

---

① 上人：指上德之人，原是对高僧的尊称，后逐渐成为对一般出家僧人的尊称。

② 本心：此处“本心”和“自性”“本性”含义相同。

③ 菩提本无树：指出觉悟的本性不像菩提树那样有形可见。

④ 明镜亦非台：强调本心也不是可以拂拭的有形之物。

⑤ 何处有尘埃：既然本心和本性都不是可见有形的实体，那么尘埃也就无处附着。

⑥ 顿教：指顿悟成佛的教法。后世以此命名禅宗慧能一系的修行方法。

⑦ 信禀：传承的信物。

⑧ 九江驿：在今江西九江。

十一

两月中间，至大庾岭①，不知向后有数百人来，欲拟捉惠能，夺衣法，来至半路，尽总却回。唯有一僧，姓陈名惠顺②，先是三品将军③，性行粗恶，直至岭上，来趁把着，惠能即还法衣，又不肯取。惠顺曰："我故远来求法，不要其衣。"能于岭上，便传法惠顺，惠顺得闻，言下心开。能使惠顺即却向北化人。

十二

惠能来于此地，与诸官僚道俗，亦有累劫之因④。教是先圣所传，不是惠能自知。愿闻先圣教者，各须净心⑤，闻了愿自除迷，如先代悟。(下是法)惠能大师唤言："善知识！菩提⑥般若之智，世人本自有之，即缘心迷，不能自悟，须求大善知识示道见性。善知识！愚人智人，佛性本亦无差别，只缘迷悟，迷即为愚，悟即成智。"

十三

善知识！我此法门，以定慧⑦为本。第一勿迷，言慧定别，定慧体一不二。即定是慧体，即慧是定用。即慧之时定在慧，即定之时慧在定。善知识！此义即是定慧等。学道之人作意，莫言先定发慧，先慧发定，定慧各别。作此见者，法有二相⑧，口说善，心不善，慧定不等；心口俱善，内外一种，定慧即等。自悟修行，不在口诤。若诤先后，即是迷人，不断胜负，却生法我，不离四相⑨。

---

① 大庾岭：在今江西大余县和广东南雄市的分界处。

② 惠顺：宗宝本作"惠明"，俗姓陈，鄱阳人。

③ 三品将军：宗宝本作"四品将军"。

④ 累劫之因："劫"，古代印度的时间单位，在佛教中常指不可计算之极长时间。累劫之因即累积许多劫所结下的因缘。

⑤ 净心：指消除心中杂念，精神专一，注意力集中。

⑥ 菩提：意译为觉、智，即指觉悟的智慧。

⑦ 定慧："定"指禅定，"慧"指智慧，佛教"戒定慧"三学中之二学。

⑧ 法有二相：佛法就有两种不同的相状。

⑨ 四相：有多种解释，常见的有两种：一是指事物或现象的生(生成)、住(存在)、异(变异)、灭(毁灭)四个过程；二是指"我相"(认为自我为实有)、"人相"(认为自我与其他众生不同)、"众生相"(认为自我依据五蕴而存在)、"寿者相"(认为自我的寿命不断)。

十四

一行三昧[①]者，于一切时中，行、住、坐、卧，常行真心是。《净名经》[②]云：“真心是道场，真心是净土。”莫心行谄曲，口说法直，口说一行三昧，不行真心，非佛弟子。但行真心，于一切法上，无有执著，名一行三昧。迷人著法相，执一行三昧，真心坐不动，除妄不起心，即是一行三昧。若如是，此法同无情[③]，却是障道因缘。道须通流，何以却滞？心不住，即通流，住即彼缚。若坐不动是，维摩诘不合呵舍利弗宴坐林中[④]。善知识！又见有人教人坐，看心看净，不动不起，从此置功。迷人不悟，便执成颠，即有数百般如此教道者，故知大错。

十五

善知识！定慧犹如何等？如灯光，有灯即有光，无灯即无光。灯是光之体，光是灯之用。名即有二，体无两般。此定慧法，亦复如是。

十六

善知识！法无顿渐，人有利钝。迷即渐劝，悟人顿修。识自本心，是见本性，悟即元无差别，不悟即长劫轮回[⑤]。

十七

善知识！我自法门，从上已来，顿渐皆立无念为宗[⑥]，无相为体[⑦]，无住为本[⑧]。何

① 一行三昧：“三昧”，梵语，意译为“正定”，即心定于一处的一种安定状态。一行三昧指心专注于一行而修习正定。

② 《净名经》：即《维摩经》。

③ 无情：指草木土石、山河大地等无情识之物。

④ 宴坐林中：故事出自《维摩诘经·弟子品》。“维摩诘”，也称“净名”，毗耶离城的居士。“舍利弗”：也称“舍利子”，佛陀的十大弟子之一。“宴坐”：默然静坐，指坐禅。

⑤ 长劫轮回：无限轮回，即永远处于生死轮回之中。

⑥ 无念为宗：以“无念”为宗旨。“无念”不是指没有任何念头，而是指对一切现象都不产生贪取或舍弃的念头，即对一切都不执着。

⑦ 无相为体：以“无相”为主体。“无相”不是指没有任何相状，而是指不执着于一切相状。

⑧ 无住为本：以“无住”为根本。“无住”是“念念不住”，即每一个念头都不执着于现象。

名为相无相？于相而离相。无念者，于念而不念。无住者，为人本性，念念不住，前念、今念、后念，念念相续，无有断绝；若一念断绝，法身即离色身。念念时中，于一切法上无住，一念若住，念念即住，名系缚①；于一切法上，念念不住，即无缚也，是以无住为本。善知识！外离一切相，是无相；但能离相，性体清净，是以无相为体。于一切境上不染，名为无念；于自念上离境，不于法上念生。莫百物不思，念尽除却，一念断即无，别处受生②。学道者用心，莫不识法意。自错尚可，更劝他人迷，不自见迷，又谤经法，是以立无念为宗。即缘迷人于境上有念，念上便起邪见，一切尘劳妄念从此而生。然此教门，立无念为宗。世人离境，不起于念，若无有念，无念亦不立。无者无何事？念者念何物？无者，离二相③诸尘劳；念者，念真如④本性。真如是念之体，念是真如之用。性起念，虽即见闻觉知，不染万境，而常自在。《维摩经》云："外能善分别诸法相，内于第一义而不动。"⑤

十八

善知识！此法门中，坐禅元不著心，亦不著净⑥，亦不言动。若言看心，心原是妄，妄如幻故，无所看也。若言看净，人性本净，为妄念故，盖覆真如。离妄念，本性净。不见自性本净，起心看净，却生净妄⑦，妄无处所⑧，故知看者，看却是妄也。净无形相，却立净相，言是功夫，作此见者，障自本性，却被净缚⑨。若不动者，见一切人过患，是性不动。迷人自身不动，开口即说人是非，与道违背。看心看净，却是障道因缘⑩。

十九

今记如是，此法门中，何名坐禅？此法门中，一切无碍⑪，外于一切境界⑫上念不起

① 系缚：义同"烦恼"，指束缚身心，有碍于解脱的一切精神活动。

② 别处受生：此处死，别处生，所指即是"轮回"。

③ 二相：指相对立的事物或现象，例如生灭、有无、是非、人我、内外等。

④ 真如："真"指真实，"如"指如常。"真如"一般指宇宙万有的真实性，或本然的状态，也可以说是宇宙的最高真相。

⑤ 外能善分别诸法相，内于第一义而不动：语出《维摩经·佛国品》，原文无"外""内"二字。"第一义"即"真如"，指最高之真理。

⑥ 不著净：指不执着于"净"之形相。

⑦ 净妄：对"净"的妄念，即对"净"的错误理解。

⑧ 妄无所处：虚妄的产生没有固定的处所。

⑨ 净缚：指执着于"净相"而形成的束缚。

⑩ 障道因缘：阻碍悟道的原因。

⑪ 无碍：自在通达而无障碍。

⑫ 境界：指与心相对的外境。

为坐，见本性不乱为禅。何名为禅定？外离相曰禅，内不乱曰定。外若有相，内性不乱。本性自净自定，只缘境触①，触即乱，离相不乱即定。外离相即禅，内不乱即定，外禅内定，故名禅定。《维摩经》云：“实时豁然，还得本心。”《菩萨戒经》②云：“本源自性清净。”善知识！见自性自净，自修自作自性法身③，自行佛行，自作自成佛道。

二十

善知识！总须自体，与受无相戒。一时，逐惠能口道，令善知识见自三身佛④：于自色身⑤，归依⑥清净法身佛；于自色身，归依千百亿化身佛；于自色身，归依当身圆满报身佛。(以上三唱)色身是舍宅，不可言归，向者三身，在自法性，世人尽有，为迷不见，外觅三世如来⑦，不见自色身中三世佛。善知识！听与善知识说，令善知识于自色身见自法性有三世佛，此三身佛从自性上生。何名清净法身佛？善知识！世人性本自净，万法在自性。思量一切恶事，即行于恶行；思量一切善事，便修于善行。知如是一切法尽在自性，自性常清净，日月常明。只为云覆盖，上明下暗，不能了见日月星辰，忽遇慧风吹散卷尽云雾，万象森罗，一时皆现。世人性净，犹如清天。慧如日，智如月，智慧常明。于外著境，妄念浮云盖覆，自性不能明。故遇善知识，开真正法，吹却迷妄，内外明澈，于自性中，万法皆现。一切法在自性，名为清净法身。自归依者，除不善心及不善行，是名归依。何名为千百亿化身佛？不思量，性即空寂；思量，即是自化。思量恶法，化为地狱；思量善法，化为天堂。毒害化为畜生，慈悲化为菩萨⑧，智慧化为上界⑨，愚痴化为下方⑩。自性变化甚多，迷人自不知见。一念善，智慧即生。一灯能除千年暗，一智能灭万年愚。莫思向前，常思于后。常后念善，名为报身。一念恶，报却千年善心；一念善，报却千年恶灭。无常已来后念善，名为报身。从法身思量，即是化身；念念善，即是报

① 境触：指身心对外境的感触。

② 《菩萨戒经》：全称《梵网经卢舍那佛说菩萨心地戒品第十》，也称《梵网菩萨戒经》，后秦鸠摩罗什译，上下两卷。

③ 自性法身：“法身”本指佛所说的正法、佛所得的无漏法，以及佛的自性真如。“自性法身”则指自性中的真如本性。

④ 三身佛：佛教关于“三身佛”的说法有多种，此处指法身佛、报身佛、化身佛。“法身佛”指佛的真如本性；“报身佛”指佛的果报身；“化身佛”指佛为度众生而应变的各种化身。

⑤ 色身：在此指现实中人的肉体。

⑥ 归依：指归敬依投于佛、法、僧三宝。

⑦ 如来：佛之十号之一，佛陀乘真理而来，由真如而现身，故尊称为“如来”。

⑧ 菩萨：菩提萨埵之略称，“菩提”指觉、智；“萨埵”指有情、众生。“菩萨”意译为觉有情，即指以智上求菩提，以悲下化众生，修诸波罗蜜行，于未来成就佛果之修行者。

⑨ 上界：指三界诸天，即欲界天、色界天、无色界天。

⑩ 下方：指轮回中的地狱、饿鬼、畜生三恶道。

身。自悟自修，即名归依也。皮肉是色身，是舍宅，不在归依也。但悟三身，即识大意。

二十一

今既自归依三身佛已，与善知识发四弘大愿①。善知识！一时逐惠能道：众生无边誓愿度，烦恼无边誓愿断，法门无边誓愿学，无上佛道誓愿成。(三唱)善知识！众生无边誓愿度，不是惠能度，善知识心中众生，各于自身自性自度。何名自性自度？自色身中，邪见烦恼，愚痴迷妄，自有本觉性。只本觉性，将正见度。既悟正见般若之智，除却愚痴迷妄。众生各各自度，邪来正度，迷来悟度，愚来智度，恶来善度，烦恼来菩提度，如是度者，是名真度。烦恼无边誓愿断，自心除虚妄。法门无边誓愿学，学无上正法。无上佛道誓愿成，常下心行，恭敬一切，远离迷执，觉智生般若，除却迷妄，即自悟佛道成，行誓愿力②。

二十二

今既发四弘誓愿讫，与善知识无相忏悔③，灭三世罪障。大师言：善知识！前念后念及今念，念念不被愚迷染，从前恶行一时，自性若除，即是忏悔。前念后念及今念，念念不被愚痴染，除却从前矫杂心，永断名为自性忏。前念后念及今念，念念不被疽疾④染，除却从前嫉垢心，自性若除即是忏。(以上三唱)善知识！何名忏悔？忏者终身不作，悔者知于前非。恶业⑤恒不离心，诸佛前口说无益。我此法门中，永断不作，名为忏悔。

二十三

今既忏悔已，与善知识受无相三归依⑥戒。大师言："善知识！归依觉，两足尊⑦；归依正，离欲尊⑧；归依净，众中尊⑨。从今已后，称佛为师，更不归依于邪迷外道，愿自

---

① 四弘大愿：又称四弘誓愿，指大乘佛教的菩萨为度众生而立下的四种广大之愿。
② 愿力：所发誓愿产生的力量。
③ 忏悔："忏"指请求他人忍罪；"悔"指追悔过去之罪。"忏悔"即悔谢罪过以请求谅解。
④ 疽(jū)疾："疽"指毒疮。"疽疾"即指毒疮之疾。
⑤ 恶业：与"善业"相对，指身、口、意三业产生的坏事、坏话、坏心。
⑥ 三归依：指归依佛、法、僧三宝。归依三宝，是成为佛教徒的基本条件。
⑦ 两足尊：佛之尊号，意指两足众生中最尊者。
⑧ 离欲尊：指消除尘世一切贪欲妄想者。
⑨ 众中尊：指受众生尊敬者。

三宝慈悲证明。善知识！惠能劝善知识归依三宝。佛者，觉也；法者，正也；僧者，净也①。自心归依觉，邪迷不生，少欲知足，离财离色，名两足尊。自心归依正，念念无邪故，即无爱著，以无爱著，名离欲尊。自心归依净，一切尘劳妄念，虽在自性，自性不染著，名众中尊。凡夫不解，从日至日，受三归依戒。若言归佛，佛在何处？若不见佛，即无所归；既无所归，言却是妄。善知识！各自观察，莫错用意，经中只言自归依佛，不言归依他佛。自性不归，无所依处。”

二十四

今既自归依三宝，总各各至心，与善知识说摩诃般若波罗蜜法。善知识虽念不解，惠能与说，各各听。摩诃般若波罗蜜者，西国梵语，唐言大智慧彼岸到。此法须行，不在口念。口念不行，如幻如化。修行者，法身与佛等也。何名摩诃？摩诃者是大。心量广大，犹如虚空。莫空心②坐，即落无记空③。能含日月星辰、大地山河，一切草木、恶人善人、恶法善法、天堂地狱，尽在空中。世人性空，亦复如是。

二十五

性含万法④是大，万法尽是自性。见一切人及非人，恶之与善，恶法善法，尽皆不舍，不可染著⑤，犹如虚空，名之为大，此是摩诃行。迷人口念，智者心行。又有迷人，空心不思，名之为大，此亦不是。心量大，不行是小。莫口空说，不修此行，非我弟子。

二十六

何名般若？般若是智慧。一时中，念念不愚，常行智慧，即名般若行。一念愚即般若绝，一念智即般若生。心中常愚，我修般若。般若无形相⑥，智慧性即是。何名波罗蜜？此是西国梵音，唐言彼岸到，解义离生灭。著境生灭起，如水有波浪，即是于此岸；离境无生灭，如水永长流，故即名到彼岸，故名波罗蜜。迷人口念，智者心行。当念时有妄，

① 僧者，净也：“僧”为梵语“僧伽”之略称，意译为“众”。将“僧”解释为“净”是惠能的发挥。

② 空心：即心中什么都不想。

③ 无记空：“无记”指事物的非善非不善性，因既不能记为善，也不能记为不善，故称“无记”。“无记空”即指虽无善恶分别但又属虚妄的境界。

④ 万法：也称“一切法”，泛指宇宙间一切事物和现象。

⑤ 染著：即执着。

⑥ 无形相：即“无相”，指没有可见的形状。佛教一般将摆脱世俗认识所获得的真如实相称为“无相”。

有妄即非真有；念念若行，是名真有。悟此法者，悟般若法，修般若行。不修即凡，一念修行，法身等佛。善知识！即烦恼是菩提。前念迷即凡，后念悟即佛。善知识！摩诃般若波罗蜜，最尊、最上、第一，无住、无去、无来，三世诸佛从中出。将大智慧到彼岸，打破五阴①烦恼尘劳。最尊、最上、第一，赞最上乘法，修行定成佛。无去、无住、无来往，是定慧等，不染一切法。三世诸佛从中出，变三毒②为戒定慧。

二十七

善知识！我此法门从一般若生八万四千智慧。何以故？为世人有八万四千尘劳③。若无尘劳，般若常在，不离自性。悟此法者，即是无念、无忆、无著。莫起杂妄，即自是真如性。用智慧观照④，于一切法不取不舍，即见性成佛道。

二十八

善知识！若欲入甚深法界⑤，入般若三昧⑥者，直须修般若波罗蜜行，但持《金刚般若波罗蜜经》一卷，即得见性，入般若三昧。当知此人功德无量，经中分明赞叹，不能具说。此是最上乘法，为大智上根人⑦说。少根之人若闻法，心不生信。何以故？譬如大龙，若下大雨，雨于阎浮提⑧，如漂草叶；若下大雨，雨于大海，不增不减。若大乘者，闻说《金刚经》，心开悟解。故知本性自有般若之智，自用智慧观照，不假文字。譬如其雨水，不从天有，元是龙王于江海中，将身引此水，令一切众生，一切草木，一切有情无情，悉皆蒙润。诸水众流，却入大海，海纳众水，合为一体。众生本性般若之智，亦复如是。

二十九

小根之人，闻说此顿教，犹如大地草木根性自小者，若被大雨一沃，悉皆自倒，不能增长。小根之人，亦复如是。有般若之智，与大智之人亦无差别。因何闻法即不悟？缘邪

① 五阴：也作“五蕴”，即色、受、想、行、识五种要素。佛教认为世间一切有为法都是由这五种要素聚集而成。

② 三毒：指贪、嗔、痴。

③ 尘劳：指人们迷恋世间的万事万物所赞成的有碍解脱的“疲劳”，与“烦恼”意思相近。

④ 观照：指以智慧照见事理。

⑤ 法界：在佛教中一般指意识所缘之一切事物。在此则指人的自我本性。

⑥ 般若三昧：此处“三昧”不作“正定”解，而是“甚深”“究竟”的意思。“般若三昧”即“甚深般若”。

⑦ 上根人：“根”指人的根性，“上根人”即指有大智慧的人。

⑧ 阎浮提：也译为“赡部洲”，泛指人间世界。

见障重，烦恼根深。犹如大云，盖覆于日，不得风吹，日无能现。般若之智，亦无大小，为一切众生，自有迷心，外修觅佛，未悟自性，即是小根人。闻其顿教，不信外修，但于自心，令自本性常起正见，一切邪见烦恼，尘劳众生，当时尽悟，犹如大海，纳于众流，小水大水，合为一体，即是见性。内外不住，来去自由，能除执心，通达无碍，心修此行，即与《般若波罗蜜经》本无差别。

三十

一切经书及文字，小大二乘①，十二部经②，皆因人置，因智慧性故，故然能建立。若无智人，一切万法③本亦不有。故知万法本从人兴，一切经书因人说有。缘在人中有愚有智，愚为小故，智为大人。问迷人于智者，智人与愚人说法，令使愚者悟解心开。迷人若悟解心开，与大智人无别。故知不悟，即佛是众生；一念若悟，即众生是佛。故知一切万法，尽在自身心中，何不从于自心顿见真如本性。《菩萨戒经》云：“我本源自性清净。”识心见性，自成佛道。即时豁然，还得本心。

三十一

善知识！我于忍和尚处，一闻言下大悟，顿见真如本性。是故以教法流行后代，令学道者顿悟菩提，各自观心，令自本性顿悟。若不能自悟者，须觅大善知识示道见性。何名大善知识？解最上乘法，直示正路，是大善知识，是大因缘。所为化道，令得见佛。一切善法，皆因大善知识能发起故。三世诸佛十二部经，在人性中本自具有。不能自悟，须得善知识示道见性。若自悟者，不假外求善知识。若取外求善知识望得解脱，无有是处。识自心内善知识，即得解脱。若自心邪迷，妄念颠倒，外善知识即有教授，汝若不得自悟。当起般若观照，刹那间妄念俱灭，即是自真正善知识，一悟即至佛地。自性心地，以智慧观照，内外明澈，识自本心。若识本心，即是解脱。既得解脱，即是般若三昧。悟般若三昧，即是无念。何名无念？无念法者，见一切法，不著一切法；遍一切处④，不著一切

① 大小二乘：指大乘佛教与小乘佛教。此处泛指佛教诸派。

② 十二部经：又称“十二分教”，指佛经的十二种类别，即：1. 修多罗；2. 祇夜；3. 和伽罗那；4. 伽陀；5. 优陀那；6. 尼陀耶；7. 阿波陀那；8. 伊帝目多伽；9. 阇陀伽；10. 毗佛略；11. 阿浮陀达摩；12. 优波提舍。

③ 万法：在此指一切佛法。

④ 一切处：也称“遍处”，无论何处之义。

处。常净自性，使六贼①从六门②走出，于六尘③中不离不染，来去自由，即是般若三昧，自在解脱，名无念行。莫百物不思，当令念绝，即是法缚，即名边见④。悟无念法者，万法尽通；悟无念法者，见诸佛境界；悟无念顿法者，至佛位地。

三十二

善知识！后代得吾法者，常见吾法身不离汝左右。善知识！将此顿教法门，同见同行⑤，发愿受持，如事佛教⑥，终身受持而不退者，欲入圣位；然须传授，从上已来，默然而付衣法，发大誓愿，不退菩提，即须分付。若不同见解，无有志愿，在在处处，勿妄宣传，损彼前人，究竟无益。若愚人不解，谤此法门，百劫千生，断佛种性。

三十三

大师言："善知识！听吾说《无相颂》，令汝迷者罪灭，亦名《灭罪颂》。颂曰：

愚人修福不修道，谓言修福而是道。

布施⑦供养福无边，心中三业元来造。

若将修福欲灭罪，后世得福罪元造。

若解向心除罪缘，各自性中真忏悔。

若悟大乘真忏悔，除邪行正即无罪。

学道之人能自观，即与悟人同一例。

大师今传此顿教，愿学之人同一体。

若欲当来⑧觅本身，三毒恶缘心中洗。

努力修道莫悠悠，忽然虚度一世休。

若遇大乘顿教法，虔诚合掌志心求。"

大师说法了，韦使君、官僚、僧众、道俗赞言无尽，昔所未闻。

---

① 六贼：也称"六识"，即眼识、耳识、鼻识、舌识、身识、意识。

② 六门：也称"六根"，即眼、耳、鼻、舌、身、意。

③ 六尘：也称"六境"，即色、声、香、味、触、法。

④ 边见：指一边之见，片面之见。

⑤ 同见同行：和志同道合者一起修行。

⑥ 如事佛教：如对待佛之教法一样。

⑦ 布施：本义原以衣、食等物施与大德及贫穷之人。后发展成为大乘佛教的六波罗蜜之一，指施与他人以财物、体力、智慧等，为他人造福成智而求得累积功德，以致解脱的一种修行方法。

⑧ 当来：指当来之世，即来世。

三十四

使君礼拜，白言：“和尚说法，实不思议。弟子尚有少疑，欲问和尚。望意和尚大慈大悲，为弟子说。”大师言：“有疑即问，何须再三？”使君问：“法可不是西国第一祖达摩①祖师宗旨？”大师言：“是。”使君问：“弟子见说达摩大师化梁武帝，帝问达摩：‘朕一生以来，造寺、布施、供养，有功德②否？’达摩答言：‘并无功德。’武帝惆怅，遂遣达摩出境。未审此言，请和尚说。”六祖言：“实无功德，使君勿疑达摩大师言。武帝著邪道，不识正法。”使君问：“何以无功德？”和尚言：“造寺、布施、供养，只是修福，不可将福以为功德。功德在法身，非在于福田。自法性有功德，平直是德，内见佛性，外行恭敬。若轻一切人，吾我不断，即自无功德。自性虚妄，法身无功德。念念行平等直心，德即不轻。常行于敬，自修身即功，自修心即德。功德自心作，福与功德别。武帝不识正理，非祖大师有过。”

三十五

使君礼拜，又问：“弟子见僧俗常念阿弥陀佛③，愿往生西方。请和尚说，得生彼否？望为破疑。”大师言：“使君听，惠能与说。世尊④在舍卫城，说西方引化，经文分明，去此不远。只为下根说近，说远只缘上智。人自两种，法无两般。迷悟有殊，见有迟疾。迷人念佛生彼，悟者自净其心。所以佛言：‘随其心净，则佛土净。’使君！东方人但净心无罪，西方人心不净有愆⑤。迷人愿生东方、西方，悟者所在处并皆一种。心地但无不净，西方去此不远；心起不净之心，念佛往生难到。除十恶⑥即行十万；无八邪⑦即过八千。但行直心，到如弹指。使君！但行十善⑧，何须更愿往生？不断十恶之心，何佛即来迎请？若悟无生顿法，见西方只在刹那；不悟顿教大乘，念佛往生路远，如何得达？”六祖言：“惠能与使君移西方刹那间，目前便见，使君愿见否？”使君礼拜：“若此得见，何须往生？愿和尚慈悲，为现西方，大善！”大师言：“一时见西方，无疑即散！”大众愕然，莫

---

① 达摩：南天竺人，南北朝时期高僧，北魏时曾在洛阳、嵩山等地传授禅教，被尊为禅宗初祖。

② 功德：指功能福德，即行善所获之果报。

③ 阿弥陀佛：佛教文化中西方极乐世界的教主，能接引念佛者往生西方净土世界，故又称“接引佛”。

④ 世尊：佛陀十大尊号之一，意为世人所尊重者，也指世间之最尊者。

⑤ 愆(qiān)：罪过，过失。

⑥ 十恶：又称十不善，即杀生、偷盗、邪淫、妄语、两舌、恶口、绮语、贪欲、嗔恚、邪见。

⑦ 八邪：与八正道相反的八种邪道，即邪见、邪思惟、邪语、邪业、邪命、邪精进、邪念、邪定。

⑧ 十善：十种善行，即不杀生、不偷盗、不邪淫、不妄语、不两舌、不恶口、不绮语、不贪欲、不嗔恚、不邪见。

知何事。大师曰："大众！大众！作意听！世人自色身是城，眼、耳、鼻、舌、身即是城门。外有五门，内有意门。心即是地，性即是王。性在王在，性去王无。性在身心存，性去身心坏。佛是自性作，莫向身外求。自性迷，佛即是众生；自性悟，众生即是佛。慈悲即是观音①，喜舍名为势至②，能净是释迦③，平直即是弥勒④。人我即是须弥⑤，邪心即是海水，烦恼即是波浪，毒心即是恶龙，尘劳即是鱼鳖，虚妄即是鬼神，三毒即是地狱，愚痴即是畜生，十善即是天堂。无人我，须弥自倒；除邪心，海水竭；烦恼无，波浪灭；毒害除，鱼龙绝。自心地上觉性如来，放大智慧光明，照耀六门清净，照破六欲诸天，下照三毒若除，地狱一时消灭，内外明澈，不异西方。不作此修，如何到彼？"座下闻说，赞声彻天，应是迷人了然便见。使君礼拜，赞言："善哉！善哉！普愿法界众生，闻者一时悟解。"

四十二

又有一僧名法达，常诵《妙法莲华经》七年，心迷不知正法之处。来至漕溪山⑥礼拜，问大师言："弟子常诵《妙法莲华经》七年，心迷不知正法之处，经上有疑，大师智慧广大，愿为除疑？"大师言："法达！法即甚达，汝心不达！经上无疑，汝心自疑。汝心自邪，而求正法。吾心正定，即是持经。吾一生以来，不识文字，汝将《法华经》来，对吾读一遍，吾闻即知。"法达取经到，对大师读一遍，六祖闻已，即识佛意，便与法达说《法华经》。六祖言："法达！《法华经》无多语，七卷尽是譬喻因缘。如来广说三乘⑦，只为世人根钝。经文分明，无有余乘，唯有一佛乘。"大师言："法达！汝听一佛乘，莫求二佛乘，迷却汝性。经中何处是一佛乘？吾与汝说。经云：'诸佛世尊，唯以一大事因缘故，出现于世。'(以上十六字是正法)此法如何解？此法如何修？汝听吾说。人心不思本源空寂，离却邪见，即一大事因缘。内外不迷，即离两边。外迷著相，内迷著空，于相离相，于空离空，即是不迷。若悟此法，一念心开，出现于世。心开何物？开佛知见⑧。佛犹如觉也，分为四门：开觉知见，示觉知见，悟觉知见，入觉知见。开、示、悟、入，从一处入，即觉知见，见自本性，即得出世。"大师言："法达！吾常愿一切世人，心地常自开佛

① 慈悲即是观音：对一切众生都怀有慈悲之心的人，其自身就与观音菩萨无异。
② 喜舍名为至势：对一切众生都能欢喜和布施的人，其自身就与大至势菩萨无异。
③ 能净是释迦：身心能够保持清净而不受世俗污染的人，其自身就与释迦牟尼无异。
④ 平直即是弥勒：对待一切事物和现象都有平直心的人，其自身就与弥勒菩萨无异。
⑤ 人我即是须弥：执着于人我之分的错误观念，其害处如须弥山一样硕大无比。此后譬喻类似。
⑥ 漕溪山：位于曹溪河畔(在今韶关市曲江区)，慧能曾于此处宝林寺大弘佛法。
⑦ 三乘：指适用于不同根器者的三种不同修行方法，即声闻乘(听佛教诲)、缘觉乘(自我觉悟)和菩萨乘(上求菩提下化众生)。
⑧ 知见：佛之智慧。

知见，莫开众生知见。世人心邪，愚迷造恶，自开众生知见；世人心正，起智慧观照，自开佛知见。莫开众生知见，开佛知见即出世。”大师言：“法达！此是《法华经》一乘法。向下分三，为迷人故。汝但依一佛乘。”大师言：“法达！心行转《法华》，不行《法华》转；心正转《法华》，心邪《法华》转。开佛知见转《法华》，开众生知见被《法华》转。”大师言：“努力依法修行，即是转经。”法达一闻，言下大悟，涕泪悲泣，白言：“和尚！实未曾转《法华》，七年被《法华》转；已后转《法华》，念念修行佛行。”大师言：“即佛行是佛。”其时听人，无不悟者。

（《坛经》原文据敦煌本校订）

【小班研讨】

1. 就神秀与慧能的两首偈，谈谈你对执着与超越执着的理解。

2. 慧能说：“法无顿渐，人有利钝。”结合这一说法，谈谈你对顿悟与渐修的理解。

3. 慧能说：“心行转《法华》，不行《法华》转。”结合自己的学习经历谈谈你对这句话的理解。

4. 谈谈你对“不立文字”的理解。这一观点对我们今天读书学习有什么启发？

5. 为什么慧能说净土不在西方，而在心中？谈谈这一说法对你的启示。

【课外博览】

1. 郭朋：《坛经校释》，中华书局 2012 年版。

2. 杨曾文：《敦煌新本六祖坛经》，宗教文化出版社 2011 年版。

3. 魏道儒：《坛经译注》，中华书局 2010 年版。

4. 洪修平，孙亦平：《惠能评传》，南京大学出版社 1998 年版。

5. 杜继文，魏道儒：《中国禅宗通史》，江苏人民出版社 2008 年版。

6. 方立天：《佛教哲学》，中国人民大学出版社 2012 年版。

7. 杜继文：《佛教史》，江苏人民出版社 2018 年版。

乙 编

“人”的使命、博雅与爱恨

第四章
《史记》与使命

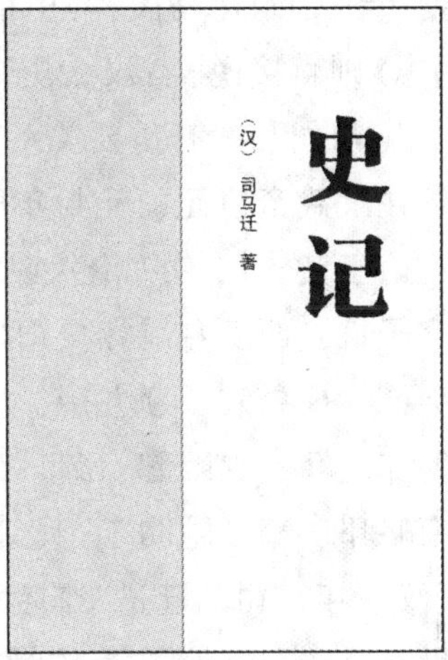

司马迁，字子长，西汉左冯翊夏阳(今陕西韩城)人，著名史学家。约生于公元前135年，卒年无考。十岁时，司马迁开始诵习古文，曾受教于董仲舒、孔安国。二十岁时，游历四方。公元前108年，出任太史令，得以利用“石室金匮之书”搜集史料。公元前104年，在参与太初历的修订之后，开始着手《史记》的写作。公元前98年，因“李陵之祸”入狱，被汉武帝处腐刑。此后，复任中书令，并发愤著书，最终完成《史记》。

【大班导引】

《史记》是中国古代第一部纪传体通史，位列“二十四史”之首。① 全书一百三十卷，五十二万余言，上起传说中的五帝，下讫汉武帝时期，其内容略于先秦而详于秦汉，是研究先秦至秦汉特别是西汉中期以前历史必不可少的、最基本的史籍。

《史记》原名《太史公书》(《史记·太史公自序》)，又称《太史公记》(《汉书·杨恽传》)，简称《太史公》(《汉书·艺文志》)，亦称《太史记》(《风俗通义·正失篇》)。约在东汉末已被称作《史记》(《隶释·执金吾丞武荣碑》)，并相沿至今。

受“周秦古书，皆不题撰人”的影响，②《史记》原未记录作者信息，后世一般将其作者题为汉中书令司马迁撰，但实际该书应是由司马谈、司马迁父子二人共同完成。唐人司马贞在《史记索隐》卷三〇附司马氏《补史记序》中称《太史公书》系“父作子述”；南宋人晁公武的《郡斋读书志》则直接说“右汉太史令司马迁续其父谈书”；顾颉刚先生则进一步指出《史记》的体例创定与司马谈有重要关系，司马迁续作只是“因仍其文”而已。③

司马谈，约在汉武帝建元、元封年间为太史公，掌天官。早年则“学天官于唐都，受易于杨何，习道论于黄子”，并“论六家之要旨”。④

司马迁，字子长，西汉左冯翊夏阳(今陕西韩城)人。十岁开始诵习古文，二十岁“南游江、淮，上会稽，探禹穴，窥九疑，浮于沅、湘；北涉汶、泗，讲业齐、鲁之都，观孔子之遗风，乡射邹、峄；戹困鄱、薛、彭城，过梁、楚以归”。后出任郎中，并“奉使西征巴、蜀以南，南略邛、笮、昆明”。其父去世三年后，继为太史令，得以窥见“石室金匮之书”。汉武帝天汉三年，司马迁遭“李陵之祸，幽于缧绁”，而后发愤著书，乃成《史记》。

司马迁去世之后，《史记》在流传时有所缺失。目前我们所看到的《史记》有一部分出自后人增补，如曹魏时人张晏所云“迁没之后，亡《景纪》《武纪》《礼书》《乐书》《兵书》《汉兴以来将相年表》《日者列传》《三王世家》《龟策列传》《傅靳列传》。元、成之间褚先生补阙⑤，作《武帝纪》《三王世家》《龟策》《日者传》，言辞鄙陋，非迁本意也”。《汉书·艺文志》也记载西汉末年的冯商续有《太史公》七篇。大体而言，《史记》所记汉武帝以后史事，多为后补之作。

司马谈、司马迁父子在《史记》中采用了本纪、表、书、世家、列传五体。其中本纪以纪帝王为主，并保留了《春秋》编年的古风。唐人刘知幾《史通·本纪》云“盖纪之为体，犹

① 二十四史包括《史记》《汉书》《后汉书》《三国志》《晋书》《宋书》《南齐书》《梁书》《陈书》《魏书》《北齐书》《周书》《隋书》《南史》《北史》《旧唐书》《新唐书》《旧五代史》《新五代史》《宋史》《辽史》《金史》《元史》《明史》。

② 余嘉锡：《古书通例》卷一，上海古籍出版社1985年版，第18页。

③ 顾颉刚：《史林杂识初编·司马谈作史》，载《顾颉刚读书笔记》卷十六，中华书局2011年版，第442页。

④ 六家指阴阳、儒、墨、名、法、道等六个学派。

⑤ 褚先生指褚少孙，西汉后期学者，对《史记》多有补充。

《春秋》之经，系日月以成岁时，书君上以显国统”。换言之，“本纪”是《史记》的主干。与本纪的综合记述不同，“表”则是专门针对某一特定时期或某一特定历史事项的排列，除便于查阅之外，还可以补纪传之不足。“书”记载专史，往往涉及某一方面的典章制度，后世同类性质的历史著述中则多称“志”。“世家”一般记载诸侯，但《太史公自序》云“二十八宿环北辰，三十辐共一毂，运行无穷，辅拂股肱之臣配焉，忠信行道，以奉主上，作三十世家”，亦即是否对天下共主产生“辅拂股肱”的作用，才是列入世家的标准，以此观之，则《孔子世家》《陈涉世家》等篇的用意明了。假如本纪、表被视作《史记》之“经”的话，[1] 则世家、列传可看作是对“经”的阐释或补充，即“传”，犹如《春秋》与《左传》的关系。司马氏父子通过对重要或具有代表性人物的传 传、群传、自传等形式)，对本纪、表所反映的那个时代的历史进行补充 。人物传记这种历史记述形式应是由《史记》所开创，其 越的学识之外，还与战国以降个人意识的觉醒密切相关， 这种个人意识的觉醒，在进入秦汉之后达到了前所未有的 《史记》的终篇，《太史公自序》是司马迁的“自叙传”，其

最早为《史记》作注的是东汉人 此后晋唐之际有关《史记》的注释凡十余种，而流传至今的 《史记集解》八十卷、唐司马贞的《史记索隐》三十卷、唐张 称“三家注”。宋代开始，“三家注”分隶于《史记》正文之下 的著作更多，其中比较重要者如钱大昕的《廿二史考异》、 陈直的《史记新证》则运用了大量考古资料，颇多新见。日 考证》、水泽利忠的《史记会注考证校补》则是关于《史记》的 值。

本章选取《史记》卷七《项 对项羽波澜壮阔一生的阅读来探讨人的“使命”与如何达

“使命”一词较早见于《 使命之不听”，本指命令、差遣等义，后逐渐衍生出责任 将古今人物的成败得失作为后人行事的借鉴，而使命感的 如《左传》《史记》等书通过对晋文公重耳及其随从十九年 一系列举措的记述，向读者展现了重耳沉着、机智、虚心 在城濮击败楚国，称霸中原，印证了史家“一战而霸，文 的逻辑结论，而雄才大略的晋侯形象亦跃然纸上。与司马 另外一位具有强烈使命感及坚忍不拔

① 参顾颉刚：《法华 《顾颉刚读书笔记》卷五，中华书局 2011 年版，第 229 页。

② 参胡宝国：《汉 版社 2014 年版，第 12~18 页。

之精神的杰出外交家，其以毕生精力两次出使西域，《史记·大宛列传》记其“持汉节不失”，始终不忘汉武帝交予他的神圣使命，最终完成了“凿空西域”的伟业。而司马谈、司马迁父子更是具有强烈历史使命感的史家，司马谈在临终之时，握着司马迁的手嘱托道：“余先周室之太史也。自上世尝显功名于虞夏，典天官事。后世中衰，绝于予乎？汝复为太史，则续吾祖矣……余死，汝必为太史；为太史，无忘吾所欲论著矣……今汉兴，海内一统，明主贤君忠臣死义之士，余为太史而弗论载，废天下之史文，余甚惧焉，汝其念哉！”而司马迁本人在遭李陵之祸后，以古代贤者的“发愤经历”自勉：“昔西伯拘羑里，演《周易》；孔子戹陈蔡，作《春秋》；屈原放逐，著《离骚》；左丘失明，厥有《国语》；孙子膑脚，而论兵法；不韦迁蜀，世传《吕览》；韩非囚秦，《说难》《孤愤》；《诗》三百篇，大抵贤圣发愤之所为作也”，最终实现了“究天人之际，通古今之变，成一家之言”(《报任安书》)的远大抱负。司马氏父子身上所体现出来的这种使命感，正是中国古代文人主动担当文化使命的一种展现。孔子就曾将自己视作中华文化的传承者和复兴者，面对困难时，他尝云“文王既没，文不在兹乎。天之将丧斯文也，后死者不得与于斯文也；天之未丧斯文也，匡人其如予何！”又曰“天生德于予，桓魋其如予何？”用上天所赋予自己的责任来鼓励自己。司马迁青年时“讲业齐、鲁之都，观孔子之遗风”，在孔庙之中“回留之不能去”，他一边回味曾经读过的孔子之书，一边想见孔子之“为人”，并心向往之。因此，在“继《春秋》”修史这项文化事业中，他以“小子何敢让焉”的姿态肩负起了自己的历史使命。《文心雕龙》的作者刘勰，亦以七龄之梦到逾立之梦的转变，坚定地道出了追随孔子，传承、复兴中华文化的决心。上述古代文人所展现出来的文化使命感，渊源自有，余续绵延，至于今也未曾断绝。

本篇的主人公项羽更是一位抱负极高、使命感极强的英雄人物，其少时便立下了“剑一人敌，不足学，学万人敌”的豪言，其后随叔父项梁观始皇帝游会稽，渡浙江时，更是发出了“彼可取而代也”的惊世之语①，这或多或少应是受到了“楚虽三户，亡秦必楚”之历史使命的感召。是年七月，秦始皇死于沙丘；次年，陈胜、吴广起兵大泽乡，各地响应，天下震动。年仅二十四岁的项羽也随叔父起兵于会稽，出任楚军副将；二十七岁，他在钜鹿全歼秦军主力，一举扭转反秦军事斗争的颓势，并主宰天下，自封为西楚霸王；二十八岁，又以三万精兵击溃刘邦统帅的五十六万诸侯联军，达到了其军事生涯的巅峰。从某种程度而言，项羽实现了“万人敌”的豪言，也在“亡秦”之役中立下了不世之功，成就了其英雄使命。但三年后，他垓下战败、亡走乌江、自刎而亡，年仅三十又一岁。项羽短暂的一生，宛如流星划过长空，辉煌炫目，转瞬即逝，留给后人无尽的遐思，或羡慕、或叹

① 汉高祖刘邦在咸阳得以亲睹始皇帝时，也表达了自己远大的志向，即“嗟乎，大丈夫当如此也”。见《史记·高祖本纪》。

息。当《垓下歌》唱罢，留下的只是霸王乌江畔偶遇故人时那句无奈的问候："来者可是故人吕马童乎？"

由古观今，无论是项羽在历史演进的关键时刻所展现的英雄使命，还是以司马迁为代表的古代文人所传承的文化使命，对于当下的我们仍具有很强的借鉴与教育意义。青年学子在树立远大目标，增强时代使命感、责任感的同时，更需脚踏实地，勤勉躬行，否则华丽的愿景也仅是空中楼阁。陶行知先生曾有诗云"人生天地间，各自有禀赋。为一大事来，做一大事去。多少白发翁，蹉跎悔歧路。寄语少年人，莫将少年误"，恰与年轻的诸君共勉！

【经典悦读】

《史记》(节选)

项羽本纪

项籍者，下相①人也，字羽。初起时，年二十四。其季父②项梁，梁父即楚将项燕③，为秦将王翦所戮者也。项氏世世为楚将，封于项④，故姓项氏。

项籍少时，学书不成，去；学剑，又不成。项梁怒之。籍曰：“书足以记名姓而已。剑一人敌，不足学，学万人敌。”于是项梁乃教籍兵法，籍大喜，略知其意，又不肯竟学。项梁尝有栎阳⑤逮⑥，乃请蕲⑦狱掾曹咎⑧书抵栎阳狱掾司马欣⑨，以故事得已。项梁杀人，与籍避仇于吴中。吴中贤士大夫皆出项梁下。每吴中有大繇(yáo)役及丧，项梁常为主办，阴以兵法部勒宾客及子弟，以是知其能。秦始皇帝游会稽⑩，渡浙江⑪，梁与籍俱观。籍曰：“彼可取而代也。”梁掩其口，曰：“毋妄言，族矣！”梁以此奇籍。籍长八尺余，力能扛(gāng)鼎，才气过人，虽吴中子弟皆已惮籍矣。

秦二世元年七月，陈涉等起大泽中。其九月，会稽守通⑫谓梁曰：“江西皆反，此亦天亡秦之时也。吾闻先即制人，后则为人所制。吾欲发兵，使公及桓楚⑬将。”是时桓楚亡在泽中。梁曰：“桓楚亡，人莫知其处，独籍知之耳。”梁乃出，诫籍持剑居外待。梁复入，与守坐，曰：“请召籍，使受命召桓楚。”守曰：“诺。”梁召籍入。须臾，梁眴⑭籍曰：“可行矣！”于是籍遂拔剑斩守头。项梁持守头，佩其印绶。门下⑮大惊，扰乱，籍所击杀数十

① 下相：县名，属临淮郡(《汉书・地理志》)，治所在今江苏宿迁市西南。
② 季父：对父亲弟弟的称呼，即叔父，后文项羽亦称项伯为季父。
③ 项燕：楚将，秦王政二十四年，其所拥立的昌平君死后，自杀殉国。参《史记・秦始皇本纪》。
④ 项：地名，《汉书・地理志》有项县，属汝南郡，治所在今河南沈丘县。
⑤ 栎(yuè)阳：县名，秦献公曾都栎阳，属左冯翊(《汉书・地理志》)，治所在今陕西西安市临潼区东北。
⑥ 《索隐》按：逮训及。谓有罪相连及，为栎阳县所逮录也。
⑦ 蕲(jī)：县名，属沛郡(《汉书・地理志》)，治所在今安徽宿州市东南。
⑧ 曹咎：后仕项氏，官至大司马，封海春侯。汉高祖四年，项羽令其守成皋，在汜水为汉军击败后，自刭。
⑨ 司马欣：曾任秦长史，钜鹿之战后投降项羽，获封塞王。汉高祖四年，在成皋战败后，与曹咎一同自刭。
⑩ 会(kuài)稽：指会稽山。《史记・秦始皇本纪》：“上会稽，祭大禹，望于南海，而立石刻颂秦德”，即此事。
⑪ 浙江：指今钱塘江。
⑫ 守：指郡守。通：人名，殷姓，时任会稽郡守。
⑬ 桓楚：后仕项氏，为楚将。
⑭ 眴(shùn)：以目示意，即使眼色。
⑮ 门下：门客，《史记・魏公子列传》：“平原君门下闻之，半去平原君，归公子”；或指郡守的仆从、护卫等人。

百人。一府中皆慴①伏，莫敢起。梁乃召故所知豪吏，谕以所为起大事，遂举吴中兵。使人收下县，得精兵八千人。梁部署吴中豪杰为校尉、候、司马②。有一人不得用，自言于梁。梁曰："前时某丧，使公主某事，不能办，以此不任用公。"众乃皆伏。于是梁为会稽守，籍为裨将③，徇下县。

广陵④人召平⑤于是为陈王徇广陵，未能下。闻陈王败走，秦兵又且至，乃渡江矫陈王命，拜梁为楚王上柱国⑥。曰："江东已定，急引兵西击秦。"项梁乃以八千人渡江而西。闻陈婴⑦已下东阳⑧，使使欲与连和俱西。陈婴者，故东阳令史⑨，居县中，素信谨，称为长者。东阳少年杀其令，相聚数千人，欲置长，无适用，乃请陈婴。婴谢不能，遂强立婴为长，县中从者得二万人。少年欲立婴便为王，异军苍头特起⑩。陈婴母谓婴曰："自我为汝家妇，未尝闻汝先古之有贵者。今暴得大名，不祥。不如有所属，事成犹得封侯，事败易以亡，非世所指名也。"婴乃不敢为王。谓其军吏曰："项氏世世将家，有名于楚。今欲举大事，将非其人不可。我倚名族，亡秦必矣。"于是众从其言，以兵属项梁。项梁渡淮，黥布⑪、蒲将军⑫亦以兵属焉。凡六七万人，军下邳⑬。

当是时，秦嘉⑭已立景驹⑮为楚王，军彭城⑯东，欲距项梁。项梁谓军吏曰："陈王先首事，战不利，未闻所在。今秦嘉倍陈王而立景驹，逆无道。"乃进兵击秦嘉。秦嘉军败走，追之至胡陵⑰。嘉还战一日，嘉死，军降。景驹走死梁地⑱。项梁已并秦嘉军，军胡

---

① 慴(shè 或 zhè)：或作"聾"，有惧怕之义。

② 校尉、候、司马：皆秦军职。

③ 裨将：副将。

④ 广陵：县名，属广陵国(《汉书·地理志》)，治所在今江苏扬州市西北。

⑤ 召(shào)平：陈胜部将。

⑥ 上柱国：楚官名，《战国策·齐策二》："(陈轸)起而问：'楚之法，覆军杀将，其官爵何也？'昭阳曰：'官为上柱国，爵为上执珪'。"

⑦ 陈婴：秦东阳县令史，后仕项氏，为楚上柱国、封五县；项籍死后，投奔刘邦，平定豫章，封堂邑侯，任楚元王相。

⑧ 东阳：县名，属临淮郡(《汉书·地理志》)，治所在今江苏盱眙县东。

⑨ 令史：秦及汉初县廷内之文书吏，值守于诸曹，是秦汉文书行政的主要执行者之一。

⑩ 苍头：指士卒皆裹皂(黑色)巾。

⑪ 黥布：原姓英，因受黥刑，而称黥布。投奔项氏后，为楚当阳君。因战功，项羽又封其为九江王。后背楚投汉，获封淮南王。高帝十一年，因谋反被杀。事详《史记·黥布列传》。

⑫ 蒲将军：史失载其姓名。

⑬ 下邳：县名，属东海郡(《汉书·地理志》)，治所在今江苏省邳州市南。

⑭ 秦嘉：秦末义军将领之一，不服陈胜，自立大司马，后因拥立景驹为楚王，而被项梁击杀。参《史记·陈涉世家》。

⑮ 景驹：楚贵族后裔，秦嘉曾拥立其为楚王，项梁击杀秦嘉后，其逃至梁地而亡。

⑯ 彭城：县名，项羽为西楚霸王时都于此，属楚国(《汉书·地理志》)，治所在今江苏徐州市。

⑰ 胡陵：即湖陵，县名，属山阳郡(《汉书·地理志》)，治所在今山东鱼台县东南。

⑱ 梁地：泛指战国时的魏境。

陵，将引军而西。章邯[①]军至栗[②]，项梁使别将朱鸡石、余樊君与战[③]。余樊君死。朱鸡石军败，亡走胡陵。项梁乃引兵入薛[④]，诛鸡石。项梁前使项羽别攻襄城[⑤]，襄城坚守不下。已拔，皆阬之。还报项梁。项梁闻陈王定死，召诸别将会薛计事。此时沛公亦起沛[⑥]，往焉。

居鄛[⑦]人范增，年七十，素居家，好奇计，往说项梁曰："陈胜败固当。夫秦灭六国，楚最无罪。自怀王入秦不反，楚人怜之至今，故楚南公[⑧]曰'楚虽三户，亡秦必楚也。'今陈胜首事，不立楚后而自立，其势不长。今君起江东，楚蠭午[⑨]之将皆争附君者，以君世世楚将，为能复立楚之后也。"于是项梁然其言，乃求楚怀王孙心民间，为人牧羊，立以为楚怀王，从民所望也。陈婴为楚上柱国，封五县，与怀王都盱台[⑩]。项梁自号为武信君。

居数月，引兵攻亢父[⑪]，与齐田荣[⑫]、司马龙且[⑬]军救东阿[⑭]，大破秦军于东阿。田荣即引兵归，逐其王假[⑮]。假亡走楚。假相田角[⑯]亡走赵。角弟田閒[⑰]故齐将，居赵不敢归。田荣立田儋[⑱]子市[⑲]为齐王。项梁已破东阿下军，遂追秦军。数(shuò)使使趣(cù)齐兵，欲与俱西。田荣曰："楚杀田假，赵杀田角、田閒，乃发兵。"项梁曰："田假为与国之王，穷来从我，不忍杀之。"赵亦不杀田角、田閒以市于齐。齐遂不肯发兵助楚。项梁使沛公及项羽别攻城阳[⑳]，屠之。西破秦军濮阳[㉑]东，秦兵收入濮阳。沛公、

---

① 章邯：秦末名将，官居少府，曾多次击败各路义军。钜鹿之战后，归顺项羽，获封雍王。汉高祖二年，被刘邦击败后自刎。参《史记·高祖本纪》。

② 栗：县名，属沛郡(《汉书·地理志》)，治所在今河南夏邑县。

③ 朱鸡石：秦末义军将领之一，为符离人。余樊君：史籍失载其姓名。此时两人皆为项氏别将。

④ 薛：县名，属鲁国(《汉书·地理志》)，治所在今山东滕州市。

⑤ 襄城：县名，属颍川郡(《汉书·地理志》)，治所在今河南襄城县。

⑥ 沛：县名，属沛郡(《汉书·地理志》)，治所在今江苏沛县。

⑦ 居鄛(cháo)：县名，属庐江郡(《汉书·地理志》)，治所在今安徽桐城市南。

⑧ 南公：楚人，善言阴阳。《汉书·艺文志》记有《南公》十三篇，六国时人所著，属阴阳家流，可参。

⑨ 蠭(fēng)午：犹言蠭起，以众蠭飞起，言其多也。

⑩ 盱(xū)台(yí)：即盱眙，县名，楚怀王都，属临淮郡(《汉书·地理志》)，治所在今江苏盱眙县东北。

⑪ 亢(gāng)父(fǔ)：县名，属东平国(《汉书·地理志》)，治所在今山东济宁市西南。

⑫ 田荣：齐田氏宗族后裔，堂兄田儋、弟田横，曾自立为齐王，与项氏不睦，后被项羽击败，为平原县民所杀。

⑬ 龙且(jū)：项氏部将，时为司马，故又称司马龙且，曾击败英布。汉高祖四年，与韩信、灌婴战，兵败被杀。

⑭ 东阿：县名，属东郡(《汉书·地理志》)，治所在今山东阳谷县东北。

⑮ 假：田假，为战国时齐王田建之弟，田儋被章邯杀后，被齐人立为王。

⑯ 田角：田假为王时任齐相。

⑰ 田閒：田角弟，田假为王时任齐将。

⑱ 田儋：齐田氏宗族后裔，堂弟田荣、田横，子田市。秦末响应陈胜、吴广起义，自立为齐王，在援救魏国时为章邯所杀。事详《史记·田儋列传》。

⑲ 市(fú)：田市，田儋之子。田荣拥立其为齐王，项羽改封其为胶东王。因惧怕项羽而就国，被田荣击杀。

⑳ 城阳：即成阳，县名，属济阴郡(《汉书·地理志》)，治所在今山东鄄(juàn)城县东南。

㉑ 濮阳：县名，属东郡(《汉书·地理志》)，治所在今河南濮阳县西南。

项羽乃攻定陶①。定陶未下，去，西略地至雝丘②，大破秦军，斩李由③。还攻外黄④，外黄未下。

项梁起东阿西，比至定陶⑤，再破秦军，项羽等又斩李由，益轻秦，有骄色。宋义⑥乃谏项梁曰："战胜而将骄卒惰者败。今卒少惰矣，秦兵日益，臣为君畏之。"项梁弗听。乃使宋义使于齐。道遇齐使者高陵君显⑦，曰："公将见武信君乎？"曰："然。"曰："臣论武信君军必败。公徐行即免死，疾行则及祸。"秦果悉起兵益章邯，击楚军，大破之定陶，项梁死。沛公、项羽去外黄攻陈留⑧，陈留坚守，不能下。沛公、项羽相与谋曰："今项梁军破，士卒恐。"乃与吕臣⑨军俱引兵而东。吕臣军彭城东，项羽军彭城西，沛公军砀⑩。

章邯已破项梁军，则以为楚地兵不足忧，乃渡河击赵，大破之。当此时，赵歇⑪为王，陈余⑫为将，张耳⑬为相，皆走入钜鹿城⑭。章邯令王离、涉閒⑮围钜鹿，章邯军其南，筑甬道而输之粟⑯。陈余为将，将卒数万人而军钜鹿之北，此所谓河北之军也。

楚兵已破于定陶，怀王恐，从盱台之彭城，并项羽、吕臣军自将之。以吕臣为司徒⑰，以其父吕青⑱为令尹⑲。以沛公为砀郡长⑳，封为武安侯㉑，将砀郡兵。

初，宋义所遇齐使者高陵君显在楚军，见楚王曰："宋义论武信君之军必败，居数日，

---

① 定陶：县名，属济阴郡(《汉书·地理志》)，治所在今山东省菏泽市定陶区稍西北。

② 雝(yōng)丘：即雍丘，县名，属陈留郡(《汉书·地理志》)，治所在今河南杞县。

③ 李由：李斯之子，秦将，曾任三川郡太守，此役为刘邦部属曹参所杀。参《史记·曹相国世家》。

④ 外黄：县名，属陈留郡(《汉书·地理志》)，治所在今河南兰考县东南。

⑤ 比：原作"北"，如此则与东阿、定陶两地地理方位描述不合。《汉书·项籍传》作"比至定陶"，比，及也。

⑥ 宋义：故楚令尹，项梁死后出任楚上将军，号为卿子冠军，后被项羽斩杀。

⑦ 显：人名，封号高陵君，齐国使者。

⑧ 陈留：县名，属陈留郡(《汉书·地理志》)，治所在今河南开封市东南。

⑨ 吕臣：吕青之子，原为陈胜部将，后仕项氏。项梁死后，被楚怀王夺兵权，任楚司徒。

⑩ 砀(dàng)：县名，属梁国(《汉书·地理志》)，治所在今河南永城市北。

⑪ 赵歇：战国时赵国贵族后裔，后被张耳、陈余拥立为赵王。项羽时，徙封为代王，陈余又复立之为赵王。汉高祖三年，为汉军所击杀。

⑫ 陈余：魏国大梁人，与张耳为刎颈之交。钜鹿之战后，二人产生矛盾。又因未随项羽入关，而未能被封王。汉高祖三年，被韩信击败于井陉，死于泜水上。事详《史记·张耳陈余列传》。

⑬ 张耳：魏国大梁人，与陈余为刎颈之交。项羽时，获封常山王。后被陈余击败，而投奔刘邦。赵歇、陈余死后，刘邦立其为赵王，高祖五年薨。事详《史记·张耳陈余列传》。

⑭ 钜鹿：县名，属钜鹿郡(《汉书·地理志》)，治所在今河北平乡县西南。

⑮ 王离：秦将王翦之孙、王贲之子，此时为章邯部将；涉閒，亦章邯部将。钜鹿大战后，王离被项羽所俘，涉閒自烧杀。

⑯ 甬道：两旁有墙或遮蔽物的通道，用于保护物资运输。

⑰ 司徒：楚国官名。

⑱ 吕青：吕臣之父。后随其子投奔刘邦，汉初封阳信候。

⑲ 令尹：楚国官名，为其最高执政官，相当于六国之相。

⑳ 砀郡：秦郡名。

㉑ 武安侯：楚怀王所封刘邦之名号。

军果败。兵未战而先见败征，此可谓知兵矣。”王召宋义与计事而大说之，因置以为上将军①，项羽为鲁公②，为次将，范增为末将，救赵。诸别将皆属宋义，号为卿子冠军。行至安阳③，留四十六日不进④。项羽曰：“吾闻秦军围赵王钜鹿，疾引兵渡河，楚击其外，赵应其内，破秦军必矣。”宋义曰：“不然。夫搏牛之䖟(méng)不可以破虮虱⑤。今秦攻赵，战胜则兵罢，我承其敝；不胜，则我引兵鼓行而西，必举秦矣。故不如先斗秦赵。夫被坚执锐，义不如公；坐而运策，公不如义。”因下令军中曰：“猛如虎，很如羊，贪如狼，强不可使者，皆斩之。”乃遣其子宋襄相齐，身送之至无盐⑥，饮酒高会。天寒大雨，士卒冻饥。项羽曰：“将戮力而攻秦，久留不行。今岁饥民贫，士卒食芋菽，军无见粮，乃饮酒高会，不引兵渡河因赵食，与赵并力攻秦，乃曰‘承其敝’。夫以秦之强，攻新造之赵，其势必举赵。赵举而秦强，何敝之承！且国兵新破，王坐不安席，埽境内而专属于将军，国家安危，在此一举。今不恤士卒而徇其私，非社稷之臣。”项羽晨朝上将军宋义，即其帐中斩宋义头，出令军中曰：“宋义与齐谋反楚，楚王阴令羽诛之。”当是时，诸将皆慴服，莫敢枝梧⑦。皆曰：“首立楚者，将军家也。今将军诛乱。”乃相与共立羽为假上将军⑧。使人追宋义子，及之齐，杀之。使桓楚报命于怀王。怀王因使项羽为上将军，当阳君⑨、蒲将军皆属项羽。

项羽已杀卿子冠军，威震楚国，名闻诸侯。乃遣当阳君、蒲将军将卒二万渡河，救钜鹿。战少利，陈余复请兵。项羽乃悉引兵渡河，皆沈船，破釜甑，烧庐舍，持三日粮，以示士卒必死，无一还心。于是至则围王离，与秦军遇，九战，绝其甬道，大破之，杀苏角⑩，虏王离。涉閒不降楚，自烧杀。当是时，楚兵冠诸侯。诸侯军救钜鹿下者十余壁，莫敢纵兵。及楚击秦，诸将皆从壁上观。楚战士无不一以当十，楚兵呼声动天，诸侯军无不人人惴恐⑪。于是已破秦军，项羽召见诸侯将，入辕门，无不膝行而前，莫敢仰视。项

① 上将军：诸将军之首，即主帅。

② 鲁公：楚怀王所封项羽之名号。《史记·高祖本纪》云：“封项羽为长安侯，号为鲁公。”

③ 安阳：地名，约在今山东曹县东，与今河南安阳并非一地。

④ 在战国秦汉时期人们的时间观念中，“四十六日”这一数值颇具神秘色彩，《史记》中至少三次提及，如长平之战时“赵卒不得食四十六日”；钜鹿之战之前，宋义“留四十六日不进”；子婴为秦王也是“四十六日”，此后刘邦入咸阳。可以推知《史记》中“四十六日”的记载应有某种文化象征意义。在当时人的意识中，“四十六日”是显示天道确定的规律性季候转换的时段，是盛衰转换的过程，也是生死转换的过程。参王子今：《〈史记〉时间寓言试解读：神秘的“四十六日”》，《人文杂志》2008年第2期。

⑤ 虮(jǐ)：《说文·虫部》云：“虱子也。”

⑥ 无盐：县名，属东平国(《汉书·地理志》)，治所在今山东东平县东南。

⑦ 枝梧：斜而相抵的支柱，引申为对抗、抵挡等意。

⑧ 假：代理。

⑨ 当阳君：即黥布。

⑩ 苏角：秦将。

⑪ 惴(zhuì)恐：恐惧。

羽由是始为诸侯上将军，诸侯皆属焉。

章邯军棘原①，项羽军漳②南，相持未战。秦军数卻，二世使人让章邯③。章邯恐，使长史欣请事。至咸阳，留司马门④三日，赵高不见，有不信之心。长史欣恐，还走其军，不敢出故道，赵高果使人追之，不及。欣至军，报曰："赵高用事于中，下无可为者。今战能胜，高必疾妒吾功；战不能胜，不免于死。愿将军孰计之。"陈余亦遗(wèi)章邯书曰："白起为秦将，南征鄢、郢，北阬马服⑤，攻城略地，不可胜计，而竟赐死。蒙恬为秦将，北逐戎人，开榆中地数千里⑥，竟斩阳周⑦。何者？功多，秦不能尽封，因以法诛之。今将军为秦将三岁矣，所亡失以十万数，而诸侯并起滋益多。彼赵高素谀日久，今事急，亦恐二世诛之，故欲以法诛将军以塞责，使人更代将军以脱其祸。夫将军居外久，多内郤⑧，有功亦诛，无功亦诛。且天之亡秦，无愚智皆知之。今将军内不能直谏，外为亡国将，孤特独立而欲常存，岂不哀哉！将军何不还兵与诸侯为从，约共攻秦，分王其地，南面称孤；此孰与身伏鈇质⑨，妻子为僇乎？"章邯狐疑，阴使候始成⑩使项羽，欲约。约未成，项羽使蒲将军日夜引兵度三户⑪，军漳南，与秦战，再破之。项羽悉引兵击秦军汙水⑫上，大破之。

章邯使人见项羽，欲约。项羽召军吏谋曰："粮少，欲听其约。"军吏皆曰："善。"项羽乃与期洹水⑬南殷虚⑭上。已盟，章邯见项羽而流涕，为言赵高。项羽乃立章邯为雍王，置楚军中。使长史欣为上将军，将秦军为前行。

到新安⑮。诸侯吏卒异时故繇使屯戍过秦中，秦中吏卒遇之多无状⑯，及秦军降诸侯，诸侯吏卒乘胜多奴虏使之，轻折辱秦吏卒。秦吏卒多窃言曰："章将军等诈吾属降诸侯，今能入关破秦，大善；即不能，诸侯虏吾属而东，秦必尽诛吾父母妻子。"诸将微闻其计，以告项羽。项羽乃召黥布、蒲将军计曰："秦吏卒尚众，其心不服，至关中不听，事必危，

---

① 棘原：地名，在钜鹿之南。
② 漳：漳水，古水名。
③ 让：责备。
④ 司马门：宫廷外门。
⑤ 马服：即赵括，赵括封马服君。
⑥ 此指开榆林塞一事。
⑦ 阳周：县名，属上郡(《汉书·地理志》)，治所在今陕西省榆林市横山区南。
⑧ 郤(xì)：通隙。
⑨ 鈇(fū)质：刑具。
⑩ 候：军候，官名。始成：人名。
⑪ 三户：漳水上之津渡。
⑫ 汙水：古水名，今已湮废。
⑬ 洹水：古水名，今曰安阳河。
⑭ 殷虚：地名，即今河南安阳市小屯村。
⑮ 新安：县名，属弘农郡(《汉书·地理志》)，治所在今河南渑(miǎn)池县东。
⑯ 无状：无理。

不如击杀之，而独与章邯、长史欣、都尉翳①入秦。”于是楚军夜击阬秦卒二十余万人新安城南。

行②略定秦地。函谷关③有兵守关，不得入。又闻沛公已破咸阳，项羽大怒，使当阳君等击关。项羽遂入，至于戏④西。沛公军霸上⑤，未得与项羽相见。沛公左司马曹无伤⑥使人言于项羽曰：“沛公欲王关中，使子婴为相，珍宝尽有之。”项羽大怒，曰：“旦日飨士卒，为击破沛公军！”当是时，项羽兵四十万，在新丰⑦鸿门，沛公兵十万，在霸上。范增说项羽曰：“沛公居山东时，贪于财货，好美姬。今入关，财物无所取，妇女无所幸，此其志不在小。吾令人望其气，皆为龙虎，成五采，此天子气也。急击勿失。”

楚左尹⑧项伯者，项羽季父也，素善留侯张良⑨。张良是时从沛公，项伯乃夜驰之沛公军，私见张良，具告以事，欲呼张良与俱去。曰：“毋从俱死也。”张良曰：“臣为韩王送沛公，沛公今事有急，亡去不义，不可不语。”良乃入，具告沛公。沛公大惊，曰：“为之柰何？”张良曰：“谁为大王为此计者？”曰：“鲰生⑩说我曰‘距关，毋内诸侯，秦地可尽王也’。故听之。”良曰：“料大王士卒足以当项王乎？”沛公默然，曰：“固不如也，且为之柰何？”张良曰：“请往谓项伯，言沛公不敢背项王也。”沛公曰：“君安与项伯有故？”张良曰：“秦时与臣游，项伯杀人，臣活之。今事有急，故幸来告良。”沛公曰：“孰与君少长？”良曰：“长于臣。”沛公曰：“君为我呼入，吾得兄事之。”张良出，要项伯。项伯即入见沛公。沛公奉卮酒为寿，约为婚姻，曰：“吾入关，秋豪不敢有所近，籍吏民，封府库，而待将军。所以遣将守关者，备他盗之出入与非常⑪也。日夜望将军至，岂敢反乎！愿伯具言臣之不敢倍德也。”项伯许诺。谓沛公曰：“旦日不可不蚤自来谢项王。”沛公曰：“诺。”于是项伯复夜去，至军中，具以沛公言报项王。因言曰：“沛公不先破关中，公岂敢入乎？今人有大功而击之，不义也，不如因善遇之。”项王许诺。

沛公旦日从百余骑来见项王，至鸿门，谢曰：“臣与将军戮力而攻秦，将军战河北，臣战河南，然不自意能先入关破秦，得复见将军于此。今者有小人之言，令将军与臣有郤。”项王曰：“此沛公左司马曹无伤言之；不然，籍何以至此。”项王即日因留沛公与饮。

---

① 都尉：官名。翳：即董翳，投降项羽后封翟王。成皋之战失败后，死于汜水。
② 行：将要。
③ 函谷关：古关名，在今河南灵宝。
④ 戏：戏水。
⑤ 霸上：地在灞水西面的高原之上，即今白鹿原。
⑥ 左司马：官名。曹无伤：刘邦部属。
⑦ 新丰：县名，秦称骊邑，汉高祖七年置，属京兆尹(《汉书·地理志》)，治所在今陕西省西安市临潼区东北。
⑧ 左尹：楚官名，即令尹的副手。
⑨ 张良：汉初三杰之一，封留侯。事详《史记·留侯世家》。
⑩ 鲰(zōu)生：小人。
⑪ 非常：变故。

项王、项伯东向坐，亚父南向坐。亚父者，范增也。沛公北向坐，张良西向侍。范增数目项王，举所佩玉玦以示之者三，项王默然不应。范增起，出召项庄①，谓曰："君王为人不忍，若入前为寿，寿毕，请以剑舞，因击沛公于坐，杀之。不者，若属皆且为所虏。"庄则入为寿，寿毕，曰："君王与沛公饮，军中无以为乐，请以剑舞。"项王曰："诺。"项庄拔剑起舞，项伯亦拔剑起舞，常以身翼蔽沛公，庄不得击。于是张良至军门，见樊哙②。樊哙曰："今日之事何如？"良曰："甚急。今者项庄拔剑舞，其意常在沛公也。"哙曰："此迫矣，臣请入，与之同命。"哙即带剑拥盾入军门。交戟之卫士欲止不内，樊哙侧其盾以撞，卫士仆地，哙遂入，披帷西向立，瞋目视项王，头发上指，目眦③尽裂。项王按剑而跽④曰："客何为者？"张良曰："沛公之参乘⑤樊哙者也。"项王曰："壮士，赐之卮酒。"则与斗卮酒。哙拜谢，起，立而饮之。项王曰："赐之彘肩。"则与一生彘肩。樊哙覆其盾于地，加彘肩上，拔剑切而啗之。项王曰："壮士，能复饮乎？"樊哙曰："臣死且不避，卮酒安足辞！夫秦王有虎狼之心，杀人如不能举，刑人如恐不胜，天下皆叛之。怀王与诸将约曰'先破秦入咸阳者王之'。今沛公先破秦入咸阳，豪毛不敢有所近，封闭宫室，还军霸上，以待大王来。故遣将守关者，备他盗出入与非常也。劳苦而功高如此，未有封侯之赏，而听细说，欲诛有功之人。此亡秦之续耳，窃为大王不取也。"项王未有以应，曰："坐。"樊哙从良坐。坐须臾，沛公起如厕，因招樊哙出。

沛公已出，项王使都尉陈平⑥召沛公。沛公曰："今者出，未辞也，为之柰何？"樊哙曰："大行不顾细谨，大礼不辞小让。如今人方为刀俎，我为鱼肉，何辞为。"于是遂去。乃令张良留谢。良问曰："大王来何操？"曰："我持白璧一双，欲献项王，玉斗一双，欲与亚父，会其怒，不敢献。公为我献之。"张良曰："谨诺。"当是时，项王军在鸿门下，沛公军在霸上，相去四十里。沛公则置车骑，脱身独骑，与樊哙、夏侯婴⑦、靳强⑧、纪信⑨等四人持剑盾步走，从郦山下，道芷阳⑩间行。沛公谓张良曰："从此道至吾军，不过二十里耳。度我至军中，公乃入。"沛公已去，间至军中，张良入谢，曰："沛公不胜杯杓，不能辞。谨使臣良奉白璧一双，再拜献大王足下；玉斗一双，再拜奉大将军足下。"项王曰："沛公安在？"良曰："闻大王有意督过之，脱身独去，已至军矣。"项王则受璧，置之

---

① 项庄：项羽从弟。
② 樊哙：刘邦属下名将。事详《史记·樊郦滕灌列传》。
③ 眦(zì)：眼眶。
④ 跽(jì)：双膝着地，上身挺直。
⑤ 参乘：陪乘者，有护卫之责。
⑥ 陈平：此时为项羽下属，后投奔刘邦，为其重要谋士之一。事详《史记·陈丞相世家》。
⑦ 夏侯婴：即滕公，刘邦部属。事详《史记·樊郦滕灌列传》。
⑧ 靳强：刘邦部属，封汾阳侯。
⑨ 纪信：刘邦部属，荥阳被围时，因代替刘邦而被项羽俘虏、烧杀。
⑩ 芷阳：县名，汉称霸陵，属京兆尹(《汉书·地理志》)，治所在今陕西西安市东北。

坐上。亚父受玉斗，置之地，拔剑撞而破之，曰：“唉！竖子不足与谋。夺项王天下者，必沛公也，吾属今为之虏矣。”沛公至军，立诛杀曹无伤。

居数日，项羽引兵西屠咸阳，杀秦降王子婴，烧秦宫室，火三月不灭；收其货宝妇女而东。人或说项王曰：“关中阻山河四塞①，地肥饶，可都以霸。”项王见秦宫室皆以烧残破，又心怀思欲东归，曰：“富贵不归故乡，如衣绣夜行，谁知之者！”说者曰：“人言楚人沐猴而冠耳②，果然。”项王闻之，烹说者。

项王使人致命怀王。怀王曰：“如约。”乃尊怀王为义帝。项王欲自王，先王诸将相。谓曰：“天下初发难时，假立诸侯后以伐秦。然身被坚执锐首事，暴露于野三年，灭秦定天下者，皆将相诸君与籍之力也。义帝虽无功，故当分其地而王之。”诸将皆曰：“善。”乃分天下，立诸将为侯王。项王、范增疑沛公之有天下，业已讲解③，又恶负约，恐诸侯叛之，乃阴谋曰：“巴、蜀道险，秦之迁人皆居蜀。”乃曰：“巴、蜀亦关中地也。”故立沛公为汉王，王巴、蜀、汉中④，都南郑⑤。而三分关中，王秦降将以距塞汉王。项王乃立章邯为雍王，王咸阳以西，都废丘⑥。长史欣者，故为栎阳狱掾，尝有德于项梁；都尉董翳者，本劝章邯降楚。故立司马欣为塞王，王咸阳以东至河，都栎阳；立董翳为翟王，王上郡⑦，都高奴⑧。徙魏王豹⑨为西魏王，王河东⑩，都平阳⑪。瑕丘⑫申阳⑬者，张耳嬖臣也，先下河南，迎楚河上，故立申阳为河南王，都雒阳。韩王成⑭因故都，都阳翟⑮。赵将司马卬⑯定河内，数有功，故立卬为殷王，王河内，都朝歌。徙赵王歇为代王。赵相张耳素贤，又从入关，故立耳为常山王，王赵地，都襄国⑰。当阳君黥布为楚将，常冠军，

---

① 四塞：指东函谷关、南武关、西散关、北萧关。
② 沐猴：猕猴。
③ 讲解：和解。
④ 巴、蜀、汉中：皆郡名。
⑤ 南郑：县名，属汉中郡(《汉书·地理志》)，治所在今陕西汉中市。
⑥ 废丘：县名，汉称槐里，属右扶风(《汉书·地理志》)，治所在今陕西兴平市东南。
⑦ 上郡：郡名。
⑧ 高奴：县名，属西河郡(《汉书·地理志》)，治所在今陕西延安市北。
⑨ 魏王豹：即魏豹，魏国贵族后裔，兄魏咎。事详《史记·魏豹彭越列传》。
⑩ 河东：郡名。
⑪ 平阳：县名，属河东郡(《汉书·地理志》)，治所在今陕西临汾市西南。
⑫ 瑕丘：地名，属山阳郡(《汉书·地理志》)，治所在今山东省济宁市兖州区偏北。
⑬ 申阳：张耳宠臣。
⑭ 韩王成：即韩成，韩国贵族后裔，后被项羽所杀。
⑮ 阳翟(dí)：县名，属颍川郡(《汉书·地理志》)，治所在今河南禹州市。
⑯ 司马卬：原为赵将，钜鹿之战后随项羽入关，封殷王，后降刘邦，彭城大战时为楚军所杀。
⑰ 襄国：县名，秦称信都，项羽称襄国，属赵国(《汉书·地理志》)，治所在今河北邢台市。

故立布为九江王，都六①。鄱君吴芮②率百越佐诸侯，又从入关，故立芮为衡山王，都邾③。义帝柱国共敖④将兵击南郡，功多，因立敖为临江王，都江陵⑤。徙燕王韩广⑥为辽东王。燕将臧荼⑦从楚救赵，因从入关，故立荼为燕王，都蓟⑧。徙齐王田市为胶东王。齐将田都⑨从共救赵，因从入关，故立都为齐王，都临菑⑩。故秦所灭齐王建孙田安⑪，项羽方渡河救赵，田安下济北数城，引其兵降项羽，故立安为济北王，都博阳⑫。田荣者，数负项梁，又不肯将兵从楚击秦，以故不封。成安君陈余弃将印去，不从入关，然素闻其贤，有功于赵，闻其在南皮⑬，故因环封三县。番君将梅鋗⑭功多，故封十万户侯。项王自立为西楚霸王，王九郡，都彭城。

汉之元年四月，诸侯罢戏下，各就国。项王出之国，使人徙义帝，曰："古之帝者地方千里，必居上游。"乃使使徙义帝长沙郴县⑮。趣义帝行，其群臣稍稍背叛之，乃阴令衡山、临江王击杀之江中。韩王成无军功，项王不使之国，与俱至彭城，废以为侯，已又杀之。臧荼之国，因逐韩广之辽东，广弗听，荼击杀广无终⑯，并王其地。

田荣闻项羽徙齐王市胶东，而立齐将田都为齐王，乃大怒，不肯遣齐王之胶东，因以齐反，迎击田都。田都走楚。齐王市畏项王，乃亡之胶东就国。田荣怒，追击杀之即墨⑰。荣因自立为齐王，而西击杀济北王田安，并王三齐⑱。荣与彭越⑲将军印，令反梁地。陈余阴使张同、夏说⑳说齐王田荣曰："项羽为天下宰，不平。今尽王故王于丑地，而王其群臣诸将善地，逐其故主，赵王乃北居代，余以为不可。闻大王起兵，且不听不

① 六：县名，属六安国(《汉书·地理志》)，治所在今安徽六安市。
② 吴芮：鄱君，较早响应陈胜、吴广起义，曾追随项羽入关；投奔刘邦后，被改封为长沙王。
③ 邾：县名，属江夏郡(《汉书·地理志》)，治所在今湖北黄冈市北。
④ 共敖：人名，楚柱国。
⑤ 江陵：县名，属南郡(《汉书·地理志》)，治所在今湖北江陵县。
⑥ 韩广：赵王武臣部属，后被派至燕地，立为燕王；项羽则封其为辽东王，后被臧荼所杀。参《史记·陈涉世家》。
⑦ 臧荼：韩广部将，钜鹿之战后随项羽入关，封燕王，后归属刘邦，高祖时谋反被杀。
⑧ 蓟：县名，属广阳国(《汉书·地理志》)，治所在今北京市。
⑨ 田都：齐将，后随项羽入关，获封齐王。参《史记·田儋列传》。
⑩ 临菑：即临淄，县名，属齐郡(《汉书·地理志》)，治所在今山东淄博市东。
⑪ 田安：为战国时齐王田建之孙，随项羽入关，封济北王，后被田荣所杀。
⑫ 博阳：县名，汉称博县，属泰山郡(《汉书·地理志》)，治所在今山东泰安市东南。
⑬ 南皮：县名，属渤海郡(《汉书·地理志》)，治所在今河北南皮县东北。
⑭ 梅鋗(xuān)：吴芮部将。
⑮ 长沙：郡名。郴：县名，属桂阳郡(《汉书·地理志》)，治所在今湖南郴州市。
⑯ 无终：县名，属右北平郡(《汉书·地理志》)，治所在今天津市蓟州区。
⑰ 即墨：县名，属胶川国(《汉书·地理志》)，治所在今山东平度市东南。
⑱ 三齐：即项羽所封齐、胶东、济北三国。
⑲ 彭越：秦末汉初名将，归属刘邦，参与垓下之战，封梁王，后因涉谋反被杀。事详《史记·魏豹彭越列传》。
⑳ 张同、夏说：人名，生平不详。

义，愿大王资余兵，请以击常山，以复赵王，请以国为扞蔽。”齐王许之，因遣兵之赵。陈余悉发三县兵，与齐并力击常山，大破之。张耳走归汉。陈余迎故赵王歇于代，反之赵。赵王因立陈余为代王。

是时，汉还定三秦①。项羽闻汉王皆已并关中，且东，齐、赵叛之，大怒。乃以故吴令郑昌②为韩王，以距汉。令萧公角等③击彭越。彭越败萧公角等。汉使张良徇韩，乃遗项王书曰：“汉王失职，欲得关中，如约即止，不敢东。”又以齐、梁反书遗项王曰：“齐欲与赵并灭楚。”楚以此故无西意，而北击齐。征兵九江王布。布称疾不往，使将将数千人行。项王由此怨布也。

汉之二年冬，项羽遂北至城阳，田荣亦将兵会战。田荣不胜，走至平原④，平原民杀之。遂北烧夷齐城郭室屋，皆阬田荣降卒，系虏其老弱妇女。徇齐至北海，多所残灭。齐人相聚而叛之。于是田荣弟田横⑤收齐亡卒得数万人，反城阳。项王因留，连战未能下。

春，汉王部五诸侯兵，凡五十六万人，东伐楚。项王闻之，即令诸将击齐，而自以精兵三万人南从鲁⑥出胡陵。四月，汉皆已入彭城，收其货宝美人，日置酒高会。项王乃西从萧⑦晨击汉军而东，至彭城，日中，大破汉军。汉军皆走，相随入穀、泗水⑧，杀汉卒十余万人。汉卒皆南走山，楚又追击至灵壁⑨东睢水⑩上。汉军卻，为楚所挤，多杀，汉卒十余万人皆入睢水，睢水为之不流。围汉王三帀（zā）。于是大风从西北而起，折木发屋，扬沙石，窈冥昼晦，逢迎楚军。楚军大乱，坏散，而汉王乃得与数十骑遁去，欲过沛，收家室而西；楚亦使人追之沛，取汉王家：家皆亡，不与汉王相见。汉王道逢得孝惠、鲁元⑪，乃载行。楚骑追汉王，汉王急，推堕孝惠、鲁元车下，滕公⑫常下收载之。如是者三。曰：“虽急不可以驱，柰何弃之?”于是遂得脱。求太公、吕后不相遇。審食其⑬从太公、吕后閒行，求汉王，反遇楚军。楚军遂与归，报项王，项王常置军中。

---

① 三秦：即项羽所封雍、塞、翟三国。
② 郑昌：故秦吴县县令，项羽部属。
③ 萧公：即萧县县令。角，人名。
④ 平原：县名，属平原郡（《汉书·地理志》），治所在今山东平原县。
⑤ 田横：田荣弟，田荣死后拥立其子田广为王，田广死后，自立为齐王。事详《史记·田儋列传》。
⑥ 鲁：县名，属鲁国（《汉书·地理志》），治所在今山东曲阜市。
⑦ 萧：县名，属沛郡（《汉书·地理志》），治所在今安徽萧县西北。
⑧ 穀、泗水：穀水和泗水，古水名。
⑨ 灵壁：地名，约在今安徽宿州市西北。
⑩ 睢水：古水名。
⑪ 孝惠：刘邦之子，即汉惠帝刘盈。鲁元：刘邦之女，嫁张耳之子张敖，生张偃，封为鲁王。
⑫ 滕公：即夏侯婴，曾为滕县县令。
⑬ 審食（yì）其（jī）：刘邦同乡，以舍人身份侍奉刘邦家人，封辟阳侯，吕后时任左丞相，文帝时为淮南王锤杀。

是时吕后兄周吕侯①为汉将兵居下邑②，汉王閒往从之，稍稍收其士卒。至荥阳③，诸败军皆会，萧何④亦发关中老弱未傅⑤悉诣荥阳，复大振。楚起于彭城，常乘胜逐北，与汉战荥阳南京、索⑥间，汉败楚，楚以故不能过荥阳而西。

项王之救彭城，追汉王至荥阳，田横亦得收齐，立田荣子广为齐王。汉王之败彭城，诸侯皆复与楚而背汉。汉军荥阳，筑甬道属(zhǔ)之河，以取敖仓⑦粟。

汉之三年，项王数侵夺汉甬道，汉王食乏，恐，请和，割荥阳以西为汉。项王欲听之。历阳侯范增曰："汉易与耳，今释弗取，后必悔之。"项王乃与范增急围荥阳。汉王患之，乃用陈平计閒项王。项王使者来，为太牢具，举欲进之。见使者，详⑧惊愕曰："吾以为亚父使者，乃反项王使者。"更持去，以恶食食项王使者。使者归报项王，项王乃疑范增与汉有私，稍夺之权。范增大怒，曰："天下事大定矣，君王自为之。愿赐骸骨归卒伍。"项王许之。行未至彭城，疽发背而死。

汉将纪信说汉王曰："事已急矣，请为王诳楚为王，王可以閒出。"于是汉王夜出女子荥阳东门被甲二千人，楚兵四面击之。纪信乘黄屋车，傅左纛⑨，曰："城中食尽，汉王降。"楚军皆呼万岁。汉王亦与数十骑从城西门出，走成皋⑩。项王见纪信，问："汉王安在?"曰："汉王已出矣。"项王烧杀纪信。

汉王使御史大夫周苛⑪、枞公⑫、魏豹守荥阳。周苛、枞公谋曰："反国之王⑬，难与守城。"乃共杀魏豹。楚下荥阳城，生得周苛。项王谓周苛曰："为我将，我以公为上将军，封三万户。"周苛骂曰："若不趣降汉，汉今虏若，若非汉敌也。"项王怒，烹周苛，并杀枞公。

汉王之出荥阳，南走宛⑭、叶⑮，得九江王布，行收兵，复入保成皋。汉之四年，项

---

① 周吕侯：即吕泽，吕后之兄。

② 下邑：县名，属东平国(《汉书·地理志》)，治所在今安徽砀山县。

③ 荥阳：县名，属河南郡(《汉书·地理志》)，治所在今河南荥阳市东北。

④ 萧何：汉初三杰之一。事详《史记·萧相国世家》。

⑤ 傅：傅籍。

⑥ 京：地名，汉有京县，属河南郡(《汉书·地理志》)，治所在今河南荥阳市东南。索：疑指京县内之索亭。

⑦ 敖仓：秦时所设著名粮仓。

⑧ 详(yáng)：通"佯"，假装。

⑨ 纛(dào)：帝王之车的车饰。

⑩ 成皋：即春秋时制邑，又名虎牢，属河南郡(《汉书·地理志》)，治所在今河南荥阳市西北。

⑪ 周苛：原为秦泗水郡卒史，后追随刘邦，出任御史大夫。荥阳失守后，为项羽所杀。事详《史记·张丞相列传》。

⑫ 枞公：史籍失其名，荥阳失守后，与周苛一同被杀。

⑬ 反国之王：指魏豹，曾归汉，又背汉，故称。

⑭ 宛(yuān)：县名，属南阳郡(《汉书·地理志》)，治所在今河南南阳市。

⑮ 叶(shè)：县名，属南阳郡(《汉书·地理志》)，治所在今河南叶县南。

王进兵围成皋。汉王逃，独与滕公出成皋北门，渡河走脩武①，从张耳、韩信②军。诸将稍稍得出成皋，从汉王。楚遂拔成皋，欲西。汉使兵距之巩③，令其不得西。

是时，彭越渡河击楚东阿，杀楚将军薛公④。项王乃自东击彭越。汉王得淮阴侯兵，欲渡河南。郑忠⑤说汉王，乃止壁⑥河内。使刘贾⑦将兵佐彭越，烧楚积聚。项王东击破之，走彭越。汉王则引兵渡河，复取成皋，军广武⑧，就敖仓食。项王已定东海来西，与汉俱临广武而军，相守数月。

当此时，彭越数反梁地，绝楚粮食，项王患之。为高俎，置太公其上，告汉王曰："今不急下，吾烹太公。"汉王曰："吾与项羽俱北面受命怀王，曰'约为兄弟'，吾翁即若翁，必欲烹而翁，则幸分我一杯羹。"项王怒，欲杀之。项伯曰："天下事未可知，且为天下者不顾家，虽杀之无益，祇益祸耳。"项王从之。

楚汉久相持未决，丁壮苦军旅，老弱罢(pí)转漕。项王谓汉王曰："天下匈匈数岁者，徒以吾两人耳，愿与汉王挑战决雌雄，毋徒苦天下之民父子为也。"汉王笑谢曰："吾宁斗智，不能斗力。"项王令壮士出挑战。汉有善骑射者楼烦⑨，楚挑战三合，楼烦辄射杀之。项王大怒，乃自被甲持戟挑战。楼烦欲射之，项王瞋目叱之，楼烦目不敢视，手不敢发，遂走还入壁，不敢复出。汉王使人閒问之，乃项王也。汉王大惊。于是项王乃即汉王相与临广武閒而语。汉王数之，项王怒，欲一战。汉王不听，项王伏弩射中汉王。汉王伤，走入成皋。

项王闻淮阴侯已举河北，破齐、赵，且欲击楚，乃使龙且往击之。淮阴侯与战，骑将灌婴⑩击之，大破楚军，杀龙且。韩信因自立为齐王。项王闻龙且军破，则恐，使盱台人武涉⑪往说淮阴侯。淮阴侯弗听。是时，彭越复反，下梁地，绝楚粮。项王乃谓海春侯大司马曹咎等曰："谨守成皋，则汉欲挑战，慎勿与战，毋令得东而已。我十五日必诛彭越，定梁地，复从将军。"乃东，行击陈留、外黄。

外黄不下。数日，已降，项王怒，悉令男子年十五已上诣城东，欲阬之。外黄令舍人

① 脩武：县名，属河内郡(《汉书·地理志》)，治所在今河南获嘉县。
② 韩信：汉初三杰之一，封淮阴侯。事详《史记·淮阴侯列传》。
③ 巩：县名，属河南郡(《汉书·地理志》)，治所在今河南巩义市西南。
④ 薛公：楚将军，姓名、事迹不详。
⑤ 郑忠：汉郎中，刘邦部属。
⑥ 壁：驻扎。
⑦ 刘贾：刘邦同族，后封荆王，黥布叛变时，为乱军所杀。事详《史记·荆燕世家》。
⑧ 广武：地名，在敖仓之西、荥阳之北。
⑨ 楼烦：北方部族的名号，此处用以代指善射者。
⑩ 灌婴：刘邦部属，此时为骑兵将领，后封颍阴侯。汉文帝时，官至太尉、丞相。事详《史记·樊郦滕灌列传》。
⑪ 武涉：策士，此时为项羽游说韩信，希望其背汉以三分天下。事详《史记·淮阴侯列传》。

儿年十三，往说项王曰："彭越强劫外黄，外黄恐，故且降，待大王。大王至，又皆阬之，百姓岂有归心？从此以东，梁地十余城皆恐，莫肯下矣。"项王然其言，乃赦外黄当阬者。东至睢阳①，闻之皆争下项王。

汉果数挑楚军战，楚军不出。使人辱之，五六日，大司马怒，渡兵汜水②。士卒半渡，汉击之，大破楚军，尽得楚国货赂。大司马咎、长史翳、塞王欣皆自刭汜水上。大司马咎者，故蕲狱掾，长史欣亦故栎阳狱吏，两人尝有德于项梁，是以项王信任之。当是时，项王在睢阳，闻海春侯军败，则引兵还。汉军方围钟离眛③于荥阳东，项王至，汉军畏楚，尽走险阻。

是时，汉兵盛食多，项王兵罢食绝。汉遣陆贾④说项王，请太公，项王弗听。汉王复使侯公⑤往说项王，项王乃与汉约，中分天下，割鸿沟⑥以西者为汉，鸿沟而东者为楚。项王许之，即归汉王父母妻子。军皆呼万岁。汉王乃封侯公为平国君。匿弗肯复见。曰："此天下辩士，所居倾国，故号为平国君。"项王已约，乃引兵解而东归。

汉欲西归，张良、陈平说曰："汉有天下太半，而诸侯皆附之。楚兵罢食尽，此天亡楚之时也，不如因其机而遂取之。今释弗击，此所谓'养虎自遗患'也。"汉王听之。汉五年，汉王乃追项王至阳夏⑦南，止军，与淮阴侯韩信、建成侯彭越期会而击楚军。至固陵⑧，而信、越之兵不会。楚击汉军，大破之。汉王复入壁，深堑而自守。谓张子房曰："诸侯不从约，为之柰何？"对曰："楚兵且破，信、越未有分地，其不至固宜。君王能与共分天下，今可立致也。即不能，事未可知也。君王能自陈⑨以东傅海，尽与韩信；睢阳以北至穀城⑩，以与彭越：使各自为战，则楚易败也。"汉王曰："善。"于是乃发使者告韩信、彭越曰："并力击楚。楚破，自陈以东傅海与齐王，睢阳以北至穀城与彭相国⑪。"使者至，韩信、彭越皆报曰："请今进兵。"韩信乃从齐往，刘贾军从寿春⑫并行，屠城父⑬，

① 睢阳：县名，属东平国(《汉书·地理志》)，治所在今河南商丘市南。
② 汜(sì)水：古水名。
③ 钟离眛(mò)：楚将，与韩信交好。项羽死后，投奔韩信，后自杀。事详《史记·淮阴侯列传》。
④ 陆贾：辩士，以客卿身份从汉王，为其游说诸侯，著有《新语》。事详《史记·郦生陆贾列传》。
⑤ 侯公：辩士，失其名姓，封平国君。
⑥ 鸿沟：古运河名，在今河南境内。
⑦ 阳夏(jiǎ)：县名，属淮阳国(《汉书·地理志》)，治所在今河南太康县。
⑧ 固陵：地名，疑即《汉书·地理志》所记固始县，属淮阳国，治所在今河南淮阳县西北。
⑨ 陈：县名，属淮阳国(《汉书·地理志》)，治所在今河南淮阳县。
⑩ 穀城：地名，约在今山东东阿县东。
⑪ 彭越曾任魏相国，故有此称。
⑫ 寿春：县名，属九江郡(《汉书·地理志》)，治所在今安徽寿县。
⑬ 城父：县名，属沛郡(《汉书·地理志》)，治所在今安徽亳州市东南。

至垓下①。大司马周殷②叛楚，以舒③屠六，举九江兵，随刘贾、彭越皆会垓下，诣项王。

项王军壁垓下，兵少食尽，汉军及诸侯兵围之数重。夜闻汉军四面皆楚歌，项王乃大惊曰：“汉皆已得楚乎？是何楚人之多也！”项王则夜起，饮帐中。有美人名虞，常幸从；骏马名骓，常骑之。于是项王乃悲歌忼慨，自为诗曰：“力拔山兮气盖世，时不利兮骓不逝。骓不逝兮可柰何，虞兮虞兮柰若何！”歌数阕，美人和之。项王泣数行下，左右皆泣，莫能仰视。

于是项王乃上马骑，麾下壮士骑从者八百余人，直夜溃围南出，驰走。平明④，汉军乃觉之，令骑将灌婴以五千骑追之。项王渡淮，骑能属者百余人耳。项王至阴陵⑤，迷失道，问一田父，田父绐⑥曰“左”。左，乃陷大泽中。以故汉追及之。项王乃复引兵而东，至东城⑦，乃有二十八骑。汉骑追者数千人。项王自度不得脱。谓其骑曰：“吾起兵至今八岁矣，身七十余战，所当者破，所击者服，未尝败北，遂霸有天下。然今卒困于此，此天之亡我，非战之罪也。今日固决死，愿为诸君快战，必三胜之，为诸君溃围，斩将，刈旗，令诸君知天亡我，非战之罪也。”乃分其骑以为四队，四向。汉军围之数重。项王谓其骑曰：“吾为公取彼一将。”令四面骑驰下，期山东为三处。于是项王大呼驰下，汉军皆披靡，遂斩汉一将。是时，赤泉侯⑧为骑将，追项王，项王瞋目而叱之，赤泉侯人马俱惊，辟易⑨数里。与其骑会为三处。汉军不知项王所在，乃分军为三，复围之。项王乃驰，复斩汉一都尉，杀数十百人，复聚其骑，亡其两骑耳。乃谓其骑曰：“何如？”骑皆伏曰：“如大王言。”

于是项王乃欲东渡乌江⑩。乌江亭长⑪檥(yǐ)船待，谓项王曰：“江东虽小，地方千里，众数十万人，亦足王也。愿大王急渡。今独臣有船，汉军至，无以渡。”项王笑曰：“天之亡我，我何渡为！且籍与江东子弟八千人渡江而西，今无一人还，纵江东父兄怜而王我，我何面目见之？纵彼不言，籍独不愧于心乎？”乃谓亭长曰：“吾知公长者。吾骑此马五岁，所当无敌，尝一日行千里，不忍杀之，以赐公。”乃令骑皆下马步行，持短兵接

---

① 垓下：地名，在今安徽省灵璧县东南。
② 周殷：楚大司马，统九江军，后叛楚。
③ 舒：县名，属庐江郡(《汉书·地理志》)，治所在今安徽庐江县西南。
④ 平明：黎明。
⑤ 阴陵：县名，属九江郡(《汉书·地理志》)，治所在今安徽定远县西北。
⑥ 绐(dài)：通诒，欺骗。
⑦ 东城：县名，属九江郡(《汉书·地理志》)，治所在今安徽定远县东南。
⑧ 赤泉侯：即杨喜，郎中骑。
⑨ 辟(bì)易：退避。
⑩ 乌江：在今安徽和县东北。
⑪ 亭长：职官名，主要负责基层治安等事务。

战。独籍所杀汉军数百人。项王身亦被十余创。顾见汉骑司马吕马童[①]，曰：“若非吾故人乎?”马童面之，指王翳[②]曰：“此项王也。”项王乃曰：“吾闻汉购我头千金，邑万户，吾为若德。”乃自刎而死。王翳取其头，余骑相蹂践争项王，相杀者数十人。最其后，郎中骑杨喜，骑司马吕马童，郎中吕胜[③]、杨武[④]各得其一体。五人共会其体，皆是。故分其地为五：封吕马童为中水侯，封王翳为杜衍侯，封杨喜为赤泉侯，封杨武为吴防侯，封吕胜为涅阳侯。

项王已死，楚地皆降汉，独鲁不下。汉乃引天下兵欲屠之，为其守礼义，为主死节，乃持项王头视鲁，鲁父兄乃降。始，楚怀王初封项籍为鲁公，及其死，鲁最后下，故以鲁公礼葬项王穀城。汉王为发哀，泣之而去。

诸项氏枝属，汉王皆不诛。乃封项伯为射阳侯。桃侯[⑤]、平皋侯[⑥]、玄武侯[⑦]皆项氏，赐姓刘。

太史公曰：吾闻之周生曰[⑧]“舜目盖重瞳子”，又闻项羽亦重瞳子。羽岂其苗裔邪?何兴之暴也！夫秦失其政，陈涉首难，豪杰蠭起，相与并争，不可胜数。然羽非有尺寸，乘埶起陇亩之中，三年，遂将五诸侯灭秦，分裂天下，而封王侯，政由羽出，号为“霸王”，位虽不终，近古以来未尝有也。及羽背关怀楚，放逐义帝而自立，怨王侯叛己，难矣。自矜功伐，奋其私智而不师古，谓霸王之业，欲以力征经营天下，五年卒亡其国，身死东城，尚不觉寤而不自责，过矣。乃引“天亡我，非用兵之罪也”，岂不谬哉！

（《史记》原文以同治五年至九年金陵书局《史记集解索引正义合刻本》为底本校订）

① 吕马童：骑司马，封中水侯，原为项羽旧部。
② 王翳：郎中骑，封杜衍侯。
③ 吕胜：郎中，封涅阳侯。
④ 杨武：郎中，封吴防侯。
⑤ 桃侯：项襄，项燕之子。
⑥ 平皋侯：项佗。
⑦ 玄武侯：名字不详。
⑧ 周生：汉儒，名字不详。

【小班研讨】

1. 司马迁的《太史公自序》和《报任安书》均以古之先贤在逆境中发愤著书的事迹自勉，凸显一种“文化使命”；而《项羽本纪》所见则是一种“英雄使命”。作为新时代的大学生，请谈谈你对“使命”的理解。

2. 精读《项羽本纪》，分析并评述项羽的悲剧性格及悲剧命运。

3. 扩展阅读《史记》一书中的《高祖本纪》《留侯世家》和《淮阴侯列传》，在刘邦、张良、韩信三人中择其一与项羽比较，并讨论秦汉之际历史人物在践行“使命”时的得失、教训以及现代启示。

4. 试比较司马迁的《史记》与希罗多德的《历史》在“使命”阐释和“历史”叙事上的异同。

5. “究天人之际，通古今之变”与大学通识教育有何关系？

6. 选取秦汉之际的一位历史人物(如吕雉、张良、萧何、韩信、杨喜等)，以所选人物的口吻，向项羽的亡灵发表一段心灵告白。

7. 参考《史记》的相关记载，围绕项羽这个人物进行一场艺术表演(形式可以是话剧、歌剧、舞剧、情景剧、小品等)。

8. 根据项羽的故事，有人指出乱世出英雄而治世无英雄，请问乱世和治世相比，哪种“世”更精彩？请就此展开一场辩论，正方：乱世更精彩；反方：治世更精彩。

【课外博览】

1. (汉)司马迁撰，(宋)裴骃集解，(唐)司马贞索隐，(唐)张守节正义：《史记》(点校本二十四史修订本)，中华书局2014年版。

2. 辛德勇：《史记新本校勘》，广西师范大学出版社2017年版。

3. (汉)司马迁撰，[日]泷川资言考证，杨海峥整理：《史记会注考证》，上海古籍出版社2015年版。

4. 赵光勇，袁仲一：《史记研究集成·十二本纪·项羽本纪》，西北大学出版社2019年版。

5. 王伯祥：《史记选》，人民文学出版社1982年第2版。

6. 张大可：《张大可文集·第2集·史记研究》，商务印书馆2013年版。

7. 李开元：《秦崩：从秦始皇到刘邦》，生活·读书·新知三联书店2015年版。

8. 李开元：《楚亡：从项羽到韩信》，生活·读书·新知三联书店 2015 年版。

9. 谭其骧：《中国历史地图集》(第二册)《秦·西汉·东汉时期》，中国地图出版社 1982 年版。

10. 视频资料：电影《西楚霸王》《西楚霸王 2》，1994 年上映，导演：冼杞然。

第五章
《文心雕龙》与博雅

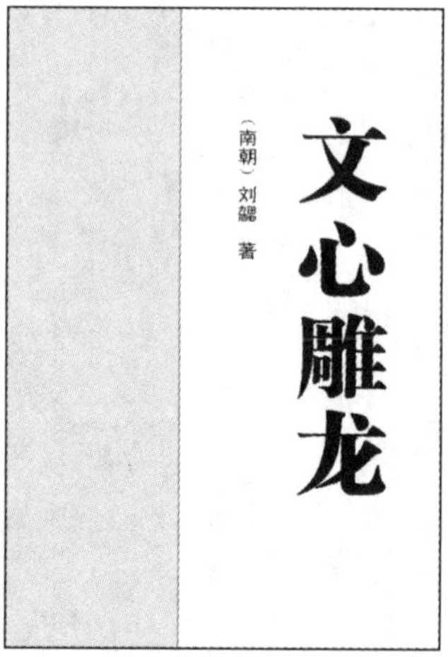

刘勰（约465年—521年），字彦和，东莞莒（今山东莒县）人，世居京口（今江苏镇江）。少时家贫，依沙门僧祐，居定林寺十余年。梁初入仕，做过太子萧统的通事舍人。后出家，法名慧地。著《文心雕龙》五十篇，该书约成书于齐代。《文心雕龙》弥纶群言，体大思精，对先秦至南朝前期文学作出全面而系统的总结，其文学理论批评涉及总论、文体论、创作论和批评论，是中国文学理论批评史上最重要的论著之一，鲁迅将之与亚里士多德《诗学》相媲美：“篇章既富，评骘遂生。东则有刘彦和之《文心》，西则有亚里士多德之《诗学》，解析神质，包举洪纤，开源发流，为世楷式。”

【大班导引】

《人文社科经典导引》有两部经典分别代表了两门“显学”：红学与龙学。红学研究《红楼梦》而龙学研究《文心雕龙》；《红楼梦》谈“情”而《文心雕龙》说“理”，即文学创作和文学批评的“理”。《文心雕龙》用骈文写成，炳烁联华，玉润双流，被誉为“美文”。但我们今天讲《文心雕龙》，既不讲“显学”也不讲“美文”，只讲与成“人”相关的核心关键词：“博雅”。“博雅”既有一般的词语内涵，又有作为教育学概念的特殊内涵；两者既有联系，又有区别。本章重点谈的是博雅教育。

说到“博雅”，学界一般认为这是一个西方概念，源头可追溯至古希腊语的 eleutherion epistemon，古罗马拉丁语的 artes liberales 或 liberaliter educatione，其意义是面向自由人阶层的教育。中世纪，“博雅”观念被具体化为“七艺”，“博雅七艺”(septem artes liberales)在数不清的中世纪手稿中都有记录，它由三门与语言有关的学科(文法、修辞、逻辑[或辩证法])以及四门数学或‘科学’学科(算术、几何、声学、天文学)共同组成。”①到 16 世纪英文的 liberal arts 开始出现，“博雅”逐渐成为一种具有影响力的教育观念。至 20 世纪，其语义更偏向“自由教育”。钱锺书《谈艺录》说“东海西海，心理攸同”，西方教育重“博雅”，东方教育亦重“博雅”：我们今天细读东方经典《文心雕龙》，发现一千多年前的刘勰，已经注意到并深刻论述过博雅问题。

刘勰生活于南朝齐梁时代，祖籍东莞(今山东莒县)，出生于京口(今江苏镇江)，幼年丧父，青年失母，“家贫不婚娶，依沙门僧祐”(《梁书·刘勰传》)。僧祐是南朝高僧、著名佛学家，刘勰作为僧祐的助手，在南京的定林寺整理佛教典籍十余年，在此过程中对佛学有了深入的理解。但是，真正让刘勰寄心的是儒家，他深入探究文学与儒家经典的关系，并客观评价当时的文风。由此，他在定林寺开始了长达四年的文论写作，终于完成一部五万四千多字的《文心雕龙》。

《文心雕龙》是中国历史上第一部“体大而虑周”的文学理论著作，就文学创作、文学批评、文学鉴赏、文学演变及其规律等问题，提出了深邃而精湛的见解，对后世文学理论产生了巨大的影响。全书共五十篇，包括总论、文体论、创作论和批评论四大部分。总论五篇为“文之枢纽”，追溯文学的起源、本原以及文学与儒家经典的关系；文体论二十篇“论文叙笔”，诠释诗、赋、乐府、论、说等三十多种文体；创作论十九篇“剖情析采”，讨论文学创作中的神思、情采、体性、风骨、比兴、声律等问题；批评论五篇“时序知音”，对历朝历代的文学作出深识鉴奥而又博雅公允的批评，并专门探讨了“博观”与“雅鉴”的批评方法；最后一篇“长怀序(叙)志”，抒写作者的为文用心，

① 布鲁斯·A. 金博尔著，沈文钦等译：《什么是博雅教育》，北京大学出版社 2020 年版，第 13 页。

概述全书的理论体系。

《文心雕龙·序志》篇说“铨序一文为易，弥纶群言为难”，“弥纶群言”需要博雅通识的心胸和高屋建瓴的能力。博者大通，雅者典正。刘勰的“博雅”观是博通雅正，集中体现在思想文化、文学理论、思维方式等三个层面。

刘勰的博雅理念，首先表现为思想文化方面的兼宗三教。《文心雕龙·序志》篇记录了刘勰的两个梦：“予生七龄，乃梦彩云若锦，则攀而采之。齿在逾立，则尝夜梦执丹漆之礼器，随仲尼而南行；旦而寤，乃怡然而喜，大哉圣人之难见哉，乃小子之垂梦欤！”梦孔丘而尊儒教，这是刘勰思想中的儒家渊源。刘勰在《文心雕龙·序志》篇“赞曰”中自明心迹：“生也有涯，无涯惟智。逐物实难，凭性良易。”前两句出自《庄子·养生主》：“吾生也有涯，而知也无涯，以有涯随无涯，殆已。”后两句表明刘勰赞同庄子的观点，主张道法自然，顺随天性，这可视为刘勰思想中的道家元素。刘勰的一生始于佛门又终于佛门，在定林寺随僧祐学习佛法并整理佛教典籍十余年，深受佛教思想的浸染，并形成其文学思想的系统、圆融和超越。儒释道三家思想的相互作用，成就了刘勰思想文化的博雅，也与南朝齐梁三教并存的时代背景相吻合。就异域文化对本土文化的影响而言，刘勰的时代与我们今天的时代有相似之处。因此，研讨和学习刘勰的“博雅”思想以博观各种文化之风貌并博取各种文化之精髓，具有重要的现实意义。

作为一位文学理论家，刘勰的博雅思想突出地体现在他的文学批评和文学理论之中。《文心雕龙·知音》篇讨论文学鉴赏和文学批评，提出了著名的“博观”说：“凡操千曲而后晓声，观千剑而后识器；故圆照之象，务先博观。”如何才能由“博观”而臻“圆照之象”？刘勰指出，一位真正意义上的“知音”，首先要克服“五弊”：贵古贱今、贵远贱近、崇己抑人、信伪迷真和深废浅售。时间意义上的“贵古贱今”和空间意义上的“贵远贱今”是缺乏“雅识”，“崇己抑人”是缺乏“雅量”，“信伪迷真”是缺乏“雅鉴”，“深废浅售”则属于“俗鉴”。知音者在破“五弊”之后还要立“六观”：一观位体（文体和风格），二观置辞（语言和修辞），三观通变（继承和革新），四观奇正（新奇与雅正），五观事义（用事用典）和六观宫商（声律即音乐性）。只有这样，方能感受到知音的无穷魅力和乐趣。《文心雕龙·神思》篇讨论文学构思和想象时指出，为什么我们在写作时会“气竭于思虑”乃至“含笔而腐毫”？因为没有做到“博观”，也就是缺少“博见”与“博练”，故“博见为馈贫之粮”。这就是说，博观、博见能够救治思维贫乏、文思困顿之病。《文心雕龙·神思》篇还强调，创作者要“思接千载”“视通万里”，要“登山则情满于山，观海则意溢于海”，要“积学以储宝，酌理以富才”。没有广博的见识和深厚的积累，就无法形成迅捷的文思，也写不出感动人心的作品。

“博观”是刘勰所推崇的方法，那么，“观”的内容就显得尤为重要。对于“观什么”这个问题，刘勰提出“宗经”的观点：“三极彝训，其书言经。经也者，恒久之至道，不刊之鸿教也。”(《文心雕龙·宗经》)熟读经典，方能明事理、体万物并获得永恒之道。从先秦的“五经”到后来的“九经”“十三经”，中国文化经典的一个突出特征就是“雅”。阐释《诗经》的《毛诗序》说：“雅者，正也。言王政之所由废兴也。”所以，《诗经》中周王朝的正声雅乐便被称为“雅”，具有教化人心、宣讲王政的作用。刘勰说：“典雅者，熔式经诰，方轨儒门者也。”(《文心雕龙·体性》)在刘勰看来，符合儒家经典思想的文字，可以称其为“典雅”，是值得阅读和学习的。如今，博雅教育不仅要求我们阅读经典，更需要“悦”读经典。如果说阅读经典是一个被动接受的行为，那么“悦”读经典则是一个主动探索的行为。这也体现了博雅教育的内涵，即所谓自由的、自足的教育。我们在“悦”读经典的过程中，可以体会作者的情感，深化对知识的理解，同时以“君子”的言行举止要求自己，并在学习和生活中去自觉实践。

博雅教育的目标在于养成君子人格。何为“君子人格”？一是博学，二是雅正。《论语·雍也》有“君子博学于文，约之以礼，亦可以弗畔矣夫”，讲的是“博学”。《文心雕龙·杂文》云：“智术之子，博雅之人，藻溢于辞，辨盈乎气，苑囿文情，故日新殊致。”博雅君子，才华横溢，才气丰赡，创作出来的作品，既有辞采，更有文气，文学于是繁荣，文坛于是日新月异。同时，君子也应当具备“雅正”的特质。“雅正”具有两层内涵。一是君子应当表现出仪表端庄、行事严谨的威仪。《论语·学而》云：“君子不重，则不威。”二是君子应当具有温柔敦厚的特质，《诗经·小戎》云：“言念君子，温其如玉。”从《文心雕龙·程器》篇亦可见出刘勰的“君子”理想：君子应该内修道德，外修文采，穷时以文立志，达时驰骋疆场。君子不仅要注重自身的品德修为，也要通晓军政大事，成为文武兼备的大通之才。刘勰反对文人的“务华弃实”，《文心雕龙·程器》篇列举了十六位文人的事迹，指出这些文人只注重文采锤炼而不注重道德修养，即元好问所说的“心画心声总失真，文章宁复见为人”(《论诗三十首》其六)。刘勰的这些思想，对当下重智育而轻美育、强调专业教育而忽视博雅教育的现状，无疑具有某种启发甚至针砭意义。

最后，刘勰的博雅观还体现在其思维方式上。做事需要方法，做学问更需要方法，哲学意义上的“方法”首先是一种思维方式。刘勰研究文学理论和文学批评，其思维方式是“擘肌分理，唯务折中”(《文心雕龙·序志》)。在刘勰看来，他之前的文学理论批评，其思维方式大多存在“各照隅隙，鲜观衢路”(《文心雕龙·序志》)、“东向而望，不见西墙”(《文心雕龙·知音》)的弊端，因而无法整体而深入地分析文学作品和文学史。刘勰强调，文学理论批评在时间和空间上要“振叶以寻根，观澜而索源”，在体系和逻辑上要“敷理以举统”，“笼圈条贯”(《文心雕龙·序志》)，以“圆照之象，务先博观”(《文心雕龙·知音》)为方法，以“弥纶群言，研精一理”(《文心雕龙·论说》)为目标，对文学做细致而全面的考察，同时还要“统其关键”“管其枢机”(《文心雕龙·神思》)，做到“乘一总万，举要治繁”(《文心雕龙·总术》)，以揭示文学理论和文学史的根本规律。

刘勰的博雅思想，对文学创作和批评具有重要的指导作用，对当下培养具有君子人格的“人”更是具有十分重要的借鉴意义。“博观”使人达到“圆照”的境界，阅读经典使人具有渊博的学识、卓越的见识，并逐渐养成“雅正”的气质。

本章选取《文心雕龙》的《知音》全篇和《神思》《序志》两篇的部分内容做重点分析，主要探讨人的“博雅”以及如何成就人的“博雅”。

【经典悦读】

《文心雕龙》(节选)

神思第二十六

古人云:"形在江海之上,心存魏阙之下。"①神思之谓也。文之思也,其神远矣。故寂然凝虑,思接千载;悄焉动容,视通万里。吟咏之间,吐纳珠玉之声;眉睫之前,卷舒风云之色:其思理之致乎?故思理为妙,神与物游。神居胸臆,而志气统其关键②;物沿耳目,而辞令管其枢机③。枢机方通,则物无隐貌;关键将塞,则神有遁心。

【今译】

古人有言:"身在江海之上,心却在朝廷当中。"这就叫作想象。文章的构思,它的想象可以非常遥远。因此静静地凝神思考,悄然改动面容时,想象便可以超越时空的限制,既可远接千载,又可通观万里。吟咏之时,像是发出珠玉般圆润的声音;在眉睫之前,便呈现出风云变幻的景象:这些不都是构思所造成的结果嘛。由此可见,构思的妙处,在于使精神与外物交游。精神由心来主宰,情志与元气则掌握着关键因素;外物则凭借耳目来接触,语言则是主管它的机要。如果语言表达这一关打通了,那么外物的形貌就可以被描绘而无法隐遁;如果情志和元气受到阻塞,就会精神涣散。

是以陶钧文思④,贵在虚静。疏瀹五藏,澡雪精神⑤,积学以储宝,酌理以富才,研阅以穷照,驯致以绎(yì)辞⑥。然后使玄解之宰,寻声律而定墨⑦;独照之匠,窥意象而

---

① 古人:指战国时魏国的公子牟。《庄子·让王》:"中山公子牟谓瞻子曰:'身在江海之上,心居乎魏阙(朝廷)之下,奈何?'"指身隐居而心想利禄,这里借指心思不受空间限制。魏阙(què):古代宫门外两边高耸的楼观,借指朝廷。

② 志气:情志,元气。统:率领,统领。关键:原指门闩和加锁的木闩,引申为紧要的部分和起决定作用的因素。

③ 枢机:喻文思能否发动、进展的紧要处。枢:门户的转轴或承轴之臼。机:弩牙,弩上发箭的装置。

④ 陶钧:制瓦器的转轮。引申为酝酿、构思。

⑤ "疏瀹"二句:《庄子·知北游》:"疏瀹而心,澡雪而精神。"疏瀹(yuè):疏通。澡雪:洗净。五藏:即五脏,指心、肝、脾、肺、肾,喻指性情。

⑥ 驯致:指逐渐达到。驯,顺;致,达到。绎辞:抽出文辞。绎,抽出头绪。

⑦ 玄解之宰:深通事物奥秘者。玄:指深奥难懂的事物或道理。宰:主宰,这里指作家的心灵。声律:指作品的音节,这里用以代表一切写作技巧。墨:绳墨。"墨"与下句"斤"相对,和《文选·琴赋》中的"离子督墨,匠石奋斤"用法同。独照之匠:有独特感受者。

运斤：此盖驭文之首术，谋篇之大端。夫神思方运，万途竞萌，规矩虚位，刻镂无形①，登山则情满于山，观海则意溢于海，我才之多少，将与风云而并驱矣。方其搦翰，气倍辞前；暨乎篇成，半折心始②。何则？意翻空而易奇，言征实而难巧也③。是以意授于思，言授于意；密则无际，疏则千里；或理在方寸而求之域表，或义在咫尺而思隔山河。是以秉心养术，无务苦虑；含章司契，不必劳情也④。

【今译】

所以，酝酿文思之时，贵在拥有虚静的状态，疏通内心，洗净精神。努力学习来储备知识，斟酌事理以丰富才识，深入研究观察客观物象以期进行彻底观照和深入探索，逐渐达到熟练地运用文辞，然后使深通事物奥秘的心灵，按照声律来安排文辞；这正像拥有独到见解的工匠，可以凭借脑中的意象来进行工作：这大概就是驭文谋篇之前应具备的修养。当文思开始酝酿时，各种各样的念头都争相萌生，对于这些念头依照写作的规矩来衡量，再对没有定型的文思加以修饰刻镂，构思时想到登山的场景，满山都是我的情思；构思时想到观海的场景，意象中便翻涌起海上的风情。倘若问我的才力有几许，那么它将要与风云同驱而无法计算了。动笔之前，信心很足，气势很旺，及至写成后，相比开始的期望却打了对折。这是为什么呢？构思时凭设想便容易想得新奇，而语言的运用要求实在，难以生巧。所以，情思化为文意，文意化为文辞，三者密切时寻不着缝隙，三者疏离时则相差千里；有时情理就在心中却到很远的地方去寻求，有时意义近在咫尺却又像是远隔山河。因此，秉持心神培养方法，无须苦思焦虑；写作文章，不必过分劳累自己的心情。

人之禀才，迟速异分⑤；文之制体，大小殊功⑥：相如含笔而腐毫⑦，扬雄辍翰而惊

① 万涂竞萌：文思开始酝酿，各种各样的念头争着萌生。规矩虚位：对于这些念头要依照写作的规矩来衡量，再加以修饰刻镂。矩：画方形的器具。这里是用“规矩”指赋予事物以一定的形态。虚位：指抽象的东西。镂(lòu)：也是刻。无形：和上句“虚位”意同。这两句和陆机《文赋》中说的“课虚无以责有，叩寂寞而求音”意义相近，都指通过艺术构思而赋予抽象的东西以生动具体的形象。

② 搦(nuò)：握，持。翰：执笔。暨：及。半折心始：开始觉得有很多可写，写成时却比开始想的打了个对折。心始：心中开始考虑写作时的想象。这是因为：第一，原来想的有很多不能进入作品。第二，凭空想容易觉得奇妙。用语言表达，中间有个距离。

③ 翻空：指动笔写作以前构思的情形。征实：指把作者所想象的具体写下来。

④ 含章：指境物。《原道》：“俯察含章。”章：文采。契：约券，引申为规则。意义就在境物中找，所以境物是主管这种契合的，在没有契合时，不必劳情去求索，这是就境物方面说的。不必劳情：参看《养气》篇。其中论不必过于苦思说：“率志委和，则理融而情畅；钻砺过分，则神疲而气衰。”

⑤ 禀：接受。迟速异分：有的下笔快，有的下笔慢，才分不同。

⑥ 大小殊功：创作有巨制，有小品，功力不同。

⑦ 相如：即司马相如，字长卿，西汉辞赋家。《汉书·枚皋传》：“司马相如善为文而迟，故所作少而善于皋。”《西京杂记》：“司马相如为《上林》《子虚赋》，意思萧散，不复与外事相关，控引天地，错综古今，忽然如睡，焕然而兴，几百日而后成。”

梦①，桓谭疾感于苦思②，王充气绝于沉虑③，张衡研《京》以十年④，左思练《都》以一纪⑤，虽有巨文，亦思之缓也。淮南崇朝而赋骚⑥，枚皋应诏而成赋⑦，子建援牍如口诵⑧，仲宣举笔似宿构⑨，阮瑀(yǔ)据案而制书⑩，祢(mí)衡当食而草奏⑪，虽有短篇，亦思之速也。

【今译】

人的禀赋才能，有下笔快慢之分，这是天分的不同；作品的体裁和篇幅有大有小，具有不同的功用：司马相如含笔构思，直到笔毛腐烂后才写成文章；扬雄撰文用心过度，放下笔后做了噩梦；桓谭因为苦苦思考而生病，王充因用心过度而气力耗竭，张衡花费十年的时间研磨《二京赋》，左思则用十二年的时间锤炼《三都赋》，虽说均是篇幅巨大的文章，但也是由于文思迟缓。淮南王刘安一个早上就写成了《离骚赋》，枚皋接到诏书便写成了赋，曹植铺开纸张创作文章就像是默写背诵的文章一样，王粲拿起笔来就像是早已写好了一般，阮瑀靠在马鞍上就完成了文书，祢衡在酒席上便起草了奏章，这些文章虽说都是短篇，但也是文思敏捷。

若夫骏发之士，心总要术，敏在虑前，应机立断⑫；覃思之人，情饶歧路⑬，鉴在疑后，研虑方定。机敏，故造次而成功⑭；虑疑，故愈久而致绩。难易虽殊，并资博练⑮。

---

① “扬雄”句：扬雄，字子云，西汉著名文学家。辍翰惊梦：桓谭在《新论·祛蔽》中说，扬雄写完了《甘泉赋》，因用心过度，困倦而卧，“梦其五脏出在地，以手收而内之。”

② 桓谭：字君山，东汉著名学者。

③ 王充：字仲任，东汉著名思想家。

④ 张衡：字平子，东汉著名科学家、文学家。研《京》：写《二京赋》。

⑤ 左思：字太冲，西晋文学家。练《都》：指写《三都赋》。一纪：十二年。

⑥ 淮南：淮南王刘安，西汉前期的思想家和文学家。崇朝：终朝，一个早上。崇：终。赋骚：指刘安所写有关《离骚》的作品，现已失传。

⑦ 枚皋：西汉辞赋家，字少孺。应诏而成赋：《汉书·枚皋传》：“上有所感，辄(每)使赋之。为文疾，受诏辄成，故所赋者多。”

⑧ 子建：曹植的字。他是三国时期魏国著名文学家。援：持，牍：木简，这里指纸。杨修《答临淄侯笺》说，曹植“握牍持笔，有所造作，若成诵在心”(见《文选》卷四十)。

⑨ 仲宣：王粲的字。他是“建安七子”中最杰出的作家。宿构：早就写好的。《三国志·魏书·王粲传》说，王粲作文“举笔便成，无所改定，时人常以为宿构”。

⑩ 阮瑀：字元瑜，也是“建安七子”之一。案：当作“鞍”。

⑪ 祢衡：字正平，汉魏间作家。

⑫ 骏发：思路开展得快。心总要术：心里有驾驭素材服从主题的基本方法，在对具体事物的考虑前已经形成，所以能当机立断，很快下笔。

⑬ 覃(tán)思：深思，指下笔慢。情饶歧路：对事物的看法像在歧路徘徊，三心二意，拿不定主意，要经过怀疑考虑后才明白，所以下笔慢。饶，多。

⑭ 造次：仓促，突然。

⑮ 博练：广泛的训练，兼指上文“积学”“酌理”“研阅”“驯致”四个方面。

若学浅而空迟，才疏而徒速，以斯成器，未之前闻。是以临篇缀虑①，必有二患：理郁者苦贫，辞溺者伤乱②，然则博见为馈贫之粮，贯一为拯乱之药③，博而能一④，亦有助乎心力矣。

【今译】

文思迅捷的人，心里熟识文章的创作方法，对文章的考虑先前已经形成，所以能够当机立断，很快下笔；文思迟缓的人，情思纷繁像是在歧路徘徊，要想清楚心里的疑虑，经过深入的思考后才能够确定下笔。文思迅捷所以能够在匆促中写作成功，疑虑太多所以很久才能写出好的文章。快慢、难易虽有不同，但都需要广博的学识和熟练的技巧。倘若才疏学浅，写得再慢也没有效果，写得再快也是徒劳。像这样写作还能有所成就，这在以前是从未听说过的。因此，创作文章时的经营考虑，一定会有两种困难：思路闭塞之人苦于文章内容贫瘠，辞采泛滥之人苦于文辞杂乱。那么，广博的见识就能成为补救贫瘠的粮食，有中心和重点就会成为拯救杂乱的药方。如果既有广博的见识又有中心和重点，则必定有助于创作的想象和构思。

知音第四十八

知音其难哉⑤！音实难知，知实难逢，逢其知音，千载其一乎！

【今译】

知音是一件多么困难的事情啊！音乐的确难以知晓，知音的确难以相逢，要与知音相逢，真是千年一遇啊！

夫古来知音，多贱同而思古⑥，所谓“日进前而不御⑦，遥闻声而相思”也⑧。昔《储说》始出⑨，《子虚》初成⑩，秦皇汉武，恨不同时⑪。既同时矣，则韩囚而马轻。岂不明

① 临篇缀虑：临到谋篇时加以经营考虑。缀虑：即构思。缀：联结。

② 理郁：理不明，这是由于知识贫乏，不明事理，具有广博而正确的知识，就能判明事理，所以要博见。辞溺：淹没在辞藻里，由于内容杂乱，主旨不明，所以要贯一。溺：沉迷，过分。

③ 馈(kuì)：进食于人。贯一：指要求有一个中心，也就是要有重点的意思。

④ 博而能一：指上面所讲的“博见”和“贯一”的结合。

⑤ 知音：懂得音乐中的含义，能欣赏音乐，借指能够欣赏和评价作品。

⑥ 同：指同时代的人。古：古人。

⑦ 御：用。

⑧ 声：名声。此两句出自《鬼谷子·内揵》篇。

⑨ 储说：战国思想家韩非的《韩非子》中有《内储说》《外储说》。

⑩ 《子虚》：指西汉作家司马相如的《子虚赋》。

⑪ 秦皇汉武，恨不同时：秦始皇读到《储说》，汉武帝看到司马相如的诗赋，感慨不能与这样的人同时代。

鉴，同时之贱哉①！至于班固傅毅②，文在伯仲，而固嗤毅云“下笔不能自休”。及陈思论才③，亦深排孔璋④，敬礼请润色⑤，叹以为美谈；季绪好诋诃（dǐ hē），方之于田巴⑥，意亦见矣。故魏文称“文人相轻”⑦，非虚谈也。至如君卿唇舌⑧，而谬欲论文，乃称“史迁著书，谘（zī）东方朔”。于是桓谭之徒⑨，相顾嗤笑。彼实博徒⑩，轻言负诮⑪，况乎文士，可妄谈哉！故鉴照洞明，而贵古贱今者，二主是也⑫。才实鸿懿，而崇己抑人者，班曹是也⑬。学不逮文，而信伪迷真者，楼护是也。酱瓿之议⑭，岂多叹哉！

【今译】

自古以来的评论家，大多是轻视同时代的人而仰慕古人，正所谓每日在眼前而不任用，遥远听到名声就十分思慕。古时韩非的《储说》刚开始传播，司马相如的《子虚赋》才刚刚完成，秦始皇读到《储说》，汉武帝看到《子虚赋》，深恨不能与他们相见；等到后来相见了，结果却是韩非入秦而被囚禁，相如空有文名而不被重用：难道这不就是显现出对同时代人的轻视吗？而班固与傅毅，文章水平不相上下，班固却嗤笑傅毅，谓其下笔便无法自行停止。等到曹植论及文才，也极力贬低陈琳；丁廙请曹植为其润色文辞，曹植大加赞扬，以此为美谈。刘修不善创作却好批评文章，曹植将其比作田巴，他的用意便十分明晰了。所以魏文帝说“文人相轻”，并非空谈。至于楼护自认为有口才，便荒谬地想要批评文章，说什么“司马迁著书，请教东方朔”，因此桓谭等人便相互对望嗤笑。他本是微贱之人，轻率的言辞便被人讥讽，更何况是文人，怎么能妄言呢！所以，对此现象观察得深入明白，却又厚古薄今的人，是秦始皇与汉武帝；文采的确宏大美好，却推崇自我而贬低他人的，便是班固与曹植；学问不足以谈论文章，却把谬误视为真实的，便是楼护。当年刘歆担心扬雄所著《太玄》会被后人拿来盖酱瓮的议论，难道会是多余的感叹吗！

---

① 既同时矣，则韩囚而马轻，岂不明鉴，同时之贱哉：指韩非入秦之后秦王并未信用他，反而听信李斯的谗言，将他关入监狱；汉武帝虽然欣赏司马相如的文章，但并不重用他。

② 班固：字孟坚，东汉初年历史学家、文学家。傅毅：字武仲，与班固大致同时的文学家。

③ 陈思：即曹植，他封陈王，谥号“思”。

④ 排：排斥。孔璋：陈琳的字，“建安七子”之一。

⑤ 敬礼：丁廙（yì）的字，汉末作家。丁廙与曹植为好友，常请曹植修改自己的文章。

⑥ 季绪好诋诃，方之于田巴：刘修（季绪）不善于写作，却好批评。从前田巴好攻击人，给鲁仲连驳倒，从此不敢再开口。刘修也会像田巴那样。季绪：刘修的字，汉末作家。田巴：战国时齐国善辩之人。

⑦ 魏文：即魏文帝曹丕。曹丕在《典论·论文》中说：“文人相轻，自古而然。”

⑧ 君卿：楼护的字，西汉末年的辩士。唇舌：指有口才。

⑨ 桓谭：字君山，东汉著名学者。

⑩ 博徒：赌徒，指微贱的人。

⑪ 诮（qiào）：责怪。

⑫ 二主：指秦始皇和汉武帝。

⑬ 班：指班固。曹：指曹植。

⑭ 瓿（bù）：小瓮。

夫麟凤与麏雉悬绝[①]，珠玉与砾(lì)石超殊。白日垂其照，青眸写其形[②]。然鲁臣以麟为麏[③]，楚人以雉为凤[④]，魏氏以夜光为怪石[⑤]，宋客以燕砾为宝珠[⑥]。形器易征，谬乃若是；文情难鉴，谁曰易分？

【今译】

麒麟、凤凰与獐子、野鸡相差甚远，珠玉同砾石毫不相同，在阳光的照射下，有明亮的眼眸观察其形态。然而鲁人却把麒麟认作獐子，楚人把野鸡视为凤凰，魏人把夜光的宝玉视为怪石，宋人把燕国的石子当作宝珠。这些具体的实物本来容易甄别，都会发生这样的谬误；文章的情状难以鉴别，谁会说容易区分呢？

夫篇章杂沓[⑦]，质文交加[⑧]。知多偏好，人莫圆该[⑨]。慷慨者逆声而击节[⑩]，酝籍者见密而高蹈[⑪]。浮慧者观绮(qǐ)而跃心[⑫]，爱奇者闻诡(guǐ)而惊听。会已则嗟讽[⑬]，异我则沮弃[⑭]。各执一隅(yú)之解，欲拟万端之变[⑮]，所谓“东向而望，不见西墙”也[⑯]。

【今译】

文学作品纷多复杂，有的偏于质朴，有的偏于华丽，风格不一。鉴赏者又常常各有偏爱，很难作出全面的理解和把握。性情慷慨者遇到激昂的文章便击节应和，有涵养的人看到细密含蓄的作品便觉高兴，喜欢浮华的人看到绮丽的文章就心动不已，喜爱新奇的人听到诡谲的作品就觉得非常惊讶。与自己趣味相合的事物便嗟叹诵读，与自己趣味迥异的事物便阻止抛弃，每个人都持有偏见，却想要衡量并适应万般变化，正所谓向东眺望，看不见西墙啊。

---

① 麏(jūn)：獐子，似鹿而小。雉(zhì)：野鸡。

② 青眸(móu)：即青眼，指正视。眸：眼的瞳仁。

③ 然鲁臣以麟为麏：《公羊传·哀公十四年》：鲁人获麟，说是麏而有角。

④ 楚人以雉为凤：《尹文子·大道下》说楚国有人挑着野鸡，路人问他是什么鸟，他欺骗说是凤凰，路人便出高价把它买下。

⑤ 魏氏以夜光为怪石：《尹文子·大道上》说魏国有一位农民在田间发现一块月光宝玉，但不知，邻人欺骗他说是怪石，于是他便丢弃了它。

⑥ 宋客以燕砾为宝珠：《艺文类聚》卷六引《阚(kàn)子》说宋国有愚人捡到了燕国的碎石，像宝贝一样珍藏起来，有客人见了笑道：“此特燕石也，其与瓦甓(pì)不殊。”

⑦ 杂沓(tà)：纷乱，复杂。

⑧ 质文交加：指作品有的偏于质朴，有的偏于华彩。交加：指风格不一。

⑨ 圆该：全面具备。这里指评论一切作品的能力。

⑩ 逆：迎着。

⑪ 酝(yùn)籍：有涵养。高蹈(dǎo)：举足高，指高兴。

⑫ 浮慧：浮华而聪明。

⑬ 讽：诵读。

⑭ 沮(jǔ)：阻止。

⑮ 拟：衡量。

⑯ 东向而望，不见西墙：见《淮南子·氾论训》：“故东面而望，不见西墙，南面而视，不睹北方。”

凡操千曲而后晓声①，观千剑而后识器②。故圆照之象③，务先博观。阅乔岳以形培塿④，酌沧波以喻畎浍⑤。无私于轻重，不偏于憎爱。然后能平理若衡⑥，照辞如镜矣。是以将阅文情，先标六观：一观位体，二观置辞，三观通变⑦，四观奇正⑧，五观事义⑨，六观宫商⑩。斯术既形，则优劣见矣。

【今译】

演奏过上千首乐曲之后方能知晓音乐，观赏过上千把剑之后才会识别宝剑；因此全面观察的方法，务必先要广泛阅览。看过高山之后才知道土堆之小，汲取过沧海之水后才明白田间水沟之浅，没有孰轻孰重的私心，没有个人憎爱的偏见，然后才能像秤一样公平地衡量出作品高下，像镜子一般真实地照出文辞优劣。因此，倘若要理解文章的思想情感，先要标举必须观察的六个方面：第一是观文体风格是否适合文章的内容，第二是观文辞的安排，第三是观文章的继承与变化，第四是观文章或奇或正的表现手法，第五是观典故引用的意义，第六是观声律。六个方面都做到了，文章的好坏优劣就显现出来了。

夫缀文者情动而辞发⑪，观文者披文以入情⑫。沿波讨源，虽幽必显⑬。世远莫见其面，觇文辄见其心⑭。岂成篇之足深，患识照之自浅耳。夫志在山水，琴表其情⑮，况形之笔端，理将焉匿⑯？故心之照理，譬目之照形，目瞭则形无不分⑰，心敏则理无不达。然而俗监之迷者，深废浅售⑱，此庄周所以笑《折杨》⑲，宋玉所以伤《白雪》也⑳。

---

① 操：奏乐。

② 器：器物，指剑。

③ 照：观察。象：法。

④ 乔岳：高山。培塿(pǒu lǒu)：小土堆。

⑤ 酌沧波：汲取沧海水。喻：懂得。畎浍(quǎn kuài)：田间小水沟。

⑥ 衡：秤。

⑦ 通：指继承方面。变：指创新方面。

⑧ 奇：指不正常的表现方式。正：指正常的表现方式。

⑨ 事义：即事类，指文中引用材料。

⑩ 宫商：音律，如平仄节奏。

⑪ 缀文：指写作。缀：联结。

⑫ 披：翻阅。

⑬ 幽：隐微。

⑭ 觇(chān)：观。辄：往往。

⑮ 夫志在山水，琴表其情：《吕氏春秋·本味》说伯牙弹琴，一时志在泰山，一时志在流水。钟子期一听琴音，便知道。

⑯ 焉：怎么。匿：隐藏。

⑰ 瞭：眼明。

⑱ 售：售得，指得到赏识。

⑲ “此庄周”句：《庄子·天地》篇说：古乐俗人听不进去，听到《折杨》等俗曲便高兴地笑。

⑳ “宋玉”句：宋玉《对楚王问》说，国中能够和着唱《白雪》歌的只有数十人。言能赏识的人少。

【今译】

创作者是情思先动而文辞后发，阅读者则是先阅读文辞而后深入理解作者之情，顺着波流探索并追溯源头，即使是隐微之情也必定会显露出来。对年代久远的作者，固然不能见面；但读过作者的文章便可识别他的情感。难道是文章过于深奥晦涩吗？恐怕需要担心的是自己识鉴浅陋吧。如果一个人的内心之志向往自然山水，那么他演奏的琴声就能表达他的情感，更何况将个人的情感诉诸笔端，情理又怎么会掩藏得住呢？所以心能够显明情理，就好比眼睛能观察事物的形状，如果眼睛明亮，那么事物的形状就没有不能分辨的，如果心思敏捷，那么情理就没有什么不能理解的。然而俗世间那些在鉴赏上迷糊不清的读者，抛弃内容艰深的文章，赏识内容浮浅的文章，这就是庄周讥笑人们爱听《折杨》之类的俗曲，宋玉感慨高雅的《白雪》不被人赏识的原因啊！

昔屈平有言①“文质疎内，众不知余之异采”②，见异唯知音耳。扬雄自称“心好沈博绝丽之文”③，其事浮浅，亦可知矣。夫唯深识鉴奥，必欢然内怿④，譬春台之熙众人⑤，乐饵之止过客⑥。盖闻兰为国香，服媚弥芬⑦；书亦国华，玩泽方美。知音君子，其垂意焉⑧。

【今译】

过去屈原曾说，他的外表疏疏落落不加修饰，内质朴实，众人不了解他独特的光彩，而只有真正的知音，才可能看到他的与众不同。扬雄自称喜好深沉广博绝美的文章，他对于浮浅的态度，我们也就知道了。识别鉴赏了文章中的深幽奥妙之处，就一定会感到内心的欢喜，这好比春天登台使得众人内心愉悦，音乐与美食能够使过往的客人停下脚步。听说兰花是国内香花之冠，喜爱并佩戴它更能感觉其芬芳；文章著作也是国之光华，需要反复把玩品鉴才能感受其中的美妙；知音的君子们，请认真留意吧。

赞曰：洪钟万钧⑨，夔旷所定⑩。良书盈箧⑪，妙鉴迺订⑫。流郑淫人⑬，无或失听⑭。

---

① “昔屈平”句：屈原《九章·怀沙》，“文质疎内”即文质疏讷。外表疏疏落落不加修饰；内质朴实。
② 异采：指与众不同的才华。
③ “扬雄”句，扬雄的话见《答刘歆书》。
④ 怿(yì)：悦乐。
⑤ 熙：乐。
⑥ 乐：音乐。饵：食物。
⑦ 服：佩戴。媚：爱好。
⑧ 垂意：留心，注意。
⑨ 洪：大。钧：三十斤。
⑩ 夔(kuí)：尧舜时的音乐官。旷：师旷，春秋时晋国的音乐官。
⑪ 箧(qiè)：箱。
⑫ 订：校订。
⑬ 流：流荡。郑：郑国的靡靡之音。淫人：使人迷惑。淫：过分。
⑭ 失听：听错了。

独有此律，不谬蹊径①。

【今译】

声音洪亮的大钟，是古代音乐家夔与师旷所制定。满箱的历代经典，是高妙的鉴赏者所评定。流荡的郑音会迷惑人，千万不要失去正确的视听。只有遵循这里制定的规则，才不会误入歧途。

序志第五十

予生七龄，乃梦彩云若锦，则攀而采之。齿在踰立②，则尝夜梦执丹漆之礼器③，随仲尼而南行；旦而寤④，迺怡然而喜。大哉圣人之难见哉，乃小子之垂梦欤⑤！自生人以来，未有如夫子⑥者也。

【今译】

我七岁的时候，梦见彩云像锦绣一般，便攀上去采摘。刚过三十岁，又梦见自己手持朱红漆的祭器，跟随孔子向南走。早晨醒来，感到十分高兴。伟大的圣贤是很难见到的，竟然降临到我这个后生小子的梦中！自从有人类以来，还没有像孔夫子这样的圣人呢。

详观近代之论文者多矣。至于魏文述典⑦，陈思序书⑧，应瑒文论⑨，陆机《文赋》⑩，仲洽《流别》⑪，宏范《翰林》⑫，各照隅隙⑬，鲜观衢路⑭。或臧否当时之才⑮，或铨品前修之文⑯，或泛举雅俗之旨，或撮题篇章之意⑰。魏典密而不周⑱，陈书辩而无当，应论华而疏略，陆赋巧而碎乱，《流别》精而少巧，《翰林》浅而寡要。又君山公干之徒，吉甫士

---

① 蹊(xī)：路。
② 踰立：过了三十岁。立：三十岁。《论语·为政》："三十而立。"
③ 礼器：祭祀用的工具。
④ 寤：睡醒。
⑤ 垂梦：示梦，在梦中显现。
⑥ 夫子：老师，指孔子。
⑦ 魏文：魏文帝曹丕，著有《典论·论文》，是著名的文学论著。
⑧ 陈思：曹植。被封为陈王，死后谥号思，称陈思王。书：指他的《与杨德祖书》。
⑨ 应瑒：建安七子之一，著有《文质论》，讲文和质的关系。
⑩ 陆机：西晋初著名作家，著有《文赋》，这是一篇较系统地讨论文章的赋。
⑪ 仲洽：西晋作家挚虞的字，著有《文章流别论》。
⑫ 宏范：东晋作家李充的字，著有《翰林论》。《翰林》也是一个选本，论是论述所选的文章。
⑬ 隅隙：指次要的地方。隙：孔穴。
⑭ 衢：大路。
⑮ 臧否(pǐ)：褒贬。
⑯ 铨：衡量。品：品评。前修：前贤。
⑰ 撮题：摘举。
⑱ 密而不周：这里指《典论·论文》讲才气等比较严密，讲文体比较简单，所以说不周到。

龙之辈①，泛议文意，往往间出。并未能振叶以寻根，观澜而索源。不述先哲之诰②，无益后生之虑。

【今译】

详细观看近代论文的作家的确不少：如魏文帝曹丕的《典论·论文》，陈思王曹植的《与杨德祖书》，应瑒的《文质论》，陆机撰写的《文赋》，挚虞创作的《文章流别论》，李充的《翰林论》，只看到文论的某些方面，却很少看到文论的根本和全局；有的褒贬当时的人才，有的衡量品鉴前代贤人的文章，有的只是泛泛谈及文章的雅俗旨趣，有的则只是摘举出文章的用意。《典论·论文》的观点较为严密，但不够周全；《与杨德祖书》擅长辩论，但不够妥当；《文质论》辞藻华美，但流于疏略；《文赋》构思巧妙，但内容琐细繁乱；《文章流别论》十分精粹，但缺少巧意；《翰林论》较为浅薄而缺乏要领。再如桓谭、刘桢之类的人，应贞、陆云等辈，只不过是泛泛议论文章的用意，这往往交替更迭地在文章中出现，他们并没有做到拨开树木的枝叶追溯到根本，观察水的波澜探索到源头。不叙述前代圣贤的教诲，对后代之人创作文章的思考没有好处。

盖文心之作也，本乎道③，师乎圣④，体乎经⑤，酌乎纬⑥，变乎《骚》⑦，文之枢纽⑧，亦云极矣。若乃论文叙笔⑨，则囿别区分⑩。原始以表时⑪，释名以章义，选文以定篇，敷理以举统⑫。上篇以上，纲领明矣。至于剖情析采，笼圈条贯⑬，摛神性⑭，图风势⑮，苞会通⑯，阅声字⑰，崇替于《时序》⑱，褒贬于《才略》⑲，怊怅于《知音》⑳，耿介于《程

① 君山：东汉经学家桓谭的字；公干：东汉作家刘桢的字，“建安七子”之一；吉甫：西晋作家应贞的字；士龙：西晋作家陆云的字。

② 先哲之诰(gào)：指上述《尚书·毕命》《论语·为政》中的话。诰：教训。

③ 本乎道：文以自然之道为本。《文心雕龙》首篇《原道》便开宗明义说明了这一点。

④ 师乎圣：第二篇《征圣》说明为文必须以圣人为师。

⑤ 体乎经：第三篇《宗经》论述为文必须依据经书来制定体式。

⑥ 酌乎纬：第四篇《正纬》强调纠正纬书内容的纰缪，但可酌取其中奇丽的辞采。

⑦ 变乎骚：第五篇《辨骚》辨析了楚辞与经书的异同，指出了楚辞的变化与创新，认为应该宗法《诗经》来学习楚辞。

⑧ 枢纽：关键。

⑨ 文：有韵之文。笔：无韵之文。

⑩ 囿(yòu)：园地，指文体分类范围。区：指文体类别。

⑪ 原始以表时：推究各种文体的起源，说明它的流变。

⑫ 敷理以举统：陈述各种文体的写作之理来举出它的基本体制和规格要求。

⑬ 笼圈条贯：概括条理。

⑭ 摛(chī)：发布。性：《体性》论述了作者个性与作品风格的关系。

⑮ 图：描绘。风：《风骨》论述对文意和文辞的要求。势：《定势》讨论了文体与风格的关系。

⑯ 苞：包举。会：《附会》研讨文章的组织结构。通：《通变》讲述历代文风变化。

⑰ 阅：观察。声：《声律》谈论音韵声律。字：《练字》谈论文章用字。

⑱ 崇替：盛衰，指论述文学的盛衰。《时序》：《时序》论述文学发展的盛衰和时代的关系。

⑲ 《才略》：《才略》论述历代主要作家的创作才华。

⑳ 怊怅(chāochàng)：悲恨、慨叹。《知音》：《知音》说明怎样才能正确地进行文学批评和欣赏。

器》①，长怀《序志》②，以驭群篇。下篇以下，毛目显矣③。位理定名④，彰乎《大易》之数，其为文用，四十九篇而已⑤。

【今译】

《文心雕龙》这部书的创作，以道作为根本，师法前代的圣贤，以经书来制定体制，酌取纬书中的辞采，在文章的变化上参考楚骚，这些是文章的关键之处，也可以说是极致了。如果论述有韵之文与无韵之文，则需要按文体类别加以区分，探察各种文体的起源，展现它们的流变；解释各种文体的名称并彰显其意义；选取各种文体的代表篇章来进行论述；叙述各种文体的写作理论来举出它们的基本体制和规格要求，本书上半部分的纲领便全部明晰。至于《情采》《丽辞》等篇剖析情感与辞采，《熔裁》等篇讲文章的“条贯统序”，叙述《神思》与《体性》，描绘《风骨》与《定势》，包举《附会》和《通变》，观察《声律》和《练字》；从《时序》中观察文章的兴衰，在《才略》中褒贬历代作家，于《知音》中感叹知音难遇，在《程器》中感慨作家才德，在《序志》中抒写自己的远大理想和抱负，都是概括列举下篇中的各篇，本书下半部分的详细目录便彰显了。按条理安排篇目，确定各篇名称，明显地合于《周易》的“大衍之数五十”，而专门论述文章的，则只有四十九篇而已。

夫铨序一文为易⑥，弥纶群言为难⑦。虽复轻采毛发⑧，深极骨髓⑨，或有曲意密源⑩，似近而远，辞所不载⑪，亦不胜数矣。及其品列成文，有同乎旧谈者，非雷同也，势自不可异也。有异乎前论者，非苟异也，理自不可同也。同之与异，不屑古今⑫，擘肌分理⑬，唯务折衷⑭。按辔文雅之场⑮，环络藻绘之府⑯，亦几乎备矣。但言不尽意⑰，圣

---

① 《程器》：《程器》论述作家的品质问题。

② 长怀：深长的怀抱，说明作者的志向。《序志》：《序志》说明作者写这部书的用意和全书的安排。

③ 毛目：细目。

④ 位理：安排条理，意指按条理安排篇目。定名：确定篇名。

⑤ 四十九篇而已：《文心雕龙》全书共五十篇，除《序志》外，论文的共四十九篇。

⑥ 铨序：指评定。铨：衡量。序：排次序。

⑦ 弥纶：综合组织，系统评述。

⑧ 毛发：指写作中的细节问题。

⑨ 骨髓：写作中的根本问题。

⑩ 曲意密源：曲折的意旨，隐秘的根源。

⑪ 辞所不载：指书中未能加以论述。

⑫ 不屑：不管，不顾。

⑬ 擘肌分理：深入细致地加以分析。

⑭ 折衷：持论中正，无所偏颇。

⑮ 按辔(pèi)：扣紧马缰，使马缓行。

⑯ 环络：拉着马笼头环行。

⑰ 言不尽意：语言不能完全表达意思，语出《周易·系辞上》：“书不尽言，言不尽意。”

人所难；识在瓶管①，何能矩矱②。茫茫往代③，既沈予闻；渺渺来世④，谅尘彼观也⑤。

【今译】

评论一篇文章较为容易，综合论述历代文章就困难了。虽然注意到写作中像毛发那样细微的细节问题，或者探究到写作中如骨髓般深入的根本问题，有的文章主旨曲折，根源隐秘，看起来十分浅近，其实十分深远，这些问题在本书中未能加以论述，也是不可胜数的。等到评价作品时，有些观点与前人所说一致，这不是所谓的雷同，实在是没办法与之不相同。有些观点与前人所说相左，这也不是刻意去标新立异，而是其中情理本身就无法相同。观点相同或者相异时，不必在意这些观点究竟是古人的还是今人的，而需要深入细致地分析文章，力求做到无所偏颇。漫游在文学的天地，环行在辞藻的场所，也就几近于完备了。但是，语言始终无法完全表达出全部的意义，这是圣人也觉得困难的事情；本人见识浅陋，又如何能建立起创作的法则和规范？遥远的古代，已使我对古人的论述在认识上有所蔽塞，不能完全理解；渺茫的将来，或许后世读者对我的论述也会产生尘蔽，不能完全理解吧。

赞曰：生也有涯，无涯惟智。逐物实难⑥，凭性良易⑦。傲岸泉石⑧，咀嚼文义。文果载心，余心有寄。

【今译】

人生是有穷尽的，没有穷尽的只有知识。追逐无穷无尽的外物实在是太困难了，任凭自己的天性去做事就很容易了。那么，我还是不与世俗同流，在泉石间仔细品味文章的含义吧。如果文章果真能够抒写我的心意，那么我的心也就有所寄托了。

（《文心雕龙》原文据《刘永济手批〈文心雕龙〉》，武汉大学出版社 2018 年版）

① 识在瓶管：形容见识狭小。
② 矩矱(yuē)：指文学的法则。矩：匠人的曲尺。矱：度量用的尺子。
③ 往代：前代。
④ 眇眇(miǎo)：遥远。
⑤ 尘：污，意为脏了别人的眼睛。这里是刘勰自谦。彼：指后人。
⑥ 逐物：追逐外物。
⑦ 凭性：任凭天性。良：确实。
⑧ 傲岸：高傲，不附俗。

【小班研讨】

1. 精读《文心雕龙》的《神思》《知音》和《序志》三篇(自选背诵其中的一篇)，在此基础上，熟练地运用这三篇的材料和思想论述刘勰的“博雅”观。

2. 以“博通雅正”为关键词，谈谈“博雅”与“成人”的关系以及专业教育与通识教育的关系。

3. 刘勰说“见异唯知音耳”，请以你自己的文学鉴赏经历为例，谈谈“博观”与“见异”的辩证关系。

4. 20 世纪 40 年代，清华大学校长梅贻琦先生的《大学一解》指出：“通识为本，而专识为末，社会所需要者，通才为大，而专家次之。以无通才为基础之专家临民，其结果不为新民，而为扰民。”曾任教武汉大学的钱穆先生的《改革大学制度议》也指出：“今日国家社会所需者，通人尤重于专家。而今日大学教育之智识传授，则只望人为专家，而不望人为通人。”结合刘勰的“博雅”观，谈谈你对上面两段话的理解。

5. 明代著名龙学家张之象说，如果刘勰是孔子的学生，那么他和子游、子夏一样同属“文学”科。因为“文学”这个词，最早就出现在《论语·先进》：“文学：子游，子夏。”我们今天也称刘勰为“文学理论家”，但今天的“文学”与《论语》的“文学”已大不相同。从先秦孔子师徒的时代到南朝刘勰的时代再到我们今天，“文学”词义的演变与“博雅”有无关系？如果有，是什么关系？

【课外博览】

1. 范文澜：《文心雕龙注》，人民文学出版社 1958 年版。

2. 周振甫：《文心雕龙今译(附词语简释)》，中华书局 2013 年版。

3. 黄侃：《文心雕龙札记》，武汉大学出版社 2013 年版。

4. 王元化：《文心雕龙讲疏》，华东师范大学出版社 2017 年版。

5. 李建中，吴中胜：《〈文心雕龙〉导读》，武汉大学出版社 2015 年版。

第六章
《红楼梦》与爱恨

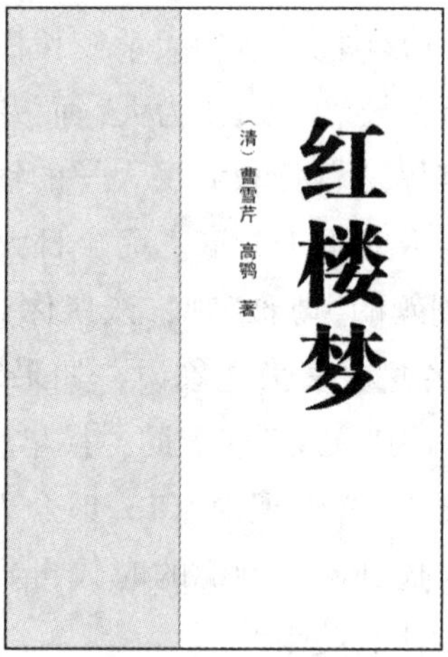

曹雪芹，名霑，字梦阮，号雪芹，又号芹圃、芹溪。祖籍辽阳，生于南京，少年时代亲历繁华。十三四岁时，因被抄家，随家人迁回北京，境遇潦倒。晚年移居北京西郊，卖字为生。幼子夭亡，贫病交加，不久离世，留下未完成的《红楼梦》。

也有人认为，《红楼梦》的作者不是曹雪芹，而是冒襄，或洪昇，或顾景星，等等。这些说法没有得到学界的公认。

《红楼梦》的后四十回，过去多认为是高鹗续写的。现在学界倾向于认为，程伟元和高鹗根据所获残稿，整理、补写了后四十回。

【大班导引】

《红楼梦》的版本有两个系统，一是抄本系统，也叫脂评本系统，二是程刻本系统。

抄本是《红楼梦》早期的流传形式。其主要特点：一是残缺不全，二是有脂砚斋等人的批语、评点。

现今发现的最早的抄本，是《脂砚斋重评石头记》。因第一回有“至脂砚斋甲戌抄阅再评”字样，世称甲戌本。甲戌，即乾隆十九年(1754 年)。甲戌本只有残存的十六回，而且缺少连贯。分别是第一至第八回、第十三至第十六回、第二十五至第二十八回。甲戌本有很多批语，提供了一些重要信息。如“壬午除夕，书未成，芹为泪尽而逝”，由此可以知道曹雪芹去世的相关情况。再如，批语“原应叹息”提示读者，元春、迎春、探春、惜春，她们的名字有深层寓意。甲戌本被称为“海内最古的《石头记》抄本”，它是 1927 年由胡适发现的。

1933 年，胡适又发现了一部抄本，题名也是《脂砚斋重评石头记》。第五至八册封面注云“庚辰秋月定本”或“庚辰秋定本”，故名庚辰本。庚辰，即乾隆二十五年(1760 年)。庚辰本除了缺少第六十四、六十七这两回，前八十回基本上保存下来了，批语也比甲戌本更为丰富，提供的信息也更多。例如第七十五回，贾府举行中秋家宴，宝玉、贾兰皆作了诗，但书中他们的诗没有正文。该回有批语：“乾隆二十一年五月初七日对清。”“缺中秋诗，俟雪芹。”由此可知书稿的写作进展情况。

《红楼梦》的重要抄本还有很多，如己卯本、甲辰本等。

程刻本系统有两个本子：程甲本和程乙本。

乾隆五十六年辛亥(1791 年)，程伟元和高鹗整理出了一百二十回《红楼梦》，以木活字排印出版，世称程甲本。书前有程、高二人所写的两篇序言，高鹗序的落款时间是“乾隆辛亥冬至后五日”。从此世间有了《红楼梦》的全本。

第二年，因去年的本子“急欲公诸同好”“不及细校，间有纰缪”，程、高二人重新校订，再次排印。并写了一篇引言，落款时间是“壬子花朝后一日”。壬子，即乾隆五十七年(1792 年)。这个本子就是程乙本。

1921 年，上海亚东图书馆以程甲本为底本，由汪原放整理，出版了铅字排印的《红楼梦》，这是采用了新式标点和分段形式的《红楼梦》。1927 年，汪原放在胡适的建议下，以程乙本为底本，重新修订出版。这个本子世称亚东本，此后几十年间深受欢迎。

1982 年，人民文学出版社推出了《红楼梦》新校注本。这一版，前八十回以庚辰本为底本，以程甲本补配；后四十回以程甲本为底本，全书用多种抄本、刻本作为参校本。后又两次修订再版，是现今最为通行的本子。

一般的小说，不会在前面部分，用大篇幅的图谶暗示人物结局，而是自然而然地到了后面，结局渐渐明朗。《红楼梦》偏偏在第五回，把很多重要人物的结局，以图谶的方式暗示出来了。而八十回以后的部分，如果没有佚失，这种暗示的神秘性就要大打折扣。巧合的是，后几十回原稿佚失，所以第五回的暗示就非常重要，它是了解结局的钥匙。譬如，王熙凤的结局是什么？也许就是“一从二令三人木，哭向金陵事更哀”。只是，这段判词是什么意思，非常玄妙。所谓探佚，就是探求佚失的部分到底写了什么。而《红楼梦》的迷幻之处在于，它前面有暗示，后面又佚失，让读者有探佚的冲动；它的暗示又极其模糊，让探佚的结论难以坐实。

《红楼梦》的索隐也是类似的情况。小说一开始就告诉读者：真事已经隐去，所谓“甄士隐”；写下来的都是假语村言，故有个“贾雨村”。这似乎给读者一种暗示：小说表面上写的是男女爱情、家庭琐事，但它的背后可能有微言大义，可能跟某些重大事件有关联。

评点者脂砚斋也很特别。他似乎跟作者特别亲近，知道很多故事，动不动就说“余三十年前目睹身亲”“真有是事”“作者与余实实经过”云云。所以，当脂砚斋说“凡野史俱可毁，独此书不可毁”时，读者是不是隐隐感觉到，这部书的背后，有超越了儿女情长、家庭琐事的东西？因此，有关《红楼梦》的各种索隐，诸如贾宝玉是纳兰性德，贾宝玉是顺治帝，林黛玉是董小宛，秦可卿是胤礽的女儿等，虽然经常被批评，被笑话，但确确实实也是可以理解的。索隐家们正是沿着文本提供的蛛丝马迹，以及脂砚斋的种种提示，去探寻小说背后的“真故事”和微言大义的。只是，这些线索或提示总是语焉不详，而且多有歧义，因而索隐往往附会多于实证，难以得出令人信服的结论。

抛开版本、探佚、索隐等话题，单就文本内容来说，“爱”“恨”是《红楼梦》的重要关键词。

宝黛爱情是全书的主线。大观园提供的是一个自由的天地，宝黛之恋是中国文学史上绝无仅有的自由伦理下的爱情。没有了“待月西厢下，迎风户半开。拂墙花影动，疑是玉人来”式的冒险刺激，没有了“生者可以死，死者可以生”式的惊心动魄，一切都回归到日常生活。同样是刻骨铭心，同样是叛逆世俗，宝黛之恋体现了自由伦理下爱情的脆弱——对两个个体在爱欲中完全契合的渴望，其实很难在实际生活中圆满实现。与此同时，中国人以“赤子崇拜”为核心的人格取向，在宝黛爱情上得到了最为生动也最为残酷的体现。这不仅仅是一场爱情悲剧，也是一场关于纯洁，关于真诚，关于永恒的人格悲剧。

宝黛之爱的前世因缘是“灌溉/还泪”神话。这表明宝黛相爱不仅是当下的在世行为，也是他们自身的人生前提。神瑛侍者的灌溉因绛珠仙子的还泪而获得净化，即便宝玉对其所爱的对象(可以是多人，可以是同性)有肉欲的意味，唯独对于黛玉则万万不可。作者似乎有意为宝黛二人构建一种“纯粹”的爱情，一种排除了肉欲而与所爱达到完全契合的爱。对黛玉而言，宝玉是一块顽石，她不断地用泪水为他清洗，既是报恩，更是为了使其洁净，使其获得灵性。宝玉最大的愿望也不是与某个特定的女孩结合，而是在归天之际让女孩们哭他的眼泪流成大河，把他的尸首漂起来，“送到那鸦雀不到的幽僻之处，随风化了，自此再不要托生为人”。而当他“识分定情悟梨香院”之后，每每暗伤的是“不知将来葬我洒泪者为谁”。宝黛爱情中肉欲内容的抽空，其审美意义是空灵的，“纯粹”的爱所蕴含的文化密码却是真实而沉重的。

自由是一种选择。大观园里生活着一大群美丽、聪慧的女孩，是一座青春的百花园。生活在其中的宝玉要选择红颜知己，无疑具有很大的余地。作者将钗黛并举，并无黛高而钗下或钗高而黛下之分，其中大有深意存焉。在宝黛爱情的发展过程中，宝钗是黛玉最大的威胁。黛玉爱宝玉，她必然希望也被宝玉所爱；但宝玉可以爱黛玉，也可以爱宝钗，这就意味着黛玉要获得宝玉的爱是受偶然性支配的。

自由是苦恼之源。因为自由，所以双方都固执地寻求精神、情感上的完全一致。宝黛二人的确找到了他们共同的契合点，即对仕途经济的厌恶。但即便如此，他们也无法达到情感上的完全契合。宝玉渴望把心掏出来给林妹妹看，可自己这身“臭皮囊”成了一道不可逾越的屏障。沟通不能实现，势必导致孤独。宝玉是孤独的，黛玉也是孤独的，他们的孤独是两个人的孤独，这正是这一对相爱知己的悲剧所在。宝玉在梨香院曾有一次深深地感到了孤独，那就是龄官一心都在贾蔷身上，冷落了宝玉。其实，贾蔷和龄官又何尝真正达到了完全的契合呢？然而在宝玉这个外人看来，贾蔷和龄官是幸福的，尽管他们也孤独，但他们的孤独是他们融为一体而与外部世界(宝玉)隔离的孤独，实际上是一个人的孤独。“纯粹”的情爱只能是远距离的、想象的。如果说，西方灵河岸上三生石畔的绛珠仙草和神瑛侍者构造了一场“纯粹”的爱，那么当他们下世为人后，因为生命的无常，重新返回最初的“我”已是不可能的了。

宝玉的言行看起来似乎是矛盾的。一方面他不愿看到女孩子嫁人，他说“女孩儿未出嫁，是颗无价之宝珠”；出了嫁，“是颗死珠子”；再老了，“更变的不是珠子，竟是鱼眼睛了”。另一方面，当听说林妹妹已许配给他时，感觉“真乃是从古至今天上人间第一件畅心满意的事了”。自由的两重性于此表现得淋漓尽致。宝黛二人享受着自由的爱情所带来的瞬间的昏眩——一种忧虑、嫉恨、欢愉、感动相混杂的“神秘体验”，同时又承担着自由带给他们的不安全感，于是他们渴求婚姻。在他们看来，由家长所认可的婚姻是他们爱情的保障。但是，宝黛二人没有认识到，他们的爱情是不可能依靠婚姻来保障的，因为他们的爱本质上不是积极进取的激情，而是温情脉脉的感伤和怀旧，即使他们终成眷属，日常生活也会将他们爱的火花消磨殆尽，爱情的悖论马上就会显现：爱情的存在以爱的不能实现为前提，反过来说，爱的实现之日就是爱情的死亡之时。

整部《红楼梦》弥漫着一股美好事物不能长存的感伤主义情调，历代文学尚没有如此深刻地表现过时间和生命这一对矛盾的不可调和。在曹雪芹的笔下，一切美的东西都是短暂的，青春作为生命最灿烂的体现，更是如此。黛玉“花谢花飞”的千古绝唱，宝玉痴情聆赏后的悲伤恸倒，早已预示着这样的事实：他们也必将为爱情的不能永恒而不安。然而，只有无生命的东西才是永恒的，对爱情永恒的无限期望必然以生命激情的消磨为代价。他们的爱只是那“美妙的一瞬”，也只有在这种“瞬间永恒”的层面上，宝黛爱情才具有穿越时空的意义。一旦回到现实，真的了却他们二人的心愿，他们的爱情会立刻僵化、死亡，成为一种相敬如宾的套式。

既然青春、爱情如春花一般明媚鲜妍，那它总有凋谢、飘零的时候。是体验其瞬间的绚烂多彩，还是哀怨它的转瞬即逝；是把握短暂的生命热情，还是咏叹没有生气的所谓永恒，宝黛的爱情取向表明了他们爱的实质是一种害怕长大、拒绝成熟的“赤子崇拜”，是对婴儿般天真无邪、纯洁晶莹的无限向往。这一点，最生动地体现于他们爱的立足点：纯洁，以及由此而引发的崇爱和怜惜。

宝玉七八岁时便说出这样一句话，真正是石破天惊：“女儿是水作的骨肉，男人是泥作的骨肉。我见了女儿，我便清爽；见了男子，便觉浊臭逼人。”在宝玉看来，这个世界本来是洁净的，没有尘俗的污染。但是仕途经济、功名利禄的侵入，使得男人们变得污浊不堪，唯一的净土只存在于那些女孩子中间。他总认为自己太污浊，简直就是“泥猪癞狗”，所以对待他人总是抱着一颗真诚的心。世道人心的险恶，他却常常看不清。黛玉显然比他多几个心眼，看得比他要清、要深，怕他吃亏，所以千方百计地要爱惜他。为了知己不被这个污浊险恶的世界所同化或吞噬，为了心中那块顽石永远剔透晶莹，黛玉的泪“至死不干，万苦不怨”。这样的爱的境界，比起那些才子佳人模式不知要高出多少！

但悲剧也正在于此。无论是崇爱还是怜惜，其要旨都是坚守纯洁，拒绝(害怕)污浊。然而，健康的生命总是和污浊相伴随，人不可能生活于真空之中。渴望纯洁和追求永恒一样，其代价必然是生命的活力。“能使人净化的是磨难，而磨难不是别的，正是纯洁的反面物。”这是文艺复兴以来人文主义思想的重要方面。相形之下，宝黛爱情的价值取向表现了中国人的“赤子崇拜”，即只有这种内向的、原始的、单纯而天然的心态，而非开放的、成长的、经历磨难而老练的心态，才是真善美。《红楼梦》以写实的品格展现了宝黛爱情理想的幻灭，并由此折射出中国人人格内涵的魅力和缺陷。

宝黛爱情是那样的纯洁、崇高和真诚，达到了中国文学作品中爱情题材的最高点。但他们的爱情只是一个乌托邦，既是乌托邦，它就是虚幻的，永远不可能指向圆满的归宿。然而，乌托邦又是真实的，因为它表现了人的本质，人生存的深层目的。宝黛爱情的悲剧和崇高共存，正是人类困境的永恒隐喻。

本章选取《红楼梦》的第三十二、五十七回的部分内容。

【经典悦读】

《红楼梦》(节选)

第三十二回 诉肺腑心迷活宝玉 含耻辱情烈死金钏

话说宝玉见那麒麟，心中甚是欢喜，便伸手来拿，笑道：“亏你拣着了！你是怎么拾着的？”湘云笑道：“幸而是这个，明日倘或把印也丢了①，难道也就罢了不成？”宝玉笑道：“倒是丢了印平常，若丢了这个，我就该死了。”

袭人倒了茶来与湘云吃，一面笑道：“大姑娘，我前日听你大喜呀。”湘云红了脸，扭过头去吃茶，一声也不答应。袭人笑道：“这会子又害臊了。你还记得那几年，咱们在西边暖阁上住着，晚上你和我说的话？那会子不害臊，这会子怎么又臊了？”湘云的脸越发红了，勉强笑道：“你还说呢。那会子咱们那么好，后来我们太太没了，我家去住了一程子，怎么就把你配给了他，我来了，你就不那么待我了。”袭人也红了脸，笑道：“罢哟。先头里姐姐长姐姐短哄着我替你梳头洗脸，做这个弄那个，如今拿出小姐款儿②来了。你既拿款，我敢亲近呢？”湘云道：“阿弥陀佛，冤枉冤哉！我要这么着，就立刻死了。你瞧瞧，这么大热天，我来了，必定先瞧瞧你。你不信问缕儿，我在家时时刻刻那一回不想念你几句。”

袭人和宝玉听了，都笑劝道：“说顽话儿，你又认真了。还是这么性儿急。”湘云道：“你不说你的话咽人，倒说人性急。”一面说，一面打开绢子，将戒指递与袭人。袭人感谢不尽，因笑道：“你前日送你姐姐们的，我已经得了；今日你亲自又送来，可见是没忘了我。就为这个试出你来了。戒指儿能值多少，可见你的心真。”史湘云道：“是谁给你的？”袭人道：“是宝姑娘给我的。”湘云叹道：“我只当林姐姐送你的，原来是宝姐姐给了你。我天天在家里想着，这些姐姐们再没一个比宝姐姐好的。可惜我们不是一个娘养的。我但凡有这么个亲姐姐，就是没了父母，也没妨碍的。”说着，眼圈儿就红了。宝玉道：“罢，罢，罢！不用提起这个话了。”史湘云道：“提这个便怎么？我知道你的心病，恐怕你的林妹妹听见，又嗔我赞了宝姐姐了。可是为这个不是？”袭人在旁嗤的一笑，说道：“云姑娘，你如今大了，越发心直嘴快了。”宝玉笑道：“我说你们这几个人难说话，果然不错。”史湘云道：“好哥哥，你不必说话叫我恶心。只会在我跟前说话，见了你林妹妹，又不知怎么好了。”袭人道：“且别说顽话，正有一件事要求你呢。”史湘云便问：“什么事？”袭人道：

① 印：指官印。丢印暗指丢官。

② 拿款：摆谱。

“有一双鞋，抠了垫心子。我这两日身上不好，不得做，你可有工夫替我做做?”史湘云道：“这又奇了，你家放着这些巧人不算，还有什么针线上的，裁剪上的，怎么叫我做起来?你的活计叫人做，谁好意思不做呢。”袭人笑道：“你又糊涂了。你难道不知道，我们这屋里的针线，是不要那些针线上的人做的。”

史湘云听了，便知是宝玉的鞋，因笑道：“既这么说，我就替你做做罢。只是一件，你的我才做，别人的我可不能。”袭人笑道：“又来了，我是个什么儿，就敢烦你做鞋了。实告诉你，可不是我的。你别管是谁的，横竖我领情就是了。”史湘云道：“论理，你的东西也不知烦我做了多少，今日我倒不做的原故，你必定也知道。”袭人道：“我倒也不知道。”史湘云冷笑道：“前日我听见把我做的扇套儿拿着和人家比，赌气又铰了。我早就听见了，你还瞒我。这会子又叫我做，我成了你们奴才了。”宝玉忙笑道：“前日的那个，本不知是你做的。”袭人也笑道：“他本不知是你做的。是我哄他的话，说是新近外头有个会做活的，扎的绝出奇的好花儿，叫他们拿了一个扇套儿试试看好不好。他就信了，拿出去给这个瞧那个看的。不知怎么又惹恼了那一位，铰了两段。回来他还叫赶着做去，我才说了是你做的，他后悔的什么似的。”史湘云道：“这越发奇了。林姑娘也犯不上生气，他既会剪，就叫他做。”袭人道：“他不可做呢。饶这么着，老太太还怕他劳碌着了。大夫又说好生静养才好，谁还肯烦他做呢?旧年好一年的工夫，做了个香袋儿；今年半年，还没见拿针线呢。”

正说着，有人来回说：“兴隆街的大爷来了，老爷叫二爷出去会。”宝玉听了，便知贾雨村来了，心中好不自在。袭人忙去拿衣服。宝玉一面登着靴子，一面抱怨道：“有老爷和他坐着就罢了，回回定要见我。”史湘云一边摇着扇子，笑道：“自然你能迎宾接客，老爷才叫你出去呢。”宝玉道：“那里是老爷，都是他自己要请我见的。”湘云笑道：“主雅客来勤，自然你有些警动他的好处，他才要会你。”宝玉道：“罢，罢，我也不过俗中又俗的一个俗人罢了，并不愿和这些人来往。”湘云笑道：“还是这个性儿，改不了。如今大了，你就不愿意去考举人进士的，也该常会会这些为官作宦的，谈讲谈讲那些仕途经济，也好将来应酬事务，日后也有个正经朋友。让你成年家只在我们队里搅的出些什么来!”

宝玉听了大觉逆耳，便道：“姑娘请别的屋里坐坐罢，我这里仔细腌臜了你这样知经济的人。”袭人连忙解说道：“姑娘快别说他。上回也是宝姑娘说过一回，他也不管人脸上过不去，咳了一声，拿起脚来就走了。宝姑娘的话也没说完，见他走了，登时羞的脸通红，说不是，不说又不是。幸而是宝姑娘，那要是林姑娘，不知又闹的怎么样，哭的怎么样呢。提起这些话来，宝姑娘叫人敬重，自己过了一会子去了。我倒过不去，只当他恼了。谁知过后还是照旧一样，真真是有涵养，心地宽大的。谁知这一位反倒和他生分了。那林姑娘见他赌气不理，他后来不知赔多少不是呢。”宝玉道：“林姑娘从来说过这些混帐话吗?要是他也说过这些混帐话，我早和他生分了。”袭人和湘云都点头笑道：“这原是混帐话么。”

原来黛玉知道史湘云在这里，宝玉一定又赶来说麒麟的原故。因心下忖度着，近日宝玉弄来的外传野史，多半才子佳人都因小巧玩物上撮合，或有鸳鸯，或有风凰，或玉环金佩，或鲛帕鸾绦①，皆由小物而遂终身之愿。今忽见宝玉也有麒麟，便恐借此生隙，同湘云也做出那些风流佳事来。因而悄悄走来，见机行事，以察二人之意。不想刚走进来，正听见湘云说经济一事，宝玉又说：“林妹妹不说这些混帐话，要说这话，我也和他生分了。”

黛玉听了这话，不觉又喜又惊，又悲又叹。所喜者，果然自己眼力不错，素日认他是个知己，果然是个知己。所惊者，他在人前一片私心称扬于我，其亲热厚密，竟不避嫌疑。所叹者，你既为我的知己，自然我亦可为你的知己，既你我为知己，又何必有“金玉”之论呢？既有“金玉”之论，也该你我有之，又何必来一宝钗呢？所悲者，父母早逝，虽有铭心刻骨之言，无人为我主张。况近日每觉神思恍惚，病已渐成，医者更云“气弱血亏，恐致劳怯之症”②。我虽为你的知己，但恐不能久待；你纵为我的知己，奈我薄命何！想到此间，不禁泪又下来。待要进去相见，自觉无味，便一面拭泪，一面抽身回去了。

这里宝玉忙忙的穿了衣裳出来，忽见黛玉在前面慢慢的走着，似乎有拭泪之状，便忙赶着上来，笑道：“妹妹往那里去？怎么又哭了？又是谁得罪了你了？”黛玉回头见是宝玉，便勉强笑道：“好好的，我何曾哭来。”宝玉笑道：“你瞧瞧，眼睛上的泪珠儿没干，还撒谎呢。”一面说，一面禁不住抬起手来替他拭泪。黛玉忙向后退了几步，说道：“你又要死了！又这么动手动脚的！”宝玉笑道：“说话忘了情，不觉的动了手，也就顾不得死活。”黛玉道：“死了倒不值什么，只是丢下了什么金，又是什么麒麟，可怎么好呢？”一句话又把宝玉说急了，赶上来问道：“你还说这些话，到底是咒我，还是气我呢？”黛玉见问，方想起前日的事来，遂自悔这话又说造次了，忙笑道：“你别着急，我原说错了。这有什么要紧，筋都叠暴起来，急的一脸汗。”一面说，一面也近前伸手替他拭面上的汗。

宝玉瞅了半天，方说道：“你放心！”黛玉听了，怔了半天，说道：“我有什么不放心的？我不明白你这个话。你倒说说怎么放心不放心？”宝玉叹了一口气，问道：“你果然不明白这话？难道我素日在你身上的心都用错了？连你的意思若体贴不着，就难怪你天天为我生气了。”黛玉道：“我真不明白放心不放心的话。”宝玉点头叹道：“好妹妹，你别哄我。你真不明白这话，不但我素日白用了心，且连你素日待我的心也都辜负了。你皆因都是不放心的原故，才弄了一身的病了。但凡宽慰些，这病也不得一日重似一日了。”

黛玉听了这话，如轰雷掣电，细细思之，竟比自己肺腑中掏出来的还觉恳切，竟有万

① 鲛帕：泛指精美的巾帕。鸾绦：泛指有各种图案的丝带。
② 劳怯之症：阴虚内热性质的虚劳病症。

句言语，满心要说，只是半个字也不能吐出，只管怔怔的瞅着他。此时宝玉心中也有万句言词，不知一时从那一句说起，却也怔怔的瞅着黛玉。两个人怔了半天，黛玉只咳了一声，眼中泪直流下来，回身便走。宝玉忙上前拉住，道：“好妹妹，且略站住，我说一句话再走。”黛玉一面拭泪，一面将手推开，说道：“有什么可说的。你的话我都知道了！”口里说着，却头也不回竟去了。

宝玉望着，只管发起呆来。原来方才出来忙了，不曾带得扇子。袭人怕他热，忙拿了扇子赶来送给他，猛抬头看见黛玉和他站着。一时黛玉走了，他还站着不动，因而赶上来说道：“你也不带了扇子去，亏了我看见，赶着送来。”

宝玉正出了神，见袭人和他说话，并未看出是谁，只管呆着脸，说道：“好妹妹，我的这个心，从来也不敢说，今日胆大说出来，就是死了也是甘心的！我为你也弄了一身的病，又不敢告诉人，只好捱着。等你的病好了，只怕我的病才得好呢。睡里梦里也忘不了你！”

袭人听了惊疑不止，又是怕，又是急，又是臊，连忙推他道：“这是那里的话！你是怎么着了？还不快去吗？”

宝玉一时醒过来，方知是袭人。虽然羞的满面紫涨，却仍是呆呆的，接了扇子，一句话也没有，竟自走去。

第五十七回　慧紫鹃情辞试莽玉　慈姨妈爱语慰痴颦

这日宝玉因见湘云渐愈，然后去看黛玉。正值黛玉才歇午觉，宝玉不敢惊动，因紫鹃正在回廊上手里做针线，便上来问他：“昨日夜里咳嗽的可好些？”紫鹃道：“好些了。”宝玉笑道：“阿弥陀佛！宁可好了罢。”紫鹃笑道：“你也念起佛来，真是新闻！”宝玉笑道：“所谓‘病急乱投医’了。”一面说，一面见他穿着弹墨绫薄绵袄，外面只穿着青缎夹背心，宝玉便伸手向他身上抹了一抹，说道：“穿这样单薄，还在风口里坐着，时气又不好，你再病了，越发难了。”紫鹃便说道：“从此咱们只可说话，别动手动脚的。一年大二年小的，叫人看着不尊重。打紧的那起混帐行子们背地里说你，你总不留心，还只管和小时一般行为，如何使得。姑娘常常吩咐我们，不叫和你说笑。你近来瞧他远着你还恐远不及呢。”说着便起身，携了针线进别的房里去了。

宝玉见了这般景况，心中像浇了一盆冷水一般，只瞅着竹子，发了一回呆。因祝妈正在那里刨土种竹，扫竹叶子，顿觉一时魂魄失守，随便坐在一块山石上出神，不觉滴下泪来。直呆了一顿饭的工夫，千思万想，总不知如何是可。偶值雪雁从王夫人屋里取了人参来，从此经过，忽扭头看见桃花树下石上一人手托着腮颊正出神呢，不是别人，却是宝玉。雪雁疑惑道：“怪冷的，他一个人在这里做什么？春天凡有残疾的人肯犯病，敢是他也犯了呆病了？……”一边想，一边就走过来蹲着笑道：“你在这里做什么呢？”宝玉忽见了雪雁，便说道：“你又做什么来找我？你难道不是女儿？他既防嫌，不许你们理我，你又来寻我，倘被人看见，岂不又生口舌？你快家去罢。”

雪雁听了，只当是他又受了黛玉的委屈，只得回至屋里。黛玉未醒，将人参交给紫鹃。紫鹃因问他：“太太做什么呢？”雪雁道：“也睡中觉呢，所以等了这半天。姐姐你听笑话儿：我因等太太的工夫，和玉钏儿姐姐坐在下屋里说话儿，谁知赵姨奶奶招手儿叫我。我只当有什么话说，原来他和太太告了假，出去给他兄弟伴宿坐夜，明儿送殡去，跟他的小丫头子小吉祥儿没衣裳，要借我的月白绫子袄儿。我想他们一般也有两件子的，往这地方去恐怕弄坏了，自己的舍不得穿，故此借别人的穿。借我的弄坏了也是小事，只是我想，他素日有什么好处到咱们跟前，所以我说：‘我的衣裳簪环都是姑娘叫紫鹃姐姐收着呢。如今先得去告诉他，还得回姑娘。费多少事，别误了你老人家出门，不如再转借罢。’”

紫鹃笑道：“你这个小东西儿倒也巧。你不借给他，你往我和姑娘身上推，叫人怨不着你。他这会子就去呀，还是等明日一早才去呢？”雪雁道：“这会子就去，只怕此时已去了。”紫鹃点头。雪雁道：“只怕姑娘还没醒呢，是谁给了宝玉气受，坐在那里哭呢。”紫鹃听了，忙问：“在那里？”雪雁道：“在沁芳亭后头桃花底下呢。”

紫鹃听了，忙放下针线，又嘱咐：“雪雁好生听叫；要问我，答应我就来。”说着，便出了潇湘馆，一径来寻宝玉，走至宝玉跟前，含笑说道：“我不过说了那么句话，为的是大家好，你就一气跑了这风地里来哭，弄出病来还了得。”宝玉忙笑道：“谁赌气了！我因为听你说的有理，我想你们既这样说，自然别人也是这样说，将来渐渐的都不理我了，我所以想到这里，自己伤起心来了。”

紫鹃也便挨他坐着。宝玉笑道：“方才对面说话你还走开，这会子怎么又来挨着我坐？”紫鹃道：“你都忘了？几日前头你们姐儿两个正说话，赵姨娘一头走进来——我才听见他不在家，所以我来问你。正是前日你和他才说了一句‘燕窝’就不说了，总没提起，我正想着问你。”宝玉道：“也没什么要紧。不过我想着宝姐姐也是客中，既吃燕窝，又不可间断，若只管和他要，也太托实①。虽不便和太太要，我已经在老太太跟前略露了个风声，只怕老太太和凤姐姐说了。我告诉他的，竟没告诉完。如今我听见一日给你们一两燕窝，这也就完了。”紫鹃道：“原来是你说了，这又多谢你费心。我们正疑惑，老太太怎么忽然想起来叫人每一日送一两燕窝来呢？这就是了。”宝玉笑道：“这要天天吃惯了，吃上三二年就好了。”紫鹃道：“在这里吃惯了，明年家去，那里有这闲钱吃这个。”

宝玉听了，吃了一惊，忙问：“谁家去？”紫鹃道：“妹妹回苏州去。”宝玉笑道：“你又

① 托实：不识趣，不客气。

说白话。苏州虽是原籍，因没了姑母，无人照看，才接了来的。明年回去找谁？可见撒谎了。”紫鹃冷笑道：“你太看小了人。你们贾家独是大族人口多的，除了你家，别人只得一父一母，房族中真个再无人了不成？我们姑娘来时，原是老太太心疼他年小，虽有叔伯，不如亲父母，故此接来住几年。大了该出阁时，自然要送还林家的。终不成林家女儿在你贾家一世不成？林家虽贫到没饭吃，也是世代书香人家，断不肯将他家的人丢给亲戚，落的耻笑。所以早则明年春，迟则秋天。这里纵不送去，林家亦必有人来接的了。前日夜里姑娘和我说了，叫我告诉你：将从前小时顽的东西，有他送你的，叫你都打点出来还他。他也将你送他的打点在那里呢。”

宝玉听了，便如头顶上响了一个焦雷一般。紫鹃看他怎么回答，等了半天，见他只不作声。才要再问，只见晴雯找来说：“老太太叫你呢，谁知在这里。”紫鹃笑道：“他这里问姑娘的病症。我告诉了他半日，他只不信。你倒拉他去罢。”说着，自己便走回房去了。

晴雯见他呆呆的，一头热汗，满脸紫胀，忙拉他的手，一直到怡红院中。袭人见了这般，慌起来了，只说时气所感，热身被风扑了。无奈宝玉发热事犹小可，更觉两个眼珠儿直直的起来，口角边津液流出，皆不知觉。给他个枕头，他便睡下，扶他起来，他便坐着，倒了茶来，他便吃茶。众人见了这样，一时忙乱起来，又不敢造次去回贾母，先要差人去请李嬷嬷来。

一时李嬷嬷来了，看了半天，问他几句话也无回答，用手向他脉上摸了摸，嘴唇人中①上着力掐了两下，掐得指印如许来深，竟也不觉疼。李嬷嬷只说了一声“可了不得了”，“呀”的一声便搂头放声大哭起来。急得袭人忙拉他说：“你老人家瞧瞧，可怕不怕？且告诉我们去回老太太、太太去。你老人家怎么先哭起来？”李嬷嬷捶床捣枕说：“这可不中用了！我白操了一世的心了！”袭人因他年老多知，所以请他来看，如今见他这般一说，都信以为实，也哭起来了。晴雯便告诉袭人，方才如此这般。袭人听了，便忙到潇湘馆来，见紫鹃正伏侍黛玉吃药，也顾不得什么，便走上来问紫鹃道：“你才和我们宝玉说了些什么话？你瞧瞧他去，你回老太太去，我也不管了！”说着，便坐在椅上。

黛玉忽见袭人满面急怒，又有泪痕，举止大变，更不免也着了忙，因问：“怎么了？”袭人定了一回，哭道：“不知紫鹃姑奶奶说了些什么话，那个呆子眼也直了，手脚也冷了，话也不说了，李妈妈掐着也不疼了，已死了大半个了！连妈妈都说不中用了，那里放声大哭。只怕这会子都死了！”

黛玉听此言，李嬷嬷乃久经老妪，说不中用了，可知必不中用。哇的一声，将所服之药一口呕出，抖肠搜肺，炙胃煽肝的哑声大嗽了几阵，一时面红发乱，目肿筋浮，喘的抬不起头来。紫鹃忙上来捶背，黛玉伏枕喘息了半晌，推紫鹃道：“你不用捶，你竟拿绳子

① 人中：人体鼻唇沟的中点的一个重要穴位。

来勒死我是正经！”紫鹃说道：“我并没说什么，不过是说了几句顽话，他就认真了。”袭人道：“你还不知道他，那傻子每每顽话认了真。”黛玉道：“你说了什么话，趁早儿去解说，他只怕就醒过来了。”

紫鹃听说，忙下床，同袭人到了怡红院。谁知贾母王夫人等已都在那里了。贾母一见了紫鹃，便眼内出火，骂道：“你这小蹄子，和他说了什么？”紫鹃忙道：“并没敢说什么，不过说几句顽话。”谁知宝玉见了紫鹃，方哎哟了一声，哭出来了。众人一见，都放下心来。贾母便拉住紫鹃，只当他得罪了宝玉，所以拉紫鹃命他赔罪。谁知宝玉一把拉住紫鹃，死也不放，说：“要去连我也带了去。”

众人不解，细问起来，方知紫鹃说“要回苏州去”一句顽话引出来的。贾母流泪道：“我当有什么要紧大事，原来是这句顽话。”又向紫鹃道：“你这孩子素日是个伶俐聪敏的，你又知道他有个呆根子，平白的哄他做什么？”薛姨妈劝道：“宝玉本来心实，可巧林姑娘又是从小儿来的，他姊妹两个一处长得这么大，比别的姊妹更不同。这会子热剌剌的说一个去，别说他是个实心的傻孩子，便是冷心肠的大人也要伤心。这并不是什么大病，老太太和姨太太只管万安，吃一两剂药就好了。”

正说着，人回：“林之孝家的赖大家的都来瞧哥儿来了。”贾母道：“难为他们想着，叫他们来瞧瞧。”

宝玉听了一个“林”字，便满床闹起来，说：“了不得了！林家的人接他们来了，快打出去罢！”

贾母听了，也忙说：“打出去罢！”又忙安慰说：“那不是林家的人；林家的人都死绝了，再没人来接他，你只管放心罢！”宝玉道：“凭他是谁！除了林妹妹，都不许姓林了！”贾母道：“没姓林的来。凡姓林的都打出去了。”一面吩咐众人：“以后别叫林之孝家的进园来；你们也别说‘林’字儿。——孩子们！你们听了我这句话罢！”众人忙答应，又不敢笑。

一时，宝玉又一眼看见了十锦槅子上陈设的一只金西洋自行船，便指着乱说：“那不是接他们来的船来了。湾在那里呢！”贾母忙命拿下来。袭人忙拿下来。宝玉伸手要袭人递过去。宝玉便掖在被中，笑道：“这可去不成了！”一面说，一面死拉着紫鹃不放。

一时，人回：“大夫来了。”贾母忙命快进来。王夫人、薛姨妈、宝钗等暂避入里间。贾母便端坐在宝玉身旁。王太医进来，见许多的人，忙上去请了贾母的安，拿了宝玉的手，诊了一回。那紫鹃少不得低了头。王太医也不解何意，起身说道：“世兄这症，乃是急痛迷心。古人曾云：‘痰迷有别：有气血亏柔饮食不能镕化痰迷者，有怒恼中痰急而迷者，有急痛壅塞者。’此亦痰迷之症①，系急痛所致，不过一时壅蔽，较别的似轻些。”贾母

① 痰迷之症：指痰浊阻遏心神，引起意识障碍。

道：“你只说怕不怕，谁和你背药书呢？”王太医忙躬身笑道：“不妨，不妨。”贾母道：“果真不妨？”王太医道：“实在不妨。都在晚生身上。”贾母道：“既这么着，请外头坐，开了方儿。吃好了呢，我另外预备谢礼，叫他亲自捧了，送去磕头，要耽误了，我打发人去拆了太医院的大堂！”王太医只管躬身陪笑，说：“不敢，不敢。”他原听说另具上等谢礼命宝玉去磕头，故满口说“不敢”；竟未听见贾母后来说拆太医院之戏语，犹说“不敢”。贾母与众人反倒笑了。

一时，按方煎药。药来服下，果觉比先安静。无奈宝玉只不肯放紫鹃，只说：“他去了就是要回苏州去了！”贾母、王夫人无法，只得命紫鹃守着他，另将琥珀去伏侍黛玉。黛玉不时遣雪雁来探消息。这晚间宝玉稍安，贾母王夫人等方回去了，一夜还遣人来问几次信。李奶妈带宋妈等几个年老人用心看守，紫鹃、袭人、晴雯等日夜相伴。有时宝玉睡去，必从梦中惊醒，不是哭了说黛玉已去，便是说有人来接；每一惊时，必得紫鹃安慰一番方罢。

彼时贾母又命将祛邪守灵丹及开窍通神散——各样上方秘制诸药——按方饮服，次日又服了王太医药，渐次好了起来。宝玉心下明白，因恐紫鹃回去，倒故意作出佯狂之态。紫鹃自那日也着实后悔，如今日夜辛苦，并没有怨意。袭人心安神定，因向紫鹃笑道：“都是你闹的，还得你来治。——也没见我们这位呆爷，听见风儿就是雨，往后怎么好！”

（《红楼梦》原文据程乙本校订）

【小班研讨】

1. 你有哪些关于《红楼梦》的阅读或观赏体验？

2. 《红楼梦》的“爱恨”与你在其他文学艺术作品（包括当代影视）中所读到和看到的“爱恨”有何关联或区别？

3. 如何理解或评价“钗黛合一”？

4. 贾宝玉七八岁时说过：“女儿是水作的骨肉，男人是泥作的骨肉。我见了女儿，我便清爽；见了男子，便觉浊臭逼人。”你如何理解或看待这段话？

5. 厌恶“仕途经济”的人，在当下的现实中，会拥有怎样的生活状态？如果你身边有热衷于“仕途经济”的人，你会如何看待他？

6. 如果由你改写或续写《红楼梦》的结局，你准备如何设计情节？

7. 如果你是贾宝玉，你愿意和谁共度一生？

8. 第五回有一副对联：“世事洞明皆学问，人情练达即文章。”大意是劝人不光要掌握书本知识，还要懂得世故人情。这副让贾宝玉感到不快的对联，却成了一些现代人为人处世的座右铭。你如何评价这一现象？

【课外博览】

1. 唐富龄：《〈红楼梦〉的悲剧意识与旋律美》，武汉大学出版社 2000 年版。

2. [美]余英时：《红楼梦的两个世界》，上海社会科学院出版社 2002 年版。

3. 刘梦溪：《红楼梦与百年中国》，中央编译出版社 2005 年版。

4. 王蒙：《红楼启示录》，生活 · 读书 · 新知三联书店 2005 年版。

5. 陈文新：《红楼梦的现代误读》，齐鲁书社 2008 年版。

丙　编

“人”的历史、生命与审美

第七章
《历史》与历史

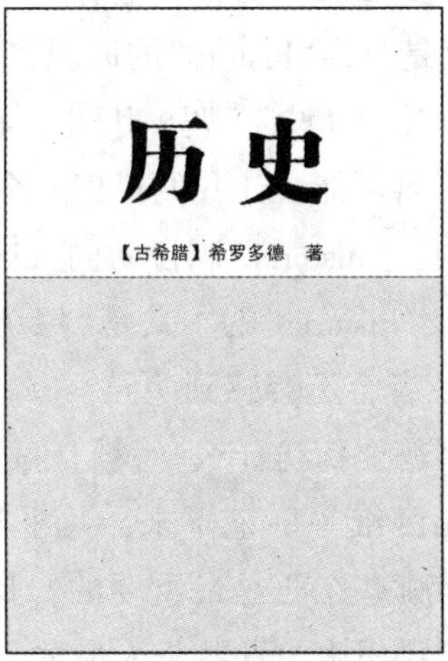

希罗多德(Herodotus，约公元前484年—公元前425年)，古希腊著名史学家，著有传世之作《历史》，被西方人誉为“史学之父”。《历史》主要记载了希腊与波斯之间的战争，此书涉及的地理范围甚广，包括地中海和黑海地区，以及西亚、埃及、部分中亚和欧洲地区等，是当时的一部世界史；其内容广博，除了战争之外，还涵盖地理、风俗、动物、植物、饮食、宗教信仰、葬礼、神话、传说、奇闻逸事等许多方面，也是一部整体的历史。

(上图希罗多德像为公元2世纪罗马复制品，古希腊原作雕刻于公元前4世纪上半叶)

【大班导引】

人的大脑有记忆的功能，对于自己的所见、所闻和所为，每个人或多或少都有所记忆。同样，一个群体也有自身的经历，对于它们的记忆，是由群体中的部分人来保存的。在文字产生之前，有结绳记事。文字产生后，专门有人从事这一工作。“史，记事者也。”(《说文解字・史部》)这就是说，“史”是记事的人或物。前者是史官，后者是史书。

中国很早就有史官，非史官的私人修史是后来的事。司马迁就是西汉朝廷的太史公，《史记》本来叫作《太史公记》(或《太史公书》)。因为《史记》不是以朝廷名义修的，而是司马迁与其父的自由创作。在西方，有一位被称为“史学之父”(the father of history)的人物，那就是古希腊的希罗多德。为什么他有此美誉？这要从他的作品说起。希罗多德将其称作“historia”①，这就是英语“history”的词源，“history”也就成了这一类作品的统称②。“history”不就是我们熟知的“历史”③吗？因此，我们将它译为“《历史》”，似乎顺理成章。如果不假思索，这个译名可能会让我们错失一个认识古希腊史学的重要契机。

在古希腊语中，“historia”源自动词“historeō”，这个词的本义是“探访”“调查”“打听”“访问”等，因此，“historia”的本义是“探访的结果”等。如果我们把希罗多德的著作译为《探访的结果》，读者会不会感到诧异？

那么，希罗多德要探访什么？我们还是从人类的记忆说起。不论是个人还是群体，要将他们的经历事无巨细一一记下来，几乎都是不可能的，也没有那个必要。在记载的时候，人们会思考：哪些东西是最重要的？是我应该记的？这首先当然是人自身。我是谁？我从哪里来？我到哪里去？这些是人最关心的问题，也是关于人的终极之问。

希罗多德不是哲学家，他对这些问题的回答是具体的，而不是抽象的。我是谁？我是我父母的孩子，我的父母还有父母，以至于祖宗，这就是谱牒世系。我从哪里来？我生活在一个具体的自然环境里，这就是山川地理。我还生活在类似我的人群中，我是家庭的一员，我也是我所在的社会(人群)的一分子。我所在的社会里，有很多习惯，有些事情是不能做的，有些事情是大家希望我去做的。这就是风俗伦理。我最后要到哪里去？投胎转世？上天堂？归于尘土？这就是宗教信仰。我的时代出了什么大事、新鲜事，我知道，但我的先辈做过什么我不太清楚了，这就是大事奇事。如此等等。

谱牒世系、山川地理、风俗伦理、宗教信仰、大事奇事等，希罗多德的《历史》都记了，司马迁的《史记》也都记了。因为史学产生之初，知识还没有分化，史书的内容几乎是

---

① 希罗多德的著作本无名称，“historia”取自其作品的第一句话的第三个单词。

② 法语“histoire”、西班牙语“historia”、葡萄牙语“história”等均源自此词。英语学术界习惯上将他的那部名著称为“Herodotus’ Histories”，或者就叫“Herodotus’ Historiai(“historia”的复数)”。

③ “历史”一词由近代日本学者创造，专门指西方“history”一类的作品。中国固有的说法叫作“史”。

无所不包的。

回答了记什么的问题，下面的问题就是怎么记。普通人不难说出甚至写下自己的自传，从这意义上说，人人都是他自己的史家。但是，面对群体的历史，就不是人人都能胜任的了。首先，他要有这方面的兴趣；其次，他要具备这样的才能。需要指出的是，著史的兴趣和才能当然属于史家个人，但是史家又是在他的时代中成长的。个人和时代这两个方面的因素决定了其作品的内容和形式。

我们从中希一个有趣的差别说起——古希腊没有史官。希罗多德不是，后来的修昔底德①也不是，色诺芬②更不是。他们都是城邦中的普通人。他们著史的动机从何而来?

我们知道，希腊人对知识的好奇、渴求和探究是出了名的。希罗多德出生于小亚爱琴海海滨的一个希腊城邦哈利卡耳那索斯(Halicarnassus)③，时间在公元前 484 年左右④。哈利卡耳那索斯与米利都是近邻，那里有一群自然哲学家，其中最著名的就是泰勒斯(Thales，约公元前 624 年—公元前 546 年)。米利都人说的是希腊语的伊俄尼亚(Ionia)方言，希罗多德的家乡说的是多里斯(Doris)方言，而希罗多德正是用伊俄尼亚方言来创作的。他受到这些哲学家的影响可以说在情理之中。

希罗多德早年因参与反对自己城邦的一个僭主⑤的斗争而被流放至萨摩斯，在那里待了几年，于公元前 454 年以前返回家乡。智者(sophists)⑥毕达哥拉斯正是萨摩斯人。有些智者喜欢对各邦政治制度评头论足。希罗多德在第 3 卷记叙了波斯贵族关于各类政体优劣的一番激烈争论(3. 80-82⑦)，这完全是一场希腊式的智者辩论，是不可能发生在波斯贵族之间的。

从希罗多德的记叙来看，他在雅典待过，而且对雅典极为看重。他可能遇到了一些来此游历的智者，如西西里的高尔吉亚(Gorgias)。他与雅典剧作家索福克勒斯(Sophocles)和埃斯库罗斯(Aeschylus)同时代，他在第 1 卷中关于古革斯(Gyges)的故事就有一些类似悲剧的地方。

需要补充说明的是，智者到雅典来教授演说术，是因为在公元前 506 年以后，雅典确立了民主制，公民需要在法庭上发言维护自己的权益，在公民大会上发言表达政见。于是，形成了好诉好辩的风气。希罗多德的“探访”“调查”，就是连续向被访问者提问，显

① 修昔底德(Thucydides，约公元前 460 年—公元前 400 年)，著有《伯罗奔尼撒战争史》。

② 色诺芬(Xenophon，约公元前 430 年—公元前 354 年)，著有《希腊志》，该书是修昔底德著作的续作。

③ 即今天土耳其的博德鲁姆市(Bodrum)。

④ 公元前 444 年左右，希罗多德移居意大利南部的一个城邦图里俄(Thurioi)。去世的时间和地点不详，一般认为在公元前 430 年之后。

⑤ Tyrannos，指用不合法手段攫取统治权的人，故其往往遭到人民的痛恨。

⑥ 出现在公元前 5—公元前 4 世纪的希腊，收费教有钱人子弟演说术等，他们也从事哲学探索。苏格拉底看不起这种人，声明自己是“爱智者”，而不是智慧的占有者(“智者”)。

⑦ “3. 80-82”表示《历史》的“第 3 卷第 80-82 章”，这是古典学界的习惯标注。下同。

然受到了这种风气的影响。

在这种氛围中，希罗多德的“historia”就是出于个人兴趣；相形之下，司马迁的《史记》的政治色彩更浓一些。众所周知，在中国传统学术里，“史”的地位仅次于“经”①。所谓“经”“史”“子”“集”，是具体事例说明修、齐、治、平的大道理。

作为“史学之父”的作品，《历史》记叙的某些特点可能让现代的读者颇不习惯。比如，它有大量的插叙和故事。

前文说过，《历史》的内容包罗万象，而且前几卷似乎漫无主题。我们打开第1卷，就会发现，作者仅在开头说，他要探讨希腊人与波斯人交战的由来，接着就开始绕圈子。他首先写小亚的吕底亚(Lydia)的国王克洛索斯(Croesus)——他的先祖、制服小亚的希腊人与波斯国王居鲁士(Cyrus)的战争及其被俘等，这就是“克洛索斯篇”。在此篇中，希罗多德又插叙了克洛索斯与希腊“七贤”之一梭伦(Solon)的对话，庇西斯特剌托斯(Pisistratus)在雅典施行僭主统治和斯巴达的吕库古(Lycurcus)改革等。第1卷的第2篇是“居鲁士篇”。同样有很多插叙。第2卷整卷写埃及，包括其地理、物产、风俗、历史和治理等。第3卷写波斯国王冈比西斯(Cambyses)征服埃及，大流士(Darius)的登基和统治等。第4卷写斯库提亚(Scythia)和大流士征服斯库提亚，以及北非的利比亚等。到了第5卷，终于回归正题，写希波战争。第6、7、8、9卷基本按照时间顺序写希波战争，但插叙仍不时出现。

插叙不断，甚至插叙中有插叙，枝蔓中又有枝蔓，希罗多德似乎随时准备跑题。这是此书的一大特色。插叙的内容有地理、风俗(特别是性风俗，包括婚姻)、动物、植物、饮食、作战方式、宗教信仰、葬礼、神话、传说、奇闻逸事等，就是一个大杂烩。其篇幅占到全书的1/4到1/3。因此，对于现代读者而言，要读完《历史》需要极大的耐心。

说到离题，此书还有一大特色——喜欢讲故事。全书有大约55篇故事。如第1卷开头不久就讲了一个故事：萨耳得斯(Sardis)的僭主坎道勒斯(Candaules)深信其妻是天下最美的女人，为了让其卫士古革斯眼见为实，将其藏在卧室的门后，使其一睹其妻的裸体。其妻深以为耻，要求古革斯要么自杀，要么杀死坎道勒斯，取而代之。古革斯为了自保，只得从命。还有阿里翁(Arion)被海豚救起的故事，以及克洛索斯两问梭伦谁是世上最幸福的人的故事。

为什么《历史》离题多、故事多？在古希腊，每一个社会成员都在“荷马史诗”②的熏陶中生活，它是一切文学艺术和思想的源头。“荷马史诗”有记载、教谕和娱乐的功能，《历史》同样如此。“荷马史诗”有史实，那就是特洛亚(特洛伊)战争，《历史》记希波战争；

① 所谓“经”“史”“子”“集”。

② 包括《伊利亚特》和《奥德赛》，都是韵文体，相传为盲人荷马所作。

“荷马史诗”内容丰富，益人神智，《历史》同样如此；“荷马史诗”的片段常常在酒足饭饱后被人弹唱，以娱乐听众，《历史》由作者朗诵给观众听，同样要取悦听众。因此，少不了暴力行为(包括战争)、冒险故事、奇闻逸事、异国他乡的奇风异俗等。甚至，“荷马史诗”也经常跑题，插叙多，有时还喧宾夺主。因为在吟唱表演中，观众需要片刻的休息和提神。《历史》也是现场朗诵，听众容易疲劳。

《历史》得以流传至今，动听的故事是一个因素，还有其他因素，其文笔是其中之一。《历史》无华丽辞藻，浑然天成。这种素朴的文风乃有意为之，是一种高级写作技巧。它叙事简洁，不乱发议论，甚至不发议论，寓议论于叙事中。举一个例子，波斯国王克塞耳克塞斯(Xerxes，又译“薛西斯”)率大军准备越过博斯普鲁斯海峡入侵希腊之际，有个吕底亚老人(克洛索斯的孙子皮提俄斯)自恃款待国王有功，于是鼓起勇气，提出他5个儿子都在国王出征的军中，请求免除其长子的兵役，好让他回家服侍自己。不料，国王大为震怒，斥责老人一通并下令将其长子找来劈成两半，置于道路两侧，出征的队伍就从道路中间走过去。然后，作者开始仿照《伊利亚特》，叙述大军各个部分的强大阵容(7.38-40)。全段无一字褒贬，读者心灵却为之一颤！

《历史》有大量的故事传奇和优美的文笔，它是文学还是史学？现代读者在陶醉之余，一定会对其可信性心存疑虑。比如，坎道勒斯和古革斯的故事，乃宫闱之私，外人如何得知？且当事人说的不是希腊语，希罗多德不懂任何小亚语言(包括埃及和西亚的语言)，他是怎么知道的？由此可知，这些故事是没有多少真实性的。除了故事之外，《历史》其他可疑之处也触目皆是。最明显的例子是，克塞耳克塞斯麾下入侵希腊大军的规模。希罗多德的记载是，士兵2681610人，全军总人数5283220人；其中战舰3000艘，人员24万人。尽管希罗多德言之凿凿，但这些数字绝无可能！1944年诺曼底登陆，盟军先头部队才17.6万人，登陆成功后大军如潮水般涌入法国，也只有288万人！那可是天上有飞机，陆上有火车、汽车，水上有机动舰船的时代。现代学者的研究结论是，步兵最多8万人(最少4万~5万人)，骑兵最多1万人。战舰300~400艘，人员不到7万人。我们只能说，希罗多德有意夸大其词，以证明希波战争的伟大。因此，古代就有人叫他“谎言之父”(the father of lies)。

我们知道，史学是研究人类过去的学问，其核心是证据，也就是史料。因此，史料考证是史书价值高低的关键。但史料考证在近代才大大发展起来，在史学初创之时，是不能这样要求的。希罗多德写《历史》几乎没有凭借，司马迁可以查阅以前史官的记录，以太史公的身份查访四方。而希罗多德只能靠自己的财力，访问的是都是普通人，道听途说，而且完全依赖当地希腊裔的翻译。埃及和波斯宫廷的丰富资料他无从查阅，也看不懂。

希罗多德以一己之力，踏遍千山万水①，并且努力对大量不同来源的信息做出比较和鉴别，也就是他说的“探访”。在拿不定主意的时候，他将多种说法都记录下来，即“疑则存疑”。他所运用的这种批判(critical)方法，为后世史学家所遵循。在这一点上，希罗多德无愧于“史学之父”的美誉。

《历史》有一个副标题《希波战争史》，这当然是后世拟定的，就是看似散漫的全书的主题。希波战争极大地影响了希罗多德的创作。在他创作之时，萨拉米斯湾(Salamis)海战(前480年)和普拉泰亚(Plataea)战役(前479年)虽已过去大约40年，但最年轻的希腊幸存者还健在。波斯人的入侵声势浩大，希腊人的抵抗波澜壮阔。这个主题吸引着有才华的人去记叙。

我们也许可以推测一下《历史》的创作过程：成长于浓厚求知氛围中、受到“荷马史诗”熏陶的希罗多德，年轻时有机会离开家乡，到外地游历，他看到各地不同的地理、物产、风俗等，产生了极大的兴趣，于是将它们一一记下。但希波战争这一主题不时在心中浮现，他踏访当年的战场遗迹，查看铭文，寻访幸存者。等到“万里路”行完，将前期的笔记整理成书时，他的想法越来越明晰，于是将这两方面的内容整合起来。

因此，《历史》有一条主线，那就是波斯的向西扩张——居鲁士征服吕底亚，征服斯库提亚，冈比西斯征服埃及，大流士开始征服希腊本土(冈比西斯和大流士是一代人)，其子克塞耳克塞斯却遭受了失败。那些离题的篇章与这条主线都有或多或少的联系。全书就这样达到多样性与统一性的平衡。

由此说来，《历史》记载了当时世界的历史(包括地中海和黑海地区，以及埃及、西亚和中亚部分地区)，时间跨度在70年左右②。关于这一范围的更早历史，作者也记载了一些传说。

七十载人和事，希罗多德从中发现了什么规律呢？他在这方面的认识没有超出当时的普遍观点。那就是人当然可以有所作为，但命运不是自己能够完全掌握的。神明妒忌人，喜欢干扰人间的事，因此世事难料。克洛索斯贵为人君，却落得国破家亡的下场；克塞耳克塞斯的兵马虽然铺天盖地，终难遂己愿。希罗多德虽然记载了希腊人的英勇抵抗，但他显然认为这并非完全是人力之所为。因此，人一辈子不要大红大紫，过于得意，才能避免厄运。这种想法对个人而言不无裨益，但有些天真。

那么，我们学习《历史》，究竟有什么好处呢？古希腊有句格言：认识你自己。这不仅是指认识你自己与他人相比较的个性和特点，而且指你作为人的本性。波斯国王要统治世

① 根据他本人的记叙可知，他游历甚广，到过希腊本土，东部地中海地区和埃及，可能也去过美索不达米亚(Mesopotamia)和黑海地区。

② 大约从公元前550年到公元前479年。公元前550年，克洛索斯决定攻打波斯，引起居鲁士的攻击，导致吕底亚王国的灭亡。公元前479年，波斯大军在希腊遭遇决定性的失败。

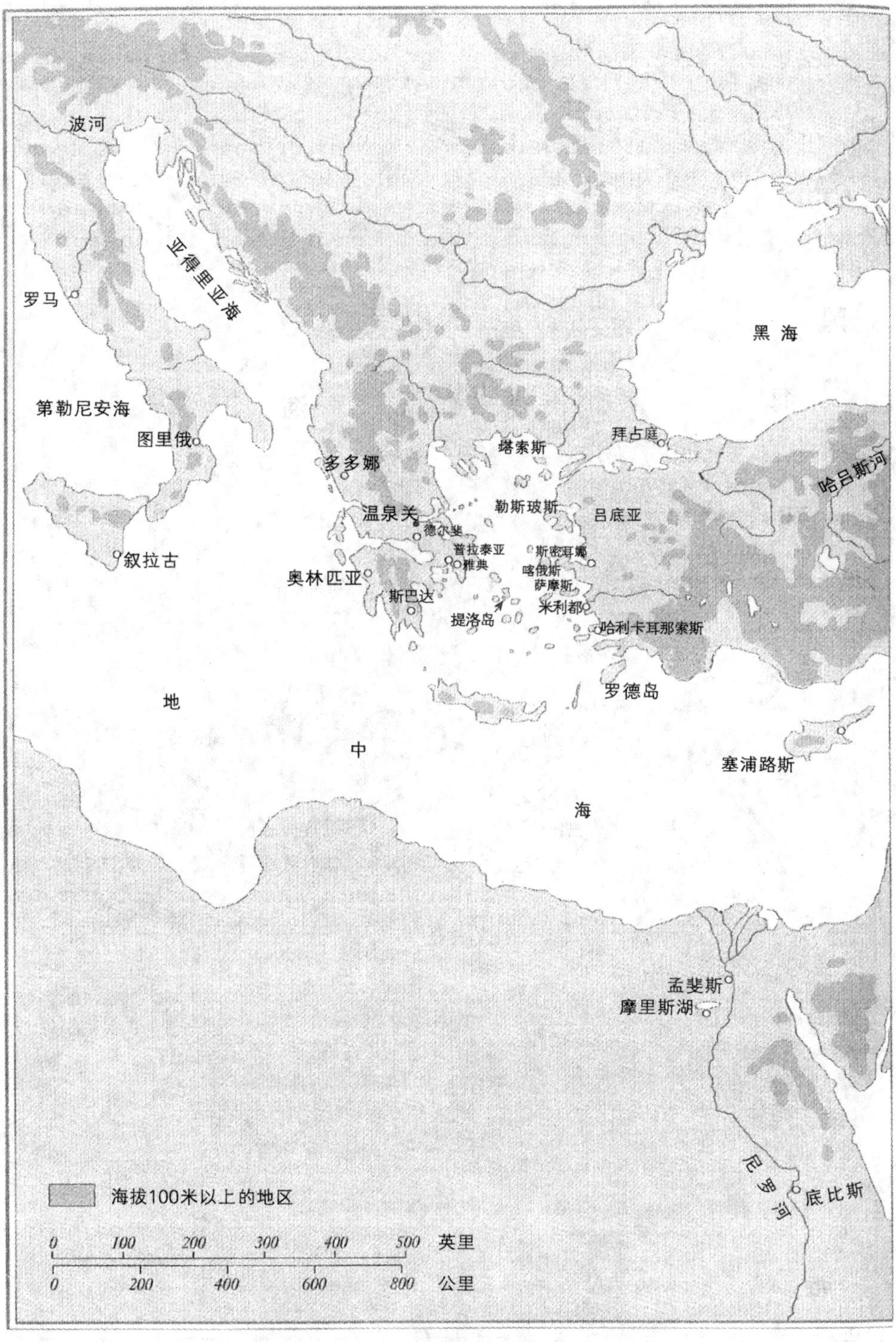

图一 地中海地区(约公元前450—公元前430年)

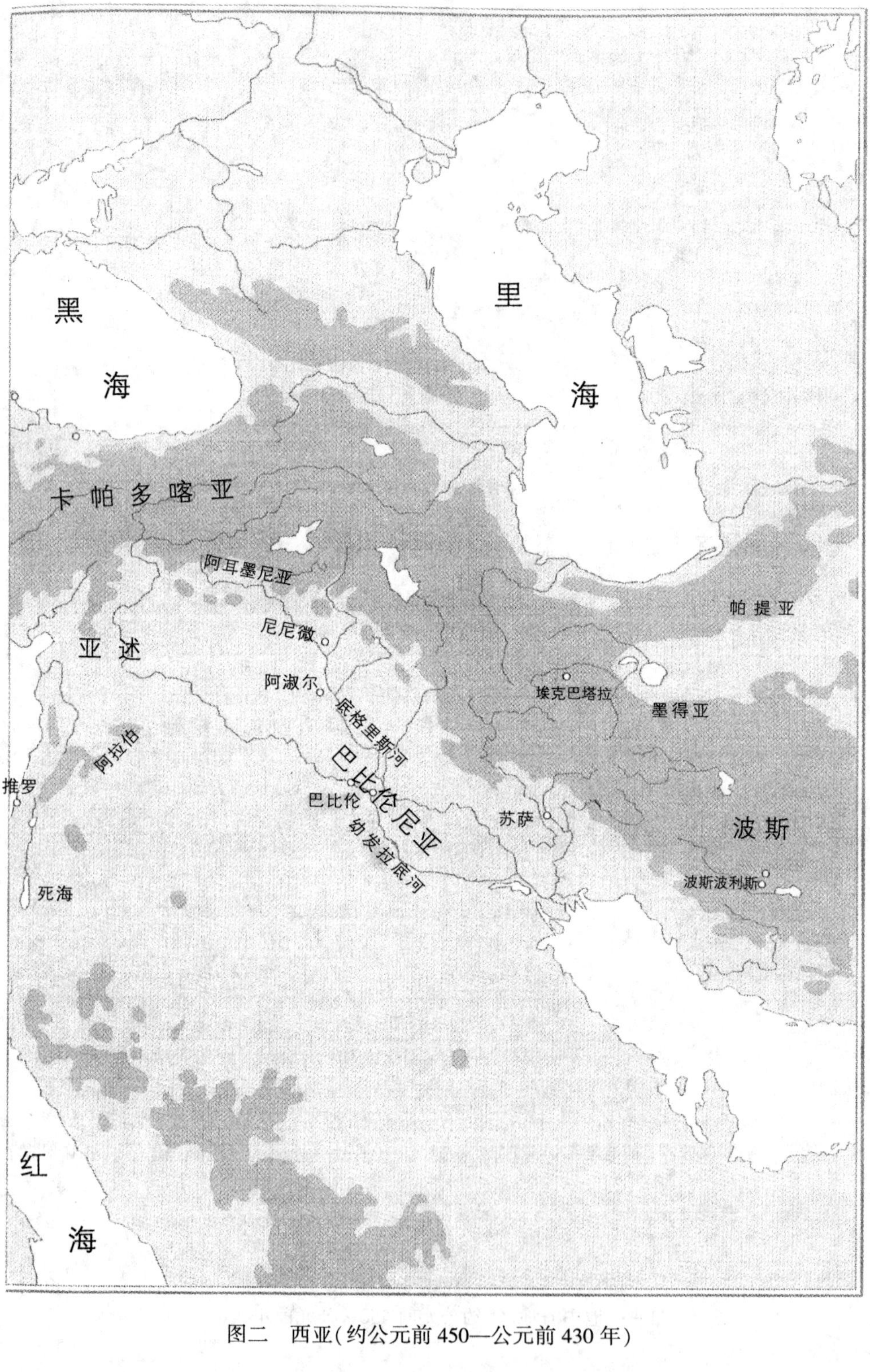

图二 西亚(约公元前450—公元前430年)

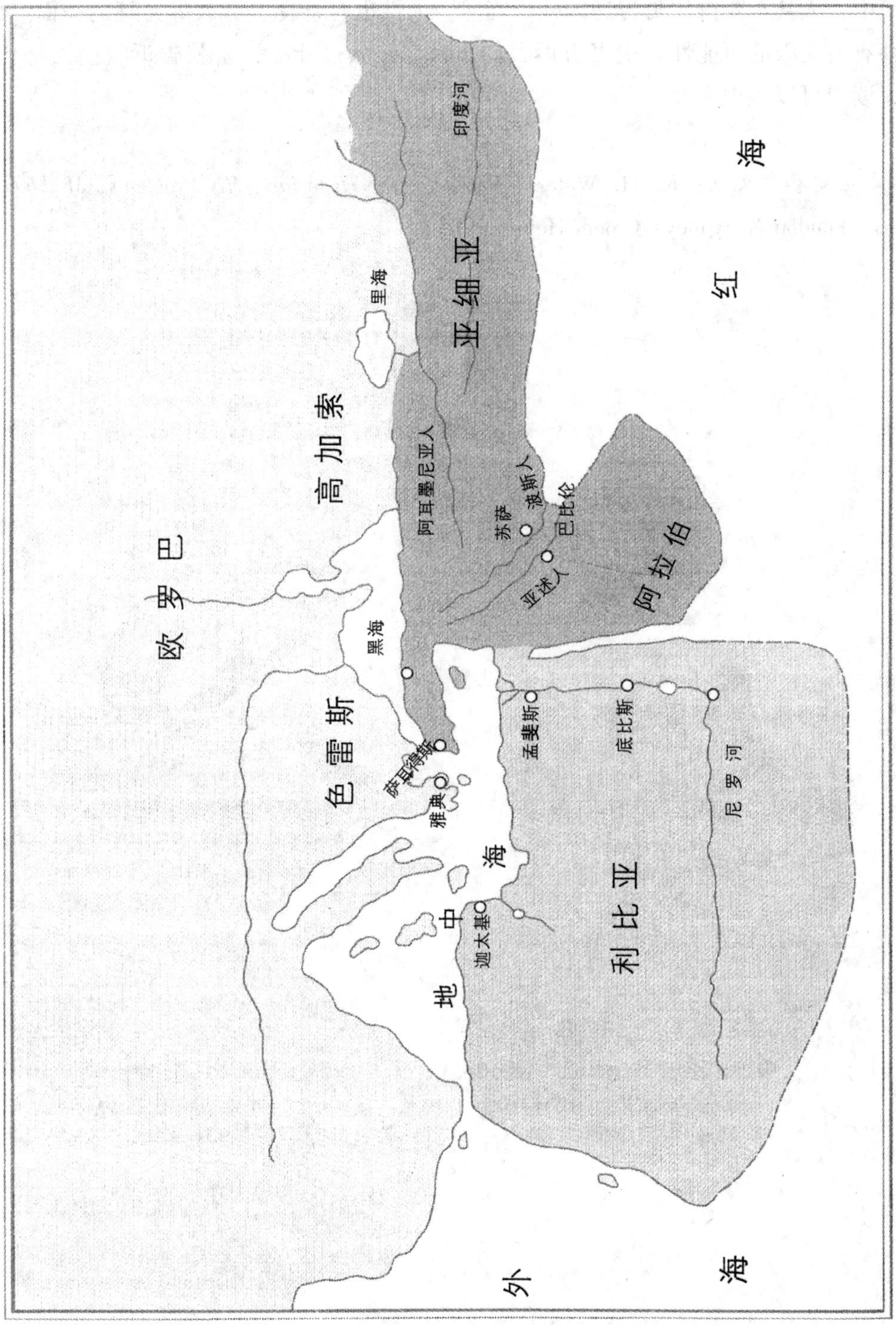

图三 希罗多德笔下的世界

界，连贫瘠的希腊都不肯放过，你就明白了原来人的贪欲可以达到这样的程度。在某种特殊的环境中，人甚至变得比野兽还凶残。当然，人性也有善良、勇敢等光辉的一面。可以说，人性有着无限的可能性。史书告诉我们，人已经做过什么，也就告诉我们人是什么。一句话，读史可以认识人性。

（本文主要参考文献：K. H. Waters, *Herodotos the Historian: His Problems, Methods and Originality*, London & Sydney: Croom Helm, 1985）

【经典悦读】

《历史》(节选)

第一卷

【序言。作者自我介绍、作品内容和写作目的】

哈利卡耳那索斯人希罗多德在此表一表①自己的探访所得，为的是不让人类的成就随着时光的流逝而湮没无闻，不让希腊人和异族②展现的令人惊异的伟大事业黯淡无光，除了这些，尤其要表一表他们兵戎相见的原因。

【关于亚细亚和欧罗巴民族交恶之始的种种说法(第1~5章)】

1. 1③ 那些会讲故事的波斯人说，开启争端的是腓尼基人。因为他们从所谓的“红海”④迁徙到我们这边的海⑤的岸边，定居在他们今天仍然居住的地方⑥以后，他们立即⑦开始远航，从埃及和亚述⑧载上货物，抵达很多{地方}，其中就有阿耳戈斯⑨。**2** 在今天这片人们称作希腊的土地上，〈比起其他城邦〉，当时的阿耳戈斯在所有的方面都是首屈一指的⑩。腓尼基人抵达这个阿耳戈斯之后，陈列货物。**3** 到了第五六天，等全部货物快要

① “表一表”原文是“apodexis”，意思是“展示”(display)，即口头发表(oral publication)，也就是说希罗多德将他的创作讲给别人听。这跟《荷马史诗》传播的方式是一样的。如果译为“发表”，读者可能会误以为是发表著作。我国的一些口头创作和表演的曲艺(如山东快书)，就喜欢用“表一表”。这段末尾这个词又出现了。

② 原文是“barbaroi”，英译为“barbarians”。这是一个拟声词(bar-bar)，形容异族之人发音含糊不清，一般译为“蛮族”。古希腊人用此词指所有的非希腊人，希波战争后，此词开始带有贬义。考虑到希罗多德并无歧视波斯人之意，故译。

③ 该卷的第1章第1节，节的编号放在行中。下同。

④ 希罗多德以为阿非利加(现代的非洲)、当时的波斯和印度以南只有一个海，这就是他说的“红海”，这就包括我们今天的红海和波斯湾。但是，他又称之为“南方的海”(2. 11. 3；2. 158；3. 17. 1)，他还称今天的红海为“阿拉伯海”(2. 102. 2)。

⑤ 指地中海。

⑥ 腓尼基位于今天黎巴嫩、以色列和巴勒斯坦地区，希罗多德认为他们从他所说的“红海”岸边迁徙到这里，时间在公元前2750年左右。现代学者对此表示怀疑，因为腓尼基文明在公元前1000年以后才发展起来。在希罗多德的时代，腓尼基、叙利亚-巴勒斯坦和塞浦路斯均属于波斯帝国的第五行省(或称“总督辖区”)。

⑦ 实际上，腓尼基人在地中海的扩张不会早于公元前1000年很久。

⑧ 详下文译注(1. 192. 1)。

⑨ Argos，位于伯罗奔尼撒半岛的东北部。

⑩ 荷马曾用“阿耳戈斯人”来称呼全体希腊人，还说希腊联军的统帅阿伽门农统治着“整个阿耳戈斯”，可见，当时阿耳戈斯地区是希腊最重要的地区。希罗多德不知道今天我们了解的“迈锡尼文明”(迈锡尼位于阿耳戈斯地区)，这里表明他熟稔《荷马史诗》。

卖完的时候，又有许多妇女来到岸边，其中就有一位国王的女儿；她的名字叫伊俄(希腊人也是这么说的)，伊那科斯之女。**4**　妇女们正站在船尾旁边挑选心仪的东西，这些腓尼基人却相互鼓动，扑向她们。大部分妇女逃走了，伊俄和其他一些妇女却被抓住了；她们被带上船，船只即刻起航前往埃及。**2.1**　按照波斯人的说法，伊俄就这样到了埃及，这跟希腊人的说法不同①。这件事开启了一连串的恶行。希腊人说，在这之后，一些希腊人(他们说不出这些人的名字)登陆腓尼基的推罗②，抢走了国王的女儿欧罗巴。这些希腊人我想可能是克里特人。这样，双方就扯平了。可是，此后，希腊人犯下第二次恶行。**2**　他们乘一艘长船③驶向科尔喀斯领土上的埃阿和帕西斯河④。在那里，他们办完了该办的事情⑤之后，抢走了当地国王的女儿墨得亚⑥。**3**　科尔喀斯国王派遣一名信使前往希腊，要求作出赔偿，并送还墨得亚。得到的答复是，既然阿耳戈斯的伊俄被抢走他们没有得到赔偿，那么他们也不会作出赔偿。**3.1**　他们还说，后来，到了下一代人，普里阿摩斯的儿子亚历山大⑦听到这些故事，想要从希腊抢一个女人做妻子，他确信自己不会赔偿，因为希腊人没有赔偿。**2**　于是，他抢走了海伦。希腊人决定首先派遣信使，要求送还海伦并给予赔偿。他们提出这些要求后，特洛亚人则答之以墨得亚被劫的事，并说，希腊人既不赔偿又不交人，怎能期望从别人那里得到公正呢？**4.1**　事情至此，不过是双方相互劫掠妇女罢了。但此后的事，波斯人认为⑧，希腊人应负的责任可就大了，因为希腊人入侵亚细亚在先，他们入侵欧罗巴在后。**2**　现在，他们认为，抢夺妇女是坏人干的事，而为了被抢劫的女子急急忙忙地寻求报复，则是愚蠢的行为。明智之士对于这样的妇女是不会放在心上的，因为，很明显，如果不是心甘情愿，她们是不会被强行劫走的。**3**　波斯人说，他们亚细亚人不会把这样的妇女当回事儿，可是，希腊人为了拉刻代蒙⑨的一个妇女，纠合了一支大军，入侵亚细亚，摧毁了普里阿摩斯的统治。**4**　从那以后，他们一直将希腊人视为仇敌。因为，波斯人把亚细亚和居住于其中的{异}族视为己有，将欧罗巴和希腊人视作异类。**5.1**　波斯人说，争端就是这么来的。他们发现，由于伊利翁⑩被攻占，

---

①　根据最早的希腊神话，伊俄被赫拉变成了一头白色的母牛，为躲避一只牛虻叮咬，最后到了埃及。

②　腓尼基是一个地区，有一些城市国家，推罗是其中之一。

③　当时的战舰是长条形的，商船是圆形的。这里的“长船”是五十桨船。

④　埃阿是传说中的科尔喀斯(今格鲁吉亚)国王埃厄忒斯(Aietes)的城市，帕西斯河，即今里奥尼河(Rioni)，希罗多德以为它连通黑海和大洋，从而将欧亚分开。

⑤　战胜埃厄忒斯的阻挠，取走金羊毛的故事。

⑥　墨得亚(Medea，又译“美狄亚”“美地亚”等)是国王埃厄忒斯的女儿，是个女巫或者半神半人的人物(demigoddess)，伊阿宋(Jason)拐走墨得亚的故事赫西阿德和品达等有记叙，希罗多德可能是通过欧里庇得斯的同名悲剧了解到的，该剧于公元前431年上演。传统的说法是，墨得亚是出于对伊阿宋的爱情，自愿跟随阿耳戈斯水手走的。

⑦　普里阿摩斯(Priam)是特洛亚(特洛伊)的国王，亚历山大是他的儿子之一，也叫帕里斯(Paris)。

⑧　原文无此五个字，根据上下文添加。

⑨　斯巴达的别称，斯巴达是城邦名，拉刻代蒙是地名。

⑩　特洛亚的别称。

他们就开始敌视希腊人了。**2** 关于伊俄，腓尼基人不同意波斯人的说法。他们说，他们带她去埃及没有用暴力。她在阿耳戈斯就与那艘船的船长发生了关系，她发现自己怀孕了，害怕面对父母亲，于是自愿与那些腓尼基人出航，以免事情败露。**3** 以上就是波斯人和腓尼基人的说法。对此，我本人无意判定孰是孰非。但是，我确实知道第一个对希腊人做出不义之举的人，我首先指出他是谁，再讲余下的故事，说一说人间的城邦，不管她们①是大是小。**4** 往昔强大的城邦，许多变得弱小了；当今强大城邦，曾经弱小。因此，二者我都将叙述，我确信人间的繁荣幸福不会停留在一个地方。

【“克洛索斯篇”：关于小亚吕底亚国王克洛索斯的故事(第6~7章)】

6.1 吕底亚人克洛索斯，阿吕阿忒斯的儿子，是哈吕斯河②以西各民族的君主③，这条河介于叙利亚人与帕普拉戈尼亚人之间④，由南向北⑤注入所谓“厄乌克塞诺斯海”⑥。**2** 就我们所知，在异族当中，克洛索斯第一个制服了一些希腊人，并使之纳贡，却与一些希腊人交朋友。他制服了亚细亚的伊俄尼亚人、埃俄利斯人和多里斯人，却与拉刻代蒙人交了朋友。**3** 在克洛索斯的统治之前，所有的希腊人都是自由的。在克洛索斯之前，曾有喀墨里俄人⑦入侵伊俄尼亚，但他们没有征服城邦，只不过入境抢劫罢了。**7.1** 吕底亚的统治权从赫剌克勒斯⑧的后裔传到克洛索斯的家族——名为墨耳谟那代——的情况如下：**2** 有一位萨耳得斯⑨的君主坎道勒斯，希腊人称之为密耳西罗斯。他的祖上是赫剌克勒斯的儿子阿尔开俄斯。赫剌克勒斯的后裔中第一个做萨耳得斯君主的是尼诺斯的儿子阿格戎，尼诺斯是柏罗斯的儿子，柏罗斯是阿尔开俄斯的儿子。坎道勒斯的父亲是密耳索斯，他是最后一位君主。**3** 在阿格戎之前，统治这片土地的是阿堤斯的儿子吕多斯的后裔，全体吕底亚人民从他的名字得名，从前他们叫墨俄尼厄人。**4** 由于一道神示⑩，这些吕底亚人授予赫剌克勒斯的后裔——赫剌克勒斯与一个女奴隶伊阿耳达诺

① 古希腊文中，“城邦”一词是阴性的，故译。

② Halys，又译“哈里斯河”，即今土耳其克孜勒河。

③ “君主”原文是“tyrannos”，这个词的意思是“僭主”，但这个词在希罗多德笔下并非一直带有贬义，有时是中性的，相当于希腊语的“basileus”(“王”“君主”)，故译。

④ 这里的叙利亚不是指今天的叙利亚，而是指卡帕多喀亚(Cappadocia)，此地位于土耳其中部，哈吕斯河上半段的北面。帕普拉戈尼亚(Paphalagonia)位于黑海南岸，在哈吕斯河的西面。

⑤ 这条河的上半段是从东北向西南方向流的，下半段才是由南向北流，并形成吕底亚的西部边界，希罗多德忽略了这一点。

⑥ Euxenos Pontos，英译“Euxine Sea”，原意是“好客的海”，即今黑海。这个海本不好客，古希腊人为了避讳，就用了这个委婉语。

⑦ Kimmerioi，Cimmerians，来自俄罗斯南部。

⑧ Heracles，又译“赫拉克利斯”等，为宙斯和凡女所生，是古希腊最著名的英雄，力大无比。

⑨ Sardeis，Sardis，又译“萨尔迪斯”。吕底亚的首府，位于今土耳其的伊兹密尔市东北56.3公里处。

⑩ “神示”，又译“神谕”，神明借人之口发出的预言，古希腊人信以为真。

斯所生——以统治权。他们的统治经历了22代，505年，父子相继，直至密耳索斯的儿子坎道勒斯。

【古革斯篡位的故事(第8~12，14~16章)】

8.1 却说这个坎道勒斯对自己的妻子宠爱有加，以至于认为她是世上最美丽的女人。在他的侍卫中，他最宠信达斯库罗斯的儿子古革斯。他不仅把最要紧的事托付给这个古革斯，还当着他的面大大夸赞她长得如何如何美丽。**2** 终于有一天，注定要倒霉的坎道勒斯对古革斯这样说："古革斯，无论我跟你说我妻子长得有多美，你大概都不会相信(因为耳听为虚，眼见为实)，你得找个办法看看她的裸体！" **3** 古革斯大声叫起来，说："主人！您说的什么昏话？叫我看我的女主人的裸体！一个女人脱掉了衣服，也就脱掉了羞耻啊！**4** 古人早有良训，后人应当谨记，其中之一就是：'人当各守本分'。我毫不怀疑夫人是世上最美丽的女子，求您不要让我做任何不体面的事啊！"**9.1** 古革斯说这番话是想要打消坎道勒斯的念头，他惧怕会由此惹出什么祸端来。坎道勒斯这样回答说："放心吧！古革斯，不要害怕我！也不要害怕我的妻子！不要以为我这样说是在试探你！她不会伤害你的！这样，我想个办法，让她不晓得你看到她了。**2** 我把你藏在卧室开着的门①的后面，我先进来，我妻子跟着进来。门旁边有把椅子，她会把身上的衣服脱下来，一件一件放到椅子上。你就能够从容自在地观看了。**3** 等她离开椅子走向卧榻，背对着你的时候，你溜出门去，当心不要被她看见！" **10.1** 古革斯因为无法逃避，只有答应了。坎道勒斯见就寝时间已到，领着古革斯进了卧室，一会儿，他的妻子也进去了。她进了卧室，将衣服放在椅子上，古革斯看着她。**2** 等到她转身走向卧榻时，他溜出了门，但被她看到了。她马上明白是怎么一回事了。她没有因羞耻而叫出声来，而是不动声色，心里想着要报复坎道勒斯。**3** 因为在吕底亚人中间，几乎在所有其他异族中间，自己的裸体被人看见都算奇耻大辱，甚至男人也是如此。**11.1** 于是，她当时若无其事，一言未发。等天一亮，她安排自己最信赖的仆人，召见古革斯。古革斯应召前来，以为王后不知情，就像以前一样应王后之召而来。**2** 古革斯到了，王后说道："古革斯，你现在有两条路可走，你任选一条，要么杀死坎道勒斯，将我和吕底亚王国占为己有；要么现在就死，这样将来你永远不会对坎道勒斯唯唯诺诺，看到你本不该看的东西！**3** 无论如何，要么他死，因为这事是他一手安排的；要么你死，因为你看了我的裸体，做了不体面的事！"古革斯听了这话，惊讶得说不出话。过了好一会儿，他恳求王后不要强迫他做这样的选择。**4** 王后不为所动。古革斯发现自己必须做出选择——要么杀死主人，要么被别人杀死，他做出了选择——活下去。他问道："既然您强迫我违背意愿杀死自己的主人，请告诉我怎么下手

① 门有两扇。

吧!”**5** 王后回答说:“就在他将我的裸体给你看的地方,趁他睡着了下手!”**12.1** 他们一起进行了谋划,夜幕降临(因为王后不放过古革斯,他无法逃避——他和坎道勒斯必定要死一个),他跟随王后进了卧室。王后给了他一把匕首,把他藏在同一扇门后面。**2** 等到坎道勒斯睡熟了,古革斯蹑手蹑脚走出来,杀死了他,将王后和王国据为己有……**14.4** 却说古革斯掌权统治之后,派遣军队入侵米利都和斯密耳娜①,攻下了科罗蓬②。他统治了38年,再也没有做出什么别的大事。关于他,我们就到此为止,不再提了。**15.1** 下面我要说的是古革斯的儿子阿耳底斯(Ardys),他继承了古革斯的王位……**16.1** 阿耳底斯在位凡49年,其子萨底阿忒斯(Sadyattes)继位为王,凡12年;其子阿吕阿忒斯(Alyattes)继其位……

【阿里翁被海豚救命的故事(第23~24章)】

23. ……珀里安德洛斯(Periander)是科林斯的僭主,科林斯人说(勒斯玻斯③人也是这么说的),在他活着的时候发生了一桩最离奇的事——墨堤谟娜④的阿里翁被一头海豚驮着在泰那戎⑤上岸。阿里翁是当时独步天下的竖琴手……**24.1** 他们说,这个阿里翁许多年来随侍珀里安德洛斯左右,直到有一天他想去意大利和西西里。他在那里挣到了大钱,想要回到科林斯。**2** 于是,他从塔剌斯⑥出发,由于最信赖科林斯人,他雇了一艘科林斯人的船。船只驶到外海,船上的科林斯人合谋把他抛入大海,以占有他的钱财。阿里翁觉察到了,乞求他们饶命,钱财归他们。**3** 水手们命令他,要么自杀,这样在陆地有一座坟墓,要么立即跳到海里去。**4** 阿里翁身陷绝境,由于水手们决心已定,他请求允许盛装站在后甲板上,为他们歌唱,唱完后,保证结束自己的生命。**5** 水手们满心欢喜,期待听到最优秀的竖琴手的歌声,就从船的尾部撤到中部。阿里翁身着盛装,抱着竖琴,站在后甲板,引吭高歌。一曲歌罢,他纵身一跃,身着盛装跳入大海。**6** 船只继续驶向科林斯。据说,一只海豚驮着他,把他送到了泰那戎。他从海豚背上下来,身着那套服装,到了科林斯,一五一十讲述了自己的遭遇。**7** 珀里安德洛斯不相信他的话,将他看管起来,哪里也不让去。同时,密切留意那些水手。水手们到了,珀里安德洛斯召见他们,问他们阿里翁的近况。他们回答说,阿里翁在意大利活得好好的,他们离开时,他在塔剌斯发达得很呢!这时,阿里翁突然出现在他们面前,跟他跳海时一模一样。水手们惊得目瞪口呆,盘问之下,他们再也不能否认实情了。**8** 这就是科林斯人和勒斯玻斯人讲的故

---

① Smyrna,位于小亚的爱琴海海岸中段,今土耳其伊兹密尔市。

② Colophon,在斯密耳娜的南面,位于今土耳其伊兹密尔省曼德列斯区。

③ Lesbos,今希腊莱斯博斯岛。

④ Methymna,勒斯玻斯岛上的一个希腊城邦。

⑤ Tainaron,今希腊伯罗奔尼撒半岛南端泰纳龙角。

⑥ Taras,今意大利塔兰托。

事。在泰那戎，现在有一座阿里翁奉献的不大的青铜雕像，雕的是一只海豚驮着一个人。

【克洛索斯与梭伦的故事(第26，28~33，86~88章)】

26.1 阿吕阿忒斯去世，其子克洛索斯继承其位，时年35岁……**28.1** 后来，几乎所有居住在哈吕斯河这边的①民族都被克洛索斯征服了……**29.1** 克洛索斯征服了这些民族，将它们并入吕底亚之后，萨耳得斯繁荣富庶如日中天。生活于这一时代的所有希腊智者(sophists)，出于各自的目的，来到萨耳得斯，其中就有雅典人梭伦。他应雅典人之请为他们制定法令，然后外出10年。他借口游历扬帆出航，实际上是为了避免被迫取消他制定的任何法令。**2** 雅典人自己不能这么做，因为雅典人立下了大誓，10年之内遵守梭伦为他们制定的法令。

30.1 由于这个原因，加上自己想要游历，梭伦离开家乡，到了埃及阿马西斯②的宫廷，又到了萨耳得斯，拜访克洛索斯。在他抵达之后，克洛索斯在他的宫廷中款待了梭伦。到了第三天或者第四天，克洛索斯命令他的仆人带着梭伦参观他的财宝库，向他展示所有贵重和赏心悦目的宝贝。**2** 等到梭伦观赏够了，克洛索斯趁机说道："雅典来的客人，我们听到大量你如何智慧和如何游历的故事，听说你因为热爱智慧而到过很多地方，所以我很想问问你：谁是你见过的最幸福的人?" **3** 言下之意，他是最幸福的人。但是，梭伦不讨好他，怎么想的就怎么说："国王啊！是雅典的忒罗斯。"**4** 克洛索斯吃了一惊，急切地问道："怎么你就认定是忒罗斯呢?"梭伦回答："首先，忒罗斯生在一个繁荣的城邦，孩子们优秀，他看到孩子们又有了孩子，而且都活着；其次，照我们的标准③，他的一生过得很好，又极其光荣地结束了自己的一生。**5** 雅典人与邻邦④在厄勒乌西斯打仗，他前去助战，打败了敌人，自己却英勇地战死了。雅典人以公帑隆重地将他安葬在他倒下的地方。"**31.1** 梭伦大谈忒罗斯如何如何幸福，惹得克洛索斯追问谁排在忒罗斯之后，他满心以为第二的位子非他莫属。**2** 梭伦却说："克勒俄比斯和比冬！这两位是阿耳戈斯人，生活富足。他们堪称体力强健，一来因为他俩都在体育竞技会上得过奖，二来因为下面这个故事：阿耳戈斯人正过赫拉节⑤，他们的母亲必须乘牛车去神庙，他们家的牛在地里不能及时赶回来。眼看就来不及了，两个年轻人给自己套上牛轭，牵引着牛车，载着母

① 指哈吕斯河以西，这是从希腊人视角说的。
② Amasis，埃及法老，公元前570—公元前526年在位。
③ 希腊人的标准。
④ 可能是厄勒乌西斯(Eleusis)或者墨伽拉(Megara)。
⑤ Hera，希腊神话中宙斯的妻子。

亲，走了45斯塔狄翁①，一路到了神庙。**3** 参加节庆的人们都目睹了他们的举动，神明赐给他们人生最美好的结局，这就清楚地表明，对于凡人而言，死了要比活着更好②。阿耳戈斯的男人们围在这两位年轻人身旁，称赞他们的体力，女人们则称赞他们的母亲有如此杰出的儿子。**4** 面对儿子的壮举和人们的赞誉，这位母亲无比欣喜。她站在赫拉女神的雕像前，为她的孩子克勒俄比斯和比冬祈福。鉴于他们给她带来如此巨大的荣誉，她祈求女神将凡人能得到的最好东西赐予他们。**5** 祈福完了，享用圣餐。两位年轻人就在赫拉神庙里睡着了，再也没有醒来，他们就这样离开了人世。阿耳戈斯人相信他们是最杰出的人，为他们做了雕像，送到德尔菲③。"**32.1** 梭伦就这样将第二幸福的位子给了这两人，克洛索斯急了，说道："雅典来的客人啊！你就这样将我的幸福贬低得一钱不值，竟然不如一个普通人?"梭伦回答说："克洛索斯啊！您问我有关凡人的处境，据我所知，神明是很嫉妒的，喜欢搅乱凡人的幸福。**2** 悠长的一生，会让人看到和经历许多他所不愿意看到和经历的事情。我以70岁为界限，**3** 70年有25200天，不算闰月。但是，如果你要每两年加上一个月，使得季节流转与天时合拍，那么70年就有35个闰月，从中你得到1050天。**4** 这样，70年总共有26250天④。其中，每一天所发生的事件都与另外一天截然不同。因此，克洛索斯啊！人一辈子真是难以预料！⑤ **5** 我看您非常富有，统治着众多的人民，但是您问我的问题，在得知您善终之前，我是回答不了的。您看，那些拥有巨额财富的人不比那些勉强度日的人更幸福，除非幸运伴随着他，享有自己的全部财宝直到幸福地结束了自己的一生。许多特别有钱的人并不幸福，而许多财富中等的人生活幸福。**6** 那些拥有巨额财富而不幸福的人与那些生活幸福的人相比，只是在两个方面超过他们，在许多方面反而不及。大富翁更能满足自己的愿望，更能承受大灾大难的打击；而幸福的人没有这个能力，但幸运让他可以避开这些，远离疾病，不知痛苦，子女优秀，相貌堂堂。**7**

如果除了这些之外，他还得到善终，这就是您要找的人。只有这种人才配得上'幸福'这个称呼。一个人在他死之前，不能说他幸福，只能说他幸运。**8** 当然，这些好处一个凡人不可能头头占尽，就像一方水土不能出产他所需要的全部东西，有了这，又缺那。出产

---

① 斯塔狄翁(Stadion)是古希腊主要里程单位，各邦标准不一，从130米到290米不等。在雅典，1斯塔狄翁≈176米。据考古发掘，阿耳戈斯的赫拉神庙遗址离阿耳戈斯城大约8公里，因此，这里的1斯塔狄翁≈180米(45×180米=8100米)。希罗多德记述准确。

② 无论希罗多德还是梭伦，都不相信灵魂不朽，他们最感兴趣的是，平静安详地离开人世(如睡梦中)。公元前8世纪下半期的赫西阿德(Hesiod)就有此观念，此后便成为古希腊的传统观念。

③ Delphi，位于中希腊，有著名的阿波罗神庙，古希腊人很相信那里的神示(阿波罗是预言神)。

④ 按照这里的算法，1年有375天(26250÷70=375)，这比1个回归年(solar year)的时间(约365.2422天)多出不少。此时古希腊的历法是太阴历(lunar year)，每年有6个月30天，6个月29天，全年354天。每2年置1个闰月，即加上29天或者30天，那么2年就有737天或者738天(354×2+29或者354×2+30)，平均1年有368天或者369天。这是最古老的置闰方式，当然是不准确的。后世发展出19年置7个闰月，要准确得多。

⑤ 这句话直译"人完全是偶然"。

最多的就是最好的。因此，没有哪个人什么都不缺，都是有这缺那。**9** 但是，上述好处得到最多，保有终生，并得以善终，国王啊！这样的人才配得上我说的‘幸福’！**33.** 每件事我们都必须看它的结局是什么样子的，在很多情况下，神明刚刚让人看见幸福的影子，就让他彻底完蛋！”这就是梭伦对克洛索斯说的一番话，完全没有讨好他的意思。克洛索斯不把他当回事了，打发他走了。他觉得梭伦无视眼前的好东西，却要他看每件事情的结局，真是一个大傻瓜！

……

86.1 波斯人攻占了萨耳得斯，俘虏了克洛索斯。至此，克洛索斯已经统治了14年，被围城14日①……波斯人将被俘的克洛索斯带到居鲁士面前。**2** 居鲁士让他们堆起一座巨大的柴堆，将戴着脚镣的克洛索斯置于其上，还有二七一十四个②吕底亚男孩在其身旁。也许他想把他们当做第一批战利品祭祀某一位神，也许想要兑现自己的许愿，还有一种可能，他听说克洛索斯虔敬神明，他想把他放到柴堆上，看看是否有某位神明把他从烈火中救出。**3** 不管居鲁士是怎么想的，他这样做了。克洛索斯站在柴堆上，身处如此悲惨的境地，于是他想起了梭伦的话——没有哪个活着的人能被称作“幸福”——好像是在神明的帮助下说出来的。他本来一直没有说话，想到这里，不禁长叹一声，三次大喊梭伦的名字。**4** 居鲁士听见了，叫翻译问克洛索斯他喊谁的名字。翻译走上前问了，克洛索斯一开始默不作声。后来，在他们的强迫之下，他说道：“我希望这个人有机会跟天下的君主对话，即使这会耗费我的巨额财产。”这话让人摸不着头脑，于是，他们再去问，这话是什么意思。**5** 在他们的一再催逼之下，克洛索斯讲了从前有个雅典人梭伦造访他，参观了他的全部财宝，却轻视他的幸福等(一五一十的详细情况)。现在，梭伦所说的一切都应验了。不仅适用于他本人，还适用于所有的人，特别是适用于那些自认为幸福的人。克洛索斯正说着，柴堆已被点燃，边缘开始燃烧。**6** 居鲁士通过翻译听了克洛索斯说的话，后悔起来，心想，他，作为一个人，却要把另一个跟他一样幸运的人放到柴堆上活活烧死。而且，他开始害怕惩罚，并且领悟到，人生真是无常啊！于是，他下令立即扑灭大火，救下柴堆上的克洛索斯和那些吕底亚年轻人。波斯人马上灭火救人，但火势已经失控。**87.1** 据吕底亚人说，克洛索斯看见所有人都在灭火，又灭不了火，明白居鲁士改变了主意。他大声哭喊，祈求阿波罗——他所奉献的祭品有没有让他满意的?③——赶紧伸出援手，救他于危难之际。**2** 就在他大声哭喊求神之时，原本晴朗无风的天空突然乌云

① 梭伦与克洛索斯对话的真实性自古就饶有争议，这一对话象征着智慧对傲慢、中庸对过度。因此，其中的时间也是象征性的。希罗多德将他们的会面定在前553年，正是其在位7年之后(前560—前554年在位)达到人生幸福之巅时，接着克洛索斯遭受了7年的厄运，其子被误杀(1.34~54，本节选未选)。14年就是两个7年，14天就是两个7天，都是象征性的。

② 直译“2个7”，显然带有宗教意味。

③ 克洛索斯向德尔菲的阿波罗神庙奉献过大量珍宝。

聚集，暴雨倾盆而下，浇灭了大火。见此情景，居鲁士明白克洛索斯一定是个好人，得到了神明的垂爱。他让克洛索斯从柴堆上下来……**88.1** ……居鲁士解除了他的脚镣，让他坐在自己身旁，关怀备至……

【巴比伦尼亚的地理、法律和习俗(第192~197，199章)】

192.1 我将从许多方面说明巴比伦的财力，尤其是以下方面：波斯大王所统治的所有地区，除了缴纳贡款，还要分担大王军队的给养。1年12个月当中，有4个月由巴比伦这片土地提供，其余亚细亚的所有地区提供另外8个月的给养。因此，就财力来说，亚述①占整个亚细亚的1/3……

193.1 亚述的降雨量小，雨水仅够滋养庄稼的根部②。庄稼的生长和成熟则要靠河水，通过人工操纵汲水吊杆提水灌溉。这跟埃及不一样，在埃及，河水自己上涨流到田里去。**2** 因为巴比伦全境跟埃及一样，水渠纵横交错。最大的一条渠道可以行船，朝着冬季太阳的方向，从幼发拉底河流进了底格里斯河③。尼尼微城坐落在底格里斯河岸边。在我们所知道的所有土地中，它最能结出得墨忒耳的果实④。**3** 〈…〉⑤它完全不适宜于树木生长，不管是无花果树，还是葡萄树，或者油橄榄树⑥。但它产出如此良好的得墨忒耳的果实，达到播种量的200倍，最好年份达到300倍。这里小麦和大麦的叶子少说也有四根手指宽⑦。**4** 我就不提小米和芝麻长得有多么高大了，尽管我自己一清二楚。那些从没有踏上巴比伦土地的人，很难相信我刚才说过的其土地收成的情况，这一点我心知肚明。巴比伦人不用油橄榄油，而是用芝麻榨油。整个平原长满了枣椰树，大部分结果，用来做食物、酒和蜜糖。**5** 他们培植枣椰树的方法跟培植无花果树是一样的……**194.1** 说完巴比伦这座城市之后，我要说一说这个地方最让我惊奇的事情。沿着幼发拉底河驶向巴比伦的船只是圆形的，用皮革制成。**2** 他们在位于亚述上游的阿耳墨尼亚⑧，用砍下的柳条做船肋，蒙上不透水的皮革，做成船体。不加宽船尾，也不收尖船头，做得圆圆的像一只盾

① 亚述与巴比伦不是一回事。亚述位于两河流域的北部，底格里斯河的上游，现在的伊拉克的摩苏尔地区。亚述文明最强盛的时期是新亚述帝国时期(公元前10世纪—公元前605年)。巴比伦位于两河流域的中游，这一带有很古老的文明，曾经出现过古巴比伦王国(公元前1830—公元前1531年)，后来又有新巴比伦王国(公元前626—公元前539年)。后者参与灭掉了新亚述帝国。亚述文明与两河流域中南部的文明有很多相似之处，加上希罗多德对亚述文明缺乏了解，所以就将这两个文明混淆了。

② 即仅够庄稼出苗。

③ 从幼发拉底河岸的俄庇斯(Opis)到底格里斯河岸的西帕(Sippar)，流向为东南方向，距离大约30公里。

④ 得墨忒耳(Demeter)为农事之神，她的果实就是庄稼。这句话的意思是这块土地是最肥沃的。

⑤ 原文如此，说明这里有阙文。

⑥ 希腊文为“elaia”，应译为“厄莱亚树”(“橄榄树”是误称)，其果实应称为“厄莱亚果”，学名“齐墩果”，俗称“油橄榄”。

⑦ 约3英寸(7.62厘米)。

⑧ Armenia，幼发拉底河的上游地区，位于今土耳其的东北部、黑海东面。

牌。然后，塞进秸秆，装满货物，让它顺水漂流。主要货物是葡萄酒，用枣椰树木做的桶装着。**3** 船只由两人操纵，各持一桨站立。一人在前朝自己划桨，一人在后朝身后划桨。这种船大小不一，有的很小，有的很大。最大的载重量达5000塔兰同①。每只船载1头活驴，大船则载若干头。**4** 船只驶到巴比伦，他们卖掉货物，再卖掉船肋和全部秸秆，将皮革装载到驴背上，赶着驴返回阿耳墨尼亚。由于河水流急，船只无法逆流而上。这就是他们不用木材而用皮革造船的原因。赶驴回到阿耳墨尼亚，他们再用同样的方式造船。**195. 1** 他们的船只情况就是这样的。至于他们的衣着，他们穿一件亚麻长衬衣，长及双脚。再套上一件羊毛衬衣，最外面是一件白色短披风。他们的鞋子样式特别，像玻俄提亚的敞口便鞋②。他们蓄长发，包裹头巾。全身涂润肤油。每个人都有一枚戒指印章，**2** 携带一根手工雕刻的手杖，顶部刻有苹果、玫瑰花、百合花、鹰，或者其他造型。每个人的手杖都有某种造型。以上就是他们的装饰。现在说说他们的风俗习惯。**196. 1** 根据我们的判断，最明智的是……每个村庄每年都是这样做的：他们将达到婚龄的姑娘召集起来，带到某个地方，一群男人围着她们站成一圈。**2** 拍卖人依次叫她们一个一个站起来拍卖。最漂亮的第一个被拍卖，得到一大笔钱。然后，拍卖第二漂亮的姑娘。她们被卖作人妻，而不是奴隶。所有达到婚龄的巴比伦富人竞相出价买最漂亮的姑娘，而达到婚龄的普通人对相貌不感兴趣，往往得到相貌丑陋的姑娘外加一笔钱。**3** 因为拍卖人一旦卖掉最漂亮的姑娘，就让最丑的姑娘或者瘸腿姑娘(如果有的话)站起来，宣布愿意出最少的钱的人可以娶她，直到她被卖给出钱最少的人。钱来自出卖漂亮的姑娘，这样，漂亮的姑娘为丑陋的姑娘或者瘸腿姑娘提供了奁资。任何人不得将自己的女儿许配给他中意的人；任何人不作出保证不得带走买到的姑娘，因为在带走她之前，必须保证跟她结婚。**4** 如果他不愿意，根据风俗，他就要退还那笔钱。凡愿意参加拍卖者都可以买一个姑娘，即使他来自其他村庄……**197.** 他们还有一个明智的风俗，仅次于以上风俗。由于他们没有医生，就把病人带到集市上去，让人们走近病人，并就其病情提出建议。有的人自己生过跟病人一样的病，或者见过别人生过这样的病。人们走近病人，提出建议，鼓励病人采用他们自己或者别人治愈同样的疾病的方法。经过病人身旁，而不问问病人患了何种疾病，是不允许的……**199. 1** 巴比伦最丑陋的风俗如下：这片土地上的妇女，在其一生中必须有一次坐在阿普洛狄忒的庙里③，与一个陌生男人交媾。许多有钱的妇女，自视甚高，不肯屈尊与其他人混杂一起。她们乘坐围有帘子的马车前往神庙，在那里就位，跟着一大帮仆人。**2**

通常的做法是，许多妇女坐在阿普洛狄忒的庙里，头戴绳环。新来的妇女不断进来，取代出去的妇女。有四通八达的通道，妇女们分列两边，男人们从中通过，做出选择。**3**

---

① 塔兰同(Talent)是古希腊的重量单位，各地标准不一。5000塔兰同合125~175吨。

② 玻俄提亚位于中希腊，在雅典以北，是一个地区的名字。在希腊，老年人或者穷人爱穿这种便鞋。

③ Aphrodite，希腊神话中的性爱女神。

妇女进来就座，直到有一个陌生男子将一枚银币抛到她的膝头，然后与她到神庙外交媾，她才可以离开。抛银币时，他必须说："我以密利塔女神的名义召唤你！"亚述人管阿普洛狄忒叫密利塔。**4** 银币大小无关紧要，根据神法，妇女是不能拒绝的，因为这枚银币已经是神圣的了。她必须跟随第一个抛银币的男人，不能拒绝。一旦与他交媾，她就完成了对女神的义务，返回家中。此后，无论你出多少钱，都不能得到她。**5** 那些颇有姿色、个子高挑的妇女很快就离开了，而那些长相难看的妇女要等上很长时间，才能完成这项义务。有的等了三四年之久。在塞浦路斯的某些地方，也有同样的风俗。

第二卷

【埃及尼罗河的定期泛滥和农业(第5、13、14章)】

5.1 ……任何一个有理解能力的人，即使他从未听说过埃及，如果他亲眼观察，都会明显发现，希腊人扬帆航行来到的埃及是一片由河流泥沙沉积形成的土地——它是尼罗河的礼物……

13.1 祭司们告诉我……摩里斯当国王的时候①，尼罗河只要上涨8肘尺②，就会浇灌孟菲斯以下的土地③。祭司跟我说这话时，摩里斯去世不到900年。现在，除非河水上涨15或者16肘尺④，否则就不能溢出到这片土地上来。**2** 我认为，那些居住在摩里斯湖⑤以下的埃及人，尤其是居住在所谓三角洲地带的人，如果这些地区以同样的速度、在同样的区域持续上升，直到尼罗河不能泛滥到这片土地上，他们就会永远遭受跟希腊人一样的命运——他们说希腊人有一天会遭受的。**3** 埃及人听说希腊人所有的土地都靠雨水而不是河水来浇灌，就说，终有一天，希腊人满怀的极大期望会落空，遭受饥荒之苦……
14.2 现在，可以肯定的是，比起其他所有的人，包括其他地方的埃及人，他们⑥从土地上取得收成是最不费力气的。因为他们不需要翻土犁地，或者用锄头锄地，或者其他地方的人种植庄稼所进行的其他劳作。只等河水涨起来，浇灌田地。浇灌以后，河水退去。然后，每个人开始播种，把猪赶上去，将种子踏进土里，只等收获。脱粒用猪来踩，他们就这样获取了粮食。

【利比亚和多多娜的宙斯神庙的建立(第54~57章)】

---

① Moeris，即埃及第12王朝阿门内姆哈特三世(Amenemhet Ⅲ，约公元前1842—公元前1797年)。
② 约合4.75米。
③ Memphis，位于尼罗河三角洲的顶点，今埃及开罗以南20公里处。
④ 合8~8.53米。
⑤ 位于开罗西南80公里处，埃及国王摩里斯在此开挖了运河，希腊人以其名字称呼此湖。
⑥ 指摩里斯湖以北的埃及人。

54.1 ……底比斯①的宙斯②的祭司们告诉我，两个女祭司被腓尼基人从底比斯带走了，他们听别人说，其中一个被卖到了利比亚；另一个被卖到了希腊。这两个妇女首创了上述两个地方的神示。**2** 我问他们何以了解得这么确凿，他们回答说，他们到处找了个遍，怎么也找不到她们的行踪。后来，才得知她们被卖到外地的事。**55.1** 以上是我从底比斯的祭司那里听来的，下面是多多娜的女巫们③告诉我的：两只黑鸽子从埃及的底比斯出发，一只飞到了利比亚，另一只飞到了她们那里。**2** 那只鸽子栖息在多多娜的一棵橡树④上，说起了人话——这里必须有宙斯的神示。多多娜的人们以为此乃神意，就照办了……**56.1** 关于这件事，我的判断是这样的：如果腓尼基人确实把那两个女祭司带走了，一个卖到利比亚，一个卖到希腊，那么在我看来，这个妇女被卖到的地方是忒斯普洛提亚，现在叫希腊(古时候，希腊还叫珀拉斯癸厄呢)⑤；**2** 她在那里做了奴隶，在那里的一棵橡树下，建起了一处宙斯的神域。她作为底比斯宙斯神庙的女祭司，到了一个新地方自然会想起宙斯。她学会说希腊语后，就建立了神示。她还告诉人们，同一伙腓尼基人如何卖了她，如何把她的姊妹卖到了利比亚。**57.1** 我认为，多多娜地方的人们之所以叫她们鸽子，是因为她们是异族，说的话听起来像鸟叫。**2** 他们说，一段时间以后，鸽子说起了人话，是因为这个时候她说话希腊人听得懂了。只要她说着异族的语言，他们就认为像鸟叫。鸽子怎么能说人话？他们说鸽子是黑色的，就意味着这个妇女是埃及人。**3** 最后，埃及底比斯的神示方式与多多娜是一样的，而且用牺牲来进行神示的方法也是从埃及来的⑥。

【希罗多德的观察、判断和探访(第99章)】

99.1 到此为止，以上所说都是我的观察、判断和探访……

【希罗多德对特洛伊战争中海伦问题的分析(第120章)】

120.1 这些就是埃及祭司告诉我的。我个人同意他们关于海伦的说法，理由如下：如果海伦在特洛亚，特洛亚人一定会把她交还给希腊人，不管亚历山大愿意还是不愿意。**2** 不管是普里阿摩斯还是他亲近的人，都肯定不会疯狂到为了让海伦做亚历山大的妻子，

① Thebes，希腊人的称呼，距离尼罗河口800公里，是中王国和新王国时期埃及的首都。

② Zeus，希腊神话中的众神和凡人之父。

③ 将神意转达给人的妇女。

④ 大鳞栎。

⑤ Thesprotia，位于中希腊，那里的多多娜(Donona)有宙斯神庙，以神示闻名，但后来不及德尔菲的阿波罗神庙兴盛。珀拉斯癸厄，Pelasgiē，意即Pelasgos人的土地。按照希腊人的传说，这些人在希腊人到来之前就在希腊阿提卡居住，这个传说很可能是虚构的。

⑥ 通过检查牺牲的内脏得到预兆。

而愿意拿自己的人身、子女和城邦去冒险。**3** 即使他们一开始这么做了，但是等到每次与希腊人交战，都有许多特洛亚人被杀；每次战斗，普里阿摩斯都有两三个儿子阵亡，甚至更多，那么我相信——如果史诗本身可以用作证据的话——即使普里阿摩斯自己娶海伦做妻子，他也肯定会将海伦送还阿开俄斯人①，使他们摆脱眼前的灾祸。**4** 王位甚至不会传给亚历山大，他不能够在普里阿摩斯年老时，掌握政事。赫克托耳比他年长，而且更像个男子汉。他将在普里阿摩斯死后继承王位，他绝不会将城邦大事托付给做了坏事的弟弟，更何况这个弟弟不仅使他个人大祸临头，还使全体特洛亚人大祸临头。**5** 很清楚，海伦不在他们手里，也就交还不了；他们说了实话，但希腊人不相信。我要发表我的观点：神明打算将他们完全毁灭，以此向人类表明，犯下的罪过越大，神明的惩罚就越大。这些就是我的看法。

【希罗多德记事的原则(第123章)】

123.1 至于埃及人讲的这些故事，相信的人尽管予以采信。至于我个人，我为全部叙述确定了一项原则——有闻必录。

【金字塔的建造(第124~125章)】

124.1 祭司们说，一直到赫剌谟普西尼托斯②做国王的时候，埃及各个方面都治理得井然有序，国家繁荣兴盛。在他之后，刻俄普斯③继位为王，埃及陷入极其悲惨的境地。首先，他关闭了所有的神域，阻止埃及人祭祀；其次，他命令所有埃及人为他劳作。**2** 他安排一些人从阿拉伯山中的采石场④拖拽石块⑤，一路到尼罗河。这些石块装船渡过河之后，他安排另一些人接过石块，一路拖曳到所谓的利比亚山。**3** 他们以10万人为一组，每组轮流工作3个月⑥。仅修筑拖拽石头的道路就用了10年时间，人民备受折磨。依我看，这项工程不比修建金字塔本身轻松很多。**4** （它长5斯塔狄翁⑦，宽10庹⑧，最高处高8庹⑨，用磨光了的、雕刻有动物图案的石块建成⑩），修筑这条道路，再加上金字塔

---

① Achaeans，《伊利亚特》中用它指代希腊人。

② Rhampsinitos，埃及第19、20王朝(约公元前1292—公元前1077年)有几位叫拉美西斯(Ramses)的法老，希罗多德弄混了。

③ Cheops，希腊人的称呼，即埃及第4王朝的第2个法老胡夫(Khufu)，约公元前2596—公元前2573年在位。

④ 今开罗以东Mokattam山的Tura采石场。

⑤ 将石块置于雪橇式的装置上，沿着潮湿的尼罗河泥地滑道滑行，这是运输石块的标准方式。

⑥ “10万”这个数字并非没有可能，但希罗多德有误解。只是在尼罗河泛滥的季节，大量人力用来储备建筑材料，其他一年中大部分时间里，只有很小的一部分人从事建筑工作。

⑦ 约合1188.72米。

⑧ 两手臂左右平伸时，两手指尖之间的长度，10庹约合18.288米。

⑨ 约合15.24米。

⑩ 这里说的应该是修建金字塔所用的匝道(用完后拆掉)，而不是拖曳石头的道路，希罗多德将二者混淆了。

的地下房间——刻俄普斯把它作为自己的墓室，金字塔坐落于一座山丘上——花费了 10 年时间。他还开凿了一条渠道，引尼罗河水，围绕着金字塔所在的地方，使其变成了一座岛屿。**5** 金字塔本身用了 20 年时间建成。其底座是正方形的，每边长 8 普勒忒戎①，高度也是 8 普勒忒戎。它用磨光了的石块砌成，石块之间严丝合缝。每块石头长度不少于 30 尺②。**125. 1** 金字塔建成阶梯状，有人称为“城垛”，有人称为“台阶”。**2** 这一基础部分完工以后，他们用一种短木头制成的装置，将其余的石块从地面提升到第一级台阶。**3** 这块石头到了第一级后，被放到这一台阶的另一个装置上，提升至第二级，再放到另一个装置上〈放到第三个装置上〉。**4** 可能有多少台阶就有多少个这种装置，也有可能装置只有一个，易于在台阶之间移动，以提升石块。两种可能我这里都说了，我听到什么就说什么。**5** 金字塔最上层的部分是最先建成的，接着建成的是往下的一层，最后是地面一层和最下面的部分。**6** 金字塔上有用埃及文字写的、建筑者所消耗的萝卜、葱头和大蒜花费的资金，我当时记得一清二楚，翻译读出这些文字，告诉我，一共花费了 1600 塔兰同银子③。**7** 如果情况真是如此，那么，同样的道理，建筑者用的铁制工具④要花多少钱？建筑者的食物和衣服呢？前面提到了他们完成这些建筑所花费的时间，余下的工作——切割石块、运输石块、地下开挖和建造——我想也一定不会少吧！

第三卷

【“习俗为王”(第 38 章)】

38. 1 ……每个民族都深信自己的风俗才是最好的……**2** 所有人对于自己的风俗都是这么认为的，有很多证据让我们作出这个判断，这里只举出一个：**3** 大流士在位时，他召见近旁的希腊人，问要花多少钱才能让他们吃掉自己父亲的尸体。他们回答说，花多少钱都办不到！**4** 然后，大流士召见名叫卡拉提埃人的印度人，他们就是吃掉父母尸体的人。当时，希腊人在场，通过翻译明白双方的问答。他问，要花多少钱才能让他们火化自己父亲的尸体。对方大叫起来，让他不要提这种骇人的事！这种观念就是这样根深蒂固。因此，在我看来，品达洛斯在他的诗篇中说的——“风俗主宰一切”⑤——乃至理名言。

---

① 约合 243. 84 米。

② 约合 9. 144 米。

③ 按照雅典的度量衡标准，1 塔兰同 = 27. 6 公斤，1600 塔兰同 = 44160 公斤。很显然，这个数字是希罗多德的杜撰，古王国时期的埃及还没有进入货币经济的阶段，建筑者得到的是实物报酬。

④ 埃及很晚(公元前 11 世纪)才开始使用铁器，这里希罗多德用公元前 5 世纪希腊的情况去推测古王国时期的埃及的情形，弄错了时代。

⑤ 直译“风俗是一切的国王”。

【神明嫉妒人，故做人要避免过于成功(第39~43章)】

39. 1……波吕克剌忒斯(Polycrates)统治了萨摩斯(Samos)……**2** ……他与埃及国王阿马西斯(Amasis)结成友好关系，相互交换了礼物……**3** 短时间内，他就势力大增，声名远播伊俄尼亚和希腊其他地方……**40. 1** 波吕克剌忒斯的巨大成功当然也引起阿马西斯的注意，他为此担忧。他修书一封……说：“……**2** 我为朋友和盟友的事业顺利而高兴，但您的巨大成功却让我高兴不起来，因为我知道神明有多嫉妒人。我倒是宁愿我本人和我所牵挂的人有时顺遂，有时失败。这样一辈子运气交替，而不是万事顺遂。**3** 从我的见闻来看，还没有哪个万事顺遂人，最后不一败涂地的……**4** 想一想什么是您最珍爱的，失去后让您最伤心的，把它扔掉，让人类再也找不到……”希罗多德接着写道，波吕克剌忒斯觉得此话有理，于是乘船航行到大海深处，将自己心爱的指环扔进海里。几天以后，一个渔夫捉到一条很好的大鱼，将它献给波吕克剌忒斯。厨师剖开鱼腹，竟然发现了那枚指环。阿马西斯得知这个消息，马上与波吕克剌忒斯绝交了。

【波斯贵族关于独裁统治、寡头制和民主制优劣的争论(第80~83章)】

80. 1 5天过去了，骚乱平息。那些起来反抗马戈斯①的人就整个局势开会商讨。会上的发言，有些希腊人不相信，但确实是说了的②。**2** 俄塔涅斯建议将政权交到全体波斯人手里，他说：“我认为，不要让我们当中哪个人出来当王了，君主制③既不讨人喜欢，又没有好处。冈比西斯胡作非为到了何种程度，你们都目睹了。马戈斯为非作歹，你们也都亲身经历了。**3** 君主可以为所欲为，不用对任何人负责，这样的制度怎么能将事情办得妥妥帖帖？即便是最优秀的人，如果被放到君主的位置上，也会失去他平常惯有的理智。一个人要风得风，要雨得雨④，就会胡作非为，人性中固有的妒忌之心也开始滋生。**4** 有此两点，一切邪恶都会随之而来——他的所有残暴行为都可以归因于胡作非为和妒忌。你可能会认为，一个手握绝对权力的君主一定不会妒忌他人，因为一切好处他应有尽有。但是，他对待他的人民注定与你以为的截然相反。他妒忌最优秀的人物，恨不得他们早死，却喜欢那些最糟糕的人，而且没有人比他更听信谗言。**5** 他最喜怒无常，如果你对他的尊敬适可而止，他就嫌你没有毕恭毕敬；如果你毕恭毕敬，他又嫌你拍马屁。现

---

① 马戈斯，Magus(复数“Magi”)，是波斯琐罗亚斯特教(Zoroaster)的祭司阶层。

② 从下文发言的内容来看，这完全是一场希腊式的关于政体优劣的辩论。但希罗多德坚持其真实性，如何理解？首先，从其形式上说，这些发言反映的确实是希腊的观念，应该是希罗多德本人编的。其次，希罗多德知道，波斯帝国刚刚经历了一场严重的危机，国家正面临政体上的抉择，是坚持冈比西斯那种暴政式的统治？还是回归居鲁士那种有限的、温和专制的、比较理想的君主制？对此，大流士等人发动宫廷政变后，显然有不同的看法。希罗多德试图借助他对希腊城邦政体变革的知识去理解。最后，要注意的是，希罗多德对于这些不同的观点没有做出评判，他似乎想表明，民主政体并非希腊人所独有。

③ monarchy，意思是“一个人的统治”。

④ 直译“好的都有”。

在，我要说说君主制最严重的问题：他推翻祖宗之法，强暴妇女，不经过审判滥杀人。**6** 那么，多数人统治如何呢？首先，它名声最好——平等人统治①；其次，它完全不像君主制那样行事：官员由摇签②产生，官员离职要审计，所有的决议由民众作出。我建议我们放弃君主制，增加民众的权力，因为一切在多数之中③。”**81.1** 这些就是俄塔涅斯的观点。墨伽彼克索斯接着发言，提议转而建立少数人统治④。他说：“俄塔涅斯说废止君主制，我表示赞同。但是说到把权力转交民众，那就偏离最好的判断了。一群成不了事的乌合之众最胡作非为，也最愚蠢。**2** 人们从一个君主的暴虐统治中逃脱，却落入肆意而为的民众的暴虐统治之中，绝对是无法忍受的。不管这个君主做什么，他总知道自己在做什么；可是，民众连自己在做什么都不知道！一群没受过教育、不辨好坏优劣的人怎么知道呢？他们就像一条泛滥的河流，在政事活动中，没头没脑地你推我搡、彼此冲撞。**3** 让那些对波斯不怀好意的人享用民众统治，让我们选出一群贤达，将权力赋予他们吧！我们自己将位列其中，最优秀的人士自然能够做出最好的决策。”这就是墨伽彼克索斯的观点。**82.1** 第三个表明自己观点的是大流士，他说：“我认为，墨伽彼克索斯关于民众统治的意见是对的，但是关于少数人统治，他说错了。有三种选择，让我们假定每一种都是其种类中最好的：{最好的}民众统治⑤、{最好的}少数人统治、{最好的}君主制。我认为第三种比前两种要好得多。**2** 没有什么比得上一个最优秀人物的统治——他的见解最高明，他的统治完美无瑕，对付敌人的策略深藏不露。**3** 在少数人统治之下，许多人竞相发挥其才能为公众效力，随之而生的是彼此强烈的憎恨。因为人人都想出人头地，自己的主张胜过别人。于是，相互的怨怼越积越深。随之就是结党，再就是流血冲突，最后以一个人的统治收场。由此可见，君主制确实最好。**4** 再就是民众统治，在这种政体下，不可能不出现坏人当政⑥。坏人当政后，他们却没有相互仇视，反而沆瀣一气，因为这些坏人拉帮结伙，祸害全体人民。这种行径持续下去，直到有人出来，领导人民加以制止。这个人于是受到人民的尊崇。赢得了人民的尊崇，他也就成了一位君王。这再次表明君主制是三种制度中最好的。**5** 一言以蔽之，我们的自由⑦从哪里来？谁给予我们？来自民众？来自少数人？还是来自君王？我的看法是，既然我们的自由来自一个人，那么我们就要保守这种政体。另外，我们不要废弃祖宗之法，它是良法，没有比它更好的了。”

---

① isonomia，本义是“平等的分配”，大致与“民主政治(democratia)”同义。

② 摇签的方法是，将签(小石子、陶片等)放进头盔摇动，先跳出来的为中签。

③ 意思是：只要多数人愿意，什么事都能办成。

④ oligarchia，一般译为“寡头统治”，但这个汉语词似乎有贬义，而且发言者这里显然推崇这种政体，故直译。

⑤ 又译“民主政体”。

⑥ “坏人当政”原文是“κακοτήτα”(badness)，这个词源自“κακός”(bad)，这里是意译。英译本译为“imcompetence”“corruption”“wickedness”“malpractice”等，可以参考。

⑦ 这里的自由指政治上不受他人钳制。

83.1 这就是会上发表的3种意见。7人中其他4人都同意最后一种意见。俄塔涅斯热切希望在波斯人中间建立平等人的统治，但他的意见失败了，于是他对大家说：**2** “各位同志①！看来我们当中有一个要当王了。不管是由摇签产生，还是交由波斯人民选择，或者其他方式，我都不会跟你们竞争。我不想统治别人，也不想被别人统治。我退出这场竞争，条件是：我不受你们当中任何一位的统治；从今往后，我本人和我的子孙后代永不受统治。”**3** 他说完，其他6位同意了他的条件。于是，他不参与竞争，立场中立。直到今天，在波斯人当中，他的家族仍然是唯一自由的家族。在不违背波斯法律的前提下，他们只在自愿的情况下服从统治。

【掘金的蚂蚁(第102、104、105章)】

102.1 其他印度人生活在……的北面……就是他们出去寻找黄金。因为在这一带有一片沙漠，**2** 这片沙漠产一种蚂蚁，体型比狗小比狐狸大……这些蚂蚁在地下筑穴，将沙子带到地面来，这跟希腊蚂蚁一样。它们长得跟希腊蚂蚁一模一样。但是，它们带到地面的沙子是含金的。**3** 这些印度人出去找的就是这种沙子。每人套上3头骆驼……**104.1** 这些印度人就是用这种方法套上骆驼，驾着它们去找黄金。他们将掠夺沙子的时间定在一天中最炎热的时候，那个时候，蚂蚁们因为炎热都躲到地下去了……**105.1** 这些印度人带着口袋来到这个地方，迅速装满沙，以便尽快赶回去。因为，根据波斯人的说法，这些蚂蚁能凭嗅觉立即感知到，然后追赶。没有什么动物跑得比它们更快了。因此，如果这些印度人不趁蚂蚁们尚在聚集之前上路，那么他们当中谁都不能活着回来……②

第四卷

【世界地图(第36章)】

36.2 以前有许多人画过大地的地图，却没有一个画得合情合理，我看了，觉得好笑。俄刻阿诺斯③围绕着大地流动，大地圆得像圆规画出来的，亚细亚跟欧罗巴〈和利比亚〉一样大小。我要简单说明每部分的实际大小以及应该怎么画。

---

① 这7个波斯贵族一起密谋，发动了宫廷政变，故称。

② 这个故事在古代一直到罗马帝国晚期都广为人知。学者们认为，希罗多德这里描绘的动物是某种真实的动物，有旱獭(土拨鼠)、獾、穿山甲、食蚁兽和人(矿工)等种种说法。还有学者认为就是喜马拉雅旱獭，生活在巴基斯坦最北部的Deosai高原(巴基斯坦在古代属于印度，印度只是一个地区名称)，那里的人们世代通过这种方式采金。希罗多德可能听错了这种动物的名称。

③ Ocenaus，乌剌诺斯(Uranus，天)与该亚(Gaia，大地)之子，海洋之神。

第五卷

【作者对雅典的赞扬(第 78 章)】

78. 于是，雅典的势力壮大起来，这表明，不只在一个方面，而是在所有的方面，平等参政①怎样是一件极好的事情。因为雅典人在遭受僭主统治的时候，他们在军事上一点也不比其邻邦强；但是一旦摆脱了僭主统治，他们就是无与伦比的了。这就说明，在受到压制的日子，他们垂头丧气，因为他们在为一个主子工作。一旦得到解放，个个都扬眉吐气，就要成就〈点什么〉了。

第六卷

【马拉松战役(第 101~102，111~117 章)】

101. 3 波斯人进入了这座城市②，劫掠并焚烧了神庙，作为对萨耳得斯的神庙被焚毁的报复③。他们还遵照大流士的命令，将其居民卖为奴隶。**102. 1** 征服厄瑞特里亚之后，波斯人在那里停留了几天，然后扬帆驶向阿提卡。他们步步紧逼，满以为可以像对付厄瑞特里亚人一样对付雅典人。由于马拉松是阿提卡最适合骑兵活动的地方，且最靠近厄瑞特里亚，因此，庇西斯特剌托斯的儿子希庇阿斯领着波斯人到这里来了④。

……

111. 1 ……雅典人排起了作战阵形……**3** 雅典人在马拉松是这样排兵布阵的：他们的战线长度与波斯人相等，中军仅有几排的纵深，最为薄弱，左右两翼人多，力量强。**112. 1** 雅典人排好了阵，献祭得到吉兆⑤，立即行动起来。他们跑步向异族进攻。当时，两军相距不下于 8 斯塔狄翁⑥。**2** 波斯人见他们跑步进攻，就准备迎战。他们认为，雅典人完全发疯了，自取灭亡。因为他们看见雅典人人数少，又跑步进攻，既没有骑兵，又没有弓箭兵。**3** 那些异族就是这么想的。然而，当雅典人以密集的队形与异族交手之时，他们的作战令人难忘！就我们所知，他们是希腊人中第一个以跑步的方式发起进攻的，也是第一个看见波斯服装和穿波斯服装的人仍然能镇定自若的。在此之前，希腊人一听波斯

① isegorie，名词，由前缀“iso-”(平等的)加动词“agoreuo”构成，“agoreuo”意思是“在公民大会上发言、审议”。

② 指优卑亚岛中部的厄瑞特里亚(Eretria)城邦，

③ 公元前 498 年，希腊人夺取了那里的神庙并付之一炬，事见前文(5. 101~102)。

④ 父子都是雅典的僭主，希庇阿斯被雅典赶走(公元前 510 年)，现在(公元前 490 年)领着波斯人杀回来了。

⑤ 古希腊人每战必祭，得到吉兆才能出战。

⑥ 合 1400~1600 米，重甲兵全副武装跑这么长的距离是吃不消的。古希腊采用方阵作战时，两军以正常的步伐接近，快要接触时才加快步伐。

人这个名字就吓破了胆①。

113. 1 双方在马拉松战斗了很长时间。异族在中军取得胜利，在那里列阵的是波斯人自己和萨开人②，异族突破了雅典人的阵线，将他们赶往内陆方向。但在两翼，雅典人和普拉泰亚③人取得胜利。**2** 他们取胜后，让两翼败北的异族逃走，然后收拢两翼，攻击突破了中军阵线的敌人。雅典人胜利了。波斯人败北，雅典人追击，将他们砍杀在地，一直到海边。雅典人一边喊放火，一边去夺敌人的战船。**114.** 在这场激烈的战斗中，军事执政官④卡利马科斯阵亡了，表现英勇。将军之一⑤、特剌绪拉俄斯之子斯忒西拉俄斯也死了，厄乌波里翁之子库涅革洛斯也死在这里了，他用一只手去抓{战船的}船尾雕饰，被一把斧头砍掉了手。许多其他雅典有名人物也死于这场战斗。**115.** 雅典人就这样夺得了7艘战船，异族则乘其他战船撤离了……绕过苏尼翁⑥，想要赶在雅典人之前到达雅典城……**116.** 他们正绕过苏尼翁，雅典人则正以最快的速度步行赶去援救雅典城，并且赶在异族之前抵达……异族……扬帆驶回了亚细亚。**117.** 在这场发生马拉松的战役中，异族阵亡大约6400人，雅典人阵亡192人……

第七卷

【希罗多德素朴的文风(第38~40章)】

38. 1 克塞耳克塞斯正要领军离开，吕底亚人皮提俄斯被天象⑦吓坏了，他因为得到克塞耳克塞斯的赏赐而鼓起勇气，他前去觐见，说道："主人啊！我很想向您提出一个请求，对您来说，不过是举手之劳的小事，对我而言，却是一桩大事。"**2** 克塞耳克塞斯完全没有料到皮提俄斯会提出那个要求，于是说他将满足他的请求，命令他说出来。皮提俄斯听了这话，胆子大起来，他说："主人啊！我有5个儿子，他们全都有幸跟随您出征希腊。**3** 国王啊！我这把年纪了，您可怜可怜我吧！求您免除我的大儿子的兵役，好照料我和我的财产。其他4个儿子跟您出征，祝您得偿心愿，顺利归来！"**39. 1** 克塞耳克塞斯雷霆大怒，回答说："你这个卑鄙的家伙！你看看我，我亲自出征希腊，带着我的儿子、我的兄弟、我的亲戚和我的朋友。你不过是我的奴仆，应该带领你全家，甚至你的老婆跟我出征，你还敢提你的一个儿子？现在，你跟我记好了：一个人的精神就住在他的耳朵

---

① 这里略有夸张，希腊人此前与波斯人交过手，见前文(1.169；5.2，102，110；113；6.28)。

② Sakai，即斯库提亚(Scythia)人。

③ Plataea，位于雅典的北面，在希波战争中坚定地站在雅典一边。

④ Polemachus，雅典的执政官之一。

⑤ 雅典每年选出10个将军。

⑥ Sounion，阿提卡半岛最南端的岬角。

⑦ 指上文说的日全食(7.37)。

里。听到好话，就浑身畅快；听到坏话，就满腔怒气。**2** 你以前确实为我效劳过，还许诺继续效劳，但你怎敢在国王面前大言不惭，提那点小恩小惠？① 现在，既然你已变得厚颜无耻，那么，你得到的将少于你应得的。你和你的4个儿子将由于你的慷慨施恩而免于一死，但你最钟爱的儿子难免一死，作为对你的惩罚！”**3** 克塞耳克塞斯做了这一番回答后，马上命令手下负责此类事务的人，找到皮提俄斯的长子，将其劈成两半，一半置于道路右侧，另一半置于道路左侧，让大军从中间穿过。**40.1** 手下人照着命令做了，大军从中间穿过。领头的是随军佚子和驮兽，接着是全部民族不加区分、混合组成的部队。这两部分超过了全军的一半。然后是一段间隔，将前两部分与国王隔开。**2** 国王的前面有1000名骑兵，全都从波斯人中挑选。接着是1000名长矛兵，手持长矛的矛头朝向地面，他们也都从波斯人中挑选。随后是被身着盛装的10匹神马……**4** 跟在这些神马后面的是宙斯的神圣战车，由8匹白马拉着……随后就是克塞耳克塞斯本人，他坐在一辆战车上……

【温泉关战役前入侵希腊的波斯大军规模(第184~186章)】

184.1 直到波斯军队来到这个地区和温泉关之时，其军力尚未受损，其人数跟以前一样。根据我的计算——来自亚细亚的战船1207艘……按照每艘战船200人算，总数就是24万1400人。**2** 每艘船……有战斗人员30人，那就再加3万6210人。**3** ……五十桨船上的人员……平均每艘80人，这种船召集了3000艘，人员就是24万人。**4** 因此，从亚细亚来的水师总共51万7610人。步兵有170万人，骑兵8万人。我还要加上赶骆驼的阿拉伯人和驾驶战车的利比亚人，他们加起来有2万人。**5** 现在，水师和陆军的总数是231万7610人。这就是从亚细亚出发的军队的人数，这还不包括随军的仆从和给养运输船上的人员。**185.1** 还有从欧罗巴来的，他们的人数一定要加到总数上。对此，我只能推测。来自色雷斯及其附近岛屿的希腊人提供了120艘船，船上人员就有2万4000人。**2** 色雷斯人……马其顿人……还提供了步兵，我估计总人数30万。**3** 这些以万计的数字加上来自亚细亚的人员的数字，战斗人员的总数就达264万1610人。**186.1** 由于战斗人员的数量如此巨大，我想随军仆从、运送给养的小船上的人员，当然还有随军的其他船只上的人员，其总数跟战斗人员比起来，恐怕不少也不多，正好相等。**2** 如果我估计两者的数量不多也不少，正好相等，即有多少万战斗人员，就有多少万其他人员，那么，在大流士的儿子克塞耳克塞斯领兵进抵塞庇阿斯②和温泉关之时，其麾下有528万3220人。

---

① 直译“不要吹嘘在给人恩惠上超过了国王”。

② Sepias，位于优卑亚岛以北的那个半岛的海滨，面向爱琴海，是一个岬角。

【驻守温泉关的斯巴达国王的谱牒(第204章)】

204. 这些军队各部分由各自城邦的将军统领，最受尊崇的、全军的统帅是一位拉刻代蒙人：阿那克珊德里达斯之子勒俄尼达斯①。其世系是：阿那克珊德里达斯、勒翁、厄乌律克剌提得斯、阿那克珊德洛斯、厄乌律克剌忒斯、波吕多洛斯、阿尔卡墨涅斯、忒勒克罗斯、阿耳刻拉俄斯、赫革西拉俄斯、多律索斯、勒俄玻塔斯、厄刻斯斯特剌托斯、阿癸斯、厄乌律斯忒涅斯、阿里斯托得摩斯、阿里斯托马科斯、克勒俄代俄斯、许洛斯和赫剌克勒斯。②

【温泉关战役(第210~213，215，217~220，223~225，228章)】

210. 1 ……克塞耳克塞斯发怒了，他派墨狄亚③人和喀西俄人④攻击他们⑤，命令将他们活捉，并带到他面前来。**2** 墨狄亚人对希腊人发起了冲锋，许多墨狄亚人倒下了，其他人接着上。尽管遭受重大损失，但他们不后退。每个人都看明白了——尤其是国王本人——尽管他们人数众多，但能攻善战的没几个。战斗进行了一整天。**211. 1** 墨狄亚人惨遭暴虐，于是退下阵来。许达耳涅斯麾下的波斯人——国王称之为“不死队”⑥——上阵了。原以为他们出马会手到擒来。**2** 但等到他们与希腊人交手，也不比墨狄亚人更成功。结果没有什么区别，原因是一样的：他们在一个狭窄的地方厮杀，使用的矛比希腊人的短，不能发挥人数上的优势。**3** 拉刻代蒙人的作战令人难忘！他们与敌人厮杀，正好比行家对付生手。有时，他们一起转过身来，假装逃跑。异族见了，大声吼叫，敲击着武器，追了过去。等到他们追到身后了，拉刻代蒙人突然转身，面对他们，杀死的波斯人无计其数。斯巴达人自己死得却很少。无论是集团冲锋，还是尝试其他任何攻击方式，波斯人都无法踏进关隘一步。他们终于撤下来。**212. 1** 据说，攻击进行之时，国王在远观战场。他忧心自己的人马，三次从其宝座上跳起来。第一天的战斗就是这样进行的。第二天异族的战斗不比第一天强。他们继续战斗，原本期望希腊人无还手之力，因为他们为数如此之少，又伤痕累累。**2** 然而，希腊人以民族为单位排兵布阵，依次上阵作战。波喀斯⑦人除外，他们被布置在山上，把守山中小径。波斯人发现，情况跟前一天没有什么两样，

① Leonidas，又译“李奥尼达斯”等。

② 希腊神话中的著名英雄，见前文译注(1.7.4)，这说明勒俄尼达斯世系显赫。

③ Media，又译“米底”“美狄亚”等，位于里海西南面的伊朗高原，公元前7世纪强盛，公元前6世纪被波斯帝国吞并。

④ Kissioi，其居住地大概在波斯首都之一的苏萨(Susa)附近。

⑤ 指希腊人。

⑥ 波斯军队中最精锐的1万人，每缺1人即补上1人，始终保持1万人的规模。波斯语本来的意思是“随从”，即出征时常在国王左右，希腊人误解了。

⑦ Phocis，位于今希腊科林西亚湾的正北面。

就撤下来了。**213.1**　面对眼前的局势，国王一筹莫展。马利斯①人、厄乌律得摩斯之子厄庇阿尔忒斯，前来告密，希望得到国王重赏。他告诉国王那条可达温泉关的山中小径，给留守那里的希腊人带来了灭顶之灾……

……

215.1　克塞耳克塞斯……喜不自胜，立即派许达耳涅斯和其麾下……出发……

……

217.2　我前面说过②，1000名波喀斯重甲兵在此山中守卫，保卫他们城邦的领土和那条小径……

218.1　……波斯人爬山时，波喀斯人没有注意到，因为这座山长满了橡树。当时，寂静无风，波斯人脚踩树叶，自然发出很大的声响。波喀斯人跳将起来，开始披挂。说时迟，那时快，异族到跟前了……

219.1　至于那些在温泉关的希腊人，第一个向他们预言敌人要来的是占卜者墨癸斯提阿斯，他检查了牺牲的内脏后，宣布拂晓时他们将要死亡。此后，一些开小差过来的人报告了波斯人抄小路的事，那时天还没有亮。最后，天亮了，瞭望哨从山顶跑下来，报告了同样的消息。**2**　于是，希腊人开会商议。会上，大家的意见有很大的分歧。有的主张坚持战斗，有的反对。散会后，有的分散开来，各回各邦去了；有的准备留下，跟勒俄尼达斯一起坚守。**220.1**　据说，是勒俄尼达斯叫他们回去的，他担心他们会送命。对于他本人和跟随他的斯巴达人而言，离开原来守卫的岗位是不光彩的。**2**　我最倾向于这种观点：勒俄尼达斯注意到盟友士气低落，不想与他一起冒生命危险，就叫他们走了；至于他自己，离开不光彩，留下则彪炳千秋；斯巴达的强盛也得以存续……

……

223.1　日出之时，克塞耳克塞斯举行了奠酒，过了一段时间，到集市上人最多的时辰③，发起了进攻。厄庇阿尔忒斯嘱咐他只需等到这个时候，因为下山的路比起他上山和绕道的路又直又短。**2**　于是，克塞耳克塞斯麾下的异族向前推进，勒俄尼达斯麾下的希腊人也在前进。他们知道必死无疑，来到他们最初所在的狭窄区域以外的更宽阔的地带。前一天，他们还在守卫防御工事，向关隘的狭窄地带出击。**3**　现在，他们在狭窄地带之外迎击敌人。许多异族倒下了。各大队的长官手持鞭子，在背后抽打每一个人，催促他们一直向前。许多掉到海里死了，还有更多的自相践踏而死。死者无算。**4**　〈拉刻代蒙人〉知道自己将死在抄小路的波斯人手里，于是，拿出全部力量，孤注一掷，舍命相搏。

---

① Malis，位于希腊优卑亚岛西北面的大陆上。

② 见前文(7.203.1；7.212)。

③ 希腊人的集市时间是上午9—11点，这里大概是10点。

224. 1 到了这个时候，绝大多数人的长矛已被折断，他们就用刀砍杀波斯人。在这场搏杀中，勒俄尼达斯倒下了，他的表现最为英勇。跟随他倒下的还有其他斯巴达知名人士。这些人的名字我打听到了，因为他们表现杰出。其实，全部300人的名字，我都打听到了。**2** 许多波斯人也倒在那里了，包括一些知名人士，其中就有大流士的两个儿子……

225. 1 克塞耳克塞斯的两个兄弟也倒在那里了……

……

228. 1 他们就被葬在倒下的地方。后人为这些人，也为那些在勒俄尼达斯叫一些希腊人离开之前阵亡的人，镌刻下了如下铭文：

三百万人曾在此与
来自伯罗奔尼撒的四千人厮杀。

2 这是为全军镌刻的。以下是专为斯巴达人镌刻的：

过客啊！去告诉拉刻代蒙人
我们服从他们的命令，躺在这里了。

【译者附言：本节选译自希腊文文本(N. G. Wilson, *Herodoti Historiae*, Oxford University Press, 2015)，参考了多种英译本，注释参考了数种评注(commentary)，恕不一一列出。专有名词翻译参见何元国译《伯罗奔尼撒战争史》，中国社会科学出版社2017年版的附录三和附表。】

(何元国 译)

【小班研讨】

1.《历史》与近现代史书有何不同？试举例说明。

2. 举例说明并评述古希腊人的历史观、命运观和幸福观。

3. 希罗多德的《历史》是如何运用批判方法的？试加以说明。

4. 希罗多德的《历史》哪些地方缺乏考证？

5. 你是否喜欢希罗多德的《历史》？为什么？

【课外博览】

1.《希罗多德历史：希腊波斯战争史》，王以铸译，商务印书馆 2009 年版。

2. [英]柯林武德：《历史的观念》“第一编”，何兆武，张文杰译，商务印书馆 2009 年版。

3. 邓晓芒：《哲学起步》“第三部分”，商务印书馆 2017 年版。

第八章
《斐多》与生命

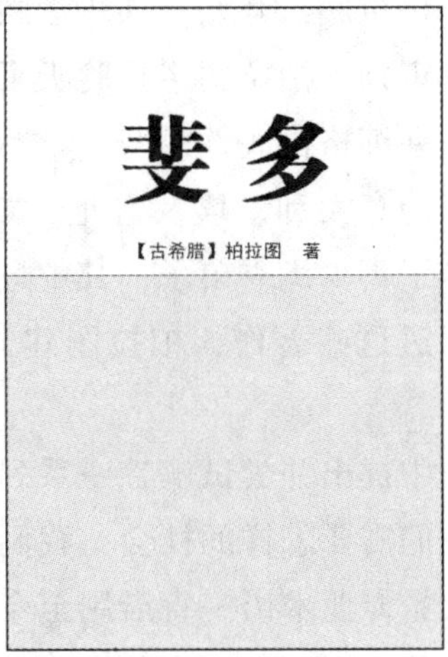

柏拉图(Plato，公元前427年—公元前347年)，古希腊伟大的哲学家、思想家和教育家，建立了以理念论为核心的博大精深的哲学体系，对西方影响深远。柏拉图青年时师从著名哲学家苏格拉底，培养了亚里士多德等学生。他与老师苏格拉底、学生亚里士多德并称“希腊三贤”。柏拉图的著作大多是用对话体裁写成的，苏格拉底是大部分对话的主要人物，重要对话有《苏格拉底的申辩》《斐多》等。《斐多》生动地再现了西方历史上著名的“苏格拉底之死”——苏格拉底服从雅典法庭的判决，面对死亡仍从容不迫地与友人讨论灵魂不朽，直至饮鸩身亡。

【大班导引】

人最宝贵的是生命。每个人的生命只有一次，珍爱生命、让生命更有价值已然成为我们生活中最重要的观念。如何让生命更有价值？生命的意义何在？当我们面临生死考验的时候，是苟且偷生还是为了理想信念而不惜献出生命？司马迁说：“人固有一死，或重于泰山，或轻如鸿毛。”这句话非常典型地反映了中国传统文化的价值观。让我们把目光转向西方，看看西方文明的发源地——古代希腊的圣贤先哲们是怎样对待生命的。我们在这里选读的柏拉图的《斐多》，就是古希腊哲学中探讨“生命”这一关键词的经典之一。

柏拉图，古希腊著名哲学家，出生于雅典贵族家庭，在成熟的雅典城邦文明影响下，他在青少年时代受过良好的教育，在音乐、诗歌、戏剧方面颇有造诣。公元前 407 年，20 岁的柏拉图师从苏格拉底，开始步入哲学殿堂。8 年之后，苏格拉底被控渎神、败坏青年而受到雅典法庭的审判。柏拉图亲耳聆听了苏格拉底在法庭上的自我辩护，并见证了其师被判死刑的过程。在苏格拉底饮鸩身亡之后，柏拉图与其他苏门弟子纷纷离开雅典避风。柏拉图先后游历了南意大利、埃及等地，最后回到雅典，创办了阿卡德米学园，招徒授业。他在这里培养了不少优秀弟子，其中最著名者当属亚里士多德。教学期间他撰写了大量的哲学著作，通过这些著作，柏拉图建立起了一个博大精深的哲学王国，其核心就是“理念论”。

柏拉图在著作中提出并尝试解答一系列困扰后世的哲学难题，如什么是正义，什么是美，什么是善，我们需要怎样的社会，我们如何了解自身，我们如何看待肉体与灵魂的关系等。他创制的大量专业术语一直沿用至今，如感觉、理念、知识、至善等。黑格尔对此曾经有一句经典评价，“我们必须承认，我们今天所知的大部分知识，在柏拉图时代已经涉及了”。柏拉图无疑是西方哲学史上最具影响的人物之一，有学者认为柏拉图是西方哲学的原点，正所谓“哲学就是柏拉图，柏拉图就是哲学”。

两千多年来，柏拉图的经典作品一直广为流传，其著作在西方有多种版本，我们在这里选择的《斐多》篇是柏拉图所著《对话录》之一，由刘小枫翻译。

柏拉图的《对话录》中最重要的主角是他的老师苏格拉底，36 篇对话录中有 35 篇记述了苏格拉底与他人的对话，柏拉图以每场对话的主要参与者来给各篇命名。苏格拉底是古希腊著名思想家、哲学家，也是西方文明史上的巨擘，他本人并未留下著作，其主要思想因其弟子柏拉图和色诺芬所追述之著作而得以流传后世。由于苏格拉底的生平资料几乎湮没无考，弟子们的记述就成了后人想象和重构这位著名哲人的事迹和言行的主要依据。在这些著作中，诸弟子与朋友对苏格拉底神韵风采的崇拜之情跃然纸上。尽管苏格拉底本人的长相并不英俊，但丝毫不影响他生前或死后都拥有一大批忠实的拥趸者。柏拉图非常敬爱他的老师，他曾说：“我感谢上天赐我生命……但是我尤其要感谢上天赐我生在苏格拉底的时代”，“在他那个时期，凡是我们所认识的人里，他是最善良、最智慧、最正直的人”。

在柏拉图的《对话录》之中，记述苏格拉底临刑前与前来探望的友人、弟子探讨生死问题的专篇，除了《斐多》还有《克力同篇》。《克力同篇》篇幅很短，记录了在苏格拉底临刑前一天，克力同闻讯赶来探监，再次劝其出逃，而苏格拉底不为所动。克力同作为苏格拉底忠实的好友，竭尽全力争取保住其性命，并甘愿花钱来营救。他极力规劝苏格拉底听从安排逃走，指出不逃走可能带来的后果，如仇家的阴谋得逞、儿子无依，并认为苏格拉底因怯懦而放弃了教养儿子的责任是有违德性的。克力同的种种努力暗含了“留得青山在，不怕没柴烧”的观念，这里体现了古希腊文明与中国儒家文明之间生命观、价值观的相似性——舍生取义还是暂保性命以求更大的义。

苏格拉底谢绝了克力同的热肠，强调“唯有理智最为可贵”，声明自己不能做违心的事，不能背离雅典人的意旨而擅离此地，不能有意毁坏国家和法律，即使国家对他判决不公。他竭力去说服克力同，每个公民对国家都有履行契约的责任，之前在法庭上他已承认审判的结果，即视为定约，因此他不可在定约后又背约逃走。国家的威信重于个人的曲直，国家行政与司法必须维持一致的效力。

在古希腊，法律被视作城邦安全的基础，古希腊的城邦按法律治理，任何人的地位都不得高于法律。苏格拉底认为城邦的法律是公民们一致制定的协议，应该坚定不移地去执行，只有遵守法律，才能使人民同心协力，使城邦强大无比。严守法律是人民幸福、城邦强大的根本保证，其价值远远高于个人的生命。为了维护国法的尊严，他只好以个人去迁就国家，宁可含冤死去，也要无愧于公民的责任。

苏格拉底作为雅典城邦的公民，不仅履行了每个公民应尽的义务——服兵役，在战场上表现勇敢，而且他始终把自己视为雅典的忠诚卫士。正如他在《申辩篇》中说，他把整个生命都献给了这座城市，在这个国家需要他充当一只“牛虻”的时候，他也决不会脱离自己的岗位。他把雅典比作一匹大马，虽有力量，却懒惰而缺乏活力，他自喻为一只被神灵派来叮咬雅典这匹马的“牛虻”，不断刺激它，使其民主的气氛保持健康。

《斐多》篇所记录的苏格拉底对话则发生在他饮鸩身亡的当天，苏格拉底知道自己大限在即，仍然从容地与学生、友人谈论哲学，与往常无异，只是这次的主题是关于灵魂不朽。苏格拉底在斐多、克力同等人的陪伴下度过了他生命中的最后一天，他仍然侃侃而谈，他温和地不断向学生发问，通过独特的师生问答，逐渐阐明灵魂不灭的论证。他坚信灵魂不朽，而且必将升华到与宇宙同体的高度。具有大智慧的哲学家是不惧怕死亡的。他说过，一个人如果有了坚定的信念，为了生存而放弃死亡是可耻的。为了思想自由，苏格拉底选择了死亡。苏格拉底的行动说明他认识到了雅典民主制的危机，他安然赴死，是为了唤醒雅典人麻木庸俗的心灵。人类之死，分为肉体之死与精神之死，肉体之死可以泰然处之，可以超脱，但精神之死却是痛苦的，苏格拉底之死则属于前者。拜伦说，“当苏格拉底的肉体走向死亡的时刻，雅典人的精神已经死亡了”。

柏拉图的《对话录》不同于其他哲学著作，其每一篇都以问答形式展开，主要人物有问有答，充满着戏剧冲突，人物刻画生动，从中不难看出柏拉图青少年时代所受的博雅教育及其戏剧创作的功底与影响。《斐多》篇可谓其中的精品，文字畅快淋漓，读者仿佛也置身于雅典监狱那间关押苏格拉底的囚室，与斐多他们一起聆听苏格拉底的临终教诲。苏格拉底不仅作为一位哲学家受到人们的崇敬，更重要的是，他身上闪现着尊重自己理想的坚强人格力量。英国著名哲学家、思想家约翰·密尔(John Stuart Mill)赞颂道：“苏格拉底是被处死了，但苏格拉底的哲学如日中天，光辉照遍整个知识长空。”

苹果公司的创始人乔布斯说，他愿意用他所有的科技去换取跟苏格拉底相处的一个下午。今天，我们重读这篇经典，身临其境地参与这场西方历史上著名的对话，应该能够让我们更加深刻地思考生命的意义，理解我们的处境，探索我们的出路，认识真正的自我。

【经典悦读】

斐 多

厄刻克拉特斯(简称“厄”) 你本人,① 斐多啊,② 在苏格拉底身边吗,当他在狱中饮药那天,抑或你从别人那儿听说?

斐多(简称斐) 亲自在啊,厄刻克拉特斯。③

厄 那么,这人临死前说了些什么?他如何终了?要是我能听听该多快乐啊……

……

……请尽你所能最为准确地说说一切吧。

斐 要说我嘛,我那天在旁边感受到奇特的东西。因为,我没有悲戚不已,即便面临的是我必需的人的死。毕竟,我感到这男子汉显得幸福,厄刻克拉特斯,他终了时,他的举止和他的言辞多么无畏、多么高贵啊。我心中感到,他去往哈得斯不会没有神的担保,④ 而且到了那边也会过得好,就像是世人从未有过的[好]。由于这些,我完全没感到就像人们认为一个人面临大难时那样的悲戚。不过,我们也不像通常在热爱智慧时那样快乐,尽管当时谈的就是诸如此类的东西。实在说吧,我当时感受到的某种情感简直出格得很——这是某种从未有过的混合[情感],快乐和悲哀同时混在一起。毕竟,[我]心里难免想到,这个人马上就要终了啊。所有在场的人几乎都是这样的心情,哭一阵又笑一阵,尤其是我们中的一个人——阿波罗多洛斯,你知道这人和他那副样子。⑤

厄 怎么会不知道!

斐 那好,这个人当时简直不能自已;我自己心里也乱得不行,还有其他人。

厄 那么,斐多,碰巧在场的有谁?

斐 当地人中嘛,这个阿波罗多洛斯在场,还有克里托布罗斯和他父亲克力同;然后

---

① [译按]“本人/亲自”(autos)这个普通的反身代词在本篇对话中具有非常重要的特殊含义(自身、本身、真相等),而且贯穿全篇——比如,一个人的“自身”究竟是他的身体还是他的灵魂?

② 斐多是厄里斯(Elis)人,出身贵族。厄里斯城沦陷(公元前402年)后,斐多遭掳,被带到雅典为奴。因长得漂亮,斐多引起了苏格拉底的注意。苏格拉底找自己的一个富人朋友将斐多赎买出来,从此,斐多跟随苏格拉底学习。但斐多跟随苏格拉底的时间并不长,因为公元前399年苏格拉底就被判死刑。苏格拉底死后,斐多回到厄里斯创办了一个学园。据说,柏拉图曾造访过这个学园。

③ 厄刻克拉特斯来自伯罗奔尼撒东北部的斐莱阿斯城,是毕达哥拉斯教派最后的几位重要人物之一,曾在雅典与苏格拉底有过接触,但与柏拉图《书简九》里提到的同名者不是同一人。

④ [译按]“哈得斯”即冥府。

⑤ 阿波罗多洛斯在《会饮》中是转述会饮事件的人。

还有赫尔谟革涅斯、厄庇革涅斯、埃斯基涅斯、安提斯忒涅斯。湃阿尼欧斯的克忒西浦珀斯也在，以及墨涅克塞诺斯和其他几个当地人。① 柏拉图嘛，我想他病了。

……

斐 我会试着从头给你整个儿细讲。在先前的那些天里，我们——我以及其他人——都习惯了去看望苏格拉底，一大早就在那个法院聚齐，审判就是在那里进行的；监狱就在附近。每天我们就等在四周，直到监狱开门，[此前]相互闲聊，因为监狱开门不会早。一开门，我们就进去到苏格拉底那里，然后和他待上差不多一整天。

不过，那天我们集合得特别早……

一进去，我们就看到刚被解缚的苏格拉底，克珊提佩——你认识她——抱着苏格拉底的小儿子坐在他身边。② 克珊提佩一看见我们就大声嚷嚷，像妇人们惯常说那类事情那样说："苏格拉底啊，行内人与你说话，你与他们说话，现在可是最后一回啦。"苏格拉底看了克力同一眼，"克力同啊，"他说，"让谁带她回家去吧。"于是，与克力同一起的几个人把又哭又捶胸的克珊提佩带走了。

苏格拉底坐到床上，盘着腿，用手揉搓，一边揉搓一边说，"诸位，世人叫作快乐的这个东西看起来好出格哦！快乐神奇地总是连着那个似乎相反的东西——痛苦，这个东西本来不愿意同时出现在同一个世人身上，可是，谁一旦要获取其中一个，并得到了，几乎也就被迫得到另一个，仿佛是拴在一个脑袋上的两个东西。③ 我觉得，"他说，"要是伊索意识到这些，④ 他恐怕会编故事，[讲]这位神愿意让它们的争战和解。⑤ 当神不能做到时，就把它们的头捆到一起。所以，当这一个出现在身体上，另一个随之而来。就像我自己[现在觉得的]这样：腿上来自捆绑的痛感还在，快乐显得紧接着就来啦。"⑥

……

……"所以，刻贝斯，把这些告诉欧厄诺斯吧，祝他活得好，告诉他，要是他够智慧，

---

① 雅典富人克力同天性温厚，是苏格拉底最亲密的朋友，而且与苏格拉底是同乡，年龄也相若——在柏拉图的《克力同》中，他曾到狱中劝说苏格拉底出逃，苏格拉底婉言拒绝。这父子俩都在场，表明苏格拉底与他们的关系很近。赫尔谟革涅斯是雅典富人卡利阿斯的兄弟，在《克拉提洛斯》中是主要对话者。厄庇革涅斯是雅典寡头派领袖安提丰的儿子，埃斯基涅斯是香肠小贩的儿子，因酷爱哲学成为苏格拉底圈子中最重要的成员之一。安提斯忒涅斯跟从苏格拉底前曾是高尔吉亚的学生，后来成为犬儒派的创始人。克忒西浦珀斯是崇拜苏格拉底的雅典青年；墨涅克塞诺斯是克忒西浦珀斯的朋友，柏拉图有以他为题的作品，也见于《吕西斯》。

② 克珊提佩是苏格拉底的妻子，在色诺芬笔下，苏格拉底的大儿子朗普罗克莱说自己的母亲脾气太坏，让人无法忍受(《回忆苏格拉底》卷二 2.7)。犬儒派把克珊提佩当作婚姻考验热爱智慧的人的象征。

③ 生活世界或感觉世界的特征是矛盾和含混，理性难以辨析。

④ 伊索是传说中的人物，虽然公元前 5 世纪的许多作品提到他，其生平却没有可靠材料。据希罗多德(《原史》卷二 134)，伊索生活在公元前 6 世纪，暴死于德尔斐。

⑤ [译按]"这位神"虽然用了冠词，仍然不清楚指哪个神。

⑥ [译按]"捆绑"原文的本义是"绳索"，引申为"枷锁、桎梏"，并非一定是"脚镣"。注疏家大多认为，"捆绑"在这里寓意身体、政治现实乃至人生的束缚。

就尽快跟随我。我要去了，似乎就在今天，因为，雅典的人们已经下了吩咐。”

这时，那个西姆米阿斯说，“你怎么这样子告诫欧厄诺斯啊，苏格拉底？最近我常常碰到这人，按我的感觉，无论[你用]什么方式，他八成不会愿意听从你劝告。”

“怎么？”苏格拉底问，“欧厄诺斯不是个热爱智慧之人吗？”①

“我觉得他是，”西姆米阿斯说。

“那么，欧厄诺斯会愿意的，每个认真置身于这种事业的人都会愿意。当然，他也许不会强制自己。② 毕竟，据他们说，这不符合神法。”说这些话的同时，苏格拉底让双脚踩在地上，谈接下来的东西时，他都这样子坐着。

于是，刻贝斯问他，“你这样子说是什么意思，苏格拉底？强制自己不合神法，这位热爱智慧之人却应该愿意追随正在死去的[你]？”

……

“必须得有热望，”苏格拉底说，“兴许你才会听得清楚。当然，对你来说也许会显得奇怪，所有事情中单单这事简单明了，而且世人绝不会碰上，就像碰上别的事情那样——这就是，某些时候而且对某些人来说，死比生更美好。这些觉得死更美好的人兴许让你觉得奇怪，在他们看来，自己做这好事是不虔敬，必须等别的行善者。”③

刻贝斯淡然一笑说，“宙斯才知道吧！”他用自己的乡音说。

“毕竟，这话恐怕看起来就是如此荒谬，”苏格拉底说，“当然咯，它兴许的确又有某种道理。不管怎么说，这就是秘密教理中就这些事情所说的说法：④ 我们世人置身于某种囚室中，既不可自己从囚室解脱，也不可出逃。在我看来，这个说法多少有些太大，不容易看透彻。当然咯，话说回来，我觉得，刻贝斯，兴许这样说为好：诸神守护着我们，我们世人是诸神的所有物之一。你不觉得如此么？”⑤

“我觉得[如此]，”刻贝斯说。

“那么，”苏格拉底说，“如果你的某个所有物想要自杀，而你并没有表示你愿意它死，你恐怕会对它生气吧？如果你有某种惩罚方式，你恐怕会惩罚它吧？”

“当然喽，”刻贝斯说。

“那么同样，这也许并非没有道理：人不应该自杀，直到神送来某种必然，就像我们眼下面临的这种必然。”

---

① [译按]中译通常译为“哲学家”，这种译法不能表达“热爱智慧”不等于有“智慧”的含义。

② [译按]“强制自己”在这里是“了断自己”的婉转说法。

③ [译按]这话的字面意思是：虽然死比生更好，却不能自杀，得等机遇被人了断。

④ 所谓“秘密教理”(原文字面意思是“不许说的、秘密的、神圣的”)可能指毕达哥拉斯派教理，也可能指俄耳甫斯派教理，两者均教示信徒人生如在囚牢，并通过秘仪揭示死后应如何在冥府行事。

⑤ [译按]苏格拉底以极为含糊的修辞表示自己未必认同秘密教理的说法，并用自己的说法——也是他随后要论证的说法——取代了秘密教理的说法。

“这倒显得合情理，”刻贝斯说，“不过，你刚才说，热爱智慧的人们兴许容易愿意去死，这就显得荒谬啦，苏格拉底，如果我们这会儿说的有道理的话，即这位神看护着我们，我们是这位神的所有物。毕竟，最为明智的人们离开自己侍奉神的地方时不感到懊恼，就荒谬啦，在这里，诸神作为最优秀的万物主管照管着他们[这些最为明智的人们]。最明智者恐怕不至于会认为，自己一旦变得自由将会更好地受到看护吧。没脑筋的世人反倒或许会这样认为，即必须逃离主子，甚至兴许不会理性地思考一下，不应该逃离好人，而是应该尽量待在[好人]身边。因此，不理性地思考才会要逃离。有心智的人会渴望一直待在比自己更好的人身边。正因为如此，苏格拉底啊，看起来像是与刚才说的相反——也就是反过来[说]：明智的人死时会懊恼，不明智的人死时则高兴。”

……

西姆米阿斯说：“苏格拉底，我起码觉得，刻贝斯的话有那么点儿道理。毕竟，为何智慧的人们实际上愿意逃离比他们自己更好的主子，而且轻易地就摆脱他们呢？我甚至觉得，刻贝斯的说法就是针对你的，因为你正如此轻易地要离开我们，甚至如你自己同意的，要离开好的统治者，也就是诸神。”

“你们说得对，”苏格拉底说，“毕竟，我认为你们说的[意思]是，我应该就这些为自己辩护，就像在法庭。”

“完全没错，”西姆米阿斯说。

“那好，”苏格拉底说，“我会试试在你们面前辩护得比在法官们面前更具说服力。毕竟，我呢，西姆米阿斯和刻贝斯啊，如果我不认为，第一，我是去别的既智慧又好的诸神那里，第二，我是去那些已经终了的世人那里——他们比这儿的那些世人更好，那么我对死不懊恼就会是行不义。”①

……

……苏格拉底说：“你们是[我的]法官，现在我想要对你们解释这个道理，为什么我觉得一个真正在热爱智慧中度过一生的人有理由向往有信心去死，并且满怀期盼，一旦终了之后，在那边会获取最大的好东西。何以会如此，西姆米阿斯和刻贝斯，我会试着对你们说清楚的。

“别的人恐怕都没有注意到，那些碰巧正确地把握热爱智慧之人，他们所践行的不过就是去死和在死。② 如果这是真实的，我想，如果整个一生热望的不过就是这个[去死]，而它一旦到来，又对自己早就热望和践行的感到懊恼，那兴许才荒谬哦。”

……

① [译按]苏格拉底把假设条件句搞得很长是刻意所为，与他在后面的谈话中说要以“假设”作为救命的木筏渡过生命的海洋相关。

② [译按]按随后的界定，“去死和在死”的含义是，让灵魂脱离身体的束缚，因此需要靠修炼来实现。

……苏格拉底说："……我们认为，有死这回事吧？"

"当然，"西姆米阿斯接过话头说。

"而且，[死]该不会不过就是灵魂从身体脱离吧？死就是这个[脱离]，即身体与灵魂分开，变得自体自根，灵魂也与身体脱离而自体自根？死不过就是这么回事吗？"

"不会不是啊，就是这么回事，"西姆米阿斯说。

"看清楚哦，好小子，你是否同意我的看法。毕竟，这样我们才会更好地获知我们要考察的东西。在你看来，一个热爱智慧之人会热衷诸如吃啊喝啊之类的所谓快乐之事吗？"

"当然不会，苏格拉底，"西姆米阿斯说。

"那么，情欲之事呢？"

"绝不会。"

"其他沉迷于身体之类的事情呢？你觉得，[热爱智慧之人]会看重这样的事情，比如说得到别致的衣裳、鞋以及其他身体饰品？你认为，他会看重，还是会不看重，仅仅分有其中非常必需的东西？"

"不看重，"西姆米阿斯说，"我认为，那才是真的热爱智慧之人。"

"那么，你认为，这样一个人的投入不会涉及身体，而是尽其所能地远离身体，转向灵魂？"

"我认为如此。"

"那么，首先，在这样一些事情上，很清楚，热爱智慧之人会尽可能让灵魂脱离与身体的结合，从而与别的世人不同？"

"看起来是这样。"

"而且，西姆米阿斯啊，多数世人会认为，这[热爱智慧的]人在[涉及身体]这样的事情方面毫无快乐可言，对这人来说，活着不值得，反倒近乎于死，因为这人绝不认为，来自身体的是快乐的。"

"你说的确是实情。"

"那么，[热爱智慧之人的]这种明智本身是如何获得的呢？一旦在探究中伴随着这种[灵魂与身体的]结合，身体是障碍抑或不是呢？我要说的是这么一回事：视觉和听觉让世人获得某种真实，抑或不过是这样一类情形，就像诗人们一再对我们嚷嚷的那样，我们既没有准确地听见也没有准确地看见任何东西？何况，如果这些涉及身体的感觉都既不准确也不清楚，别的感觉恐怕就更是如此咯，毕竟，所有别的感觉都比这些听觉和视觉更差。你不认为是这样么？"

"当然是这样，"他说。

"那么，"苏格拉底说，"灵魂何时触及真实呢？毕竟，一旦灵魂试图与身体一起搞清楚某种东西，明显就会受身体欺骗。"

“你说的是真实。”

“那么，灵魂岂不是在思考中[才触及真实]，即便事物中的某物在某处对灵魂显得格外明显也罢？”

“是的。”

“灵魂要最为完美地思考，就得不受任何感觉打搅，无论听还是看，无论痛感还是某种快感。毋宁说，灵魂应该尽可能变得自体自根，让自己告别身体，这样才能既不与身体结合，也不倚靠身体地去探求事物。”

“正是如此。”

“因此，在这些方面，热爱智慧之人的灵魂才极不看重身体，要逃离身体，致力于变得自体自根？”

“明显是这样。”

“那么，[下面]这类事情又怎样呢，西姆米阿斯？我们主张有正义本身，抑或根本没有？”

“我们当然主张有哦，凭宙斯！”

“而且也主张有美[本身]以及善[本身]？”

“怎么会没有呢？”

“那么，你已经亲眼看见过这样的东西？”

“从来没有，”西姆米阿斯说。

“可是，你凭靠身体的某些别的感觉看到过这些东西吗？我指的是所有这样的东西，比如高大、健康、强劲，以及总之所有其余的实质[所是]，无论碰巧每个东西是什么。凭靠身体可以观看到这些东西的最真实之处吗？抑或得这样：我们中无论谁要让自己足以尽可能最为准确地思考他所探究的每个事物本身，他就得最切近地去认识每个事物？”

“当然得这样啊。”

“那么，谁想要最为洁净地做这件事情，就得尽可能凭靠思想本身去探究每一事物，既不让任何视觉窜入思想，也不把[某些]别的感觉拽入思考，而是自体自根，用纯粹的思想致力于纯粹地自体自根去猎捕事物，尽可能摆脱眼睛和耳朵，简而言之，摆脱[自己的]整个儿身体，因为，如果灵魂[与身体]结合的话，身体会干扰灵魂，使得灵魂无法获得真实和见识？西姆米阿斯啊，无论谁，如果他想碰巧逮着事物的话，不就得这样吗？”

“你说得太真实不过啦，苏格拉底，”西姆米阿斯说。

“所以，必然的是，”苏格拉底说，“由于所有这些，在那些真正的热爱智慧之人中就出现了这样一种意见，而且他们还相互谈论下面这样一些说法：‘瞧，(当我们在探究中带有理性时)恐怕好像有某种捷径在引导我们。因为，只要我们拥有身体，从而我们的灵魂与这样的恶搅和在一起，我们就绝对无法充分获得我们热望的东西。我们要说，这就是真实。毕竟，身体会给我们带来成千上万的忙碌，因为身体必须需要食物。而且，一旦患上某些个疾病，疾病就会妨碍我们去猎捕事物。身体让我们充满爱欲、欲望、畏惧，以及五花八门的幻想和大量闲扯，所以，那个说法说得实在真实：在身体的作用下，我们在任何时候都没可能开启明智之思。毕竟，没有什么比身体及其欲望更引致战争、争纷和争斗。因为，所有战争无不出于为了获取财物，而由于身体的缘故，我们被迫获取这些财物，做侍奉身体的奴隶。正是由于这个身体，我们因所有这些而忙碌得无暇去热爱智慧。最糟的是，即便我们稍有一点闲暇脱身出来，当我们转而考察某种东西时，身体就在这些探究中到处乱串，制造滋扰和混乱，使得我们分心，以至于根本不能查看真实。实际上，我们已经很清楚，如果我们想要洁净地认清随便什么东西，就必须摆脱身体，就必须用灵魂本身去观看事情本身。然而，看来啊，我们要得到所热望的明智之思，我们要说自己是[热爱智慧的]爱欲者，只有当我们终了之后才行——如刚才这番道理所表明的，而非我们活着的时候。毕竟，如果根本没可能带着身体去洁净地认识任何东西，那么，下面两种情形必居其一，要么绝不可能获得认知，要么终了。毕竟，终了之后灵魂才会自体自根，与身体脱离，在此之前不行。只要我们还活着，看来啊，我们要切近认知，我们就得既不与身体往来，也不与身体结合——除非绝对必需，更不应让身体的自然充满我们。毋宁说，我们必须让身体保持洁净，直到神亲自解脱我们。一旦我们以这种方式保持洁净，摆脱身体的不明智，我们恐怕才能与洁净的东西结合，并且通过我们自身去认识到所有纯粹的东西。这恐怕才是真实。毕竟，洁净的东西沾染上不洁净的东西，不符合神法。’①

“我认为，西姆米阿斯啊，所有真正热爱学问的人相互之间谈论和相信的，必定是诸如此类的说法。你不认为是这样吗？”②

“当然完全如此，苏格拉底。”

“因此，”苏格拉底说，“如果这些是真实的，友伴啊，我对我正在前往要抵达的那个地方就满怀期盼，在那里——如果确有那某个地方的话——我将会充分获得这个东西，正是为了它，充沛地投入[探究]就成为了我们要走过的一生。所以，眼下这趟吩咐我的远行，就伴随着美好的期盼。任何别的男子汉也如此，只要这人相信，自己的思想已经准备好要如此得到洁净。”

---

① [译按]苏格拉底托之于他人之口的这一大段说法，有如取代前面提到的“秘密教理”的另一套“教理”。

② [施疏]“学问”或“知识”在苏格拉底的用法中与智慧是同义词，显然不是指比如工匠的知识或医生的知识，甚至不是数学家的知识——不是所有日常的或精密的知识。所有这类知识都带有各种各样的缺陷，智慧则没有缺陷。苏格拉底刚刚就热爱智慧说了一大段最好的话：一个热爱智慧的人应该如何生活。可是，如果人的最高所能是热爱智慧，那么，这种“热爱”可教吗？我们应该想起《普罗塔戈拉》中的主题：智慧不可教。为什么智慧不可教？苏格拉底给出的最为一般的回答是：没谁是智慧的，唯有神是智慧的——这样的断言引出的结论是：没谁是纯粹有德性的。但智慧不可教还有一个原因，即“热爱智慧”的爱欲本身不可教：一个人靠言说能激发起另一个人的某种欲望，但能教会另一个人热爱智慧的“爱欲”吗？苏格拉底所谓的“爱欲”与他所谓的命相神灵[精灵]基本上是一个东西，他是独一无二或几乎独一无二之人，因为他天生有热爱智慧的爱欲。如果这种爱欲与教无关或没法教会，热爱智慧的生活就不会完全是靠主观愿望达成的。

“完全如此,”西姆米阿斯说。

“那么，洁净岂不恰恰就是：正如那个说法早就说过的，灵魂尽可能与身体分离，养成自体自根习惯，从身体各处聚集起来、凝结起来，尽其所能单独自体自根地既寓居于当下,① 也寓居于未来，有如从捆绑中解脱那样从身体中解脱?”

“完全如此,”西姆米阿斯说。

“这不就是所谓的死，即灵魂从身体解脱和分离?”

“总体来说就是如此,”西姆米阿斯说。

“解脱灵魂，如我们所说，恰恰是且仅仅是真的热爱着智慧的人最为一再热望的，热爱智慧者们的事业恰恰就是灵魂从身体解脱和分离，难道不是吗?”

“显然如此。”

“那么，正如起头时我说，倘若谁活着毕生都在致力于尽可能切近死，死一旦到来，他却懊恼起来，岂不可笑?”

“可笑啊，怎么不是呢。”

“其实啊，西姆米阿斯,”苏格拉底说，“真正热爱着智慧的人关切[练习]的就是去死，而别的世人至少畏惧去死。你不妨根据下面这点来考察一下吧。也就是说，如果他们方方面面都与身体不和，渴望灵魂自体自根，而这[死]一旦出现，倘若他们既畏惧又懊恼，岂不太荒谬?既然他们毕生盼望的就是抵达那个[自己]一直爱欲着——而且是凭靠明智一直爱欲着——的地方，因此他们才与身体不和，要让自己摆脱与这个身体的共在，如果他们不高高兴兴去那边[岂不太荒谬]?”

……

“以上这些,”苏格拉底说，“西姆米阿斯以及刻贝斯啊，就是我为此所做的辩护：离开你们和离开这儿的主子们时，我有理由不感到艰难，也不会懊恼，因为我相信，在那边并不比在这边更少遇到好的主子和好的友伴。(对多数人来说，这并不可信。)②如果我的这番申辩对你们比对雅典的法官们更具说服力，那就好了。”

苏格拉底说过这番后，刻贝斯接过话头说：“苏格拉底啊，别的我觉得你讲得美，但关于灵魂的那些道理，对世人们来说，就非常不可信。灵魂一旦离开身体，恐怕就哪儿都不在啦。这常人死去的那天，灵魂也就灭啦，消亡啦；灵魂直接脱离身体，就会像气息那样出走，或像青烟般消散，飞逝而去，绝不会在任何地方。③

……

① [译按]“单独”含有“独身”意味，后来的“隐修士”即源于这个语词。古代晚期的新柏拉图主义者就过这种“独身”生活，并非基督教隐修士才过“独身”生活。

② [译按]圆括号为 Burnet 编本所有的方括号，指可能是古代编辑家所加的眉批。

③ 参见《伊利亚特》卷二十三 100-101;《奥德赛》卷十一 222。

……苏格拉底说，“……我们不妨用下面这种方式来思考，那就是，世人在终了之后，灵魂究竟在哈得斯，还是不在。我们记得有某个古老的说法，[说的是]灵魂从这边到那边后会再回到这儿，① 从死者中再生。如果事情就是这样，亦即如果活着的从已死的那里再生，那么，情形就不会是别样，只会是我们的灵魂曾经在那儿吧？毕竟，如果灵魂不在某个地方，恐怕就不会再生。如果活着的只会生于已死的这一点实实在在会变得很清楚，兴许就足以证明，事情是这样。……

……

……我们不妨考察一下，是否凡是这样有其反面的东西都必然不会产生于别处，只会产生于自己的反面。比如，无论什么生得更大的某种东西，是否必然是由以前曾更小的东西后来生成为更大的东西的呢？”

“没错。”

“也就是说，如果某种东西生得较小，岂不是由先前较大的某种东西而后生得较小？”

“是这样，”刻贝斯说。

“而且，较弱的生于较强的，较快的生于较慢的？”

“当然哦。”

“这样呢？如果某种东西生得差，不也是从更好的东西生来的，更正义的不也是从更不正义的生来的？”

“怎么会不是这样呢？”

“那么，”苏格拉底说，“所有事情都如此生成，即相反地从反面生成，我们对这一点有充分把握吗？”

“当然。”

“那么然后呢？在这些[相反的]东西中，岂不就有这样的东西，即所有成对地相反的东西之间的那种东西，它们成对地在，两两生成，从其中一个到其中另一个，然后再从其中[另]一个到其中[这]一个。在较大的东西与较小的东西之间，岂不就有增[生长/益]和减[消亡/损]，于是我们把一个叫作增加[生长]，把另一个叫作减少[消亡]？”

“没错，”刻贝斯说。

“不是还有分开与组合、变冷与变热？万物都如此，即使我们有时叫不上名称。就实际作用而言，无论哪儿都必然是这样：这个生于另一个，即每一个成为另一个？”

“当然哦，”刻贝斯说。

“然后呢？”苏格拉底说，“有某种与活着相反的吗，就像睡着与醒着？”②

---

① 俄耳甫斯教徒相信轮回转世，希罗多德(《原史》卷二 123)说过轮回转世说的来源。

② 死与睡眠相似，参见荷马《伊利亚特》卷十六 450-457；赫西俄德《神谱》756-765；赫拉克利特《残篇》22B 21.26。

“当然有哦,”刻贝斯说。

“是什么呢?”

“已死的东西啊,”刻贝斯说。

“那么，这个不也是从另一个生成而来，如果它实际上[与另一个]相反的话?而且，在它们之间有两种生成，因为它们成对地在?”

“怎么会不是呢?”

“我这会儿说的是绑在一起的一对,”①苏格拉底说，“我会对你说出成对中的一个，其本身以及其生成,② 你则要对我说出成对中的[另]一个。③ 我说，这个是睡着，而这个是醒着，醒着生于睡着，而睡着生于醒着。它们的生成是既入睡，又醒来。”苏格拉底说，“你觉得[这样说]够充分还是不够充分?”

“够充分。”

“那么，你对我这样子说说活着与死吧,”苏格拉底说，“你不是说，活着与已死相反吗?”

“我的确说过。”

“它们互相生成吗?”

“是的。”

“那么，从活着的生成而来的东西是什么?”

“已死的东西,”刻贝斯说。

“那么，从已死的生成而来的东西又是什么?”

“必然得同意,”刻贝斯说，“是活着的东西。”

“那么，刻贝斯啊，恰恰从已死的东西中生成了活着的东西以及活着的人?”

“显然是,”刻贝斯说。

“于是,”苏格拉底说，“我们的灵魂就在哈得斯。”

……

“由此，我们就得同意，活着的人从已死的人生成而来，一如已死的人从活着的人生成而来。如果这就是这么回事，我觉得，就足以证明，已死的人的灵魂必然在某个地方，并从那里再次生成。”

……

---

① “绑在一起的一对”原意指被绑在一起的两个小牲口。

② [译按]“其本身以及其生成”:“其本身”是单数，指结成一对的两者之一的“本身”,“生成”是复数，指两者各自的生成。

③ [译按]苏格拉底教刻贝斯怎样进行辩证对话式探讨，对观在《普罗塔戈拉》中苏格拉底教普罗塔戈拉进行辩证对话式探讨。

“同样如此的是，亲爱的刻贝斯啊，假如凡享有生命的东西都会死，而死了之后呢，这些死了的东西又保持其外形，不再回生，那么，非常必然的岂不就是：最终，万物会死，没有任何东西活着？毕竟，如果活的东西不会从别的东西中生成，而活的东西会死，那么，难道会有什么法子不让万物被死吞噬吗？”

“在我看来，一点儿法子都没，苏格拉底，”刻贝斯说，“我觉得你说得完完全全真实。”

“毕竟，刻贝斯，”苏格拉底说，“我认为，这的确如此。而且，我们在这样一些事情上达成一致，我们的确没受蒙骗：实实在在有回生[这回事]，有活的东西从已死的东西生成，有终了者的灵魂存在[这回事]。”

“的确，”刻贝斯接过话头说，“即便按那个说法也如此，苏格拉底，如果那个说法真实的话。你惯于常常讲的那个说法是，对我们来说，知识不是别的什么，恰好就是回忆。按这个说法，我们必然是在某个先前的时间中学得了我们现在回忆起来的东西。可是，如果对我们来说灵魂在这样一个属人的形相中出生之前并不曾在某个地方的话，这恐怕没可能哦。所以，灵魂由此也显得是某种不死的东西。”

“且慢，刻贝斯，”西姆米阿斯接过话头说，“有些什么证据？你得提醒我一下！这会儿我怎么也回忆不起来了。”

“凭一个说法，而且是最美的说法来说吧，”刻贝斯说，“如果对世人提问，只要某人问得好，世人自己就会说出所有东西的实情。可是，倘若他们身上不曾有知识和正确的理，① 恐怕就没能力做到这一点。进一步说，如果有人拿几何图形或诸如此类别的什么[来证明知识]，那么就会最为清楚地表明，情形就是如此。”②

“如果凭这你仍然不信服，西姆米阿斯，”苏格拉底说，“那你就看看吧，如果你以下面这种方式来考察，你是否会同意[我们]。你的确不相信所谓的知识是回忆吗？”

“我嘛，倒不是不相信你，”这西姆米阿斯说，“毋宁说，”他说，“我[这会儿]需要的，恰恰是感受这个正谈到的东西本身，也就是回忆起来。从刻贝斯试图说的东西之中，我已经回想起来，而且信服了。我这会儿不外乎想听听你试图怎么说。”

“我嘛，就用这种方式来说，”苏格拉底说，“我们毕竟同意这样一点：如果某人要回忆起什么，必得先前曾经懂得它。”

“当然，”西姆米阿斯说。

“那么，我们也同意这一点吗，那就是：一旦知识以这样的一种方式出现在眼前，这就是回忆？我以什么方式这样说呢？这种方式：如果某人要么看到要么听到或以某些别的

---

① [译按]这里的 logos，西文译本差异很大：Brann 英译本作 account，Vicaire 法译本作 jugement，Zehnpfennig 德译本作 Denken。

② [译按]刻贝斯的“说法”涉及多数人和少数人的区分。

感觉把握到某种东西时，他不仅会认出这一个，还会想到另外一个，关于这另外一个的知识不是同一个知识，而是别的知识，那么，我们岂不是可以公正地说，他回想起了他曾把握到的观念？”

“你说的是什么意思？”

“就像这样：对世人的认识与对七弦琴的认识是不同的认识吧？”

“当然不同。”

“你难道会不知道，爱欲者一旦看见一把七弦琴或一件外套或他们的男孩惯常用的别的什么东西时，他们就会经历这种情形：一旦他们认出那把七弦琴，他们就会在思想上把握住那个拥有这把七弦琴的男孩的形相？这就是回忆嘛。就好像，谁一看见西姆米阿斯，往往就会回忆起刻贝斯，① 而且，诸如此类的情形恐怕会成千上万吧。”②

“当然成千上万，凭宙斯，”西姆米阿斯说。

“那么，”苏格拉底说，“这样一种情形也是某种回忆吗，即尤其是当有人感受到那个由于时过境迁和不再关注而已然遗忘的东西？”

“当然是啊，”西姆米阿斯说。

“是什么呢？”苏格拉底说，“看到一匹画出来的马或一把画出来的七弦琴，就会想起某个世人，看到画出来的西姆米阿斯就会回想起刻贝斯？”

“当然哦。”

“而且，看到画出来的西姆米阿斯也会回想起西姆米阿斯本人？”③

“当然是，”西姆米阿斯说。

“那么，按所有这些岂不就会得出结论，回忆既源于相同的东西，也源于不相同的东西？”

“结论就是如此。”

“毋宁说，一旦谁由相同的东西回忆起什么，他岂不必然会经历这番情形：他会思忖一下，这个东西按[两者]相同来看，④ 少了让他回忆起来的那个东西，抑或没有少？”

“必然会思忖，”西姆米阿斯说。

“那么来考察一下，”苏格拉底说，“这些事情是否如此。我们说有某种相等的东西，我说的不是木头与木头或者石头与石头或者别的诸如此类的东西相等，而是除开所有这些东西的相等的某个另一种相等，即相同本身。我们会说，有这某种东西抑或压根儿没有？”

“我们当然会说有啊，凭宙斯，”西姆米阿斯说，“神奇着呢！”

---

① ［译按］这听起来似乎是说，西姆米阿斯与刻贝斯是一对同性恋伙伴。

② ［译按］“回忆”基于有两个联结在一起的东西，比较前面说到的“成对”中的一个与另一个的关系。

③ ［译按］比较开篇第一句：“你本人。”

④ ［译按］“相同”指引起回忆的东西与被回忆起来的东西的相同。

“我们也懂得它本身是什么吗？”

“肯定啊，”西姆米阿斯说。

“从何把握到这［相等］本身的知识呢？岂不是来自那些我们刚刚说的东西吗？当我们看见木头或石头或别的这类相等的东西时，我们岂不曾思忖源于这些相等的东西的这个相等本身，尽管这个相等本身与这些相等的东西是另一个东西？或者，这个相等本身对你并不显得是另一个东西？不妨以这种方式来考察一下吧：相等的石头和木头即便相等，有时在这个看来显得相等，在另一个看来则不相等？”

“的确是这样。”

“是嘛？相等的东西本身是这样吗，即对你显得不相等，或者相等的是不相等的？”①

“绝不会的，苏格拉底。”

“于是，”苏格拉底说，“这些相等的东西与相等本身可就不是同一个东西咯。”

“在我看来绝对不是，苏格拉底。”

“毋宁说，”苏格拉底说，“从这些相同的东西中，虽然它们与那个相等本身不是同一个东西，你恰恰思忖并把握到了这个本身的知识？”

“你说得太真实不过啦，”西姆米阿斯说。

“那么，［这相等本身］岂不与这些个［相等的］东西要么相同，要么不相同？”

“当然呃。”

“这倒没任何差别，”苏格拉底说，“只要你看到某个东西，由这一瞥本身，你思忖到另外的某种东西，无论它们相同还是不相同，反正，”他说，“这个必然就已然成了回忆。”

“当然。”

“然后呢？”苏格拉底说，“我们不是已经感受到这样的某种东西，亦即那些木头上的相等以及我们刚刚谈到的那些相等？那么，木头在我们看来显得相等，恰如相等本身亦即这相等的所是呢，抑或还欠缺相等这种东西所有的那样一种性质，或者一点儿不缺少？”

“欠缺很多哦，”西姆米阿斯说。

“我们岂不就得同意，一旦某人看到某种东西，他恐怕就会思忖：‘我现在看到的这个［东西］想要是这些东西中的另一种性质的某种东西，② 但［自身］有所欠缺，不能够是那个［相等］性质那样的东西，而是更差。’③思忖到这一点的人，必然就已经先看到过那个［相

① 苏格拉底想要区分两种相等：具有相同特征的具体事物的相等（比如正方形物体总有四个相等的边）与抽象的“相等本身”。

② ［译按］这句的意思是：我现在看到的这个相等的东西（如木头、石头等具体的相等物）“意愿/想要”具有“相等本身”的性质（即“这些东西中的另一种性质的某种东西”）。这里谈论的始终是两类相等：具体的相等物（复数）与抽象的相等本身（单数）。苏格拉底在谈话中往往用代词来指示这两种不同的“相等”。

③ ［译按］注意比较“意愿/想要”与“能够”：有意愿/想要不等于有能力。

等本身]，[1] 因为他说，这个东西虽与那个相等本身相同，仍然有所欠缺，[2] 是吧？”

“必然是这样。”

“是嘛？我们不是已经感受到这样一种东西吗，亦即那些相等的东西以及这相等本身？”

“完全如此。”

“那么，我们必然早在这之前的时候就已经先看到过这相等本身，亦即早在我们最初看到那些相等的东西并这样思忖之前：所有这些相等的东西都力求有相等本身的性质，却有所欠缺？”

“就是这样。”

“不仅如此，我们也同意，我们并没有从任何别的地方思忖到这个相等本身，而且，也不能思忖它，除非通过看或者触摸或别的什么感觉？所有这些感觉要我说都是一回事。”

“的确是一回事，苏格拉底，至少就这个说法所想要表明的那个东西而言。”

“不仅如此，正是由于这些感觉才必须思忖，所有这些在感觉之中的东西都力求是那个相等本身之所是，却又欠缺那个相等本身——我们说的不就是这么回事？”

“是这样。”

“而且，在我们开始看或听或用其他感觉之前，如果我们曾经想要把那些源于感觉的相等的东西带到那边，而所有诸如此类的东西虽欲求那个[相等本身]性质的东西，却比这个[本身]更差，我们必定碰巧从某处已经把握到了相等本身之所是的知识。”

“从前面所说的来看，必然是这样，苏格拉底。”

“我们在出生时岂不马上就在看、在听，并有了别的种种感觉？”

“当然哦。”

“但是，我们说，我们必定在此之前就已经把握到相等的知识？”

“没错。”

“在我们出生之前，看来，我们必然已经把握到这种知识。”

“看来是这样。”

“既然我们在出生之前就把握到这种知识，而且带着这种知识出生，那么，在出生之前和在刚出生之时，我们[岂不]就不仅仅已经懂得相等、更大、更小，而且也已经懂得所有诸如此类的东西？毕竟，眼下这说法对我们来说并非仅仅涉及相等，毋宁说更涉及美本身、善本身、正义本身、虔敬本身，要我说，涉及我们刚才在问问题和给出回答时盖上这

① [译按]“已经先看到过”是完成时，苏格拉底在说到先前的知识时，用到完成时态。

② [译按]“这个东西虽与那个相同”意思是：这个具体的相等物虽与那个[相等本身]相同。这里的“必然先前就已经看到[知道]那个相等本身”，表明“相等本身”是看出具体的相等物是相等的前提。

个‘本身所是’封印的所有东西。所以，我们已经把握到所有这些[本身]的知识必然是在出生之前。”

“就是这样。”

“而且，在把握这种[关于本身的]知识之后，如果我们没有一下子就已经忘掉的话，那么，我们出生时总是已有所知，而且终身总是已有所知。① 毕竟，这个‘已有所知’其实不过就是，把握到对这种东西的知识的人持有这知识，并没有磨灭掉。我们不就说，西姆米阿斯啊，遗忘这个就是失掉知识嘛？”

“完全清楚，苏格拉底，”西姆米阿斯说。

“而且我认为，如果我们在出生时磨灭掉出生前获得的这种知识，日后，凭使用种种感觉去感觉那些东西本身，我们再度把握到那些我们先前一度持有的知识，那么，我们所谓的‘学习’岂不就该是再度把握到熟悉的知识？如果我们说，这就是‘回忆起来’，我们说得正确吧？”

“当然正确。”

……

“我们的灵魂是何时把握到这些东西的知识的呢？肯定不是自我们已经生为世人以后吧？”

“明显不是。”

“那么，是在此之前了。”

“没错。”

“那么，西姆米阿斯，灵魂曾经存在，而且是先前就曾经存在，在灵魂具有世人的形相之前就存在，与身体分离，且具有明智。”

“除非我们出生的当儿，苏格拉底，就把握到这样的一些知识，毕竟，这时间啊逝者如斯。”

“好吧，友伴，可是，我们是在别的什么时间中磨灭掉这些知识的呢？毕竟，正如我们刚刚已经同意的，我们出生时并不持有这些知识。难道我们是在把握到这些知识的当儿磨灭掉这些知识的？或者你还可提到别的什么时间？”

“没有没有，苏格拉底，我也没留意到我自己会说胡话。”

“那么，”苏格拉底说，“情形对我们来说会是这样吗，西姆米阿斯？……”

……

“……在我们出生之前，我们的灵魂就曾存在。不过，一旦我们死后，灵魂是不是仍

① [译按]“总是已有所知(完成时分词)，而且终身总是已有所知(完成时不定式)。”这里的所知，指的是已经(完成时)看见过“本身所是”。

将存在，”西姆米阿斯说，“苏格拉底啊，在我本人看来，还没有得到证明。相反，刻贝斯刚才说的仍然设下了障碍，他说多数人仍然担心，人一死，灵魂就消散，这就是灵魂本身存在的终点。毕竟，障碍在于，就算灵魂在别的某个什么地方出生并凝结起来，而且在进入世人身体之前就存在，可是，一旦灵魂进入身体然后又离开身体，灵魂[岂不]就终了并消散了吗？”

“你说得好，西姆米阿斯，”刻贝斯说，“毕竟，需要证明的东西显得才证明了一半，即在我们出生之前，我们的灵魂曾在，然而，还必须进一步证明，一旦我们死了，我们的灵魂将会一点儿不少地存在，一如我们出生之前——如果这证明要想圆满的话。”①

“可是，这个已经证明了啊，西姆米阿斯还有刻贝斯，”苏格拉底说，“而且就在现在啊，② 如果你们愿意把这个说法与这样一个说法——也就是我们在这个说法之前同意的说法——并在一起的话，即每个活的东西都生[成]于已死的东西。毕竟，如果灵魂存在，而且先前就存在，如果对灵魂来说必然的是，灵魂进入生命，出生出来，不可能从别处而只会从死亡、从已死中出生，那么，既然灵魂必须还得再生，灵魂怎么会不是必然地存在，而且死后还存在？

“所以，你们说的这个东西已经得到了证明，而且就在现在。不过，你们让我觉得，你和西姆米阿斯啊，兴许乐于彻底搞清这番说法，搞个水落石出，孩子般地惧怕灵魂一旦走出身体，当真就会被风吹走吹散，尤其是当某人临死时碰巧并非风平浪静，而且风势很大。”

……

“我们不妨回到早先的说法所在，”苏格拉底说，“我们在[先前的]问和答中给出说法的所是本身，其‘存在’总保持自己这个样子，抑或一时这个样，一时又另一个样？相等本身、美本身，每个东西本身之存在，简言之，这个东西会有任何什么变化呢，抑或，既然每个东西本身之存在是形相单一的东西，自体自根，总保持自己这个样子，就绝不会有丝毫这样或那样的变化？”

“必然的啊，”刻贝斯说，“总保持自己这个样子，苏格拉底。”

“关于许多美的东西呢，比如世人啊、马啊、外套啊，或者任何别的什么诸如此类的东西，或者许多相等的东西，或者美的东西，或者所有与那些[总保持自己这个样子的]东西具有相同名称的东西？它们也保持自己这个样子，还是完全与那些[总保持自己这个样子的]东西相反，实际上一点儿都不保持自己这个样子，既非与自身保持一样，亦非彼此保持一样？”

① [译按]“终了”原文也有“圆成、圆满”义项，本篇对话在说到死时大量用的是“终了”而非“死”这个语词，意味着对某种人来说，生命之“终了”等于生命之“圆成、圆满”。

② [译按]这个“现在”也是苏格拉底即将死去的“现在”。

“也是如此情形,”刻贝斯说,“从不保持自己这个样子。”

“你能够摸到、看到或用其他感觉感觉到这些东西,但对于总保持自己这个样子的东西,你却没可能用这种方式去把握,只能用思想的思考去把握,既然这样的东西都是些幽暗的,岂不就是看不见的?”

“你说得太真实啦,”刻贝斯说。

“那么,”苏格拉底说,“如果你愿意的话,我们就不妨设立两类形相的东西,看得见的和不可见的[幽暗的]。”

“我们应该设立这个,”刻贝斯说。

“不可见的总保持自己这个样子,看得见的从不保持自己这个样子吧?”

“这一条,”刻贝斯说,“我们也设立。”

“再进一步,”苏格拉底说,“我们自己不也既有身体,又有灵魂?”

“可不是嘛,”刻贝斯说。“我们会说身体更像、更亲近哪类形相?”

“更像、更亲近每一个看得见的,”刻贝斯说,“这很明显哦。”

“灵魂呢?看得见还是不可见?”

“看不见,至少从世人来看,苏格拉底,”刻贝斯说。

“那么,我们说看得见的东西和看不见的东西是就世人的天性而言,或者你认为是就别的什么而言呢?”

“就世人的天性而言。”

“对于灵魂,我们怎么说?看得见还是看不见?”

“看不见。”

“那么就是不可见的?”

“没错。”

“那么,灵魂更像不可见的东西,身体更像看得见的东西。”

“肯定必然如此,苏格拉底。”

“我们不是先前就说过,一旦灵魂借助身体去考察某种东西,也就是通过或看或听或别的什么感觉去考察——毕竟,这个‘借助身体’去考察恰恰就是凭靠感觉去考察,这时,灵魂就被身体拽向那些从不保持自己这个样子的东西。灵魂自身不知所措,迷惘张皇,茫然彷徨,像个醉汉,岂不就是因为被这样一些从不保持自己这个样子的东西所拴住?”

“当然啊。”

“但是,灵魂自身一旦自体自根地考察,去到纯粹的东西那边,总是存在着的东西,不死的东西,保持[自己]这个样子的东西那边——既然灵魂是其亲戚,灵魂就总会是与其一起出生,只要灵魂变得自体自根,这对灵魂本身来说就有可能,那么,灵魂就会不再不知所措，而是驻足在总是保持自己这个样子的东西周围，因为灵魂被这样的东西拴住啦。灵魂的这种际遇就被叫作明智。难道不是这样?”

“你说得太美、太真实啦，苏格拉底，”刻贝斯说。

“那么再说，在你看来，按先前以及现在所说的，灵魂更像、更亲近哪种形相?”

“我觉得，苏格拉底，”刻贝斯说，“每个人——即便迟钝得不行，也得从这样一种探究路径中承认，灵魂完全且决然地更像保持自己这个样子的东西，而非不像[这个东西]。”

“那么，身体是怎样的呢?”

“更像另一种形相。”

“再从这一方面来看一下：一旦灵魂与身体同处，自然命令身体做奴仆、被统治，灵魂统治、做主子。按照这个再看看，你觉得两者中哪个像神，哪个像必死的东西?或者，难道你不认为，神样的东西天生就是要统治和领导，而必死的东西天生就是被统治和做奴仆的?”

“我也认为如此。”

“灵魂像哪一个呢?”

“很明显嘛，苏格拉底，灵魂像神样的东西，身体像必死的东西。”

“那么你看看，刻贝斯，”苏格拉底说，“对我们来说，是否可以从所有已经说过的东西得出结论：灵魂最像神，最像不死的东西，最像有智性的东西，形相单一的东西，不会分解的东西，总保持自己这个样子的东西；身体则最像世人，最像会死的东西，最像形相多样的东西，无智性的东西，会分解的东西，从不保持自己这个样子的东西。对于这些，亲爱的刻贝斯，我们还能说出点儿别的什么[来表明]情形不是如此吗?”

“我们不能。”

“是嘛?那么，既然情形就是如此，身体岂不就逐渐分解，灵魂则是整个儿不分解的存在，或近乎于此的某种东西?”

“怎么会不是呢?”

“那么你想想，”苏格拉底说，“世人一死，他的看得见的[部分]即他的身体，停放在看得见的地方，我们把这叫尸体，它会逐渐分解、溃散、腐化。[尸体]并不马上就经受这些，而是会保持相当长的一段时间，尤其是，如果有人终了时身体还鲜活，处于同样[鲜活]的年龄，就更是如此。毕竟，这身体如果已经收缩，被涂上了香料，就像埃及人[给尸体]涂香料那样，还会保持几乎整整一段不可思议的时间。而且，身体即使腐烂，身体的某些部分，骨头啊、筋腱啊，以及所有诸如此类的东西，仍然保持，也就是说，是不死的。不是这样吗?”

“没错。”

“而灵魂呢，不可见的呢，则去到另一个与其自身一样的地方——高贵、纯洁、不可见的地方，去到真正意义上的哈得斯，[①] 去到善且明智的神那里——按这神的意愿，我的灵魂也得马上去那里啦。我们的灵魂既然是这样一种东西，而且天生就如此，那么，一旦灵魂从身体解脱，难道会立即飘散、消亡，像多数世人说的那样？才不是那么回事呐，亲爱的刻贝斯，还有西姆米阿斯，毋宁说，情形恰恰相反：灵魂纯洁地得到解脱，不再被身体拽在一起。毕竟，灵魂在此生中老大不情愿与身体共同在一起，而是想逃离身体，聚精会神。毕竟，灵魂总是专注于这个——没别的叫法，只能叫作——以正确的方式热爱着智慧，实实在在地专注于轻松地去死。这不就是一种对死的专注吗？”

“绝对如此。”

“在这种情形下，灵魂岂不就到了与自己相同的所在，到了不可见的东西——神样的东西、不死的东西、明智的东西之所在？一旦到了那里，灵魂岂不就开始幸福起来，摆脱了迷乱、没心智、种种畏惧、种种野性的爱欲，以及其他世人的恶，如已入秘仪者们所说，与诸神一起真实地度过余下的时光。我们应该这样说，刻贝斯，抑或另有说法？”

“凭宙斯，应该这样说，”刻贝斯说。

“可是，我认为，灵魂脱离身体时带有污秽，不洁，因为，灵魂曾总与身体同在，侍奉着身体，爱欲着身体，受身体及其种种欲望和快乐蛊惑，以至于除了身体形相的东西没有什么显得是真实的，人们能用它摸、看、喝、吃，以及用于阿芙洛狄忒[性欲]。对眼睛来说幽暗的东西、不可见的东西、智性的东西、靠热爱智慧才能理解的东西，灵魂已经习惯于恨、哆嗦、逃避——这样一种情形，依你看，灵魂在脱离身体时会自体自根，会纯粹吗？”

“无论如何都不会，”刻贝斯说。

“毋宁说，依我看，灵魂脱离身体时已经被身体渗透，因总是与身体在一起而与身体结交和同在，因[对身体的]诸多专注而使得自己与身体长在一起啦。”

“当然哦。”

“而且，亲爱的，还得设想，[身体形相]有重力，沉重，附着于大地，看得见。这样一种带着身体形相的灵魂被压得精疲力竭，重新被拽到可见的地方，[从而]畏惧不可见的东西，畏惧哈得斯。于是，据说，[这样一种]灵魂只好绕着墓碑和坟冢打滚——在墓碑坟冢之间肯定看得见这些灵魂的幽暗显影。由于这些灵魂并未洁净地解脱，仍然分有看得见

① 对于古希腊人而言，哈得斯象征着“不可见”。传说哈得斯头戴隐身帽(参见《伊利亚特》卷五 844-845)。[译按]直译为：“这个词真正意义上地进入哈得斯。”苏格拉底在这里一语双关：希腊文“看不见的、幽暗的”与冥府“哈得斯”同字形，仅有发音送气与不送气(haidēs/aldēs)的差别(亦参 81c)。

的东西，于是产生出映相，所以看得见。”①

“好像是这样哦，苏格拉底。”

“当然看起来是这样啊，刻贝斯，不仅如此，有好人的灵魂，但也有劣人的灵魂，这些灵魂被迫在这样的地方游荡，承受对其先前低劣的生活方式的惩罚。这些灵魂一直游荡到被对身体形相紧追不舍的欲望重新绑到身体上，看起来就像被绑到种种习性上——这些灵魂在生活中碰巧专注过的正是这样一些习性。”

“你说的这些是些什么样的灵魂啊，苏格拉底？”

“比如说吧，曾经专注于贪吃、肆心、好酒，而且毫无警觉，这些灵魂看起来会被绑到驴子一类和其他诸如此类的动物身上，② 你不这样认为吗？”

“你说得简直太像啦。”

“而那些不义的、僭主品性的、贪婪豪夺的灵魂已经被处罚为狼啊、鹰啊、鹞子啊一类啦；不然，我们该说这些灵魂去别的哪儿了呢？”

“毫无疑问，”刻贝斯说，“已经被处罚为这样一类动物啦。”

“还不清楚吗，”苏格拉底说，“其他灵魂会去哪里呢？每个灵魂不就按自己的专注去到相同的类那里么？”

“很清楚，”刻贝斯说，“怎么不是呢？”

“其中最幸福的人去了最好的地方，”苏格拉底说，“这些人曾致力于村社的和城邦的德性，也就是所谓的节制和正义，这些产生于习惯和训练[专注]，并不带有热爱智慧和心智。”

“这些人何以最为幸福呢？”

“因为，看来啊，这样的人重新抵达了一种城邦的和驯良的族类，即或许蜜蜂或马蜂或蚂蚁的族类，③ 甚或重新去到世人族，从这类人中会生出中庸之士。”

“好像是的。”

“那些不曾热爱过智慧，离开身体时并未完全洁净的灵魂，要去到诸神族那里就不

① 据希罗多德《原史》卷五 92：科林多僭主佩利安多洛斯的妻子梅里莎死后，佩利安多洛斯没把衣服烧掉就连同尸体一同埋葬，以致她在阴间没衣服穿。于是，梅里莎的灵魂不肯告诉佩利安多洛斯，异乡人把财宝藏在什么地方。佩利安多洛斯让全体科林多妇女穿上最好的节日服装，聚集在赫拉神殿，不分贵妇女仆为梅里莎剥下所有衣服焚烧。这个故事说的是，幽灵出现于人世为的是讨回应得之物。

② 恩培多克勒的诗(DK31，B117)曾这样表达灵魂轮回：“因从前我是少年和少女，是灌木、是鸟儿、是海里静默的鱼。”[译按]灵魂的不同类型一目了然。利用动物形象隐喻世人是伊索寓言的基本特征，由此可以理解，为什么苏格拉底在前面会说到自己模仿伊索寓言(60c-d)。

③ [译按]“驯良的”与“城邦的”是并列形容词，列举蜜蜂或马蜂或蚂蚁，显然意在凸显其群体生活方式与“城邦”生活的类比。但是，蜜蜂或马蜂或蚂蚁被说成“驯良的族类”颇为费解，至少马蜂谈不上驯良。也许，这一列举要表明的是，即便群体也有不同的类型——蜜蜂和蚂蚁形成高贵与低贱群体的对比，居中的马蜂则是另类群体。阿里斯托芬有一部谐剧名为《马蜂》。

合神法，除非是热爱学问的人。正是由于这些原因，西姆米阿斯以及刻贝斯[两位]友伴啊，热爱智慧之人才会正确地远离所有基于身体的欲望。他们坚韧不拔，不让自己屈服于这些欲望，不是因为畏惧倾家荡产、畏惧贫穷，像多数人和贪钱财的人那样；他们远离基于身体的欲望，也不是因为畏惧由于窘迫而名声不好、没有脸面，像那些恋权力和好名誉的人那样。"

"毕竟，这与他们不相配啊，苏格拉底，"刻贝斯说。

"当然不相配哦，凭宙斯，"苏格拉底说，"所以嘛，刻贝斯，具有这种品质的这些人只专注自己的灵魂，不会为了型塑身体而生活。于是，他们[对那些人]说再见，因为他们走的旅程与那些并不知道自己的灵魂要去哪儿的人不同。他们自己深信，不可做任何与热爱智慧相反的事情，不可做与因热爱智慧而解脱和洁净自身相反的事情，于是，他们转向热爱智慧，跟随热爱智慧的引导。"

"如何做到的呢，苏格拉底？"

"我就来说说吧，"苏格拉底说，"热爱学问的人认识到，当对智慧的热爱获取自己的灵魂时，灵魂还完全被绑在身体中，与身体紧紧黏在一起，必然像通过牢房那样通过身体来考察存在的东西，① 而非自体自根，在种种无学识中打滚，并且看到，由于欲望才会有牢房，以至于囚徒自己往往是囚禁的帮手——这就是我现在所说的，热爱学问的人认识到，当热爱智慧获取灵魂时，灵魂的情形就是这样。于是，热爱智慧便温和地勉励灵魂，试图解脱灵魂，并向灵魂表明，凭眼睛所看到的都是十足的欺骗，凭耳朵听见的以及凭其他感觉来感觉到的都是十足的欺骗，劝说灵魂从这些感觉中退出来，除非万不得已才使用这些感觉。[热爱智慧]建议灵魂收拾起自己、聚集起自己，除了信任自身，信任灵魂自体自根地思考到的存在物的自体自根，[别的]什么都不要信任。对于靠其他方式考察到的东西，一会一个样的东西，统统不可信以为真实。这样一些东西不过是可感觉到的东西、看得见的东西，而灵魂本身看见的是靠心智才能把握的东西，是不可见的东西。

"从此，真正热爱智慧者的灵魂相信，自己绝不可抵触解脱身体。于是，灵魂便尽其所能远离快乐、欲望、痛苦和畏惧，并理性地思考到，一旦某人强烈地经受或快乐或畏惧或痛苦或欲望，他所经受的就不仅是这样一种性质的恶——他以为的要么因病倒、要么因耗费欲望而来的那种恶，而且是所有恶中最大、最极端的那种恶——他经受着这个恶，却无法理性地思考这个恶本身。"

"这是什么恶啊，苏格拉底？"刻贝斯说。

① 身体—囚牢的说法也许与俄耳甫斯教版本的狄俄尼索斯神话有关。在《斐德若》(250c6)中，苏格拉底用"像牡蛎那样被甲壳囚禁着"来形容灵魂受困于身体。

“每个世人的灵魂一旦在某种事情上强烈地经受或快乐或痛苦的情感，必然马上就会把经常经受的这个东西视为最明显不过、最真实不过的东西，尽管情形并非如此。其实，这些往往不过是看得见的东西而已，不是吗？”

“当然是。”

“在这种情况下，灵魂往往岂不就被身体绑住啦？”

“怎么会这样呢？”

“因为，每一种快乐和痛苦都有如用一根钉子把灵魂钉到身体上，而且钉牢，把灵魂搞成身体形相，无论身体说什么东西真实，灵魂就以为这些东西真实。毕竟，由于灵魂与身体有了相同的意见，为相同的东西欣喜，在我看来，灵魂必然变得与身体有相同的生活方式和相同的吃喝。这样一来，灵魂就不可能洁净地去到哈得斯，总是沾满身体而去。所以，灵魂很快会再落入另一个身体，像一颗种子一样扎根。由于这些，灵魂就没法与神样的、洁净的、单一形相的东西一同生存。”

“苏格拉底啊，你说得再真实不过啦，”刻贝斯说。

“正是由于这些，正义地热爱学问的人守规矩、勇敢，但[他们这样]并非由于多数人所说的那些理由——或者你会认为不是这样？”

“我当然不会[认为不是这样]。”

“肯定不会[是那些理由]！毋宁说，一个热爱智慧的男子的灵魂恐怕就会这样理性思考，并且恐怕不会认为，热爱智慧尽管应该让灵魂[从身体]解脱出来，但灵魂一旦解脱[身体]之后，应该再把自己交还给快乐和痛苦，把自己重新绑在上面，相反地做佩涅洛姵手中的那架织布机[所做的]无休无止的劳作。① 毋宁说，这些解脱为这个灵魂铺设出宁静，使之能够跟随理性思考，并总是在理性思考中生存，观看真实的东西、神样的东西、非意见性的东西，用这些东西来养育自己。[这个灵魂]会认为，自己只要活着就必须如此生活，终了之后，就去到[与自己]同族的东西——[与自己]性质相同的东西那里，脱离种种世人的恶。既然灵魂由这样的东西来养育，既然灵魂致力于这些东西，西姆米阿斯以及刻贝斯啊，就绝不会有让灵魂畏惧的可怕事情，即自己离开身体时会被撕碎，被风吹散，飘飞而去，化为乌有。”

苏格拉底说完这番话后，出现了一阵寂静，而且持续了好长时间，苏格拉底显得让人

---

① 佩涅洛姵(Penelope)是奥德修斯的妻子，在《奥德赛》中，她的修饰语是“智慧”和“审慎”。奥德修斯离乡去攻打特洛亚城时，贵族子弟觊觎他的王位，都想娶他的妻子佩涅洛姵。为了拖延时间，佩涅洛姵佯称须为年老的公公织布做寿衣，待织成后再选其中一人做其妻。但佩涅洛姵在白天织成的布在夜间又拆散，三年都没有完成(卷二十四 126-141)。佩涅洛姵在看不见的夜里拆开在看得见的白天织成的东西，真正的热爱智慧亦如是：致力于解开无知的灵魂与看得见的东西织就的种种束缚。[译按]佩涅洛姵把布织了又拆，苏格拉底在这里借来说明热爱智慧的人的灵魂不会解脱身体(拆了)后再与身体绑在一起(又织)，与佩涅洛姵的织了又拆的程序相反(拆了又织)，因此说“相反地做佩涅洛姵手中的那架织布机无休无止的劳作”。

看到他本人沉浸到所说的这番说法中去了——我们中的大多数也如此……

……西姆米阿斯说："我嘛，苏格拉底啊，我的确要对你说实话。其实，我们俩老早就各有困惑，一个推一个要对方去问[你]，因为都有热望要听你回答，但又怕给你带来烦忧，让你不愉快，毕竟，你眼下正当不幸。"

听了这话，苏格拉底和蔼地笑了笑，并说道："哎哟呃，西姆米阿斯哎！我一直在费力地劝说别的世人信服，我可没把自己眼下的偶然看作不幸，可我居然连你们俩都没能劝服，你们反倒畏惧我的心境现在会比在以前的生活中更烦躁不安。看来啊，我让你们觉得，我的先知术比那些天鹅还差唉。当天鹅感到自己必须死的时候，它们就歌唱，尽管在早前的时间也歌唱，但这时它们拼命地歌唱、最美地歌唱——[它们]欣喜啊，因为它们想要前往那位大神那儿，① 它们是他的祀奉者啊。

"可世人呢，由于自己畏惧死，就编出关于天鹅的谎话，说它们哀哭死亡，出于痛苦而念唱经歌。世人没有理性思考一下，鸟儿因饥饿或寒冷或其他什么苦痛而感到痛苦时从不歌唱，即便夜莺、燕子、戴胜也不，虽然据说它们因痛苦而歌唱哀婉的东西。② 在我看来，这些鸟儿不会歌唱痛苦的东西，天鹅也不会。毋宁说，我认为，天鹅既然属于阿波罗，它们就是先知；而且，由于预先看到哈得斯中的好东西，它们才歌唱，为那个与先前时间中的时日截然不同的时日喜悦不已。而我呢，我认为自己是与天鹅一样的仆人，献祭同一位神，我也从这位主子那里得到先知术，而且不比天鹅差，我解脱生命的时候，一点儿不比它们更感到哀伤。

……

"你说得好美啊，"西姆米阿斯说，"那么，我就来对你说说我的困惑，然后再轮到这儿那位[刻贝斯]说，[他]在哪些方面不接受刚才所说的。毕竟，我觉得，苏格拉底啊，关于这样一些事情，对你恐怕同样如此，那就是：在有生之年要认识到真相，要么不可能，要么极为困难。

"再说，关于这些事情所说过的那些，必须得用种种方式去盘诘，谁若没有从方方面面去探究直到精疲力竭就先离开，就简直是没骨气的男子。毕竟，关于这些事情本身，至少必须做成其中一件：搞懂或找出事情的究竟，如果这个没有可能，就至少得采纳世人的说法中最好、最难以辩驳的那个说法，坐在上面犹如坐在一条舢板上去航行，冒险穿越生

① "那位大神"指阿波罗，按古希腊传说，天鹅是阿波罗的圣鸟。

② 这里借用的是一则阿提卡传说：雅典王潘狄翁(Pandion)有两个女儿分别名叫斐罗墨涅(Philomele)和普罗克涅(Prokne)。普罗克涅与忒腊克王特热乌斯(Tereus)结婚，生有一子名为伊图斯(Itys)。特热乌斯后来强暴了普罗克涅的姐姐斐罗墨涅，为了不让普罗克涅得知，还割下了斐罗墨涅的舌头。普罗克涅知道真相以后，与姐姐一起杀死伊图斯，把尸体摆到特热乌斯的餐桌前，以示报复，然后逃走。特热乌斯气得不行，疯狂地追两姐妹要报复她们。这时，宙斯出面把三者都变作鸟儿，以终止报复：斐罗墨涅被变作夜莺，普罗克涅被变作燕子，特热乌斯被变作戴胜。这三种鸟的歌唱仿佛在哀叹自己可悲的命运，以及被害的孩子。

命，除非能够更稳当、更为保险地坐在一条更为牢靠的筏子——亦即某个神样的说法——上面去穿越生命航行。①

“所以，眼下就我来说，我只好厚着脸提出问题，既然你也说我应该问。若我现在不说我觉得要说的东西，只怕很久以后我会责备我自己。毕竟，我觉得，苏格拉底啊，当我考察[你]说过的这些时，无论对我自己还是对这儿的这位[刻贝斯]，[你]所说的就显得远不够充分。”于是苏格拉底说，“友伴啊，兴许你[对我的说法]的看法是真实的。那么你说说看，哪方面说得不够充分。”②

“我觉得是在这方面，”西姆米阿斯说，“亦即兴许有人会用这同样的说法来说和音、七弦琴和琴弦：在一张调好音的七弦琴上，和音是某种看不见的东西——没有身体、整个儿很美，而且富有神样。但是，七弦琴自身以及琴弦却是身体，具有身体形相，聚在一起，系于大地，属于必死的一族。那么，一旦有人打碎七弦琴或者割断和扯断琴弦，他还能坚持像你所说的这个同样的说法，这个和音必然仍然存在，不会消亡吗？毕竟，既然琴弦具有必死的形相，如果琴弦一旦被扯断，七弦琴恐怕不会有任何法子仍然存在吧；而且，即便和音与神样的东西和不死的东西一同生长并同属一类，[也会随之]消亡，甚至比必死的东西更早消亡。

“当然，那人兴许会说，和音必然还在某个地方继续存在，而那些个木材和琴弦将先行腐烂，甚至在和音经受什么之前就先腐烂。可是，苏格拉底，我会认为，你自己恐怕也已经在心里想到：我们会把灵魂设想为就是这样的东西——那就是，当我们的身体绷紧起来，由热冷干湿以及某些这样的东西聚合起来，③ 我们的灵魂仿佛就是这样一些东西本身的混合。而且，一旦这些东西美好地、合度地相互混合起来，就是一种和音。换言之，如果灵魂恰巧是某种和音，那么很清楚，一旦身体由于疾病和其他种种恶而不合度地要么松弛要么绷紧，灵魂必然马上随之消亡，即便灵魂富有神样也罢——就像即便和音在音响中、在艺匠们的所有作品中富有神样也罢，而所有身体的遗骸则会留下很长一段时间，直到被火化或腐烂。④

① 这段说法化用了《奥德赛》中的奥德修斯的经历：奥德修斯在返乡途中因舢板被风暴所毁，不得不用自己临时造的简陋筏子艰难地继续渡海航行，直到抵达斯克里埃岛。那里居住的费埃克斯人给了他一条用神奇的力量造就的舢板，使他一夜之间安全回到家乡(参见《奥德赛》卷六)。苏格拉底在这篇对话中呼应了奥德修斯的这一经历(参见100d8-e3)。

② 前面说的之所以“远不够充分”是因为，迄今为止仅仅谈及灵魂的可能性质，并没有先行考察灵魂的如此性质以何种灵魂的本质观念为基础。因此，这里是对话的一个重要转折点。在此之前的问题是：灵魂是不死的吗？现在提出的问题是：灵魂本身究竟是什么？只有当灵魂的本质问题得到澄清，才可能确定灵魂具有何种性质。

③ 比较阿那克西曼德(Anaximandros)的说法：“正是湿干、冷热、苦甜这类力量的平衡造就并保持了良好的健康”(残篇，2484)。按《名哲言行录》卷八 83，阿那克西曼德是个医生，毕达哥拉斯派中人，甚至可能是毕达哥拉斯的同时代人(约公元前 5 世纪末)。

④ 这里出现了对灵魂的首次定义，但西姆米阿斯与其说是定义灵魂，不如说是定义生命。

“看看吧，如果有人主张，既然灵魂是身体上的这些东西的融合，灵魂在所谓的死亡之中会首先消亡，针对这样一番说法，我们该说什么？”

苏格拉底像惯常那样扫视了一下，然后笑了笑，“西姆米阿斯啊，你当然说得对，”他说，“你们中不是有人比我更有办法嘛，为什么不回答？他毕竟显得不赖啊，确实逮着个说法。不过，我认为，我们在答复他之前，必须先听听刻贝斯对我的这番说法会提出什么指控，以便我们能够在这段时间商量一下该说什么。听了之后，如果他们看起来唱得合调，我们就同意他们，如果唱得不合调，我们再来为这番说法辩护。

“好吧，刻贝斯，”苏格拉底说，“说说看，让你感到不安的究竟是什么？”

……

“看来，我呢，像西姆米阿斯一样，也需要某种比喻。毕竟，我觉得，其实这与有人就人世中一个已死的年老织工所说的一番说法说的是相同的东西：这世人没死，仍安然地在某个地方，对此可以拿出那件外套作为证据——他本人织就而且亲自穿过的外套还安然地在，没有消灭。要是有谁不相信这人，他就会问：究竟哪类东西更经久，是一个世人这类还是一件在使用和披着的外套这类？那人肯定会回答：世人这类经久得多哦。而且他会以为，这已经表明：既然更少经久性质的东西也不会消亡，世人当然更为安然地在。可是，我认为，西姆米阿斯，情形并不是这么回事呀。毕竟，你考虑一下我说的吧。谁都会承认，这样说的人其实说的是蠢话。因为，这个织工织就过并且也穿破过许多这样的外套，尽管他比这许多的外套更晚消灭，但我认为，他毕竟比最后一件外套更早消灭。因此，这世人绝不比一件外套更差、更脆弱。我认为，灵魂与身体的关系用得上这同一个比喻。① 谁要就此说，灵魂更为经久，身体更脆弱、更少经久性质，在我看来，兴许才显得说得贴切。

“不过，他兴许会进一步说，每一个灵魂都穿破过许多身体，尤其是如果这个灵魂活的年岁够多的话。毕竟，倘若身体流逝和消灭，而世人还活着，灵魂又总是在重新织就穿破的东西，那么可以肯定，灵魂消灭之时，必然碰巧穿着最后织就的东西，且仅仅比这件东西更早消亡而已。② 灵魂消亡的那一刻，身体马上显露出其脆弱天性，迅速腐烂、消灭。所以，这样一种说法并不值得有信心去信赖，即我们死后，我们的灵魂仍在某个地方。毕竟，即便有人愿意同意这个人所说的远不止于你所说的那些，向他认可：我们的灵魂不仅在我们出生之前的时间就已经存在，而且没有什么会阻止我们的某些个灵魂在我们死后仍然存在和将会存在，并还将多次出生和再死——因为灵魂本身在天性上就如此持

① ［译按］“织工”的比喻可对观苏格拉底在前面说到的佩涅洛姵手中的那架织布机。

② 身体即外套的说法的意思是，身体不过是灵魂存在以外的一件装饰。这说法已见于恩培多克勒(《残篇》，31B126)，不同的是，恩培多克勒说灵魂被裹在陌生的身体之中，此处却是灵魂自己在编织衣服。

久，足以支撑这个灵魂的多次出生——即便有人会认可这一点，[①] 也绝不等于同意，灵魂在这些许多次出生中不会不耗尽自身，不会在这些多次死的某一次死时终了，完全彻底地消灭。

“何况，这人兴许还会说，这个死、这个给灵魂带来灭亡的与身体分离，谁都没看见过——因为我们中没谁有可能感知到这个死。倘若这个就是如此情形，任何一个有信心走向死亡的人都无非是没脑筋地有信心，除非他能够证明，灵魂完全彻底地不死和不灭。[②] 如果不能[证明这一点]，那么，任何一个想到自己将会死去的人必然总会畏惧，自己的灵魂在与身体离散的那一时刻会完全彻底地消灭。”

我们当时听到他们说这些，所有人心里都乱糟糟的不好受，后来我们相互说到这事时仍然如此，因为，先前的说法已经有力地说服了我们，现在，他们又显得让我们不安起来——不仅是[他们]先前出现过的那些话，甚至还有那些后来要说的话，把我们抛入没信靠[的怀疑境地]。[③] 没准我们谁都没能力作出判断，或者这些事情本身就不可信。[④]

厄 诸神啊，斐多，我实在能体谅你们。毕竟，我本人现在听你说这些，也不禁对我自己[在心里]这样子说：“我们往后还能相信什么说法啊？苏格拉底的说法非常有说服力，现在也陷入不可信了！”

我们的灵魂就是某种和音，这个说法曾神奇地攫住我，就像你所说的东西提醒我，我自己直到现在都一直对这些[灵魂不死的]事情感到笃定。可是，我确实需要重新从头寻找另外某个说法来说服自己[相信]，人死时灵魂并不一起死。你说说，凭宙斯，苏格拉底当时是怎样寻求这个说法的？你说你们当时明显变得有点儿心烦意乱，苏格拉底也这样还是没有，而是平心静气地声援这个说法？他当时声援得充分还是不足？所有这些都尽可能清楚地对我们说说。

斐 其实啊，厄刻克拉特斯，我过去常常对苏格拉底感到惊奇，可我再没有比这次在他身边时更叹服他。他定会有什么要说，这恐怕倒一点儿不稀罕。我呢，实在对他感到惊奇，首先因为，他接纳年轻人的说法时，是快乐、宽厚的，并带着赞赏；然后，他能敏锐地感觉到这些话让我们感受到什么；最后，他很好地救治我们，重整唤起已经溃逃和被打趴的我们，激励我们跟随，一同思考这番说法。

厄 怎样[一起思考的]呢？

---

① [译按]刻贝斯用了一个很长的让步从句来得出自己的结论。人的生命或一生就像是这样一个句型：即便活过、经历过再多，最终也是一死了之。

② 灵魂是否“不灭”是随后讨论的关键点，这里是第一次出现这个语词，而且与“不死”这一谓词连用，似乎意味着从“死亡—分离”到“死亡—毁灭”的过渡。

③ 指西姆米阿斯和刻贝斯刚才说的以及后来说的话。

④ 这个句子表达了导致怀疑的两种基本情形：怀疑要么是由于认知者自身的认知能力不足，要么是由于认知对象本身有不可认知的性质——但这两种情形相互矛盾。

斐 我会讲的。当时我碰巧就坐在他右边靠近卧榻的某个矮东西上，他比我高出许多。他抚摸着我的头，攥住我颈后的头发——他习惯这样，一有机会就玩我的头发——"明儿早上，"他说，"斐多啊，恐怕你就要剃掉这些美发咯。"①

"好像是这样，苏格拉底，"我说。

"不会的，如果你被我说服的话。"

"那又会是怎样呢？"我说。

"就今天，"苏格拉底说，"如果我们的说法完了，如果我们不能让这说法回生，我就剃掉我的头发，你也剃掉你的这些头发。② 如果我是你，如果这说法从我这里逃离，我呢，恐怕就会像阿尔该俄斯人那样发个誓，③ 我要回战西姆米阿斯和刻贝斯的说法，得胜之前绝不剃掉头发。"

"可是，"我说，"要对付两个，据说连赫拉克勒斯也不行哦！"

"哪里啊，叫上我做伊俄勒奥斯呗，"④苏格拉底说，"只要天还亮着。"⑤

"我这会儿就叫上你，"我说，"不过，我可不是赫拉克勒斯哦，而是伊俄勒奥斯。"⑥

"这倒无所谓，"苏格拉底说，"不过，我们首先得提防我们遭受某种经历。"

"什么样的经历？"我说。

"我们别成了厌倦说法的人，"苏格拉底说，"就像成了厌世人的人。"⑦他说，"因为，一个人若厌倦说法，就没可能有比这算得上经历更大的恶了。⑧ 厌倦说法和厌世人如出一辙。毕竟，一个人的厌世人是这样给自己套上的：⑨ 缺乏技艺地极为信赖某人，⑩ 完完全全相信这人真实、健全、可信靠，但没过多久就发现，这人既拙劣又不可信靠，而且一次

① 希腊人对死者表示哀悼时剃光头。

② 本来斐多明天（苏格拉底死后）将剃掉头发表示哀悼，但苏格拉底说，如果今天不能挽回灵魂不死的说法的生命，不如今天就剃掉头发。苏格拉底的话表明，灵魂不死的说法的生命比他自己的生命更值得珍视。

③ 阿尔该俄斯人试图夺回一座被斯巴达人占领的城池，失败后发过这样的誓言，事见希罗多德《原史》卷一82.7。

④ 伊俄勒奥斯是赫拉克勒斯的同母异父兄弟（又说侄子），九头水蛇（Hydra）的每一个头被斩下都立即重新生出，多亏伊俄勒奥斯帮忙用火烧死水蛇的头，然后压在巨石之下，赫拉克勒斯才战胜九头水蛇——苏格拉底把这场关于灵魂不死的讨论中的思辨问题比作难以对付的九头水蛇，颇为形象。

⑤ 到太阳落山（天黑时），苏格拉底就得服刑。

⑥ 伊俄勒奥斯仅仅是战胜九头水蛇的帮手，赫拉克勒斯才是主将。

⑦ "厌倦说法的人"是柏拉图的造字，与 philologos[热爱言辞的人]对应。

⑧ [译按]一个人若要过上美好的一生，得信靠某种关于人生的美好"说法"（或"道理"），若什么"说法"（或"道理"）都不信，生命就没有依靠。苏格拉底在最后被迫中止讨论之后所讲的故事仍然是一种"说法"，所谓"作诗"不过是为人美好地度过一生提供一种说法。

⑨ [译按]动词"套上"的原意是"穿上""进入"，前面刻贝斯说到灵魂与外套的关系，苏格拉底很可能在这里影射有人的灵魂穿上了不应该穿的外套。

⑩ [译按]"缺乏技艺"这个介词短语中的"技艺"，大多西文译本都意译为"缺乏知识""缺乏认识""缺乏专业知识"。Brann 译本死守原文，译作 artlessly。其实，这里的确当译作"技艺"，指随后将谈到的问答技艺——或者《斐德若》中谈到的辨识灵魂天性的辩证技艺。

又一次这样。倘若有人常常经历这种情形，尤其是在那些他以为最亲密、最要好的人身上经历到这种情形，就会最终因经常受打击而厌倦所有人，以为天底下没一个健全的人。你一点儿都没感觉到出现的这种情况吗？”

……

……苏格拉底说，“如果的确存在某个既真实又牢靠的说法，而且[人们]能够透彻领悟它，有人却由于接触过看起来一时真实、一时又不真实的这样一些个说法，既不归咎于自身，也不归咎于自己不学无术，最终因痛苦不堪而喜欢把原因从自己身上推给那些说法，从此厌倦说法，对说法骂骂咧咧地度过余生，被剥夺了关于事物的真实及其知识？”

“是啊，凭宙斯，”我说，“明显很悲惨。”

“因此，”苏格拉底说，“首先，我们得提防，不可让这种想法靠近灵魂，以为任何说法恐怕都不健全，而是宁肯认为我们自己还不够健全，必须得拿出勇气热衷于让自己健全起来——你以及其他人是为了整个以后的生活，我则是为了自己的死。因为我觉得，在涉及死这件事情上，我眼下恐怕不是在热爱智慧，而是在热爱胜利，就像那些完全没受过教育的人似的。这些人一旦就什么事情论争起来，他们关切的不是究竟怎样才论争出个说法来，而是热衷于如何让在场的人以为，他们自己树立起了什么。

“不过，我嘛，在我看来，眼下我和这些人仅仅在这样一点上有所不同：我并不热衷于让在场的人以为我说的东西是真实——除非这是附带的结果，而是热衷于尤其让我自己以为情形如此。毕竟，亲爱的友伴，我理性地计算——你看看我多贪心——的是：如果我说的碰巧是真实的东西，我自己就会美美地被它说服。即便对于一个终了的人来说什么都不会再有了，我也不会哭哭啼啼让在场的人在我死之前的整个这段时间里心情不快。我的这种愚钝兴许不会持续到底，毕竟，它是一种坏东西[恶]，要不了多久它就会消灭啦。我已经准备好，”苏格拉底说，“西姆米阿斯还有刻贝斯，我就这样走向这个[灵魂不死的]说法。

“当然，要是你们听我劝，你们就少考虑苏格拉底，更多考虑真实。① 如果我让你们觉得我说的是真实，你们就应该同意，如果觉得不是，你们就应该用种种说法扳回来。不过你们得提防，我可不会热衷既欺骗自己又欺骗你们，像蜜蜂那样留下一根刺便一走了之。②

“我们得上路了，”苏格拉底说，“首先，你们得提醒我一下你们所说的，以免我回

① 亚里士多德在《尼各马可伦理学》（卷一 1096a12-17）中批评自己的老师柏拉图的理式时，用苏格拉底在这里的说法为自己辩护。

② 整个这段关于“敌视说法”的段落区分了大多数人中的三种灵魂类型：单纯好辩，并不追求确定的认知；不信任任何说法，厌恶论辩；没受过教育的人。这段看起来是离题话，其实不然。苏格拉底的意思是，“洁净”“解脱”的方式就是热爱说法，这基于信赖有实实在在的东西存在。这段说法出现在整篇对话的中间，而且多次出现“健全/健康”这个语词，意味着健全的生活离不了热爱谈论真实的东西（即热爱智慧的生活）。

忆不起来。按我的看法，西姆米阿斯不信任而且畏惧是由于，虽然灵魂比身体更神样、更美，但仍然会先于身体消亡，因为灵魂具有和音的形相。而刻贝斯呢，在我看来，虽然[你]同意我的这个说法，即灵魂比身体持久得多，但[你认为]对每个人来说，并不清楚的是，灵魂虽然往往穿破许多身体，但一旦离开最后一个身体，灵魂本身是否不会消灭；而且，这个本身才是死，即灵魂消灭，至于身体嘛，则从未停止一直在消灭。那么，除了这些之外，西姆米阿斯和刻贝斯，还有别的什么我们必须考虑吗？"

他们两人一致同意，就这些了。

"那么，"苏格拉底说，"你们不接受先前的所有说法，还是接受一些，不接受一些？"

"接受一些，"他们俩说，"不接受一些。"

"那么，"苏格拉底说，"关于我们说的那个说法，[①] 你们有什么要说的吗，即求知就是回忆，而且，既然情形如此，我们的灵魂必然已经在这或那的哪个地方存在，就在穿上身体之前？"

"我嘛，"刻贝斯说，"当时我就被这个说法本身说服啦，连自己也觉得惊奇，而且现在仍然坚持没得说。"

"当然哦，"西姆米阿斯说，"我本人也如此。关于这个说法，要是我觉得还会有别的什么说法的话，我才会奇怪呢。"

于是苏格拉底说，"那么，忒拜客人啊，[②] 倘若[你的]这样一种意见仍然原封不动，即和音是复合的事物，而灵魂是某种和音，由绷紧在身体上的琴弦组合而成，你就必然得改变看法咯。毕竟，你恐怕不至于会接受你自己的这个说法吧，即在那些肯定由此才组合出和音的东西存在之前，和音就已经存在。你会接受吗？"

"的确不会接受，苏格拉底，"西姆米阿斯说。

"那么，当你说，"苏格拉底说，"灵魂在进入世人的形相和身体之前就已存在，而灵魂存在时却是由尚不存在的东西组合而成的，你注意到你所说的这些对你会得出什么吗？毕竟，和音在你那里并非是你仿制的这样一种东西。毋宁说，一架七弦琴及其琴弦和音响在尚未是和音时就出生了，在所有这些东西中，和音最后配置而成，也最先消亡。因此，这样一个说法在，你怎么会与你的那个[关于灵魂的]说法唱一个调呢？

"的确没法唱一个调，"西姆米阿斯说。

"而且，"苏格拉底说，"如果有别的什么合调的说法，也会适合关于和音的说法。"

"当然会适合，"西姆米阿斯说。

"因此你会发现，这一个说法并不合调，"苏格拉底说，"那么，这样两个说法你会拈

① [译按]苏格拉底用的是"我们"，这意味着苏格拉底代表在场的其他所有人与西姆米阿斯和刻贝斯争辩。

② 西姆米阿斯和刻贝斯都是忒拜人，在当时，忒拜也是毕达哥拉斯派信徒的庇护所，苏格拉底在这里一语双关。

选哪个：拈选求知即回忆，还是拈选灵魂即和音？”

“当然拈选前面那个，苏格拉底，”西姆米阿斯说，“毕竟，这后一个说法在我看来生得缺乏证明，看起来是那么回事，表面好听，正因为如此，才会让多数世人觉得是那么回事。可我同样知道，那些把证明搞得看起来像那回事的说法，都是些个骗子，倘若不谨防它们，八成会上当受骗，在几何学中和别的所有事情上都如此。

“当然，回忆和求知的说法，是由一个值得接受的假设确立起来的。也就是说，我们的灵魂已经在某个地方如此存在，而且在进入身体之前就存在，恰如所是本身存在，它有一个别名叫作‘此在’。而我呢，对于这个所是，就像我说服我自己那样，已经充分而且正确地接受下来。由于这些，对我来说，看来啊，必然既不能接受我自己也不能接受别人说灵魂即和音。”

……

“好小子，”苏格拉底说，“别说大话，免得有人用恶意的魔力搞垮我们将要想到的说法。① 不过，神会操心这些事情的，至于我们嘛，不妨以荷马的方式逼近［卡德摩斯］，② 让我们试试看，你是否的确说了点儿什么。你探究的首要之点是：你指望我们的灵魂被证明既不灭也不死——［这样的话］一个热爱智慧的男子如果考虑到死的时候，就会有信心，相信一旦死后在那边将会过得好，这截然不同于他以另一种生活方式来完成生命，［因为］他不会对没脑筋的、愚蠢的信心有信心。即便［我们已经］表明灵魂是某种持久的东西，有神样的形相，而且在我们成为世人以前就先已存在，你说，所有这些说法仍然无济于事，并未揭示灵魂不死，仅仅揭示了灵魂是经久得多的东西，在一个无法设想的很长时间之前就已经在某处存在，知道而且经历过许多事情。可是，灵魂毕竟压根儿就不是不死的，毋宁说，灵魂走进世人的身体，这本身就是灵魂毁灭的开始，灵魂在身体中就像在害病。③ 灵魂经受着苦楚，度过这样的一生，最终在所谓的死中消亡。无论灵魂一次还是多次进入身体，你说，其实并没有什么差别，反正我们对每一次都感到畏惧。毕竟，除非是没脑筋的，任何人都难免会感到畏惧，只要他对灵魂何以不死既不知道也不能给出一个说法。

……

苏格拉底凝神良久，自个儿在思索着什么，然后才说道：“你探究的可不是低俗的事情啊，刻贝斯。毕竟，关于生存与消亡的原因，必须整个儿仔细讨论。要是你愿意听，我

① “恶意”被拟神化为一位女神，专事惩罚灵魂的肆心（无度）。［译按］这话一语双关：明明是在与神作对，却说别肆心（别与神作对）。这里也许暗示，接下来的哲学思辨难免具有渎神性质。

② “以荷马的方式逼近”具有叙事诗的六音步形式，这里的意思是：拿出荷马式武士的战斗姿态——对观阿喀琉斯逼近赫克托耳（《伊利亚特》卷二十二 92）。

③ 按毕达哥拉斯派的观念，活着就是害病，因为身体是灵魂的坟墓。

不妨对你说说我自己的经历。如果我所说的其中有什么显得对你有用，你就不妨用来说服你所说的那些说法。”

“那还用说，我当然愿意[听],”刻贝斯说。

“那就听我道来。[①] 我啊，刻贝斯，年轻的时候就好奇地欲求那种智慧——他们叫作‘探究自然’。[②] 毕竟，当时在我看来，这种智慧牛得很：知道每一事物的原因，即每一事物何以产生，何以消亡，何以存在。我常常辗转反侧，首先思考的是这样一些事情：要是让热和冷发酵，会像有些人说的那样，活的东西就滋生出组织了吗？我们明智地思考靠的是血液呢，还是靠空气或者火？[③] 或者根本不是这些东西，而是脑子所产生出那些听啊、看啊、嗅啊的感觉，从这些感觉中则产生出记忆和意见，当记忆和意见平静下来，才由记忆和意见产生出知识？

“我转而思索这些东西的消亡，以及那些涉及天上和地上的东西的经历，最终我认为自己对这样一种考察并无天赋，简直就是一无是处。证据嘛，我会对你说，很充分。毕竟，我呢，以前曾清清楚楚地懂得某些东西——至少在我自己和别人看来如此，可由于这样探究来探究去，我简直让自己成了瞎子，因为，我以前曾相信已经知道的东西——[比如]世人[从小]长大所凭靠的那些东西——也还给先生啦。我以前以为，每个人都清楚：靠吃和喝[人才长大]。毕竟，只有通过进食，躯体才会凭躯体生长起来，骨骼才会凭骨骼生长起来。按照这同一个说法，躯体和骨骼的每一其他所属部分才会凭靠每一部分生长起来。于是，少的东西后来堆得成了多的东西，矮的世人变成高的世人。我当时就这样认为，你不觉得这恰切吗？”

“起码我觉得恰切,”刻贝斯说。

“然后你再思考一下这个：我当时以为，这足以让我觉得，一个高的世人站在一个矮的世人旁边，他就显得高出恰恰一个头本身，[④] 而且马比马也如此。比这些更显而易见的是，在我看来，十比八多，是因为二加上了八，而二肘尺比一肘尺更长，是因为比它长一倍。”

---

① 这里开始了苏格拉底著名的自传——苏格拉底描述了自己探究“原因”的三个阶段：1. 思索伊俄尼亚自然哲人对原因问题给出的回答(96a-97b)；2. 指望阿那克萨戈拉的心智论是有效的回答(97b-99c)；3. 由于对这种回答感到失望，转而开始自己的探究。

② “考察/探究”(historia)是自然哲人的术语，指通过收集种种材料的方式考察和探究万事万物的根本原因。并非所有自然哲人都赞同这种探究自然的方式，赫拉克利特就曾说“这种做法实在可厌”(残篇22 B129，参见B40)。[译按]希罗多德用这个语词为自己书写的希波战争命名，意在表明他要考察和探究这场战争的起因，中文译作“历史”是误译。

③ 恩培多克勒认为思考靠血液，阿纳克西曼德认为靠空气，赫拉克利特认为靠火。阿里斯托芬在《云》里则说，苏格拉底相信“灵魂是空气”(行230)。

④ 雅典的官方计量单位是“脚长”和“肘长”，一“梭伦肘”等于一个半尺(原意作“脚”)。但民间通行“头”计量方法，比如阿伽门农比奥德修斯高一个头(《伊利亚特》卷三193)。

“那么现在呢，”刻贝斯说，“你觉得它们又是什么呢？”

“凭宙斯，”苏格拉底说，“远不是我以为的那样啦——我原来以为，我已经知道这些事情的原因，可我现在甚至不能让自己承认，谁要是把一加上一，那么这个一和那个被加的一就成了二，或者这个被加的一和那个被去加的一由于这一个与另一个的相加就成了二。① 毕竟，我惊讶的是，当它们两个中的其中每一个相互分开时，每个都是一，这一双并不就是二，但当它们相互结交，这被确立起来的相互靠近的两个一的相交本身，居然就成了二得以生成的原因。而且，要是有人反过来把一分开，我也不能说服自己，这个分开就成了二得以生成的原因。② 毕竟，这个原因会变得与当时那个二得以生成的原因相反。因为，当时是某人把相互靠近的领到一起，让其中一个加其中一个，现在呢，则是某人把相互靠近的领开，让[其中]一个从[其中另]一个分开。我甚至不再能试着说服我自己，我知道为何一个一会生成。一言以蔽之，我不再能说服自己，凭靠这样一种探究方法，我懂得为何不管什么东西会生成或消灭或存在。③ 于是，我干脆让自己与别的方法混搅，绝不再容忍这种方法。

“可是，有一次我听某个人读一本书，他说是阿那克萨戈拉的书——书中说，其实，心智才是万物得以形成秩序的原因。④ 这个原因让我感到高兴，⑤ 而且我觉得，就某种方式来说，这样蛮好，心智应该对万物负责。我认为，如果情形就是如此，那么，这个心智肯定就会安排万物形成秩序，其方式是兴许让每一事物安置得最好。因此，如果有谁愿意找出每一事物以何种方式产生、消亡和存在的原因，他就得找出这个事物以何种方式存在才会最好，或经历或做无论什么才会最好。依据这样一个道理，就会有益于世人在涉及他自身乃至所有其他事情时除了思考什么最优、什么最好，别的什么都不思考。当然，知道什么更坏，也必然是同一回事，毕竟，关于好和坏的知识是同一种知识。

“当我理性思考着这些时，我很欣喜，因为我当时认为，关于存在者的原因，我已经找到了合我自己的心智的老师，⑥ 即阿那克萨戈拉。他首先将向我指明，大地是平的还是圆的，然后呢，他指明，他将进一步说明其原因和必然性，即他为何说这是更好，尤其对大地这样性质的存在来说更好。比如，如果他说，大地居中，他将进一步说明，大地为何居中更好。假如他让我清楚了这些，我当时已经准备绝不再渴求知道任何其他

---

① [译按]这里用来界定两个不同的“一”的动词都是被动态，前一个被动态指被“这个一”所加，后一个被动态指被某人拿去加“那个一”。

② 搞不懂一加一等于二是怎么回事，暗指搞不懂灵魂与身体加起来是怎么回事情。

③ [译按]苏格拉底的说法显得很夸张：“探究自然”使得他已经没法相信一加一等于二这样的事情。然而，这种夸张的说法表达的却是一个严肃的问题：搞自然哲学探究容易让人忘记最为简单的生活常识。

④ 阿那克萨戈拉认为，万物的形成和有序都是心智(nous)作用的结果(参见《残篇》，59812)。

⑤ [译按]希腊文的“原因”也有“责任”的含义，苏格拉底在这里一语双关，既说的是“原因”也说的是“责任”。

⑥ 苏格拉底玩了一个语词游戏，“按照合我自己的心智”化用的是阿那克萨戈拉的说法：凡事得“按照心智”。苏格拉底加上“合我自己”的限定词，暗示对阿那克萨戈拉的“心智”的理解都得凭靠理解者自己的“心智”。

形相的原因。

"然后呢，我已经准备就如此这般地去找出关于太阳的原因，以及关于月亮和其他星辰的原因，关于它们相互间的速度、旋转点，以及它们经历的其他事情，何以它们做这些、经历其所经历的对每一个星体[来说]更好。毕竟，我当时以为，当他指明这些星体由心智安排得有序时，他不会赋予这些星体别的什么原因，只会赋予这些星体如其自身所是的如此情形何以最好的原因。因此，当他给予每个星体一个原因，并给予所有星体共同一个原因时，我以为他将进一步说明，对每一个星体来说什么是最好，对所有星体来说什么是共同的好。我可不会放弃这样一些期望，我非常热切地抓起他的书卷，迫不及待地读，以便尽快得知什么是最好和更坏。

"从这种充满好奇的期望中，友伴啊，我一下子就失落啦——当我一路读下去时，我看到，一个大男人根本就没应用心智，① 也没把让事情安排得有序归于某些原因，而是归于大气啊、清气啊、水啊，以及其他许多甚至稀奇的东西。② 我当时觉得，他的做法简直就跟这种情形一模一样，即好比有人会说，苏格拉底做所有事情都是用心智在做。当这人试图说明我做每一件事情的原因时，他首先会说，我现在坐在这儿是由于：我的身体由骨骼和筋腱组成，③ 骨骼坚硬，由许多关节相互分开，而筋腱则能绷紧也能松弛，裹着骨骼，连同黏着的躯体和皮。骨骼在其连接处能抬起，筋腱一松一紧，就使我这会儿能够弯曲肢体——由于这个原因，我弯着腿坐在这儿。再说我与你们每一个交谈吧，他会说，其原因嘛，就得归于声音啊、空气啊和听以及别的上千种诸如此类的原因。他并不关切说到真实的原因，即由于在雅典人看来投票判我有罪更好，我才会觉得我坐在这儿更好，而且哪儿也不去，承受雅典人命令的判决才更正义。凭狗头神发誓，我认为，若非我基于骨肉相连才最好的意见相信，出逃和摆脱承受城邦颁布的无论什么判决都不如承受判决更正义、更美，④ 我的这把骨头和筋腱恐怕老早就在麦加拉或者波俄提阿咯。⑤

"当然咯，要把这样一些事情叫作原因，也太出格。可是，如果有人要说，我没有诸如骨骼啊、筋腱啊之类的东西以及别的这类性质的东西，我也就不能做在我看来最好的事

---

① 这话的意思是：阿那克萨戈拉的理论无益甚至有害。据色诺芬记载，苏格拉底曾说，"那些胆敢探究这些事的人和阿那克萨戈拉一样，都有丧失心智的危险；阿那克萨戈拉以能解释神明的造化而夸耀，因而丧失了心智。当阿那克萨戈拉说火和太阳是同一个东西时，他没想到人们很容易看火，却不能凝视太阳。"(《回忆苏格拉底》卷四 7.6-7，吴永泉译文)

② 阿那克萨戈拉把心智本身理解为物质性的，是"最为精致、纯粹的物质"(参见《残篇》12)。阿那克萨戈拉同时认为，宇宙间有无数的元素或分子——希腊文的含义是所谓"同质分子"(homoiomereia)，它们不断分裂为新的质素，如土、水、风、火等，由此形成万物。

③ [译按]"筋腱"也有"琴弦"的引申义项。在这段对身体何以能活动的描述中，肌腱的作用是关键或枢纽，类比琴弦在灵魂即和音说中的枢纽作用。

④ 这话讽刺阿那克萨戈拉的自然学说：若只图为骨头和筋腱着想，就应该出逃摆脱城邦的惩罚。

⑤ 克力同曾安排苏格拉底出逃，苏格拉底则宁愿遵守法律也不愿听朋友的劝逃亡到"忒拜或麦加拉"(参见《克力同》45c，53b)。[译按]逃离判决固然对苏格拉底个人来说"最好"，但对城邦共同体来说则是"更坏"。

情，他说的也许是真实。然而，要说正是由于这些骨骼和筋腱之类的东西，我才做我做的事情，而践行这些事情靠的是心智，而非靠选择什么是最好，这种说法兴许就太过漫不经心啦。毕竟，这叫作没能力区分：一个东西的存在有某种原因是一回事，而没有那个东西则原因兴许就不会成其为原因，是另一回事。我觉得，多数人显得就像在黑蒙蒙中到处摸索，把不恰当的名称用于某种东西，称它为原因本身。① 所以，有人用漩涡环绕大地，使大地得以待在苍穹下面，有人则用大气作底座托着大地，就像托着一个宽敞的盆子。② 可是，对于能够把这些东西最好地安置成现在如此这般的那种能力，这些人没有去探究，也不认为这靠的是某个强大的精灵，而是相信自己有朝一日会发现更强大、更神的阿特拉斯，③ 他比精灵更能把万物聚在一起。④ 因为他们并不认为，实际上，好于约束才把万物绑在一起、维系在一起。⑤ 为了找出这样一种原因如何起作用，我啊，乐于成为任何人的学生。既然我被剥夺了这种可能，既不能自己去发现，也不能从别人那儿学到，我只能再次起航，去探寻这样一种原因。刻贝斯啊，”苏格拉底说，“你愿意我给你描绘一下我所从事过的探寻吗?”

“太喜出望外啦，”刻贝斯说，“我当然愿意。”

“于是我觉得，”苏格拉底说，“在经历过这些之后，既然我探究存在的东西已经失败，我就得小心，别再经历那些静观日食搞探究的人所经历的——毕竟，有些人毁了眼睛，⑥ 因为他们不是探究水中或某个诸如此类的东西中的太阳映相。我意识到有什么不对劲儿，因为，如果我用眼睛去瞧这些事情，试图用每一种感觉去把握它们，我畏惧会整个儿搞瞎自己的灵魂。

“所以，我觉得，我应该逃入种种说法，在其中探究存在的东西的真实。当然，也许就某种方式而言，这[种方法]并不太像我要比喻的东西。毕竟，我根本不会同意，这个在种种说法中探究存在的东西的人，在比喻中探究存在的东西会比在行为中探究更有成效。毋宁说，我不过以这样一种方式起步而已。我每一次都会提出一个说法，并断定它最为有力，而在我看来与其相符的东西，我会设立为真实的东西——不管是涉及原因还是涉及所

① 这里的说法出自一种瞎子游戏：蒙上眼睛的游戏者四处摸索，摸到一个人就猜他是谁。苏格拉底此前曾把自然探究者的观点与多数世人的观点连接在一起，亦即自然哲人的观点与常识的观点一致(参见 96c7-8)。但在这里，苏格拉底的说法刚好反过来：由于自然探究者荒谬地诽谤原因，他们与普通世人的盲目没有差别。换言之，世人既是常识的持有者，又是盲目的人。

② 阿纳克希曼德、阿那克萨戈拉和德谟克利特都持这种观点，参见亚里士多德《论天》294b13-15。

③ [译按]“更神的”字面意思是“更为不死的”。

④ 阿特拉斯(Atlas)是泰坦巨人的儿子，因参加巨人叛乱，宙斯罚他永远用头托举着大地(荷马《奥德赛》卷一 53；赫西俄德《神谱》517-520)。这话的意思是：“精灵”其实就是真实的阿特拉斯，但人们却不相信，非要去找一个“更强大、更为不死的”阿特拉斯——这当然是徒劳的。

⑤ 这话的意思是：“好”才是一切事物的原因(比较《王制》卷七 517c1-3)。

⑥ 最早利用镜面观察日食的人据说是泰勒斯。

有别的东西，如果不相符，就不设立为真实的东西。① 不过，我愿意把我的意思给你讲得更清楚些，毕竟，我认为你这会儿还没懂。"

"凭宙斯，没懂，"刻贝斯说，"至少不是太懂。"

"好吧，"苏格拉底说，"我说的这个，其实一点儿都不新鲜，无非是我以往一直不停在说——尤其在刚刚经过的说法中不停在说的东西。毕竟，我试图要向你展示的不过是我已经做成的那种原因的形相，回到那些老生常谈，由这些说法起步，假设有某种自体自根的美、好和大以及别的所有东西。要是你给我这些东西，并同意存在这些东西，我希望依据这些向你展示那个原因，并发现何以灵魂不死。"

"还用说嘛，"刻贝斯说，"给你就是，你一路走到底吧。"

"那么你看看，"苏格拉底说，"你是否会像我一样同意随那些[自体自根的东西]而来的。毕竟，在我看来，除了美本身之外如果还存在着某个别的美的东西，它之所以美，不外乎由于它分有那个美本身。我要说，所有东西都如此。你同意这样一个原因吗？

"我同意，"刻贝斯说。

"所以，"苏格拉底说，"我从此再也无法理解也没有能力去认识其他那些聪明的原因。如果有人对我说，任何别的美的东西是由于它有绚丽的颜色或形状或任何别的诸如此类的东西，我会让它们一边去，毕竟，所有别的这些只会让我脑子一片混乱。我简单地、没技艺地甚至兴许傻乎乎地坚持我自己[的假设]：唯有美本身才把某个东西造就为美[的东西]——美本身临在[于那个美的东西]也好，共同在一起也好，或者以无论何种方式和方法被带给那个[美的]东西也好——毕竟，这个我还不确定。② 但我确定，正是由于这美本身，所有美的东西才成为美的东西。因为，我觉得这个回答对我自己以及对别人都最稳靠。坚持这一点，我相信我绝不会失败，而且我相信，由于这美本身，所有美的东西才成为美的东西，这一回答无论对我还是对任何别人都稳靠。或者你并不这样认为？"

"会这样认为。"

……

"我说这些，为的是我愿意让在我看来[如此]的事情在你看来也如此。毕竟，对我来说，这显得不仅仅是，高大本身绝不愿意同时既是大又是小，而且，我们身上的高大绝不愿意接受矮小，也绝不愿意被矮小超过。毋宁说，二者必居其一：要么，一旦相反的东西即矮小逼近，高大就逃走或退却，要么，矮小抵达时，高大已消灭，绝不会愿意忍受并接纳矮小，不再是曾经所是。所以，我啊，既然接纳并忍受了矮小，就始终是如我所是：这

① 这是一种所谓"假设"的方法([译按]此句原文有多种识读，此从 Theodor Ebert 的疏证)。

② 所谓"不确定"究竟指"临在"还是"共同在一起"难以确定，但"临在"和"共同在一起"都取代了美的形相本身的超验特征。

个矮小的人就是我本人。① 可是，那个高大呢，既然是高大，就不会胆敢是矮小。同样，我们身上的渺小也不会愿意成为高大，毋宁说，相反的东西中的任何一个都不会愿意既是其曾是，同时又成为其相反的东西，毋宁说，在这样一种遭际中，只有要么离开，要么消灭。”

“在我看来完完全全如此，”刻贝斯说。

……

“不过，你看看吧，”苏格拉底说，“现在你是否也会同意我这个：你称某种东西为热，称某种东西为冷吧？”

“我会。”

“你也称这些为雪和火？”

“凭宙斯，我可不会。”

“毋宁说，热与火相比是另一个东西，冷与雪相比是另一个东西？”

“是的。”

“可是，我认为，这个在你看来就是：雪只要是雪就从未曾接纳过热，正如我们在先前已经说过的那样，因此它才会是如其曾是，即雪和热；但热一旦逼近，雪要么退却要么消灭。”

“肯定啊。”

“又说火吧，一旦冷逼近，火要么退却、要么消灭，但绝不曾胆敢接纳冷相而仍然是其曾是，即火和冷。"

“你说得真实，”刻贝斯说。

……

“那么你回答，”苏格拉底说，“身体上出现什么，身体会活啊？”

“灵魂，”刻贝斯说。

“难道情形总是如此？”

“怎么会不是呢？”刻贝斯说。

“那么，灵魂总是走向那个带来生命的东西，因为灵魂自身就具备那个东西？”②

“当然走向那个东西，”刻贝斯说。

“可是，有什么与活相反吗，抑或根本没有？”

“有啊，”刻贝斯说。

---

① [译按]苏格拉底个子矮小。

② 灵魂在身体中的存在既不给身体带来自己的形相，也不带来自己的名称，既不给身体带来火，也不带来发烧。但灵魂使身体整个地具有生命。这里涉及的是整体的规定性，从而足以证明相反者相斥的原则。对于“什么原因使身体活”这一问题，只能采取精致的回答。

“什么?”

“死啊。”

“那么，灵魂岂不就绝不会接纳与自身总是带来的东西相反的东西，如基于先前所说已经同意的那样?”

“当然绝不会啊,”刻贝斯说。

“是吗?那个不接纳偶数形相的东西，我们曾叫作什么来着?”

“非偶数,”刻贝斯说。

“不接纳正义的呢，不接纳乐艺的呢?”①

“非乐艺，非正义,”刻贝斯说。②

“那好，死不接纳的呢，我们叫什么?”

“不死,”刻贝斯说。

“灵魂岂不就不接纳死?”

“不接纳。”

“所以，灵魂不死。”

“不死。”

“那好,”苏格拉底说，“我们会说这个已经得到证明?或者你会怎么看啊?”

“[不仅得到证明]而且证明得太充分啦，苏格拉底。”

“然后呢，刻贝斯?”苏格拉底说，“如果非偶数必然曾是不灭的，那些个三难道不会曾是不灭的?”

“怎么不会呢?”

“那么，如果不热必然曾是不灭的，一旦有人把热带给雪，雪会不离开而仍旧完整地是雪，且不融化吗?毕竟，雪倘若不会消灭，也就不会忍受接纳热相。”

“你说的是真实,”刻贝斯说。

“同样，我认为，如果不冷的东西曾是不灭的，一旦把某个冷的东西带给火，火也不曾熄灭或者消亡，而会安然无恙地离之而去。”

“必然会,”刻贝斯说。

“那么，岂不必然也得这样来说不死吗?”苏格拉底说，“如果不死也是不灭的，那么，灵魂也就不可能一旦死亡走近自身就消灭。毕竟，基于先头所说，灵魂不接纳死，也不会

① mousikos[缪斯技艺]指用伴有音乐的诗歌施行教化，即调教灵魂的乐艺。[译按]这里的乐艺指凭教化养成的灵魂品质，相当于中文所谓的“涵养”。苏格拉底把“正义”与“乐艺”相提并论，意味着灵魂的“正义”德性需要“乐艺”来涵养——“作乐”与“制礼”相关。由此可以理解，苏格拉底在开头说自己一生都在致力于“作乐”。

② 在希腊文中，前缀 a-通常表达否定或剥夺(“非”或“不”)。但苏格拉底在此要表达的不是否定或剥夺，而是排斥对立的规定性：“非/不-”在这里指没有接纳的可能。“非-正义”“非-乐艺”，令人吃惊的是还有“非-偶数”，这些词表达的是不可能分有某一(直接的)对立形相。奇数不单表示分有奇数，而且表示不可能分有偶数。

死，正如那些个三——我们曾说过——不会是偶数，反之，偶数也不会是奇数；火不会是冷，火中的热也不会。‘但是，’有人兴许会说，‘奇数固然不会在偶数逼近时成为偶数，正如已经同意过的那样，可为什么就不会是：奇数消亡之时，偶数取代奇数？’对说这些话的那人，我们兴许不能把奇数不会消灭[的说法]贯彻到底。毕竟，非偶数并不是不灭的。但如果[下面]这一点对我们来说已经同意过，我们兴许就容易贯彻到底：当偶数逼近，奇数以及那些个三就离之而去。关于火啊、热啊以及别的东西，我们也能如此贯彻到底，抑或不能呢？”①

“肯定能。”

“那么现在来说不死：如果我们同意不死也就是不灭，那么，灵魂除了是不死的之外，也会是不灭的。但如果并非如此，恐怕就得需要另一番说法啦。”②

“可是，至少为此根本无须另一番说法啊，”刻贝斯说，“毕竟，如果甚至不死的、永在的东西也会接纳毁灭，恐怕几乎没有什么别的东西会不接纳毁灭。”③

“就是嘛，”苏格拉底说，“我认为，至少这个神，④ 以及这生命的形相本身，还有无论别的什么如果不死的东西，都肯定会不灭，这兴许会得到所有人同意。”

“当然会得到所有世人同意，凭宙斯，”刻贝斯说，“而且，我想的话，甚至也会得到诸神同意。”

“既然不死也是不灭，而如果灵魂恰恰就是不死的，岂不就会是不灭的？”

“必然非常如此。”

“所以，一旦死亡逼近世人，看来啊，会死的部分就会死，不死的部分则会安然无恙地、不灭地离之而去，避开死亡。”⑤

“显然啊。”

“所以，完全可以肯定，刻贝斯啊，”苏格拉底说，“灵魂不死也不灭。我们的灵魂会实实在在地在哈得斯。”

“起码就我来说，苏格拉底，对这些我再没有任何别的要说了，”刻贝斯说，“也不会以任何方式不信赖这些说法。不过，要是这儿这位西姆米阿斯或别的谁还有什么要说就赶紧，别默不作声。如果谁想要就这些事情说点儿或者听点儿什么，除了现在这个场合，我

① 灭是消亡，不是死亡，雪不融化并非等于不死。很容易想到，三这个数远比火或雪更有不灭性。火和三可以保存下来，却不等于不死：不被接纳的并非是死亡，而是冷却和偶数。所有的消亡都不是死，不灭性不等于不死性。消亡针对的是事物的存在本身，死亡针对的则是生命及其属性。所以，就灵魂来说，不灭与不死不是同义词。

② 苏格拉底用了两个相反的假设条件句来结束讨论，意味着实际上仍然还会有问题，如果有人非要争辩的话。

③ [译按]“永在的”与“不可见的”以及“哈得斯”发音很接近。

④ [译按]“这个神”当指“灵魂”。

⑤ 灵魂“避开死亡”指退却、逃走、换地方，但这只对那些承认彼世的人有意义。对彼世的理解有两种：宗教式的“避开死亡”，以信奉诸神的存在为前提；哲学式“避开死亡”，以信奉心智的真实存在为前提。

不知道还能推延到哪个别的时机。”

“确实,”西姆米阿斯说,“我本人嘛,至少就所说过的这些,也不会在哪方面不信赖。当然咯,由于这些说法所涉重大,而且,我瞧不起人性的软弱,我被迫自个儿对所说的仍然保留一点不信赖。”

“你说的这些说得好,西姆米阿斯,不仅如此,”苏格拉底说,“而且,即便你们信赖那些第一假设,也同样必须探究得更清楚。一旦你们透彻地分析过这些假设,我想,你们自己就会跟从这番说法,而且是尽一个世人的最大所能去跟从。只有当你们清楚明白这个说法本身,你们才不会进一步去探究。”①

“你说的是真实,”西姆米阿斯说。

“可是,”苏格拉底说,“诸位,铭记这一点才算得上正义,那就是:既然灵魂不死,就需要不仅为了我们所谓的今生而且要为了万世而关心自己的灵魂。

“现在看来啊,如果谁不关心自己的灵魂,就会有可怕的危险。毕竟,倘若死就是一了百了,对坏人来说简直就是一笔意外之财:他们一死,在摆脱身体的同时,也连带让灵魂摆脱了他们的邪恶。可现在呢,既然看来灵魂是不死的,坏人的灵魂就绝逃脱不了邪恶,也绝不会有救,除非灵魂尽可能变得好和明智。毕竟,灵魂去往哈得斯时所携带的,除了教养和养育,没别的啊。而且,据说,一个终了之人在去往那边的旅程一旦开始,这些东西往往随即就会让他要么大受其益,要么大受其害。

……

“凡被认为在朝向虔敬生活方面表现突出者,才会是这样的人——他们从大地中的这些地方获得自由,得到释放,就像从捆绑中得到释放,上到洁净的居所,在大地的上面寓居。至于那些凭热爱智慧彻底洁净自身的人,完完全全不曾依身体而生活,在未来就会抵达比这些还要美好的居所——要揭示这些居所不容易,而且眼下没有足够的时间啦。② 不过,为了我们已经讲述过的这些,西姆米阿斯啊,我们就应该尽一切努力在生命中分有德性和明智。毕竟,这奖品多美,盼望多伟大。

“当然咯,要完全信靠我所讲述的这种情形,未必适合一个有心智的男子。③ 可是,这种情形或某种类似性质的情形涉及我们的灵魂以及居所。既然灵魂明显是不死的,那么在我看来,这就既适合相信情形就是如此的人完全信靠,也值得[不相信的人]冒险去信

① 这个最终的原因就是探究的最终目的,再进一步的探究不仅没有必要,也没有可能。[译按]这话表明,苏格拉底在再次起航时提出的假设,意在阻止好思辨的人做无谓的穷根究底的思辨。

② 用热爱智慧来洁净自己的人才是最虔敬的灵魂圣洁者,他们的来生虽然也像前一类人那样从大地下面上到大地的上面居住,而非到天上,但住处比前一类人更为美好。不过,苏格拉底马上闭口不谈如何更为美好,因为他要教诲的是城邦美德。

③ 指西姆米阿斯和刻贝斯这类相信纯粹理性的人很难会让自己的生命信靠苏格拉底刚才所讲的故事。

靠——毕竟，这是美好的冒险！应该让这些像念唱经歌一样治疗自己，① 所以我在讲这个故事时才拖得老长。②

“的确，为了这些，一个男子在涉及自己的灵魂时应该有信心——这种男人在活着的时候会告别种种涉及身体的快乐及其装饰，仿佛它们是些不相干的东西，因为他相信，这些造成的坏处会多于好处。这种男人会热切追求涉及学习的快乐，③ 用灵魂自身的装饰而非用不相干的装饰来安顿灵魂，④ 亦即用节制、正义、勇敢、自由和真实来安顿灵魂⑤——就这样等待去往哈得斯的旅程：一旦自己的命份召唤就启程。⑥ 因此，你们啊，”苏格拉底说，“西姆米阿斯和刻贝斯，还有其他人，个个都会在今后某个时刻启程。至于我嘛，肃剧中人会这样说：我的命份现在已经召唤我。⑦ 轮到我去洗澡的时间差不多到啦。毕竟，看来啊，洗过澡喝药更好，免得给女人们带来洗尸体的麻烦。”⑧

他说完这番话后，克力同说：“行吧，苏格拉底。不过，你对这儿的其他人还有什么吩咐吗？关于你的孩子或其他什么，对我还有什么吩咐吗？有任何事情，我们都会尽最大

---

① “念唱经歌”为的是减轻或消除对死的畏惧，在这里，苏格拉底巧妙地置换了“念唱经歌”的含义——现在的“念唱经歌”基于理性思考的结果。当理性不够用时，就得用故事[神话]来引导生命。

② [施疏]神话[故事]要么涉及远古的事情，要么涉及天上和地下的东西，要么涉及看不见的灵魂——总之，涉及的是人类很难拥有知识的事情。苏格拉底讲的神话[故事]则几乎无不关乎灵魂的样子及其命运，即便他讲到天上地下，其实说的是灵魂的样子，因为他并不关心自然学意义上的天上和地下。比如这里讲的大地神话，其实说的是民众的灵魂的样子(如《苏格拉底的申辩》中讲的神话)。在苏格拉底那里，神话[故事]呈现的是不可见的真实或者说灵魂的可能性(possibility)。随着科学技术的发展，人们对远古的事情或天上地下的东西的探知会一步步逼近真相，但如果我们要探知人的灵魂的样子及其命运，能凭靠什么科学技术呢？《会饮》中的阿里斯托芬所讲的圆球人故事告诉我们，灵魂中的东西往往没法说出来。并非说出已经知道的东西(speaking know)才算严格意义上的真实，有些真实我们知道得并不清楚——比如灵魂的真实。说出我们知道得并不清楚或者没法完全说清楚的真实，同样是在言说真实，这种言说就是神话[故事]，与自然的真实(无论远古的事情还是天上和地下的本相)无关。亚里士多德的学生以及如今的哲学看待神话的观点，用于柏拉图笔下的苏格拉底所讲的神话，是无效的，用于古希腊的神话也无效。反过来说，问题的实质在于对灵魂真实的解释权。自然哲人力图提出一套有别于诗人的对灵魂的审视(参见亚里士多德《论灵魂》)，柏拉图的苏格拉底同样如此，但他不是用自然哲人的知识工具，而是与诗人为伍，用神话[故事]来建立起自己的灵魂哲学。由此，柏拉图笔下的苏格拉底获得了既优越于自然哲人也优越于传统诗人的对灵魂真实的解释权。

③ 热爱智慧的生活方式并非如常人以为的那样仅有清苦或苦修。

④ [译按]希腊文“装饰”(kosmos)的词义项有：1. 秩序(事物的内部和谐，与无序相反)；2. 外表、装饰。动词用法的含义是：“安排秩序、布置、安顿、统治”和比喻含义的“修饰”。

⑤ 四种基本德性中没有提到“智慧”，多了“自由和真实”。柏拉图笔下极少出现“自由”这个语词，这里是其中的一处，其含义是摆脱身体的束缚，不受外在生活环境的支配。“智慧”与“自由和真实”可以互换意味着：只有智慧才是真正的自由，只有智慧才能使人自由地选择自己的生活方式。“自由”出现在《斐多》的这段结语之中，意义深长。

⑥ 呼应开场时有关禁止自杀的话题。

⑦ 欧里庇得斯，《阿尔刻提斯》(252 以下)：“那死人们的渡工卡戎，他手里撑着篙竿在呼唤我：‘你在等什么？快来呀，你耽误了事情！’”(罗念生译文)“命份”指支撑和支配个人生命的自然力量，每个人有自己的“命”，指个人无法掌握自己的最终时刻。

⑧ 按习俗，城邦的女人们最后会清洗尸体。苏格拉底以临终前洗澡暗示，在死亡面前他照常关心每天的洁净自身。

心力替你去办。”

“克力同啊，我一再说，没新的吩咐啦，”苏格拉底说，“为了我、为了我的家人、为了你们自己，你们要关心自己，为此你们要尽自己最大心力去做任何能做的事情，即便你们现在不同意我刚才说的。不过，要是你们不关心自己，不愿意踏踏实实按今天所说的那些以及此前所说的那些去生活，即便你们眼下非常同意甚至热切同意[我说的话]，你们也不会[替自己]做更多的[好]事情。”

“这些嘛，我们会热忱按你说的去做的，”克力同说，“可是，我们该以什么方式安葬你呢？”

“你们意愿怎样就怎样吧，”苏格拉底说，“至少，要是你们逮着我，我就逃离不了你们啦。”他宁静地一笑，① 并朝我们扫了一眼，他说，“诸位啊，我没说服克力同[相信]我就是这个苏格拉底——他眼下正在谈话，而且安排了谈论的每一点。克力同以为我不过是那个他稍后就会看见的一具尸体，所以，他问该如何安葬我。我刚才费了很多口舌，说我一旦喝了药，我就不再和你们在一起——我将离开[这儿]，去往属于有福之人的幸福之境。可我觉得，这些对他恐怕不过说说而已，以便宽慰你们，也宽慰我自己。你们替我向克力同担保吧，”苏格拉底说，“与克力同替我向法官们做的担保相反。可不是嘛，他当时担保我会留下来[不逃走]，你们则担保我死后绝不会留下，而是离去，让克力同更容易承受，不至于因看见我的身体被火化或掩埋为我难过，仿佛我会经受可怕的事情——下葬时也不至于说，是他摆放的苏格拉底，或者是他抬的苏格拉底，或者是他给苏格拉底填的土。毕竟，要知道，”苏格拉底说，“最好心的克力同啊，这类不美的说法不仅就这事儿本身来说离谱，还会给灵魂塞进某种坏东西。你得有信心，你应该说，你会安葬我的身体，而且，你会觉得怎样亲密和你认为怎样最合习俗，你就会怎样安葬。”

说着这些，他起身去那个像是洗澡的房间。克力同跟着他，吩咐我们等着。于是我们等着，自个儿相互交谈和掂量[他]说过的话，但又不禁谈论起我们身受的不幸何其巨大——我们简直相信，我们将作为被夺走了父亲的孤儿度过往后的人生。

苏格拉底洗过澡，他的孩子们被带到他身边——他有两个小儿子，一个大儿子，属于他家的妇女们也到了——他当着克力同的面和他们说话。吩咐过想要吩咐的之后，他催促妇女们和孩子们离开，自己却来到我们身边。

这时已接近太阳西下，因为他在洗澡间里面耽搁了很长时间。他走出来时已经沐浴停当，他坐下后再没多说什么。

十一人官的一个手下进来，站到他旁边说，“苏格拉底，我执行你的死刑至少不像执行其他人的死刑，明明是执政官们强制我传令他们喝药，他们却恼怒我，还诅咒我。可你

① 苏格拉底再次笑——与随后的哭对比。

却不同，这段时间里我渐渐认识到，凡曾到过这里的人中，你是最高尚、最温厚、最好的男人。而且，眼下我肯定知道，你不会恼怒我，而是恼怒那些人，毕竟，你知道原因在他们。所以，现在嘛，你知道我来传令什么，再见，试着尽可能轻松地承受这些必然之物吧。”①说罢，他落着泪转过身离开了。

苏格拉底望了一眼他说，“你也走好啊，我们会按你说的做。”然后，他对我们说，“这人多文雅啊！整个这段时间他都来我这儿，有时跟我聊聊，上好的人一个，瞧，他多么高尚地为我落泪！好吧，行啦，克力同，我们听他劝。让人拿药来——如果已经调兑出来的话，如果还没，让那人调兑。”

“可是，我嘛，苏格拉底，”克力同说，“我相信太阳还在山冈上没落下哦。而且我知道，别人都喝得很晚，传令给他们之后，他们还好吃好喝一顿，有些人甚至还与正好热切想要的人在一起[同房]。② 别急匆匆嘛，毕竟还有时间。”

苏格拉底说：“你说的那些人做这些合情合理嘛，克力同。毕竟，他们认为做这些会赚到好处，而我呢，我不做这些才合情合理。毕竟，我相信，稍迟一些喝药什么也赚不到，除非给我自己招来可笑，吊着活命不放手，什么都不会再有还在吝惜。好啦，去吧，”苏格拉底说，“听劝，别磨蹭。”

克力同听了这话便向已经站在近处的那个小厮点头示意。小厮走了出去，消磨了好一阵子才来，领着那个将要施药的人，他端着杯里已调兑好的东西。

苏格拉底看见这人就说：“好啦，最好的人哦，你毕竟懂得这些事情，我该做什么？”

“没别的，”施药人说，“来回走动着喝，直到你两腿发沉，然后就躺下；药会自行发作。”说着，他把杯子递给苏格拉底。

苏格拉底拿着杯子，非常爽快，厄刻克拉特斯啊，没哆嗦，脸色和表情都没变得难看，而是像他习惯的那样，瞪大着眼，斜眼看了看施药人，然后说：“这一剂用点儿来作祭酒洒掉，你会说什么吗？允许还是不允许？”

“就这么多[剂量]哦，苏格拉底，”施药人说，“我们是按我们认为该喝多少量调制的。”

“懂啦，”苏格拉底说，“不过，至少允许而且应该向诸神祈求从这边迁居到那边一路顺风吧。我嘛，也要为此祈求：但愿此行成！”说着，他就把这些药送到嘴边，非常从容且津津有味地喝下去。

我们中的大多数本来一直还能自持，忍着眼泪，可当我们看见他喝而且喝完，就再也忍不住。我自己就禁不住泪水奔涌，捂着脸让自己恸哭——毕竟，我不是哭他，不是，我

① 这些话带肃剧意味：既不能承受又不能避免。

② [译按]这里提到自然人性最眷恋的三种基本行为：吃、喝和做爱。

哭的是自己的不幸际遇：我怎么会被夺走这样一位作为友伴的男人啊！

克力同比我先站起来走开，因为他当即就不能忍住眼泪。可阿波罗多洛斯呢，在这段时间之前就不停在哭，这时号啕大哭起来，悲恸不已，使得在场的人没有哪个不哭出声来，只有苏格拉底自己除外。

这个人却说：“你们在干什么啊，真奇怪！我不就是起码为了这才把妇女们送走嘛，免得她们这样弹错音调。① 而且我还听说，人终了时应该肃静。所以，你们安静吧，要坚强！”

我们听到后，我们才感到羞耻，于是忍住不哭。

苏格拉底来回走动，当他说两腿发沉时，他往后一仰躺下——那个施药人曾吩咐他这样——施药人一把接住他，过了一阵子便查看他的双脚和双腿，使劲按压他的脚，问有感觉没——苏格拉底说没有。此后，施药人又按压小腿。他这样子顺着往上[按压]，向我们表明苏格拉底会变冷、变僵。

施药人亲自摸了摸，然后说，一旦[药]到他心脏，他就走了。

他的整个腹部已经渐渐变冷，这时，他揭开自己——因为他盖着脸——大着声说了最终必须做的事情：“克力同啊，”他说，“我们欠阿斯克勒皮奥斯一只公鸡，你们可得还，别不放心上。”

“会还的，”克力同说，“你看看还有什么别的要说。”

克力同问他这个时，苏格拉底再没回答，但过了一小会儿，他抽动了一下——那个施药人揭开他，他的视线已经定住。

克力同看见，就阖上他的嘴和双眼。

厄刻克拉特斯啊，这就是我们亲临的这位友伴的终了——我们要说，在我们接触过的人当中，这个男人最好，尤其最明智、最正义。

（译文选自刘小枫编译：《柏拉图四书》，生活·读书·新知三联书店 2015 年版）

① 指不能对死亡保持正确的态度——呼应前面关于和音的讨论（91c6-95a3）。

【小班研讨】

1. 法庭宣判苏格拉底犯下了他并没有犯下的罪行，但苏格拉底却宁愿接受死刑也不逃走。换作是你，你会接受克力同的建议逃走吗？为什么？

2. 苏格拉底之所以在死亡面前有着异乎寻常的镇定从容，他对灵魂不朽的坚信是一个重要原因。要是苏格拉底关于灵魂不朽的说法是错的，他平静赴死是否也因此就错了？

3. 苏格拉底关于灵魂不朽的论证有说服力吗？为什么？

4. 从苏格拉底之死比较西方文明与中国传统文化的共通之处与差异。

5. 理解“苏格拉底教学法”，并实际运用于模拟场景对话。

【课外博览】

1. [古希腊] 柏拉图：《斐多》，杨绛译，生活·读书·新知三联书店 2011 年版。

2. [古希腊] 柏拉图：《游叙弗伦 苏格拉底的申辩 克力同》，严群译，商务印书馆 1983 年版。

3. [美] 斯东：《苏格拉底的审判》，董乐山译，生活·读书·新知三联书店 2003 年版。

4. [美] 保罗·埃尔默·摩尔：《柏拉图十讲》，苏隆编译，中国言实出版社 2003 年版。

5. [希腊] 赫里斯托斯·扎洛克斯塔斯：《苏格拉底》，李成贵译，人民出版社 2014 年版。

6. 刘小枫：《柏拉图四书》，生活·读书·新知三联书店 2015 年版。

第九章
《审美教育书简》与审美

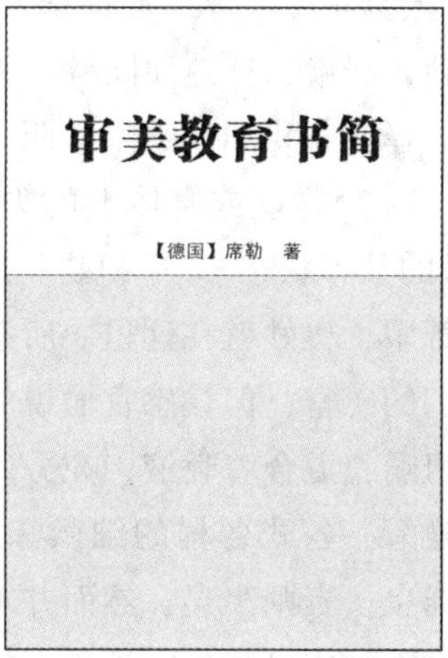

席勒(Johann Christoph Friedrich von Schiller，1759. 11. 10—1805. 5. 9)，德国伟大的戏剧家、诗人和文学理论家，经历了德国狂飙突进运动的浪漫主义到古典主义的转变。代表性剧作有《强盗》《阴谋与爱情》《唐·卡洛斯》《华伦斯坦》等；代表性美学著作有《论美书简》《审美教育书简》《论素朴的诗与感伤的诗》等。《审美教育书简》是其美学思想的最系统表达，在这部著作里，席勒刻画了人文主义的理想人形象，对后世产生了重要影响。

【大班导引】

薰风燕乳、暗雨梅黄是一种美，大漠孤烟、长河落日又是一种美；竹喧浣归、莲蓬卧剥是一种美，金戈铁马、足踏胡尘又是一种美。有的美，一瞬间就击中了我们，让我们心驰神往，不能自已，比如，一见钟情时的震颤，多年后鹿角还在胸中乱撞；有的美，却需要反复品味，非历尽沧桑、千折百回不能体会，比如，叶芝所独爱的“衰老了的脸上痛苦的皱纹”。

从字源上看，汉字的“美”，有两种解释。许慎《说文解字》道：“美，甘也。从羊从大。”在这种解释之下，美即食味甘美，是一种实用价值。有学者甚至认为，狗可以看家护院，马可以骑行代步，牛可以耕地犁田；养羊，则好像就是为了吃。汉字的“美”还有另一种字源解释，“羊人为美”。“大”是直立人的正面像，人戴羊头装饰而舞，美是先民在从事神秘的巫术活动，严肃、狂热而陶醉。无论是羊大为美，还是羊人为美，美都极大地讨好了我们的感官，释放着我们的欲望。西方也有类似的说法。英文的“beauty”一词，源于更早的“bealte”，意指“物理或身体上的吸引力”；后一个词复源出于拉丁文“bellitatem”，意指“让感官愉悦的某种状态”。手机自拍之后，不少人愿意用美颜软件修饰一下，以讨好眼睛，看起来更舒服，奥妙就在这里。所谓“审美”，无非是对美的感知和品鉴。

美能愉悦我们的感官，但让感官愉悦的，不一定是美。一方面，它可能跟美无关。当喜欢的食物经过咀嚼，混合着唾液，充分刺激味蕾之后，在化学作用下，整个舌头就像冬眠的田野被春风唤醒，各式各样的细微味道如同田野上星星点点的野花，于每一妙处盛放，让我们心旌摇曳。爽则爽矣，然而并不是美，只是食物的消化和吸收以及随附而来的主观体验。另一方面，它可能伤害到美。一味迎合感官，会显得流俗，反倒不美；如果流俗到下作，甚至会滑向美的反面。人体艺术与黄色图片的一个区别是，前者激发你的赞叹，后者勾引你的欲念。

同时，也并非所有的美都会让我们的感官愉悦。同样是暴怒的钱塘江潮，看飞机航拍直播的电视观众能领略到万千的气象，而站在防波堤前的观潮者们更多感受到的却是汹涌的气势。这是两种不同的美，会带来迥异的反应。电视观潮激动钦羡，堤前观潮心慌意乱。前者叫人投入和融合，后者让人逃避或对抗。与此类似，夕阳西沉时的千里黄云，印在明信片上，是一种美；站在高山或平原实地去看，是另一种美。我们的感官既不能把握像黄云千里般遥远的距离，又不能对抗如钱塘江潮般伟岸的力量。此情此景，不是在讨好感官，而是在折磨感官。于此折磨间，如果我们没有被吓倒，而是唤起了心中的一种豪情：我们要掌握它，我们要战胜外来的挑战，这个时候，我们就真正地体会到了另一种美：崇高之美。这种美，正是高尔基在《海燕》中所描写的：在苍茫的大海之上，狂风卷集着乌云，此刻，似乎整个大海都要被撕裂，然而，海燕犹如一道黑色的闪电，在高傲地飞翔。

有时，我们还会在第三种意义上谈论美。中央电视台和光明日报社联合主办过多届“寻找最美乡村教师”的大型公益活动。从那些衣着朴素、风尘仆仆、目光清澈的乡村教师身上，我们感觉到了不一样的美。这种美深深地打动了我们，甚至让我们觉得，跟这样的美相比，前面那些美不再重要。

那么，美到底是什么呢？它又存在于哪里？先贤的回答并不一致。一些思想家认为，美就是具有某些特征的客观事物，或者是客观事物所具有的某些特征。木末芙蓉花，山中发红萼，哪怕涧户寂寞，无人经过，它们缤纷地开，缤纷地落，也是美的。另一些思想家则认为，美其实是观察者心理的投射。情人眼里出西施(beauty in lover's eyes)；毛嫱、丽姬，人人皆夸颜色好，但鱼见之深入，鸟见之高飞，麋鹿见之撒腿跑。还有一些思想家，持论中和，认为美是客观事物与主观观察者共同作用的一种结果，二者缺一不可，正所谓：有梅无雪不精神，有雪无诗俗了人。春色十分，梅雪与诗，不可或缺。

与以上话题相比，在美的重要性上，争议就少得多了。孔子主张尽善尽美，君子应当文质彬彬，兴于诗，立于礼，而成于乐。文之以礼乐，亦可以为成人矣。孔子听了尽善尽美的韶乐，以至于三月不知肉味。在柏拉图那里，美的修养是道德修养的必要手段，而美本身则是本原自在的绝对正义和绝对真知，从尘世的美、个别的美，经由形式的美，上升到心灵的美、制度的美、学识的美，最后进入“理智的迷狂”：这是贯通一切学问的光辉灿烂之境界。

当然，无论东西方，主流都认为，如果美与善有了矛盾，美应当为善让路。郑音淫，听郑卫之音则不知倦，于是孔子崇韶乐而放郑声。诗人往往陷入了“诗神的迷狂”，培养着人性中的低劣部分而摧残理性部分，会败坏品德，所以柏拉图将诗人赶出了理想国。

席勒持论中和。他认为，美是活的型式(eine lebende Gestalt, a living form)。一块大理石要美起来，尚需假以建筑师或雕刻家之手。一个人要美起来，他的生活得与他的形式结合起来。人有三种冲动，物质的感性冲动、形式的理性冲动以及两者相结合的游戏冲动(der Spieltrieb)。感性冲动将人纳入时间，废弃了人格性(die Persönlichkeit)；理性冲动则扬弃时间，保存了人格性。唯有在游戏冲动之中，人性才能圆满完成，人才是完全的人。

席勒是德国文学狂飙突进运动后期的代表人物，深受康德影响，与歌德交往甚密。跟康德相比，席勒是具体的，康德着眼于审美心理的抽象特征，席勒则立足于人的社会历史特征。跟歌德相比，席勒又是抽象的，歌德的思想几乎总是从感性的具体东西出发，席勒的出发点往往是概念。在美学上，席勒的主要著作包括：《论美书简》《审美教育书简》《论素朴的诗与感伤的诗》和《论崇高》等。

席勒所在的18世纪，正是人类的启蒙时代。与时代精神一致，他相信，历史是进步的，这一进步特别体现在人的进步上，人将会从主要受感性支配，发展到主要由理性引导。不过，法国资产阶级革命中雅各宾派专政时期的恐怖行为，让他将对人类命运的乐观鼓吹转化成革除时弊的冷静思考。在席勒看来，国家的发展跟人的发展同步，应该从自然强力形成的自然国家向道德必然主导的伦理国家过渡。但这一过渡受挫于人的素质的低劣：社会下层是野人(der Wilde)，感觉支配一切，破坏了道德的一体性；社会上层是蛮人(der Barbar)，单以理性作为原则，伤害了自然的多样性。要建立理想的国家，人必须先成为有教养的人(der gebildete Mensch)，这样的人性格健全，既尊重自然，又遵从自由。人如何成为有教养的人呢？借助艺术！艺术家在游戏中通过美来净化同时代的人，让他们变得高尚。审美教育，是救治社会的良方。

席勒相信，美分两种，溶解性的美(die schmelzende Schönheit)和振奋性的美(die energische Schönheit)。前一种美，能舒解感觉或概念造成的紧张；后一种美(又称“崇高”)，可提振松弛的心情。前者让我们合群，但又把我们禁锢在感性世界里；后者则打开缺口，让我们走向观念世界。没有前者，人的自然与自由的争斗永无休止；没有后者，人将忘记自己的尊严。唯有两者结合，对两种感受能力加以同等培养，我们才是自然完美无缺的公民。这就是人文主义(人道主义)的人的理想：应全面、自由、和谐地发展人的特性。

《审美教育书简》讨论了美育在人类历史发展中的重要性和溶解性的美的特征；《论崇高》则论述了振奋性的美，可视为《审美教育书简》的一个补充。我们的选译以前一部文献为主，兼及第二部文献。

【经典悦读】

《审美教育书简》(节选)

第二封信

……

我不愿生活在另一个世纪，也不愿曾为另一个世纪工作过。人是时代的公民，同时也是国家的公民。如果说人们置身于他所生活的圈子的道德和习俗之外是不适宜的、是不允许的，那么在选择事业方面，为什么不允许人们更多地考虑时代的需要和风尚呢?

然而，时代的需要和风尚看来无论如何都不利于艺术的发展，至少不利于我正研究的那种艺术的发展。当下事物的进程给予了时代的天才一个方向，该方向迫使他越发远离理想的艺术。而理想的艺术必须离开现实，用正直的勇敢超越时代需要，因为艺术是自由的女儿，据此，她应当从精神的必然而不是从物质的最低需求那里接受规约。然而今天需要统治着一切，沉沦的人类俯身于它专横的轭下。有用是这个时代的巨大的梦想，一切力量都讨好它，一切才能也都尊崇它。在这架粗糙的天平上，艺术的精神成果没有分量，所有鼓舞人的力量被从艺术那儿剥夺，艺术正在从这个时代的喧闹市场上消失。甚至哲学的研究精神也正一块接一块地攫取着想象力的领地。科学的界限越发扩张，艺术的界限就越发狭窄。

……

第五封信

……

在自己的所作所为中，人为自己画像。然而，在现今的这出戏里，人又是怎样的一副形象啊！这里是粗野，那里是懒散，这是人类堕落的两极，而这两者却统一在同一个时空里！

在数量众多的下层阶级里，展现在我们面前的是粗野的、无视法律的冲动。这些冲动在市民秩序的约束解除之后得到释放，以不可导控的愤怒匆忙地寻求兽性的满足。于是，可能出现这样的情况，客观上，人有抱怨国家的原因，而主观上，人必须尊重国家的规定。只要一切还取决于对人的生存的保卫，那么，人们还有权指责国家忽视了人的天性的尊严吗？在艺术的造型力还不可能被虑及的地方，人们还有权指责国家急于借助重力分离、借助聚合力黏合吗？国家的解体包含着它的辩护。脱离了束缚的社会，不是向上飞奔入有机的生活，而是又坠入原始王国。

另一方面，文明阶级则给我们一副更加令人讨厌的懒散和性格败坏的景象。这之所以更加令人愤怒，是因为其根源就是文化自身。我已经记不清，不知是古代还是近代的一位哲学家说过：越贵重的东西在它被损坏后就越发令人厌恶。这句话也适用于道德方面。越轨的自然人会成为一个疯子，而越轨的有教养的人就会变成一个无耻的家伙。文雅的阶级因知性的启蒙而感到自豪，这并非毫无道理。但整体来看，这样的启蒙对人的思想并没有产生多少好的影响，反而是腐败通过准则得以固定。在自然的合法领域里，我们否定自然，而在道德领域里，我们却通过抵抗自然的印记的方式，从自然那里获取我们的原则，领受自然的残暴统治。我们的不自然的习俗拒绝给予自然本可原谅的作为出发点的权利，而在唯物主义伦理学中我们却赋予自然最后的决定权。在最世故的社交中，利己主义建立起了它的体系，我们遭受着社会的一切的传染病和苦难，却没有产生一颗无私的心。我们让自己的自由判断屈从于社会上专断的意见，让情感屈从于奇怪的习俗，让意志屈从于社会上的诱惑；我们坚持的只是自己的任性，并以此来与社会的神圣权利对抗。在粗野的自然人的胸腔中，还常跳动着一颗同情的心，而在久经世故之人那里，骄傲的自我满足正收缩着他们的心，就像是从失火的城市逃难时一样，每个人都只是设法从毁灭中抢救自己那点儿可怜的财产。有人认为，只有完全弃绝多愁善感，才能在社会的混乱中得到保护。讽刺虽然常常有效地惩罚狂热的家伙，但它也以同样毫不宽容的态度诋毁着最高贵的情感。文化远没有给我们带来自由，它于我们身上培育起来的每一种力都只是引发出一种新的需要。物质枷锁的束缚让人越来越恐惧，以至于怕失去什么的畏惧甚至窒息着火热的改良的冲动，以至于被动地顺从这个准则被视为最高的生活智慧。于是，我们看到，时代精神在虚伪与粗野、不自然与纯自然、迷信与道德的无信仰之间摇摆。仅仅是坏事之间的平衡还偶尔地限制着这种精神。

第六封信

……

正是文化本身给现代人造成这种创伤。只要一方面经验的扩大和思维的更加确定使对科学进行更加严格的区分成为必需，另一方面更为错综复杂的国家架构使更加严格地划分各种等级和职业成为必需，那么人的天性的内在联系就被撕裂了，一种破坏性的纷争分裂了原本处于和谐状态的力量。现在，直观的知性和思辨的(spekulativ)知性敌对地位于其各自不同的领域，开始用猜疑和嫉妒守护着各自领域的界限。人们把自己的影响力限制在一定的范围里，凭借该范围人们在内心中把自己交付给一个主宰，而这个主宰经常是以压制其他的天资为己任。一方面，过于旺盛的想象力将知性辛劳开垦出的庄园变成一片荒芜，另一方面，抽象精神又在消耗着那本来可以温暖心灵和点燃想象的火焰。

政府的新精神使艺术和博学在人的内心世界所引发的分裂变得全面和普遍。当然我们并不期望，古代共和国的简单的组织比古代单纯的风俗习惯存在得更久远。然而，这种简单的组织并没有向上变成更高级的富有活力的生活，而是沦为粗糙的机器。在古希腊的城邦里，每一位个体都享有独立的生活，如有必要他们又能成为整体。现在，希腊国家的这种水螅性(Polypennatur)让位于一架结构复杂的钟表，在那里，机械的生活用无限多的、但没有生命的部分拼凑着自己。如今，国家与教会、法律与习俗都被撕裂了，享受与劳作、手段与目的、努力与报酬都被分开了。人只是永远地被束缚在整体的一个孤零零的小碎片上。人只有把自己塑造成一个碎片。他耳朵里听到的永远只是被他推动的那个齿轮所发出的单调的嘈杂声，他从不发展他基于其本质的和谐。他不是把人性印入其天性，而是把自己仅仅变成其职业和知识的印痕。尽管那个可怜的、残缺不全的部分还把单个的零件联结到整体上，但它和自发的形式并没有什么关系(因为人们怎能相信一架人工的和畏光的钟表会拥有形式的自由呢?)。自发的形式被细致、苛刻的表格规约。在这个表格里，人们的自由洞见被束缚。死的字母代替鲜活的知性(Verstand)，被训练的记忆力比天才和感受力更可靠地引导着人们。

如果社会把职位当作衡量人的标准；如果它尊重一位公民是因为其记忆力，尊重另一位公民是因为其表格式的知性，尊重第三位公民是因为其机械技能；如果它一方面不管性格的差异只强硬地要求知识，而另一方面又为了秩序的精神和守法的行为就原谅人们对知性的最大的掩盖；如果它同时知道如何让这些单个的技能发展到一个主体在广度上能被允许的巨大的强度，——那么，为了护理那个能带来荣誉和报酬的单个技能，而忽略人的其他天资，就不会令我们感到惊奇……

……

第九封信

……

艺术与科学一样，它们超然于具体的东西和人类的习俗所带来的东西，两者都拥有对人的专断的免疫力。政治立法者可以封锁科学与艺术的领域，但他不能在其中统治。他可以驱逐爱好真理之人，但真理却依旧存在；他可以贬低艺术家，但他不能伪造艺术。科学与艺术两者都尊重时代精神，创造性的趣味从判断性的趣味那里接受法则，这都是再平常不过的事情。在性格变得紧绷和冷酷的地方，人们就会看到，科学严守其界限，艺术则置身于规则的沉重羁绊之中；在性格松弛无力和涣散的地方，科学就竭力取悦人，艺术就竭力娱乐人。整整几个世纪以来，哲学家和艺术家就表明他们的任务是把真和美注入普通大众的心灵深处。哲学家和艺术家在世间沉没，而真与美却以其不可毁灭的生命力在斗争中胜利地向上发展。

……

但是，艺术家如何防范从各个方面包围他的时代的腐败？当他蔑视时代的判断的时候，艺术家应当向上寻求尊严和法则，而不是向下寻求幸福和需要。他应当抽身于那种乐于在易逝的瞬间留下其痕迹的虚夸的“经营”，也远离那种急不可待地要把绝对尺度运用到贫乏的时代产物上的狂热，他应当把现实的领域还给知性，而努力地从可能与必然的联系中创造理想。他应当在幻觉和真理中铸造这一理想，把这一理想铸造进他的想象力的游戏和他严肃的行为中。艺术家应当用所有的感性的和精神的形式来铸造这一理想，并且不声不响地把它投入无限的时间之中。

……

在时代从各方面进行阻抗的情况下，热爱真和美的青年人想从我这儿得知，他胸中高尚的冲动如何才能被满足。我的回答是：同你的时代一起生活，但不做它的产物；给予你同时代人他们所需要的东西，而不是他们所赞美的东西。你虽不曾参与他们的罪责，却要以高尚的忍让分担他们所遭受的惩罚，自由地俯身于他们既艰难舍弃又艰难承担的枷锁。以不可动摇的勇气鄙弃他们的幸福，用这种勇气你将向他们证明，你并不是出于怯懦才承担他们的苦难。你若要影响他们，那么你就得思考他们应该是什么样；你若要代替他们行动，那么你就得思考他们是什么样。通过他们的尊严寻求他们的赞同，视他们的幸福为无价值的，这样，你自己的高贵将唤醒他们的高贵，而他们的无价值将不会毁灭你的目的。你的原则的严肃性会把他们从你这里吓走，然而在游戏中他们却可以忍受这些原则。他们的趣味比他们的心灵更纯洁，在这里你必须抓住那个怯懦的逃跑者。冲击他们的生活准则将是徒劳的，咒骂他们的行为也将是白费工夫的，但是你可以在他们悠闲的时候试试你的创造力。你要把任性、轻浮和粗野驱赶出他们的娱乐活动，从而你也会潜移默化地把这一切从他们的行为中，并最终从他们的思想中驱除出去。无论你在何地遇到他们，你都应当以高尚的、伟大的、富于精神的形式以及杰出事物的象征包围他们，直到闪光的假象(Schein)战胜现实，艺术战胜自然为止。

第十二封信

为了完成这双重的任务——让我们身内的必然转化为现实，让我们身外的现实臣服于必然的规律——，我们受着两种反向力的驱使。由于这两种力推动我们去实现其各自的客体(Object)，人们就非常恰当地称它们为冲动。这两种冲动中的第一种，我想称它为感性冲动，它源于人的肉体存在或者说是人的感性天性，它的职责是把人置入时间，让人变成物质，而不是赋予人物质，因为赋予物质已经属于人格的自由行动，该行动接收物质并把自己(那个持存者)同物质区分开。然而，在这里物质无非就是变化，或者叫作实在，它充实时间；因此，感性冲动要求变化，要求时间拥有一个内容。这个仅仅被充实的时间所形成的状态叫作感觉，只有借助这种状态肉体存在才得以显示。

存在于时间之中的事物都是前后相继的，因此某物的当下存在就把其他的一切可能之物都排除在外了。当人们在一件乐器上弹奏某个音时，那么该乐器可能发出的所有音中仅仅这个音是现实的。当人感觉着当下时，那么他的无限的可规定性就被限制在这唯一的存在方式上(当下的存在)。因此，凡是感性冲动发生影响的地方，最高程度的限制就必然存在；人在这样的状态中仅仅是一个度量单位，是时间的一个充实了内容的瞬间——或者更确切地说他只是一个被感觉支配、被时间拖曳着前行的存在，因为他的人格性在此期间已经被废弃。

……

两种冲动中的第二种，人们可以称之为形式冲动(Formtrieb)，它源于人的绝对存在，或者说人的理性天性。形式冲动竭力使人自由，让人的各种不同的显现(Erscheinen)得以和谐，让人在所有的状态变化的情况下保持住自己的人格。因为人格作为绝对的、不可分的统一体是绝对不能包含矛盾的，因为我们永远是我们，因此这个坚决要求保持人格性的冲动，除了它必然永远要求的东西以外别无他求；它当下的决断就是永恒的决断，当下的命令就是永恒的命令。因此，形式冲动包含着时间的整个序列，也就是说，它扬弃了时间和变化；它要求现实的事物是必然且永恒的，它要求永恒和必然的事物是现实的，换言之，它要求真理和正义。

如果说第一种冲动只是制造各种情况，那么，第二种冲动就是提供法则——当关涉知识时，它提供的是适用于每个判断的法则，当它关涉行动时，它提供的是适用于任何意志的法则。无论是我们认识一个对象，给我们主体的一种状态赋予客观有效性，还是我们从知识出发实施行动，把客观之物作为规定我们的状态的依据——在上述两种情况下，人们都是把这种状态从时间的决断中夺回来，承认它对一切人和一切时代都具有实在性，也就是说，承认其普遍性和必然性。感觉仅仅能够说：对这个主体和在这个瞬间来说，这是真的。但另一个瞬间，另一个主体可能到来，并收回对当下感觉的判断。然而，当思想说：是这样，那它就是在做出永恒的决断，其判断的有效性是用能抵挡一切变化的人格性本身来保证的。偏好只能说：对于你这个个体和你当下的需要来说，这是好的。但变化会带走这个个体和你当下的需要，并会让你现在热烈追求的东西变成你将来讨厌的对象。可是，当道德感情说：应该这样，那它就是做出了永恒的决断。如果你承认真理，因为它就是真理，如果你实践正义，因为它就是正义，那么，你就已经视一件个别事件为一切事件的法则，你就把你生活中的一个瞬间当作永恒来对待了。

……

第十四封信

……

……“人不应当靠牺牲其实在去追求形式，也不应当靠牺牲形式去追求实在；他更应当通过一种特定存在去追寻绝对存在，通过一种无限存在去寻求特定存在。他应当立于一个世界的对面，因为他是人格；他应当是人格，因为有一个世界立于他对面。他应当感觉，因为他意识到自己；他应当意识到自己，因为他在感觉。”——只要人只是在满足两个冲动中的一个，或者只是接续地满足这两个冲动，那么他就永远无法经验“他是真正符合这个理念的、因此在该词的完整意义上的人”。因为，只要人只是在感觉，那么他的人格或绝对存在对他来说就永远是个秘密；同样，只要人只是在思维，那么他在时间中的存在或他的状态对他来说就永远是个秘密。然而，如果存在这样的情况：人同时拥有双重经验，就是说他既意识到自己的自由又感觉到自己的存在，他既感觉到自己是物质，又同时认识到自己是精神，那么在这样的情况下，而且绝对地仅仅在这样的情况下，他才拥有一个对人性的完整的直观，并且那个让他获得这个直观的对象可以作为他那已经实现的规定的一个象征服务于他，因此(因为该规定只有在时间的整体中才能实现)也就可以作为无限的一种表达服务于他。

如果我们提前假定，这类情况能够在经验中出现，那么它就会唤起内心的一种新的冲动，而且正因为上述两个冲动在它之中联合作用，所以分开来看，它与上述两个冲动中的任何一个都是对立的，所以人们有理由称它为新的冲动。感性冲动要求变化，要求时间具有一个内容；形式冲动要求废弃时间，不要求变化。因此，这两个冲动在其中联合作用的那个冲动，即游戏冲动(请允许我先称它为游戏冲动，后面我再论证它)所指向的目标，就是在时间中扬弃时间，让生成和绝对存在相协调，让变化与同一性相协调。

感性冲动要求自己被规定，它要接受它的客体；形式冲动要求自己去规定，它要创造它的客体。游戏冲动则力争像自己在创造一样去接受，像感官致力于接受一样去创造。

感性冲动从它的主体中排除一切自我活动和自由，形式冲动从它的主体中排除一切依附性和受动。排除自由是物质的必然，排除受动是精神的必然。因此，两个冲动都强制心灵，感性冲动通过自然法则，形式冲动通过理性法则。因此，结合两个冲动的游戏冲动将同时从精神方面和物质方面强制心灵。然而，因为游戏冲动扬弃一切偶然性，它也将扬弃强制，从而使人在精神和物质两方面都得到自由。如果我们怀着激情去拥抱一个理应被鄙视的人，那么我们就难堪地感受着自然对我们的强制；如果我们敌视一个我们必须尊敬的人，那么我们就难堪地感受着理性对我们的强制。但是，一旦一个人既赢得我们的爱慕，又赢得我们的尊敬，那么感觉的强迫以及理性的强迫都将不复存在，我们就开始爱他，也就是说，我们同时和我们的爱慕与尊敬一起游戏。

感性冲动在物质方面强制我们，形式冲动在精神方面强制我们；感性冲动让我们的形式特性变成偶然的，形式冲动让我们的物质特性变成偶然的，这就意味着，我们的幸福同我们的完善是否一致，是偶然的。然而，联合这两个冲动的游戏冲动同时让我们的形式特性和物质特性、我们的完善和幸福成为偶然的。正因为游戏冲动让这两者都成为偶然的，又因为随着必然性偶然性也不复存在，它在这两者之中又扬弃偶然性，故此，它把形式带进物质之中，把实在带进形式之中。同样，通过夺去感觉和热情的强有力的影响，游戏冲动就可以让它们同理性理念相一致；通过消除理性法则的道德强制，它就可以让理性法则同感官的兴趣和解。

第十五封信

……

感性冲动的对象，用一个通常的概念来表达，就是最广义的生活(Leben)，这个概念指称一切物质存在以及一切直接呈现于感官的当下之物。形式冲动的对象，用一个通常的概念来表达，就是在本真和非本真意义上的型式(Gestalt)，这个概念包含事物的一切形式特性以及事物和思维力的一切关系。游戏冲动的对象，用一种通常的图式来展示，可以叫作活的型式(Lebende Gestalt)，人们用这个概念表示现象的一切审美特性，一句话，人们用它表示最广义的美。

通过上面的解释——如果它算是一种解释的话——，美既不扩展到生物界的全部领域，也不只局限于这个领域。一块大理石尽管是而且永远是无生命的，但通过建筑师和雕刻家，它同样可以变成活的型式；而一个人尽管活着，并且具有型式，但如果仅仅如此，他还远不是活的型式。要成为活的型式，就需要他的型式是生活，他的生活是型式。只要我们仅仅是在思考他的型式，那么这个型式就不是活的，它就是纯粹的抽象；只要我们仅仅在感觉他的生活，那他的生活就是无型式的，是纯粹的印象。只有当他的形式在我们的感觉里活着，并且他的生活在我们的知性中获得形式时，他才是活的型式；而且无论何地，只要我们判断他是美的，情况就总是如此。

我们能够给出在其统一中产生美的组成部分，但是美的起源还是一点也没有得到解释，因为解释美的起源要求人们了解这种统一本身，而这种统一，就像所有有限与无限的交互关系一样，我们是永远无法探究的。理性出于先验的理由提出这样的要求：应在形式冲动与物质冲动之间有一个共同体(Gemeinschaft),它就是游戏冲动,因为只有实在与形式的统一、偶然与必然的统一、受动与自由的统一才完满实现人性的概念。理性必然会提出上述要求,因为理性根据其本质就是极力要求完满并排除一切限制。然而,单一的感性冲动或形式冲动都不准许人的天性完满实现,它们都在人的天性中建立起一种限制。只要理性做出断言:人性应当存在,那么理性因此也就提出了这样的法则:美应当存在。经验能够告诉我们是否有美,而且一旦经验教导了我们,我们就将会知道,人性是否存在。然而,美如何可能,人性如何可能,理性和经验都无法教给我们。

我们知道,人既不只是物质,也不只是精神。因此,作为人性的完满实现,美不可能是绝对纯粹的生活,就像那些过于死板地依靠经验证据的、敏锐的观察家所主张的那样,并且,时代的趣味很乐于把美降低到这种地步;美也不可能是绝对纯粹的型式,就像那些远离经验、进行抽象思辨的哲人和那些在解释美时完全让艺术的需求引导自己的、进行哲学思考的艺术家所判断的那样。美是两个冲动的共同客体,即美是游戏冲动的客体。语言的用法为“游戏”这个名称进行了完美的辩护,因为人们用“游戏”这个词表示一切在主观和客观上都不是偶然的、内在地和外在地都不进行强制的东西。在对美的事物的直观中,心灵处在法则与需要之间的一种幸福的中间位置,正因为它处于二者之间,所以它摆脱了它们的强迫。物质冲动和形式冲动在自身的要求方面都是严肃的,因为在认识时,物质冲动与现实性相关,形式冲动与事物的必然性相关;在行动时,物质冲动以维持生命为目的,形式冲动以保持尊严为目的,即它们以真实与完善为目的。一旦尊严介入,生命就变得无足轻重,一旦偏好在吸引,义务就不再是强制性的;同样,一旦事物的现实性、物质的真实性同形式的真实性、必然的法则相遇,心灵就变得更加自由、平静地接受事物的现实性、物质的真实性;一旦直观伴随着抽象,心灵就不再由于抽象而感到紧张。总之,当心灵与理念相结合,一切现实的东西都失去它的严肃性,因为它们变小了;当心灵与感觉相遇,必然的东西就放下了它的必然性,因为它们变轻松了。

然而,你也许早就想反驳我,把美视为纯粹的游戏,这难道不是在贬低美,难道不是把美同那些向来拥有游戏之名的轻浮的对象看成是一样的吗?把作为文化之工具的美局限于纯粹的游戏,这难道不是与美的理性概念以及美的尊严相矛盾吗?游戏即使摒弃了一切审美趣味也可以存在,把它仅仅局限于美,这难道不是与美的经验概念冲突吗?

我们已经知道,在人的所有状态中,正是游戏而且仅仅是游戏才让人成为完全的人,并且同时地发展着人的双重天性。这样一来,那么到底什么是纯粹的游戏呢?你根据你对这个问题的设想,被你称作限制的东西,我却按照我的已经通过证据加以辩护的观点称它为扩展。因此我更愿反过来说,对于快适、善、完美,人具有的只是严肃,但他对于美却是在游戏。当然,我们不能一提到游戏,就立刻想起现实生活中(通常只是)以非常物质性的对象为目标而进行的那些游戏。在现实生活中寻找这里所谈及的美也是徒劳的。实际存在的美同实际存在的游戏冲动是等值的。通过理性提出的美的理想，游戏冲动的理想也就被给出，人在他的所有游戏中都不应该忘记这个理想。

如果人们在为满足他的游戏冲动而选择的道路上去追寻他的美的理想，那么他绝不会犯错。如果说希腊各部族在奥林匹亚的竞争游戏中通过不流血的力量、速度、灵巧的竞技，以及更加高尚的智力竞赛来愉悦自己，而罗马民族却通过一个倒在地上的格斗士或他的利比亚对手的垂死挣扎给自己取乐，那么仅根据这一点我们就会理解，为什么我们必须在希腊，而不是在罗马寻找维纳斯、朱诺以及阿波罗的理想型式。理性说：美的事物不应当是纯粹的生活，也不应该是纯粹的型式，而应是活的型式。活的型式就是美，因为它向人颁布绝对的形式性和绝对的实在性的双重法则。于是理性也做出断言：人同美只应游戏，人只应同美游戏。

因为说到底，只有当人是完全意义上的人时，他才游戏；只有当人游戏时，他才完全是人。也许，此刻这句话显得似是而非，不过，一旦我们把它运用到义务和命运的双重的严肃上去，它就会获得巨大且深刻的意义。我向你保证，这句话将支撑起整个审美艺术以及更为艰难的生活艺术的大厦。其实，这句话也只在科学中才令人感到意外，而在最有教养的希腊大师的艺术和情感中早已存在并发生作用，只不过希腊人把本应在地上实施的事情移到奥林匹斯山上罢了。以这一句话包含的真理为指导，希腊人不仅让使凡人的面颊布满皱纹的严肃和劳作从幸福的群神的额头上消失，也让使空洞的脸面变得平滑的无意义的快乐从他们的额头上消失。他们把这些永远知足者从每一个目的、义务、忧虑的枷锁中解放出来，让悠闲和淡泊成为值得羡慕的神境的命运。这里的命运只是为了表达最自由、最崇高的存在而使用的一个更适合人类的名称。无论是自然法则的物质压迫，还是伦理法则的精神压迫，都由于希腊人对必然的更高的概念而不见了，这个概念同时包含着两个世界，而真正的自由就产生于这两个世界的必然性的统一。受这种精神的鼓舞，希腊人把所有意志的痕迹，同时连同偏好，从他们理想的面部表情中抹去，或者换言之，使两者都无从辨认，因为希腊人懂得把这二者于最内在的联系中结合在一起。朱诺·路多维希的那张美妙的脸向我们诉说的既不是妩媚也不是尊严，不是二者中的一个，因为她同时具有妩媚和尊严。女神要求我们崇敬，同时神一般的女子又点燃着我们的爱；我们融化于天上的娇丽，然而天上的那种淡泊的精神又吓得我们回避。这个完整的型式就安静地居住于其自身之中，是一个不可分割的创造，好像它位于空间的彼岸，没有让步、也没有阻抗；这里没有和其他诸多力量相斗争的力量，也不存在时间性能够闯入的空白。我们一方面无可抗拒地被感动、被吸引，另一方面又被保持在远观的位置上，于是，我们就同时处于最安宁和最激动的状态，于是就产生了那种奇异的、知性对其没有概念、语言对其没有名称的感触。

第十六封信

上面我们已经看到，美是从两个对立冲动的交互作用中、在两个对立原则的结合中产生的，因而美的最高理想就必须于实在和形式的尽可能完美的结合和平衡中寻找。但是这种平衡永远只是理念，在现实中这个理念是绝对不可能达到的。在现实中总会是一个因素胜过另一个，经验能做到的，最多也只是在两个原则之间晃动，因此，有时实在占优，有时形式占优。理念中的美却永远只是一种不可分割的单一的美，因为只可能存在唯一的一种平衡；而经验中的美则永远是一种双重的美，因为在晃动时平衡会以双重的方式，即以要么偏向这一边和要么偏向那一边的方式，被打破。

……从美那里，人们可以同时期待一种松弛(auflösend)作用和一种紧张作用。松弛作用就是让感性冲动与形式冲动各自驻留在自己的界限内，紧张作用就是让感性冲动和形式冲动它们都保持着自己的力。但是根据其理念，美的这两种起作用的方式，从根本上来说只应该是唯一一种方式。美应该通过让两种天性同样地紧张起来的方式起松弛作用；美应该通过让两种天性同样地松弛下来的方式起紧张作用。这也是交互作用这个概念的推论，按照这个概念，这两个部分必然同时互为条件又互相制约，它们最纯洁的产物就是美。但是经验没有提供任何一个如此完美的交互作用的例子，而是随时都或多或少地存在这样的情况：“过”给“不及”提供根据，或者“不及”给“过”提供根据。因此，那些在理想美中的只在设想中不同的东西，而对于经验美来说，它们就是经验中不同的存在。尽管理想美是不可分割的、单一的，但在不同关系中却同时展示着溶解的和振奋的特性，与此对应，在经验美中就有溶解性的美和振奋性的美。情况就是如此，并且在所有置绝对者于时间的限制之中的地方，情况都将是如此，在理性理念应该在人性中实现的地方，情况也都将是如此。于是，反思的人思考的是美德、真理、幸福，而行动的人仅仅是实践各种美德，把握各种真理，享受幸福的日子。从后者回溯到前者，从各种习俗回溯到品德，从各种知识回溯到理解力，从各种幸运回溯到幸福，这是物质和道德教育的职责；把各种美变成一种美，这是审美教育的任务。

振奋性的美几乎不能防范人有某些粗野与冷酷的痕迹，正如溶解性的美不能保护人免遭某种程度的软弱和枯竭一样。因为振奋性的美的作用是在物质和精神方面使心灵紧张，增加它的弹性，于是很容易发生这样的情况：气质和性格的阻抗减少着人们对印象的感受；较为温柔的人道受到本来只应针对粗野天性的压制；粗野天性却分享着本来只有自由人才应得到的力量的增加。因此，在力量与(物质)丰富的时代，人们看到真正的伟大与狂妄冒险携手前行，思想的崇高和最可怕的激情爆发相伴而生；因此，在规则与形式的时代，人们将发现自然既受控制也受压制，既被超越也被欺辱。因为溶解性的美的作用是在精神与物质方面使心灵松弛，所以又容易出现这样的状况：情感的能量被欲望的暴力窒息；性格却分担着本来只应针对激情而设的力量的减损。所以，在所谓的文雅化了的时代，人们会常常看到，柔和蜕化成软弱、博大蜕化成肤浅、准确蜕化成空洞、自由蜕化成任性、轻快蜕化成轻浮、冷静蜕化成冷漠以及最可憎的漫画与最庄严的人性比邻而立。受物质的或者受形式强迫的人需要溶解性的美，因为他在开始感受和谐与优美之前，早已被伟大和力所触动。审美趣味温和的人需要振奋性的美，因为他在文雅化的状态中太容易丧失一种他从粗野状态中带来的力。

……

因此，我将在我下面的研究中，把自然在审美视角下和人一起所走的道路当作我的道路，把美从它的各种种类提高到它的总体概念。我将在紧张的人身上检验溶解性的美的作用；在松弛的人身上检验振奋性的美的作用，从而最终让美的两种对立的种类变成理想美的统一体，让人性的两种对立的形式变成理想人的统一体。

第二十三封信

……

人们只能通过审美自由的中间状态来完成从感觉的被动状态到思维和意愿的主动状态的过渡。尽管审美状态本身并不为我们的洞见或者思想决定什么，因而它对我们的智力的和道德的价值也丝毫没有影响，但是这种状态是唯一能让我们达到洞见和思想的必要的条件。一句话，要让感性的人成为理性的人，除了首先让他成为审美的人以外，我们别无选择。

……

……对于感性的人来说，只存在一种纯粹形式，我断言，这必须通过心灵的审美状态才会成为可能的。真理并不像现实或事物的感性存在那样，能够从外界接受。真理是思维力自主且自由地创造出来的，而这种自主性和自由恰恰是感性的人所不具备的。感性的人已经(从物质方面)被规定，因而不再具有自由的可规定性。他必须首先重新获得这种已经丧失的可规定性，然后才能把被动规定替换成主动规定。然而，他要重新获得已经丧失的可规定性，只有两种途径，其一，他失去自己已有的被动规定；其二，他本身就包含着他应朝着它转化的主动规定。如果他仅仅是失去被动规定，那么他也将同时失去主动规定的可能性，因为思想需要一个物体，形式只有借助材料才能变成实在。因此，他要本身就包含着主动规定，他要同时被动地和主动地被规定着，这就意味着，他必将变成审美的人。

所以，通过审美心境，理性的自主性在感性领域就已经被打开，感觉的权力在它自己的范围之中就已经被打破，物质的人已经高贵化到这种程度，以至于从现在开始，精神的人只需按照自由的法则在精神方面发展自己。因此，从审美状态到逻辑和道德状态(从美到真理和义务)的步骤，比从物质状态到审美状态(从纯粹的盲目的生活到形式)的步骤要容易无穷多倍。从审美到道德状态，人借助他的纯粹的自由就能完成，因为他仅仅需要接受而不需要给予，只需要分隔他的天性而不需要扩大它。具有审美心境的人，只要他愿意，他的判断和行动就会普遍有效。而在一种全新的活动应该被开启的地方，自然必须让人从粗糙的物质到美的步骤变得轻松，并且人的意志对一种心境不能颁布任何命令，相反，是心境赋予了意志以存在。为了把审美的人引向洞见和伟大的思想，除了给他重要的机会以外人们什么也不用做；而感性的人要获得洞见和伟大的思想，人们必须首先改变他的天性。审美的人成为英雄和智者，只需要给他一个高尚的境遇(它最直接地对意志力起作用)，而感性的人要成为英雄和智者，人们必须首先为他们改天换日。

因此，文化的最重要任务之一，是让人在它纯粹的物质生活中也臣服于形式，让人在美的王国能够达到的范围内成为审美的人，因为道德的人只能从审美的人、而不是从物质的人发展而来。如果在任何时候人都应该具有让自己的判断和意志成为全人类的判断的能力，如果在任何一种受限的存在中人都应该发现通向无限的通道，如果从任何一种依附状态中人应该都能获取朝向自主性和自由的跃进，那么他就必须做到，他在任何时刻都不仅仅是个人，都不仅仅为自然的法则服务。如果说人应该有能力而且有技巧超越自然目的的狭窄圈子，使自己提升到理性目的的高度，那么他必须在自然目的内部为理性目的而训练，必须已经以一定的精神自由——即按照美的法则——来实行他的物质规定。

……

所以，在此——在物质生活的无关紧要的领域里——人必须开始他的道德生活。还在被动承受的时候，人就必须开始他的自主性；还在感性限制中，人就必须开始他的理性自由。人必须给他的偏好施以意志的法则，人必须——如果你允许我使用这样的表达——在材料的界限内游戏式地去打这场针对材料的战争，借此人们就不必在自由的神圣的土地上和材料这个可怕的敌人搏斗；人必须学习追求更高尚的东西，这样他就不会被迫地去怀有崇高的意愿。这一切通过审美文化都会做到。审美文化让人的任性所支配的一切(无论是自然法则还是理性法则都束缚不住这种任性)都臣服于美的法则，并在给予其外在生活的形式中开启他的内在生活。

第二十四封信

因此，不论是对于个人还是整个族类，其发展都可以分为三个不同的时期或阶段。如果说人应该实现他的全部规定，那么他必须以一定的顺序经历这三个阶段。当然，由于偶然的原因——这些原因或者是外界事物的影响，或者是人的自由任性——个别阶段可能有时延长，有时缩短，但任何一个阶段都不可能完全跃过。自然或意志也不可能颠倒这些阶段的次序。人在他的物质状态中只承受自然强力，在审美状态中他摆脱这种强力，在道德状态中他控制这种强力。

在美还没有诱导出自由的愉悦之前，在宁静的形式还没有让粗野的生活平静之前，人是什么呢？在目的上他永远是单一的，在判断上他永远是变化无常的，他自私自利却不自主、不受约束却不自由、是奴隶却不遵守规则。在这个阶段，世界对他来说只是命运，而不是对象。只有那些为他提供存在的事物才存在着，而一切既不给予也不索取的事物对他来说都根本不存在。在他面前的每一种现象都相互分隔地、单独地存在着，他自己和其他事物的关系也是这样。任何存在着的东西对他来说都是由于此刻的强力而存在，一切变化在他看来都是新鲜的创造，因为在其身内和身外都缺少把这些变化的型式联系在一个世界里的必然性，而这种必然性通过让个体消失的方式，时刻紧握法则。自然徒劳地让它那丰富的多样性在人的感官面前呈现，人在自然的宏伟的丰富中除了自己的掠夺品以外什么也看不到，在自然的强力和伟大中看到的只是自己的敌人。要么人在热望中向对象冲去，想把对象据为己有，要么是对象破坏性地向人逼来，人出于憎恶推开它。在这两种情况下，直接接触是人同感性世界的关系。人永远害怕感性世界的进逼，他无休止地受专横的需求的折磨，除了疲劳没有东西能给他安宁，除了衰竭的欲望没有东西能给他界限。

虽然提坦巨人们有强壮的胸膛
和有力的骨骼……
这是遗传，但是天神却铸造
一个铜箍环绕着他的额，
让他胆怯阴郁的目光
看不见节制、智慧、忍耐和劝告。
他的每一个欲望都化为愤怒，
他的愤怒漫无边际地渗透、逼迫。

——《陶里斯岛上的伊菲格妮》

不了解自己的人类尊严，就远谈不上在别人身上看到人类尊严；意识到自己的粗野的贪欲，就害怕每个与他相似的被造物身上的贪欲。在自己身上从来看不到他人，只在他人身上看到自己。社会没有把他扩展为类属，反而把他更紧地禁锢在他的个体之中。在这沉闷的限制中，他迷惘地过着黑暗的生活，直到一种有利的自然把材料的重压从他那变得昏沉的感官上推开，反思使他自身与事物相分离，最后在意识的反照中呈现出对象。

……

因此，理性在人身上的第一次显现，还不是人性的开始。人性将由自由决定。理性开启自己的方式首先是彻底打破人的感性依赖性的界限——我认为，这一现象的重要性与普遍性还没有得到应有的阐发。我们知道，理性在人身上是通过对绝对之物的要求(自我奠基的和必然的绝对之物)被认出的。然而，这种要求在人的物质生活的任何个别的状态中都不能得到满足，因而它就迫使人完全离开物质的东西，从有限的现实上升到理念。虽然这种要求的真正意义，是让人从时间的限制中挣脱出来，引导人从感性世界上升到理念世界，可是由于曲解(在感性占统治地位时期，这几乎无法避免)，它可能指向物质生活，它可能不是让人变得独立，而是把人推入最可怕的奴役之中。

事实也是这样的。借助想象力，人离开纯粹兽性自囚于其中的当下的狭窄限制，向前追求无限制的未来。但是，当无限在他那令人眩晕的想象面前出现时，他的心依旧生活在个别之中，仍然在为瞬间服务。在他处在兽性之中时，他要求绝对的冲动让他感到意外，因为在这种昏沉的状态中，他的一切努力都只是围绕着物质的和暂时的东西，只是局限于他的个体。于是，要求绝对的冲动只会促使他无止境地扩展他的个体，而不是脱离他的个体，促使他去追求永不枯竭的材料，而不是追求形式，促使他追求永不休止的变化以及当下生存的绝对保证，而不是追求永恒的东西。这种如若运用到人的思维与行为上面应当会导向真理与道德的冲动，现在却与人的被动承受与感觉关联在一起，于是产生无限的要求和绝对的需要。因此，人在精神王国中收获的第一批果实却是忧虑与畏惧，而这两者都是理性的作用，不是感性的作用，不过这是由于理性选错了自己的对象，把命令直接运用到材料上面去了。所有无条件的幸福体系都是这棵树结出的果实。这些幸福体系的对象可能是今天、或者是整个一生、或者是永恒(但这丝毫也不会使这些幸福体系更值得尊重)。生存与安乐的永远延续(仅仅为了生存与安乐)只不过是欲求的一种理想，因而也只能是由兽性(追求绝对的兽性)所提出的一种要求。因此，通过这种样式的理性表达，人并没有为自己的人性赢得什么，却失去了动物所具有的幸运的限定性。现在同动物相比，人仅仅是具有了一种并不值得羡慕的优点，即由于追求远方而丧失了对当下的占有，可是在整个无限的远方中他所寻找的除了当下又别无他物。

然而，即使理性没有选错自己的客体，没有提错问题，感性也会在长时间内伪造答案。只要人已经开始使用自己的知性，开始按照原因和目的来连接自己周围的现象，理性就会根据其概念去要求绝对的连接和无条件的根据。仅仅为了能够提出这样的要求，人就必须超越感性；而感性又正好利用这个要求把逃逸者再追赶回来。因此，这里就是人必须完全离开感性世界向纯粹的理性王国飞跃的那个点，因为知性永远停留在有条件的事物的范围内，它永远是不断地发问，但得不到任何终极的答案。然而，由于我们这里谈及的人还不具备这种抽象的能力，所以一切他在感性认识范围内找不到而又没有超越这个范围去到纯理性中寻找的东西，他将在情感范围内寻找，并且好像已经找到。感性虽然不给人展示自我奠基的和自我立法的东西，但感性给人展示那些不知何为根基和不尊重任何法则的东西。因为人不能通过终极的和内在的根据让发问的知性平息下来，于是他就通过“无根据”这个概念至少让知性沉默。因为人还不能把握理性的崇高的必然性，所以他停留在物质的盲目强制的范围内。感性除了获得自身的好处外没有任何其他目的，感性觉得除了盲目的偶然外没有任何其他的原因推动它，这样人就把感性的好处视为自己行动的规定者，把盲目的偶然视为世界的统治者。

甚至连人身上神圣的东西——道德法则，当它开始在感性中显现的时候，也逃不脱这种伪造。因为道德法则只是禁止、只是反对人的感性的自爱的关切，所以当人还没有达到把感性的自爱看作外在的东西，把理性的声音看作真正的自我的地步时，对他来说，道德法则就必然显现为某种外在的东西。于是，他就仅仅感到理性给他带上的枷锁，而感觉不到理性给予他的无限的自由。他觉察不到自己能作为立法者的尊严，而只感到强迫和臣仆式的无力反抗。因为在人的经验中，感性冲动先于道德冲动，于是人就给必然的法则一个时间上的开始，即一个实在的起源。通过这个所有错误中最不幸的错误，人就把自己内在的不变的和永恒的东西转化成短暂的偶然。人说服自己，把合理与不合理的概念看作规章，而这些规章是通过一种意志引入的，它们本身并不具有永恒的效力。就像在解释个别的自然现象时，人总要超越自然，并在自然之外寻找只有在自然的内在规律性之中才能找到的东西一样，人在解释道德的时候也要超越理性，并在这条道路上于寻找神性的同时失去自己的人性。难怪，如果说法律不源于永恒，并且人也不认为它们是无条件的和永恒的，那么那种以抛弃人性为代价的宗教就展示出那样一种与其相称的起源。人与之打交道的不是一种神圣的而是一种强力的存在。因此，他敬神的精神使他卑下地畏惧，而不是在自我珍视方面提升自己的敬畏。

人偏离他的规定的理想是多种多样的。尽管所有这些偏离不可能发生在同一个阶段——因为人必然要经历从没有思想到思想谬误，从没有意志到意志败坏等许多阶段——，但它们都是物质状态的随从，因为在所有这些偏离中生活冲动都胜过形式冲动。无论是理性在人身上还根本没有发声、物质的东西还以盲目的必然性统治着人，还是理性还没有纯粹到和感官分开、道德还在为物质的东西服务，在这两种情况下，在人身上唯一具有力量的原则都是物质的原则，根据其最后的倾向判断，人至少还是感性的生物，区别只是在于：在理性没有发声的情况下，人是没有理性的动物，在理性还没有和感性感官分开的情况下，人是有理性的动物。但是，人不应当是上述两种中的任何一种，人应当是人。自然不应当是支配他的独一的力量，理性也应无条件地支配他。两种立法应当彼此完全独立地存在，但又应该是完全观点一致的。

第二十五封信

只要人在他最初的物质状态中仅仅是被动地接收着感性世界，只是感觉着感性世界，那他仍旧与感性世界是完全一体的，而且正因为他自己只不过是世界，所以世界对他来说还不存在。只有当他在审美状态中把世界置于身外或观赏世界时，他的人格性才与世界分开，对他来说世界才出现，因为他已经停止和世界一起构建一体性。

观赏(反思)是人同自己的环境的第一个自由的关系。如果说欲望是直接攫取它的对象，那么观赏则是把它的对象推向远方，并且通过让对象逃离激情的方式让它成为自己的真正的、不可丧失的所有物。曾经在纯感觉状态中以不可分割的力量统治着人的自然的必然性，在反思的时候也不再纠缠人，在感官中出现了瞬间的平静，时间本身即永恒的变化停止不动，同时分散的意识的光线汇聚在一起，无限的摹像——形式——从易逝的根基中反射出光芒。一旦人身内出现光亮，他身外就不再是黑夜，一旦人身内平静下来，宇宙中的风暴也就平息，自然中各种互相争斗的力也就在稳定不变的界限中得到安宁。因此，远古的诗文把人内心的这一伟大事件描述为外在世界的一场革命，并借用结束了萨图尔努斯王国的宙斯的形象来表现思想战胜了时间的法则，就不足为怪了。

只要人仅仅是感觉自然，那他就是自然的奴隶，而一旦他思考自然，那他就立即从自然的奴隶变成自然的立法者。原来作为强力统治他的东西现在于他评判的目光面前成了客体，而一切对他来说是客体的东西，都不再具有统治他的力量，因为要成为客体，它必须经历人对其施加的影响。在人赋予物质以形式的范围内，并且只要人赋予形式，那么物质的作用就伤害不了人，因为任何东西除了夺去精神的自由外都不能伤害精神，而精神给无形式的东西以形式，从而证明它自己的自由。只有在沉重的和无定形的物质占统治地位的地方，于模糊的轮廓在不确定的界限内摇摆之处，畏惧方才有它的地盘。自然中任何令人惊惧的东西，只要人知道如何给它以形式，把它转化成自己的客体，人就胜过了它。于是，人开始面对作为现象的自然宣称他的自主性，面对作为强力的自然宣称他的尊严，并以高尚的自由反对自然的众神。众神扔掉了他们用以威吓处在童年期的人的面具，变成了人所设想的样子，以人的形象去惊吓人。以野兽般的盲目的力量管辖世界的东方的神怪，在希腊人的幻想中收敛为具有人性的友好的面目。提坦巨人的王国覆灭了，无限的力被无限的形式驯服。

……

美诚然是自由观赏的作品，我们同它一起进入理念的世界——但这里必须指出，我们并没有像在认识真理时那样脱离感性世界。真理是抽象的纯粹产物，它把一切物质的和偶然的东西都分离了出去。真理是纯客体，在纯客体中，不允许保留对主体的任何限制，它是纯粹的自主性，其中不掺杂任何被动的成分。虽然存在着从最高的抽象返回感性世界的道路(因为思想会触动内在的感觉，逻辑的和道德的一体性的表象会转化为一种感性的和谐一致的感情)，然而，当我们因认识而快乐时，我们会非常精确地区分表象和感觉，会把感觉视为某种偶然的东西，它可以完全不在场，但认识不会停止，真理仍是真理。但是，如果想要把对感觉能力的这种关系同对美的表象分离开来，那将是徒劳之举。因此，仅仅把一个看作另一个的结果是不充分的，我们必须把这两者同时并且交互地看作结果和原因。当我们因知识而感到快乐时，我们就轻松地分辨出从主动到被动的过渡，并且清楚地看到情感开始、反思消失。相反，当我们因美而感到愉悦时，我们就不能分辨出主动与被动之间的这种更替，在这里反思与情感完全交融在一起，以至使我们以为在直接地感觉着形式。虽然美对我们来说是对象，因为反思是条件，在反思作条件下我们才对美有一种感觉；但同时美又是我们主体所拥有的一种状态，因为情感是条件，在情感条件下，我们才对美有一种表象。美虽然是形式，因为我们观赏它；但它同时又是生活，因为我们感觉它。总之，美既是我们的状态又是我们的行为。

正因为美同时是两者，它就确凿地证明了被动并不排斥主动，材料并不排斥形式，局限并不排斥无限——因而人的道德自由绝不会因为他的必然的物质依附性而被消除。美证明了这一点，而且我还要补充说，只有美才能向我们证明这一点。当人们享受真理或逻辑一致性的时候，感觉并不必然地与思想一体，而是偶然地跟随着思想，于是真理就只能向我们证明存在这样的可能：感性天性会随着理性天性到来，或者反过来，但它不能证明这两种天性是并存的，不能证明它们交互影响，不能证明它们可以绝对且必然地合为一体。相反，思考会排斥情感；感觉会排斥思考。这样的排斥的推论就是这两种天性不能兼容，因而分析家们为了证明纯理性在天性中的可实现性，除了反复说纯理性是“命令”以外，的确再也提不出任何更好的证据。然而，当享受美或享受审美统一体时，在材料与形式之间、被动与主动之间发生着一种真正的统一和替换，这恰好证明了这两种天性的可相容性，无限在有限中的可实现性，从而也证明了最高尚的人性的可能性。

通过美，道德自由同感性依附是完全可以共存的，并且人为了表明自己是精神也无须脱离物质，因此我们也不再为找不到一个从感性依附到道德自由的过渡而不知所措了。如果人在感性中就已经是自由的，如美的事实所教导的那样，如果说自由是某种绝对的和超越感性的东西，如它的概念所必然规定的那样，那么，人是如何从限制上升到绝对，是如何在他的思考和意愿中对抗感性，就不再可能是问题了，因为这一切在美之中已经发生。总之，人如何从美过渡到真理，再也不可能是问题，因为真理按其能力已在美之中；问题只是，人如何为自己开辟从粗鄙的现实走向审美的现实、从纯粹的生活感走向美感的道路。

第二十六封信

……

是什么现象宣告野人进入人性？不管我们对历史的研究深入何种地步，这个现象在所有脱离了动物状态的奴役生活的民族中都是一样的：对假象的喜欢、对装饰物与游戏的偏好。

最高的愚蠢与最高的知性彼此间有某种相似，两者都只是寻找实在，对纯粹的假象没有什么感觉。只有通过客体在感官中的直接出现才会打破愚蠢的静态，只有通过把知性的概念带回到经验才会使知性恢复静态。总之，愚蠢不能被提升到现实之上，知性不能在真理之下永远停止不动。在愚蠢那里，想象力完全匮乏，在知性这里，想象力完全统治。因此，只要对实在的需要和对现实的依附仅仅是由于匮乏而造成的后果，那么对实在的不动心与对假象的兴趣就是人性的真正扩展和走向文化的一个决定性的步骤。首先，这证明了外在的自由，因为只要强制在统治、需求在逼迫，想象力就被牢固地束缚在现实上面；只有当需求得到满足，想象力才发展出其不受约束的能力；其次，这也证明了内在的自由，因为这让我们看到一种力，它不依赖外在的材料，而是靠自己本身就可运动起来，并具有足够的能量抵挡进逼的物质。事物的实在性是(事物)自己的作品，事物的假象则是人的作品。一个欣赏假象的心灵，已经不再以他被动接受的东西为快乐，而是以他主动创造的东西为快乐。

……

是自然本身让人从实在提高到假象，它给人配备了两个使人仅仅通过假象就能认识到现实的东西的感官——耳朵和眼睛。在耳朵和眼睛里，逼迫性的物质已从感官中被排除，我们在动物性感官中直接感触到的客体已离开我们。我们用眼睛看到的东西不同于我们感觉到的东西，因为知性越过光亮走向对象。触觉的对象是我们遭受的强力，眼睛和耳朵的对象则是我们自己所产生的形式。只要人还是野人，他就只靠触觉感官来享受，而假象感官在这个时期只为触觉感官服务。人要么根本不把自己提升到观看，要么不满足于观看。只要他开始用眼睛享受，并且对他而言观看获得了独立的价值，那么他已经是审美自由的，游戏冲动就已经展开。

以假象为快乐的游戏冲动一旦发生，模仿的造型冲动就紧跟而来，这种冲动把假象当作某种独立的东西对待。一旦人发展到能区分假象与现实、形式与物体的地步，他也就能够把形式与物体分离开来。因此，人同时被赋予了模仿艺术的能力和形式的能力。对形式的追求是以另外一种素质为基础的，这里我就无须赘述了。审美的艺术冲动发展得早与晚，只取决于那种借此人能够逗留于纯粹假象的爱的程度。

既然一切现实的存在都源于作为外来强力的自然，而一切假象都源于作为有表象能力的主体的人，那么当人从实体中取回假象，并按照自己的法则来操作假象时，他只不过是在运用其绝对的所有权罢了。凭借不受任何约束的自由，人能够把自然分开的东西连接在一起，只要他能对此进行综合思考；同样他也能把自然连接在一起的东西分开，只要他能在知性中对此进行分隔。只要人注意的仅仅是把他的领域同事物的存在或者说自然领域划分开来的那个界线，那么对他来说唯一神圣的就只能是他自己的法则。

在假象的艺术中，人也行使这种统治权。“我的”和“你的”被人区分得越严格，型式与实体被人分离得越仔细，并且型式获得越多的独立性，美的王国就越发地被扩大，并且甚至真理的界限就被守得越严，因为如果他不让现实脱离假象，那么他也就不可能把假象从现实中消除。

……

仅当假象是正直的(它明确地放弃对实在的一切要求)，并且仅当它是自主的(它不需要任何来自实在的帮助)，那么它才是审美的。一旦假象是虚假的，并且捏造实在，一旦它不是纯洁的，它需要实在以发生作用，那么假象就只不过是为达到物质目的的一种拙劣的工具，一点也不能证明精神的自由。顺便提及，如果我们对美的假象下判断时根本不顾及实在性，那么“一个在其上我们发现美的假象的客体应该不具有实在性”的说法就是完全没有必要的，因为只要它顾及实在性，那它就不是审美判断。一个活着的美人和同样美的、但是被画出的美人相比当然同样会使我们喜欢、甚至让我们更喜欢，但是只要她让我们更喜欢，那么她就不再是作为自主的假象令我们喜欢，不再让纯粹的审美感情喜欢。对于审美感情来说，有生命的东西也只能作为现象出现，现实的东西也只能作为理念出现。不过，和“不让假象有生命”相比，“在有生命的东西当中只感觉到纯粹的假象”所要求的美的修养程度要高很多。

……

第二十七封信

……我们不必过多地担心，这里所论及的假象会对现实有什么危害；我们更应担心的是现实对假象的危害。长期以来，在人承认于理想的艺术中假象有一专属的人格性以前，人一直被束缚在物质上面，他一向只让假象为物质目的服务。对于承认假象有一专属的人格性来说，人需要在整个感觉方式中来一场彻底的革命，没有这个革命，他甚至不会找到通往理想的道路。因此，凡是在我们发现纯粹假象的无利害的鉴赏的痕迹的地方，我们就能推断出在人的天性中已发生了这样一场变革，人性已经真正开始。实际上，在人为美化自己的生存而进行的最初的粗糙尝试中，这类痕迹已经存在。这些尝试自身则有如下风险，即在感性内容方面人可能会恶化自己的生存。一旦人开始更加重视型式而不是材料，并敢于为假象(不过他必须认出这是假象)而牺牲实在，那么他的动物性的圈子就被打开，他就置身于一条无垠的道路。

仅仅满足自然与需要所要求的东西，已不能使人满足，他还要求存在剩余。当然，为了向欲望掩藏其局限，为了保证享受超出当下，最开始只是要求物质的剩余。然而，为了也能满足形式冲动，为了把享受扩大到任何需要的范围之外，不久他就要求在物质剩余之外还要有审美附加物。在人仅仅为了将来的使用而储备，并在想象中预先享受这些储备的时候，他虽然超越了当下，但并没有超越时间本身的界限；他的享受增多了，但享受的内容没有变。可是，当他同时也在享受型式并且关注对象的形式的时候，他的享受不仅在范围和程度上提高了，而且在方式上也高尚化了。

当然，自然赋予无理性动物的东西也超过其生计所需，并在昏暗的动物生活中撒下一线自由的微光。如果狮子不受饥饿折磨，同时没有别的猛兽向它挑战，那么它的闲置的强壮就要给自己创造一个对象；雄壮的狮吼声震沙漠，在无目的的消耗中，狮子旺盛的精力在自我享受。昆虫在太阳的光线中飞来飞去，就是我们听到的鸟儿发出的悦耳的鸣叫，也肯定不是欲求的呼声。人们不能否认，在这些行动中存在着自由，但这不是完全摆脱了需求的自由，这只是摆脱了某种特定的、某种外在需求的自由。如果动物活动的推动力是匮乏，那么它就是在劳作；如果这种推动力是力量的富余，也就是说，是剩余的生命在刺激它行动，那它就是在游戏。甚至在无灵魂的自然中，也有这样一种力的奢华和规定的松弛。在物质的意义上，人们完全可以称其为游戏。树生长出无数的芽孢，它们还没发育就凋谢了；它伸展出比维持其个体和种属所需的更多的用以吸收养分的根、枝、叶。树木的大量的东西没有使用过，也没有享受过就还给了原始的自然王国，而有生命的生物却会在欢快的活动中把这些东西加以挥霍。于是，自然在其物质王国中给予我们一个无限之物的预演，在此它就部分地扬弃了只有在形式王国中才可以彻底予以解除的羁绊。自然从需求的强制或物质的严肃发端，通过剩余的强制或物质游戏，过渡到审美游戏。在自然于美的高拔的自由中超越一切目的的束缚以前，它至少已经在既是目的又是手段的自由运动中接近了这种独立性。

像身体的器官一样，人的想象力也有它的自由运动和物质游戏，在这种游戏中想象力和型式无关，只是因任性和不受束缚而快乐。只要没有任何形式的东西混入这种幻想游戏，并且一个不受约束的画面序列就是幻想游戏的全部魅力，那么这种幻想游戏就仅仅属于人的动物生活，它仅仅证明人已从一切外在的感性强制中解放出来，但还不能由此推断出在人身上已有一种独立的造型力，尽管这种游戏也只能是人所特有的。这种自由的画面序列的游戏还是物质性的，用纯粹的自然法则就可说明。但在一个自由形式的尝试中，想象力就可以从这种幻想游戏飞跃入审美游戏。我们必须把这称为飞跃，因为在这里一种全新的力在行动，因为在这里立法的精神第一次混入盲目的本能活动中，它使想象力的任意行为臣服于它永恒不变的一体性，把它的自主性置入可变的事物之中，把它的无限性置入感性事物之中。但是，只要粗野的自然还太强大，并且除了永不停歇地从一个变化转向另一个变化外不认识任何其他的法则，那么它就会通过它的不稳定的任性对抗必然性，通过它的躁动对抗坚定，通过它的贫乏对抗自主性，通过它的贪得无厌对抗崇高的简单。于是，审美的游戏冲动在它最初的试探中几乎不会被认出，因为感性冲动以其固执的无常和粗野的欲求不断地进行干扰。因此，我们看到粗糙的趣味首先抓住的是新奇的、令人震惊的、光怪陆离的、冒险的、稀奇古怪的以及激烈粗野的东西，而恰恰逃离质朴和宁静。这种趣味所创造的型式荒诞不经，它喜欢高速的变化、夸饰的形式、鲜明的对比、耀眼的光线和激昂的歌唱。在这个阶段，对人来说，只有激发他感情的和供给他材料的东西才算是美的——不过，激动是为了进行自主的反抗，供给材料是为了进行可能的创造，因为如若不然，这对人来说就不会是美的事物。于是，判断的形式就发生了显著的变化：人找寻这样的对象，不是因为它们提供给他某种必须承受的东西，而是因为它们给予他某种促使他行动的东西；这些对象讨他喜欢，不是因为它们迎合了他的某种需求，而是因为它们符合了某种法则，尽管这种法则的声音还十分微弱。

很快，人不再满意于事物令他喜欢，他要自己使自己喜欢，开始是通过属于他的东西，最后是通过他自身。一切他所拥有和他所创造的东西，都不再准许仅仅带着服务性的痕迹，仅仅带着为了目的而存在的胆怯的形式。除了此处的服务以外，这些东西同时还必须反映出思考它们的聪慧的知性、实现它们的可爱的手、选择并提出它们的明朗自由的精神。在这个时期，古日耳曼人为自己挑选更加绚烂的兽皮、更加壮观的鹿角、更加别致的角杯，古苏格兰人为他们的节日选择最好看的贝壳。甚至武器也可以不再只是令人恐惧的东西，它们也可以是讨人喜欢的东西，精工细做的剑鞘引人注目的程度并不低于杀人的剑锋。人不再满足于把审美的剩余带入必然的东西之中，于是他最终完全挣脱了最低需求的羁绊，美本身成为人追求的一种客体。人自己打扮自己。自由的愉悦被纳入人的需求之列，多余的东西很快就成了人的快乐中的最好的部分。

当形式从外部，即在人的住所、家庭用具、服装里逐渐走近人的时候，形式也终于开始占有人本身，开始只是改变人的外表，最终也改变人的内心。没有规则的欢快的跳跃变成舞蹈，没有型式的手势变成优美和谐的手语，表现感受的混乱的声音进一步发展，开始出现节拍，最终转变为歌声。特洛伊的军队像一群鹤一样带着刺耳的呼喊冲向战场，而希腊军队则是迈着高贵的步子静悄悄地接近战场。在特洛伊军队那里，我们只看到盲目的力的放纵，在希腊军队那里，我们看到形式的胜利和法则的纯朴的威严。

现在，一种更为美好的必然性把两性联结在一起，心灵的参与有助于保持这种由无常多变的欲望所建立起来的结合。脱开欲望的阴沉的枷锁，更为平静的眼睛抓住型式，灵魂关照灵魂，自私的快乐的交换变成了宽宏大度的相互爱慕。欲望本身扩大，提升为爱，于是人性溶化到欲望的对象之中；为了争取更加高贵的对于意志的胜利，感官的低廉的好处受到蔑视。愉悦人的东西需要让强者也服从于审美趣味的温柔的裁判。人可以掠夺快乐，但爱必须是赠品。要得到这一更高的奖赏，他只能通过形式而不能通过物质。他必须停止把感情作为力去感触；他必须作为现象面对知性；他必须听任自由，因为他想讨自由的喜欢。美解决了两性间的永恒对立，这是美解决天性冲突的最简单、最纯正的实例。于是，美同样也能解决复杂的社会整体中的冲突——至少可以说它的目标是力求解决这类冲突。美按照它在男性的力量与女性的温柔之间建立起来的自由结合的模式，来调和道德世界中的一切强烈与柔和的事物。这时弱的成了神圣的，而不可遏制的强反而成为缺陷，自然的不公正通过骑士风尚的宽宏大度得到改善。不能被任何暴力吓倒的人，却被羞怯迷人的红晕解除了武装；一切鲜血都无法扑灭的复仇之火，却被泪水窒息了。甚至仇恨也在倾听荣誉柔和的声音，征服者的剑宽恕着已经解除武装的敌人；在恐怖的海边，好客的锅灶为陌生人冒起炊烟，而从前，这里接待他们的只有杀戮。

在力量的可怕王国与法则的神圣王国之间，审美的造型冲动不知不觉地建立起第三个王国，即游戏和假象的快乐王国。在这个王国里，审美的造型冲动给人解除了一切关系的羁绊，让人摆脱了一切称为强制的东西，无论是在物质方面，还是在道德方面。

如果说，在权利的动力国家中，人与人以力量相遇，人的影响受到限制；而在义务的伦理国家中，人与人则以法则的威严相对而立，人的意愿受到束缚；那么在美的交往范围之内，即在审美国家中，人可以只作为型式显现，可以只作为自由游戏的客体相对而立。通过自由给予自由是这个王国的基本法则。

动力国家以自然抑制自然的方式只能使社会成为可能；伦理国家通过让个别意志臣服于普遍意志的方式只能使社会成为(道德上的)必然的；只有审美国家能使社会成为现实，因为它通过个体的天性来实现整体的意志。如果说是需求迫使人置身于社会，理性在人的心中设下合群的原则，那么只有美才能赋予人合群的性格。只有审美趣味才能把和谐带入社会，因为它在个体身上建立起和谐。一切其他形式的表象都在分裂人，因为它们要么是直接建基于人的感性部分上，要么是直接建基于人的精神部分上，只有美的表象让人成为整体，因为为了美两种天性必须和谐一致地起作用。一切其他形式的沟通都在分裂社会，因为它们要么是直接关涉个别成员的私人感受，要么是直接关涉个别成员的私人技能，因而也就是关涉人与人之间的区别，只有美的沟通统一社会，因为它关涉所有成员的共同点。作为个体，我们只享受感官的快乐，而栖居于我们心中的族类对此并不会参与，因而我们不可能把自己的感性快乐扩大成普遍的快乐，因为我们不可能让我们的个体具有普遍性。作为族类，我们只享受知识的快乐，我们细心地把个体的痕迹从判断中排除出去。因此，我们不可能让我们的理性快乐成为普遍的，因为我们不可能把个体的痕迹从别人的判断中排除出去，就像我们不可能把个体的痕迹从我们自己的判断中排除出去一样。只有美，我们是同时作为个体与族类来享受的，也就是说，个体是作为族类的代表来享受的。感性的善只能制造一个幸福的人，因为它是以“据为己有”为基础的，而“据为己有”总带有排他性，并且感性的善也只能让这个人得到片面的幸福，因为人格性并没有参加进来。绝对的善只能有条件地使人幸福，但这些条件并不能被普遍地设为前提，因为真理只是否认的代价，并且只有纯洁的心才相信纯洁的意志。唯有美才让全世界幸福，每一个人，只要他经历了美的魔力，那么他就会忘记自己的局限。

……

（包向飞　译）

《论崇高》(节选)

……

自然给予我们两个陪伴我们一生的天才。一个合群而又可爱，通过轻松的游戏缩短我们艰辛的旅程，为我们松开必然的枷锁，并且在快乐和戏谑中，把我们一直带到危险的地方，在那里我们必须作为纯粹的精神而行动，必须摆脱一切躯体的东西，直至真理的认识和义务的履行。到此，它就离开我们，因为只有感性世界才是它的领域，超出这个领域，它那尘世的翅膀就不能担负它的重量。但是，这时另一个天才出场，它严肃、沉默，它用其强壮的臂膊背负我们越过令人眩晕的深渊。

在第一个天才身上，我们辨识出美感，在第二个天才身上，我们辨识出崇高感。美当然已经是自由的一种表达，但它还不是使我们超越自然强力和解除一切身体影响的自由，而是我们作为人在自然范围内所享有的自由。于美，我们感到自由，是因为感性冲动与理性法则相和谐。于崇高，我们感到自由，是因为感性冲动对理性的立法毫无影响，是因为精神在这里行动，仿佛除了自身的规律以外它不受任何其他规律的支配。

崇高感是一种杂合的情感，是痛苦与快乐的杂合。这里所说的痛苦的最高程度的表达是战栗，这里所说的快乐可以提高到沉迷的地步，尽管它不是真正的愉悦，但灵魂宁肯要它也不要所有的愉悦。两种相互矛盾的感觉在一种情感中的结合无可辩驳地证明了我们的道德自主性。因为，同一对象以两种相反的关系面对我们是绝对不可能的，由此人们可得出结论，是我们自身以两种不同的关系面对同一个对象，因而必然是两种截然相反的天性统一于我们，它们以完全相反的方式对对象的表象感兴趣。因此，通过崇高感，我们知道，我们精神的状态并不必然地取决于感官的状态，自然的法则并不必然是我们的法则，在我们自身之中存在一项不依赖于一切感性的触动而独立存在的自主的原则。

……

只要人还仅仅是物质必然的奴隶，只要他还没有找到走出需要的狭窄圈子的道路，只要他还没有预感到他心中的幽灵般的高尚自由，那么不可捉摸的自然就只能让他想起他的想象力的局限，那毁坏性的自然就只能让他想起他在物质方面的无力。于是，他不得不怯懦地经过不可捉摸的自然，惊恐地躲开毁坏性的自然。但是，一旦对盲目蜂拥的自然力的自由观赏为他打开空间，一旦在这潮水般的现象之中他发现自己的本质中有某种持存的东西，那么他周围的粗野的自然物质就开始用完全另外一种语言对他的心灵讲话，身外的相对的宏伟就成了一面镜子，他从中看到自己身内的绝对宏伟。现在他无所畏惧地，以战栗的愉悦走近由他的想象力所产生的这些吓人的图像，并故意地使出这种能力的全部力量去展现感性的无限，为了在这种尝试失败的时候更加生动地感受他的理念相对于感性最高成就的优越性。看到无垠的远方和高不可测的天空，看到他脚下广阔的大海和他头顶上更加宏伟的海洋，他的精神就会挣脱现实的狭窄范围和令人窒息的物质生活的羁绊。自然的简单的威严，让他看到了更大的估量的尺度。被自然的那些宏伟的形体所包围，于是在思维方式中他不再容忍渺小。我们知道，正是心灵和伟大的自然精神在散步时的勇敢的争吵孕育了一些光辉的思想和英勇的决策，而在书斋和社交沙龙中这种思想和决策是不会问世的。我们知道，城市人的性格容易趋向狭隘、畸形和枯竭，这部分地归咎于他们和这个伟大的守护神交往稀少。相反，游牧民族人的思想始终像他们头顶的天空一样开阔自由。

……

如果没有美，我们的自然规定与理性规定之间的斗争将不会停息。由于我们要努力完成精神使命，我们就会置自己的人性于不顾；抓住所有瞬间机遇脱离那我们的行动曾经依赖的感性世界，我们就将始终是外来者。如果没有崇高，美将会令我们忘记自己的尊严。在不间断的享受的疲弱之中，我们将会失去我们性格的刚强，被紧紧地束缚于存在的这种偶然形式之上，看不到我们永恒不变的规定和我们真正的家园。只有当崇高与美联姻，我们对它们的感受能力得到同等的培育，我们才是自然的完美的公民，并没有因此而成为自然的奴隶，也没有轻率地失去我们在精神世界中的公民权。

虽然，自然本身已经提供了大量的客体，借此我们可以训练对美和崇高的感受力；但是，正如在其他情况下一样，在这里也是二手的东西对人的滋养比第一手的东西更好，人更愿意接受在材料上经过配置和精选的艺术，也不愿辛苦地汲取自然的混浊泉源。模仿的造型冲动如不急于追求生动的表达，它是不能忍受任何印象的，它在自然的任何美的或宏伟的形式中看到的是一种要与自然搏斗的挑战。模仿的造型冲动和自然相比有巨大的优点，即它可以把自然在追踪一个离它较近的目标时只是顺便获取的东西当作主要目的和自为的整体来对待，当然如果自然不是完全无目的地设计这些东西的话。如果说，在对美的有机创造中，自然要么是由于材料个性的缺失，要么是由于异质力的作用，而不得不接受强制力；或者，如果说自然在其宏伟而又悲壮场面中施行强制力，并且作为一种强力对人起作用——因为它只有作为自由观赏的客体才能成为审美的——那么自然的模仿者，即造型艺术却完全是自由的，因为它从它的对象中去除了一切偶然的限制，并且让观赏者的心灵自由，因为造型艺术模仿的只是假象，而不是现实。崇高和美的全部魔力只存在于假象而不存在于内容之中，因此艺术有自然的一切优点，却没有它的物质束缚。

（包向飞　译）

【小班研讨】

1. 席勒把美当成纯粹的游戏，是否贬低了美？电脑或手机游戏跟席勒意义上的游戏有哪些相似之处与不同之处？试说明之。

2. 与席勒类似，蔡元培曾提出以美育代替宗教。他们似乎都认为，美是救治社会的良方。这是否不恰当地抬高了美的地位？

3. 最美乡村教师是美的，环球小姐也是美的，她们谁更美呢？

4. 席勒认为，人的发展要经过物质状态、审美状态和道德状态三个阶段。冯友兰则认为，人生有四种境界：自然境界，功利境界，道德境界，天地境界。你更倾向于谁的观点？

5. 中小学语文课本里选入了跟花草树木相关的一些文章，这些文章的重点没有放在欣赏花草树木自身的美上，而是放在寻找它们的道德寓意上。有人批评这个做法。试结合席勒的观点，谈谈你的看法。

6. “为什么要攀登珠峰？因为它就在那里。”英国登山家马洛里(George Mallory)这样说道。在尝试第三次登顶的过程中，他的身影从此消失在云层的后面。人类在多次冲顶卡瓦格博峰失败后，通过一个宣言，永远不再攀登此山；卡瓦格博峰作为藏传佛教的圣地和自然的圣地得到了尊重。试结合席勒的相关论述，围绕崇高与狂妄、敬畏与懦弱的复杂关系，探讨人与自然应有的相处之道。

【课外博览】

1. [德]弗里德里希·席勒：《审美教育书简》，冯至，范大灿译，北京大学出版社1985年版。

2. 邓晓芒：《西方美学史讲演录》，湖南教育出版社2012年版。

3. 朱光潜：《西方美学史》，人民文学出版社2002年第2版。

4. [德]吕迪格尔·萨弗兰斯基：《歌德与席勒：两位文学大师之间的一场友谊》，马文韬译，生活·读书·新知三联书店2017年版。

5. 宗白华：《美学散步》(彩图本)，上海人民出版社2015年版。

丁　编

“人”的自由、理性与正义

第十章
《论法的精神》与自由

孟德斯鸠(Baron de Montesqieu，1689 年—1755 年)，法国启蒙时期思想家、律师，西方国家学说以及法学理论的奠基人，与伏尔泰、卢梭合称“法兰西启蒙运动三剑侠”。代表性著作有《波斯人信札》《罗马盛衰原因论》《论法的精神》等。其中《论法的精神》是其最重要也是影响最大的综合性的政治学论著。在这本书中，孟德斯鸠在洛克分权思想的基础上明确提出了“三权分立”学说，特别强调法的功能，为资产阶级的国家和法的学说作出了卓越贡献。

【大班导引】

著名的法国思想家卢梭曾说：“人是生而自由的，但却无往不在枷锁之中。”一语道破了“人之自由”这一问题的复杂性。人人都爱“自由”，但何为“自由”，“自由”的限度何在，人要如何才可以说是处于“自由”的状态中，思想家们的看法却大相径庭。与“理性”、“正义”观念一样，我们同样可以把“自由”的源头追溯到古希腊，不过在西方文化传统中“自由”与“自由主义”联系密切，而自由主义的真正起源是在近代启蒙运动时期。因此，只有在启蒙运动的背景下，我们才能清晰地认识孟德斯鸠及其《论法的精神》，才能确知孟德斯鸠所说的“自由”的含义，并深入了解孟德斯鸠的思想对西方文化传统的意义。

15—18 世纪是西欧封建制度趋于灭亡、资本主义生产关系逐渐产生的时期，在这一时期西欧社会发生了一系列急剧变化：政治上，封建王权与新兴的市民阶级结盟，等级君主制向绝对君主制过渡；经济上，新航路的开辟在开阔人们视野、带来大量财富的同时引起了严重的通货膨胀，依靠地租过活的土地贵族的经济实力大幅下降，采用雇佣劳动等资本主义生产方式的新兴地主和贵族的实力日益增长；文化上，15—16 世纪的文艺复兴、宗教改革、罗马法复兴运动在破除宗教迷信、以人本主义代替神本主义等方面为 17—18 世纪的启蒙运动奠定了基础。17—18 世纪是资产阶级为推翻封建制度积蓄力量的时期，启蒙运动承担的正是为资产阶级革命提供思想武器的历史使命。启蒙思想的核心内容是理性至上，“一切都必须在理性的法庭面前为自己的存在作辩护或者放弃存在的权利”①。因此，启蒙思想家们的历史任务主要有二：论证封建制度不合乎自然和理性；为新制度设计蓝图。

启蒙运动深刻影响了 19 世纪才正式出现的“自由主义”的走向——启蒙运动中形成的一些共识，如发扬理性、探究自然、相信人的善良禀赋与社会的无限进步改良，并进一步提倡宗教宽容、捍卫思想自由、推广公共教育、放松经济管制、建立分权制衡的民主政府等，直接构成了“政治自由”和“经济自由”的基本内核。基于西欧各国文化差异而表现各不相同的启蒙运动导致了自由主义的“英美传统/欧陆传统”与“经验主义/理性主义”的区分，当代思想家以赛亚·柏林将这两种传统分别归结为“消极自由”和“积极自由”。所谓“消极自由”关心的是在何种限度内个人可以做他想做的事而不受别人的干涉，由此导出“自由乃解除外在干预”；所谓“积极自由”则主要考虑谁有权决定某人应该去做这件事而不应该做另一件事，由此导出“自由乃自己成为自己的主人”。简言之，消极自由观强调“免除限制和强迫”，即“自在”；积极自由观则认为“自由是一种积极的权力或能力，可以使人从事或享受值得他做的事”，即“自主”。

① 参见恩格斯：《反杜林论》，《马克思恩格斯选集》第 3 卷，人民出版社 1995 年版，第 355 页。

尽管孟德斯鸠的时代远未出现“消极自由”和“积极自由”的分野，自由主义的英美传统和欧陆传统尚在萌芽，但可以肯定的是，孟氏的自由观一般被视为基于理性主义的欧陆传统自由观的最初源头。当然，也有学者将法国的自由主义传统进一步细分为个人本位的自由主义和国家本位的自由主义，前者强调国家最小限度的支配和个人最大限度的自由，后者则主张个人自由不能只停留在“不被支配”，而在于国家为个人自由提供保障，自由只能通过国家才能实现。① 如果从这个角度看，孟德斯鸠主张的“自由”就是一种介于二者之间的自由观——既受到英国式自由主义的深刻影响，又强调在制度建构中为自由提供足够保障。

启蒙运动是法国文化史上最光彩夺目的一页，孟德斯鸠则是法国启蒙思想家的杰出代表。孟德斯鸠出生于法国南部波尔多的一个贵族家庭，早年在波尔多大学法学院获得学士和硕士学位后进入波尔多高等法院担任律师，后继承了伯父波尔多高等法院庭长的职位和孟德斯鸠男爵的称号，10 年后卖掉了这一职位并获得巨额财富，此后数年间游历欧洲各国，其中在英国居住了 18 个月之久。孟德斯鸠在世时即享有巨大声誉，不到 40 岁就被选为法兰西科学院院士，并先后被伦敦皇家学会和普鲁士皇家科学院接受为会员和院士。其主要著作包括《波斯人信札》《罗马盛衰原因论》和广受赞誉的《论法的精神》。

《论法的精神》出版于 1748 年，是欧洲自亚里士多德的《政治学》以来最重要的政治理论著作。早在 20 世纪初，我国思想家严复就翻译过这部巨著并名之为《法意》。经由严复的诠释，孟德斯鸠对我国政治近代化也发挥过重要作用。孟德斯鸠受过他那个时代最好的教育，《论法的精神》中大量援引欧洲古典文献，欧洲和近东的历史典故更是信手拈来，这在一定程度上增加了我们研读全书的难度。这是一部上下两卷、近千万字的鸿篇巨制，全书共 6 编 31 章，其中第 1~10 章讨论法律的定义、法律与政体的关系、政体的种类及其各自的原则；第 11~13 章分析政治自由与法的关系；第 14~25 章讨论法与地理因素、工业、商业、人口和宗教的关系；第 26 章和 29 章类似于正文的结论，前者总结了“法与它所规定的事物秩序的关系”，后者说明了“制定法律的方式”。第 27~28 章和第 30~31 章与全文主题关联不大，主要讨论罗马继承法、法国法的发展史和封建法。

在思想史上，孟德斯鸠的贡献至少有三个方面：第一，开创了社会科学的研究方法；第二，继承并深入推进了柏拉图、亚里士多德以来的政体理论；第三，使权力制约成为西方宪政理论的核心内容之一。

孟氏对“法”和“法的精神”的定义就体现了他对社会科学研究方法的贡献。“从最广泛的意义上来说，法是源于事物本性的必然关系。就此而言，一切存在物都各有其法”。②

① 参见克兰斯顿著：《自由主义在法国》，李衣云译，载《自由主义与当代世界》，生活 · 读书 · 新知三联书店 2000 年版，第 85 页。

② 参见孟德斯鸠著：《论法的精神》(上卷)，许明龙译，商务印书馆 2012 年版，第 9 页。

显然，孟德斯鸠的“法”更接近“规律”和“法则”。强调法与各种事物之间的关系则构成了所谓的“法的精神”，具体而言，就是法律应适用于特定国家，与已建立或想要建立的政体性质相吻合，应符合一国的物质条件、地理环境、民众的生活方式等，还应顾及基本政治体制所能承受的自由度，居民的宗教信仰、偏好、财富、人口多寡，以及他们的贸易、风俗习惯等，各种法律还应彼此相关。① 这种把自然因素和文化因素熔为一炉、强调法与一国经验性环境因素之关联的方法对后世社会科学尤其是社会学的研究具有重大影响。

政体理论实际上是近代以前西方思想界的重要话题，孟德斯鸠继承了古希腊以降的政治理论传统，将亚里士多德的六种政体简化为共和政体、君主政体和专制政体三种政体，并在第2~10章详尽展现了三种政体的性质、原则、目标及其腐化和维持。值得注意的是，孟德斯鸠生活的时代是法国封建君主专制制度由盛转衰的时代，也是英国资产阶级革命业已取得成功的时代。尽管在今人看来，英国资产阶级革命是一次保留了大量封建残余的革命，并以封建主阶级和资产阶级相互妥协告终，但对孟德斯鸠来说，英国革命的改良性和妥协性以及此后形成的君主立宪制也许正是解决法国政体问题的良途。我们可以说孟德斯鸠的政体理论不免保守，而法国大革命的历史进程中君主立宪制虽昙花一现，却也充分说明了孟德斯鸠政体理论对法国的影响。

孟德斯鸠并非“权力制约”理论的首倡者，但他是将“权力制约”与“政治自由”紧密联系的第一人。孟氏笔下的“自由”，是“在一个有法可依的社会中”，人们可以做他们“应该想要做的事和不被强迫做他不应该想要去做的事”，也就是说，“自由是做法律所许可的一切事情的权利”。②他还进一步区分了人民的权力和人民的自由，认为只有权力未被滥用时，政治宽和的国家里才有政治自由，“但拥有权力的人都倾向于滥用权力，而且不用到极限绝不罢休……为了防止滥用权力，必须通过事物的统筹协调，以权力制止权力”。在这种政治体制下，“不强迫任何人去做法律不强制他做的事，也不强迫任何人不去做法律允许他做的事”。实际上，孟德斯鸠在《论法的精神》第11~13章提出了三个层次的“自由”。权力制约指向的是“政治自由”，“公民自由”依赖优良的刑法，税收与自由之间的关系则指向“经济自由”。不过，后两种自由都只是政治自由的补充。

在政治法律思想领域，孟德斯鸠的“权力分立与制约”思想上承约翰·洛克的“权力分立”、下启汉密尔顿的“权力制衡”，构成了西方宪政的基石，也是孟氏思想中影响最大的部分。我们的选文主要来自他集中论述政治自由与权力制约理论的第十一章。

---

① 参见孟德斯鸠著：《论法的精神》(上卷)，许明龙译，商务印书馆2012年版，第15页。

② 参见孟德斯鸠著：《论法的精神》(上卷)，许明龙译，商务印书馆2012年版，第184页。

【经典悦读】

《论法的精神》(节选)

第一章 一般法

第一节 法与各种存在物的关系

在最广泛的意义上，法是源自事物本性的必然关系。就此而言，万事皆有其法①：神有神法，物质世界有物质世界之法，高于人类的智者有智者之法，兽有兽法，人有人法。

有人认为，盲目的命运造就了我们在这世上所见到的一切，此言极为荒谬。如若盲目的命运能制造聪明的存在物，这是何其荒谬？

因此，存在一种原始理性。法是原始理性和各种存在物之间的关系，以及各种不同存在物之间的关系。

上帝与宇宙有关，因为他是创造者和管理者：上帝创世之法正是上帝维持之法。他依规行事，因其熟知规则；他熟知规则，因其制造规则；他制造规则，因规则与其智慧、权力有关。

正如我们所见，由物质运动构成而无智慧的世界一直存在，且运动必有其不变之法。如果我们能想象一个有别于此的世界，它也要有其恒定之法，否则就会毁灭。

因此，创造看似是专横之举，但认为规则与无神论者的命运一样不会改变。若要说，没有规则，创造者就能统治世界，则非常荒谬，因为没有规则，世界将不复存在。

这些规则有一种恒定的关系。在一个运动物和另一个运动物之间，所有运动的接受、增加、减少、消失均取决于质量和速度的关系。多样性即统一性，变化即恒定。

特殊的智识存在物必然有它们制定的规则，但也有一些并非由它们制定的规则。在智识存在物存在之前，便已有存在的可能性。因此，如果有一些可能的关联，也就有了一些可能的法律。在制定法律之前，就存在可能的司法关系。假如没有实在法所要求或者捍卫的一切，就没有正义或非正义，也就是说，圆被画成之前，半径会长短不一。

因此，须承认，在实在法规范公正关系之前，公正关系就已经存在了。例如，如果有人类社会，遵照法律则是合理的。如果智识存在物接受了别的存在物的恩惠，就应该抱有感恩之心。如果智识存在物创造了另一种智识存在物，被创造者就该从本源上保持已有的依赖关系。如果一个智识存在物损害另一种智识存在物，恶有恶报则是理所应当。以此类推。

---

① 普鲁塔克说，“法是一切人和神的主宰”。见《君王务必博学》。

但智识世界远不像物质世界治理得那般得好。因为即使智识世界有自己的法律，而且就其本质来说是不变的，但它也并不像物质世界那样总是遵循自己的法律。一方面，特殊的智识存在物生来就有限，因此常常犯错。另一方面，它们出于本性各行其是。因此，它们不会永远遵循原初的法律，即使是它们制定的法律，也不会总是遵循。

我们并不知道兽类是否受普遍行动法则或者特殊动因的管控。不论是何种法律，兽类与上帝的关系绝不比物质世界的其余事物更亲密。只有在兽类之间、兽类与别的存在物或者与兽类自身的关系中，感情才会适用。

出于快乐的诱惑，它们保持自己特殊的存在；出于同样的诱惑，它们保有自己的空间。它们拥有自然法，因为兽类出于情感团结在一起；它们并没有任何人为法，因为它们不会被知识团结在一起。然而，它们不会总是遵循它们的自然法，倒是植物，我们没有在它们身上看到任何知识或者情感，但它们却能够更好地遵循自然法。

兽类没有任何人类拥有的至高无上的优势，但它们也有我们无法拥有之物。它们没有我们的期望，但也没有我们的恐惧；它们像我们一样遭受死亡，但却并不知道死亡；大部分兽类比我们更会自我保护，且不会滥用激情。

如同物质存在物，人类和其余的物体一样被不变的法律统治。作为智识存在物，人类不断地违背上帝创建的法律，并改变自己所制定的法律。人类应能自我管理，但仍有局限性；如同所有完美的智者，难免无知、难免犯错；即便拥有的知识薄弱，且难免遗失：作为感性的生物，他们会受到无数激情的束缚。这样的存在物会不时遗忘他们的创造者，上帝会通过宗教法规让人们想起他。这样的存在物会不时遗忘自我，哲学家通过道德法则提醒他们。为了生活在社会中，他们可能遗忘别人，立法者通过政治法和民法让他们履行自己的义务。

第二节　自然法

自然法在所有法律出现之前便已存在，之所以如此命名，是因为它只是源自我们生命的构成。为了更好地认识自然法，需思考社会建成前的人类。自然法正是在相同状态下人们所接受的法。

该法让我们铭记造物主的意图，并让我们皈依于他，这在自然法的重要性上排第一位，尽管它在顺序上并非第一。与其说人类在自然状态所拥有的是知识，倒不如说是认识能力。显然，人类最初的思想并非是思辨性的：他首先思考的是保护他的存在物，而非探寻存在物的本源。这类人首先感受到的是自己的脆弱，极端情况下他们会胆怯。如需实验证明，看看丛林中的野人即可①，任何事物都会让他们战栗，一切都会让他们逃走。

① 证明：在汉诺威的森林发现了一个野人，乔治一世统治期间，人们曾在英格兰见到它。

在这种情况下，人人都会觉得自己低劣，几乎感受不到平等。因此，人们不会相互攻击，和平是自然法的第一要义。

霍布斯认为，人类的最初欲望是相互制服，这并不合理。权威和统治的思想是这样构成的，即取决于其余的思想，但它绝非人类最初的想法。

霍布斯追问："如果人类并非生来处在战争状态，为何他们总是全副武装？为何他们总是紧锁家门？"但我们没有意识到，我们将这些归结在社会建成之前的人类身上，要知道以上情况只会在社会建成之后才出现，这才让他们找到了彼此攻击、相互防卫的理由。

除了脆弱感，人类还有需求。于是，自然法中的另外一条则是觅食果腹。

我曾说过，畏惧使人们逃窜：但对彼此的畏惧却又促使他们相互靠近。此外，一个动物感受到另一个同类动物的靠近，会产生一种愉悦感。况且，不同性别所激发的魅力，可以增加这种愉悦。因此，两性间的彼此需求，是自然法的第三条法则。

人类除了最初拥有的感受，还将逐步获得知识，因此，他们拥有动物间所没有的第二重联系。于是，他们拥有了团结起来的新理由。渴望生活在社会中，则成为了自然法的第四法则。

第三节 人为法

一旦人类置身社会，脆弱感便不复存在。彼此间已有的平等一旦消失，战争状态就会开始。

每个特殊的社会都会感受到自己的力量，这导致了国家间的战争状态。在每个社会中，个体开始感受到自己的力量，他们试图将社会的主要利益转为己用，因此，战争状态在人与人之间展开。

这两种战争状态促使人与人之间的法律得以产生。作为伟大地球上的居民，必然会有不同的民族，而不同民族之间也就有了法律，此所谓万民法。由于社会必须得以维系，作为社会中的生命体，统治者与被统治者之间就有了法律，此所谓政治法。所有公民之间也有法律，此所谓民法。

万民法基于如下原则：和平时期，各国应尽己所能谋求福利；战争时期，各国应在无损切身利益的前提下，少作恶。

战争的目的是胜利，胜利的目的是征服，征服的目的是自我保全。基于这一原则和以上原则，便有了构成万民法的所有条款。

所有国家都有万民法，易洛魁人(北美印第安人)亦然，即使他们吞食战俘，也不能例外。他们得派出本国大使，并接待他国大使，他们熟知战争法与和平法：坏就坏在这种万民法并未建立在真正的原则之上。

除了涉及社会的万民法，还存在人与人之间的政治法。没有治理，社会便不复存在。

格拉维那说得好：所有个别力量的汇集，就构成了我们所说的政治国家。

社会的普遍力量既可以掌握在一人手中，也可以掌握在多人手中。有些人认为，自然确立了父权，那么，一人统治最符合自然。但父权的例子却无法证明以上观点。因为，如果父亲的权力与个人统治有关，但父亲死后，兄弟拥有权力，兄弟死后，嫡亲堂兄弟或表兄弟就会掌权，这便与多人统治有关了。政治权势必然包含多个家族的联合。

应该说，最适合自然的政体是为民族所建的政体，它的秉性更适合这个民族的秉性。

若所有的意志无法融合，那么，诸多的个别力量也就无法汇集。格拉维那说得好：意志的融合就是我们所说的公民国家。

一般来说，法就是人类理性，因为它统治地球上所有的民族。每个国家的政治法和民法只不过是适用于人类理性的特殊情况而已。

为一个民族而制定的法律，必须是该民族所特有的。若一个国家的法律适用于另一个国家，这纯属偶然。

法律必须符合已建成或者想要建成的政体的性质和原则。要么是法律构成政体，就像政治法那样；要么是法律维系政体，就像民法那样。

法律必须与国家特性相关，例如：严寒、炎热和温和的气候，土质、状况和面积，农夫、猎人或牧人等民众的生活等。法律必须符合政体(constitution)所设定的自由程度，符合居民的宗教、爱好、财富、人口数量、商业、道德和习俗等。总之，法律之间应有关联，应追索来源、思考立法者的目标、探讨法律得以创建的事物秩序。

这就是我在本书中要做的，即探讨所有的关系：这一切便构成了所谓的法的精神。

我无意分割政治法和民法：因为我并不探讨法律，而是讨论法的精神，这些精神蕴藏在法律与各类事物可能发生的关系中。比起遵照法律的自然秩序，我会更多地遵循这些关系和事物的秩序。

首先，我会思考法律与每种政体的性质和原则之间的关系：由于这一原则对法律产生了极大的影响，我会尽力全面认识它；若我能确认这一原则，人们就会看到从原则中得出的法律，就像是自然而然产生的一般。然后，我会探讨一些看似更为特殊的关系。

第十一章　构成政治自由的法及其与宪法的关系

第一节　基本观点

我会区分两种法：其一在与宪法的关系中构成政治自由的法；其二在与公民的关系中构成政治自由的法。本卷探讨第一种法，第二种则在下一卷讨论。

第二节 自由一词的多重含义

除了自由，没有任何词汇有如此多的含义，能以如此多的方式激荡精神。有的人认为，自由便于废黜那些他们曾经赋予专制权的人；有的人认为，自由便于推选他们必须服从的人；有的人认为，自由是自我武装和实施暴力的权利；还有人认为，自由是一种特权，能够被本国人或者自己的法律统治①。某些民族在相当长的时间内认为，自由就是蓄长胡须的习俗②。有人将这个词汇与政体形式捆绑在一起，且排除其他政体。喜欢共和政体的人将自由融入这种政体；享有君主制的人将自由置于君主制度中③。总之，每个人都将符合自己习惯或者偏好的政体称作自由。正如在共和国中，人们所抱怨的弊端，却总不易以明显的方式呈现在眼前，况且在此，法律仿佛说得更多，执法者则说得更少，因此，人们通常认为共和国有自由，君主制度没有自由。总之，就像在民主政体下，人们似乎可以随心所欲，因此，人们就认为在这种政体下有自由，且将人民权力(le pouvoir du peuple)和人民自由混为一谈。

第三节 何为自由

的确，在民主政治下，人们似乎可以随心所欲，但政治自由却并非如此。在一个国家中，也就是说，在一个有法可循的国度，自由只是让人们去做他们必须要做的事情，而不是强迫人们做他们不必做的事情。

须牢记，何为独立，何为自由。自由即做法律许可之事的权利；若公民可做法律禁止之事，便无自由，因为其余的人也会有相同的权力(ce même pouvoir)。

第四节 续前

民主政治和贵族政治在本质上都不是自由国家。政治自由只存在于宽和的国家中，只有在人们不滥用权力的国家，才有政治自由。然而，一直以来的经验告诉我们，掌权者皆易滥用权力，直至极限。要知道，美德自身也需限制。

为了让人们不再滥用权力，须统筹事物，以权止权。宪政可能就是这样的政体，不强迫任何人做法律不允许的事，也不强迫任何人不做法律让他去做的事。

第五节 论不同国家的目标

尽管所有的国家都有着相同的目标，即自我保全，但每个国家仍有自己特殊的目标。

---

① 西塞罗说："我沿用斯凯沃拉的法令，它允许希腊人按照自己的法律解决他们的争议，这就使他们将彼此视为自由的人民。"

② 莫斯科人不能忍受沙皇彼得要求他们剃掉长须。

③ 卡帕西亚人拒绝了罗马人为他们建立的共和国。

罗马的目标是扩张，斯巴达的目标是战争，犹太律法的目标是宗教，马赛的目标是贸易，中国律法的目标是国家安定①，罗德律法的目标是航海，蛮族的治理目标是天赋自由。一般来说，独裁国家的目标是让君王快乐，君主制的目标是君主的荣耀和国家的荣耀，波兰法律的目标是个体的独立，结果却是人人备受压迫②。

世界上也有一个国家，其政体的直接目标在于建立政治自由。我们将会考察国家建立自由政治的原则。若这些原则合适，自由将会在此出现，如同在镜中。

想要发现政体中的政治自由，无须特别费心。如若能在其所在之处看到它，如若已经找到了它，何须再找呢？

第六节 论“英格兰”政体

每个国家都有三种权力：立法权、万民法执行权、民法执行权。

根据第一种权力，君主或法官(行政官员)制定临时或者永久的法律，修改或废除已有法律。根据第二种权力，他们寻求和平或发动战争，派出或接待使节，做好预防措施，防止外敌入侵。根据第三种权力，他们严惩罪行，或裁决私人争端。人们将第三种权力称作司法权，第二种权力则被简单地称作国家的行政权。

公民的政治自由是精神上的宁静，它源自人人皆有安全感的主张。为了拥有这种自由，政府必须让公民不再惧怕彼此。

如果立法权和行政权集中在同一个人或者同一个行政官员手中，就毫无自由可言，因为人们会害怕同一个君主或者议会制定专制的法律，并专横地执行这些法律。

如果司法权无法与立法权、行政权分离，也无自由可言。如果司法权与立法权合并，公民的自由权和生命权将会被随意处治，因为法官就是立法者。如果司法权与行政权合并，法官就会拥有压迫者的威力。

如果是由同一个人或者由神职人员(les principaux)、贵族(les nobles)或平民(le peuple)所构成的同一组织，同时行使以下三种权力：法律的制定权、公共决策执行权、犯罪或个别争端的判决权，我们就会失去自由。

欧洲大多数王国的政体是宽和的，因为君主拥有前两种权力，由臣民行使第三种权力。在土耳其，三种权力均由苏丹掌控，他用恐怖的专制主义统治国家。

在意大利共和国，三权合并。比起我们的君主国，意大利拥有的自由就没有那么多。为了维护统治，意大利所采用的暴力手段和土耳其政府一样，国家审讯官③、检举者随时可以投放举报信的检举箱，就是证明。

① 国家若没有外敌，或相信已经通过障碍物阻挡了外敌，这就是这类国家合乎常理的目标。
② 此为自由否决权(Liberum veto)带来的弊病。
③ 在威尼斯。

让我们看看这些共和国中公民的境况。同一个行政机构，既是法律的执行者，又像立法者一样可以赋予了自己所有的权力。它可以通过一般意愿毁坏国家，由于它还有司法权，它还可以通过特殊意志损坏公民。

在那里，所有的权力都合而为一，尽管没有专横君主的浮夸外在，但人们却能随时感受到它的存在。

同样，这些试图实施专制的君主总是一开始就将所有的职位集于一身，欧洲有很多国王就从独揽本国的要职开始。

我认为，意大利共和国那些纯粹的世袭制贵族政权与亚洲的专制主义并不完全相同。官员数量众多，有时候会让官僚政治显得比较宽和。不是所有的贵族都朝着相同的目标在努力。在这里建成了不同的机构，彼此制约。同样，在威尼斯，大议会拥有立法权，参议员拥有行政权，四十位(审判官)拥有司法权。但问题在于不同的机构是由同一集团的官员构成，这几乎只是构成了一种权力。

司法权不能交给常设元老院，而应该由从民众中选出来的人来行使①。在一年的某些特定时期，按法律规定的方式组建一个法院，但其期限应依据实际要求而定。

如此一来，让人生畏的司法权便既不属于某个身份，也不属于某个职业，而是变得无形甚至不存在。在人们眼前，法官不复存在，而且人们畏惧的是行政职位，而非官员。

在某些重大的诉讼中，罪犯也可根据法律选择法官，至少罪犯可以选择回避某些法官，另外一些法官则可被视为他的选择。

另外两种权力倒是可以赋予某些官员或常设组织，毕竟它们无法运用在个体身上，因为一种权力代表的是国家的一般意志，另一种权力则代表的是执行一般意志。

然而，即使法院无法固定，判决则应该固定，因为裁决从来就只是精确的法律条文。若判决仅为法官的个人见解，人们生活在这个社会中，就无法明确地知晓自己应承担的义务。

同样，法官须与被告地位相当，或身份相当，这样，被告就会不觉得自己落入了会对其使用暴力的人手中。

如果立法权赋予行政权关押公民的权利，而且这些公民可以对自己的行为负责，自由便不复存在，除非法律认定他们所犯之罪应处于死刑，从而得立即逮捕他们，在这种情况下，他们实际上仍是自由的，因为他们只需服从法律的权力。

然而，如果因为反对国家的阴谋或者私通外敌，而让立法权深处险境，它可以授权行政机关在有限的短期内逮捕可疑公民，这些公民在一段时间内会失去自由以保有永远的自由。

① 例如，在雅典。

这是取代斯巴达专制的法官和威尼斯国家审讯官的唯一、合适的方式。

因为在自由的国家，任何人被视为拥有自由灵魂的人都应该自我管理，人民群体应该享有立法权。但是这一切在大国皆不可能，在小国也有诸多不便，人民必须让他们的代表去做他们自己无法做的事情。

比起其他的城市，人们可以更好地认识自己所在城市的需要；比起其余的同胞，人们可以更好地评判自己邻居的才能。因此，立法机构的成员通常不应在国家机构中遴选，而应在每一个重要地区，由居民自己选择代表。

代表的优点在于可以探讨事务。这里的人们则不然，因此也就造成了民主的巨大不便。

代表们已经接受了来自推举他的选民们的基本指示，也就没有必要像德国议会那样，在每件事务上接受个别指示。的确，若事事请示，众议员的话语的确更能代表民众的声音，但这会导致遥遥无期，且会让议员成为其余人的主人，在紧要关头，国家的所有力量都可能因为一个反复无常的代表而终止。

西德尼先生说得好，在荷兰，所有代表人民群体的议员都应向推举他的选民负责；在英国，议员由乡镇推举，这就另当别论了。

在不同区的所有公民，都应该在选举代表上发出自己的声音，除了那些毫无自我意识、卑躬屈膝之人。

大多数古代共和国都有个明显的缺点：对于那些人们完全无法驾驭的事情，他们有权作出有效的决定，并要求执行。人民只应该在推选代表的时候介入政事，这才是他们能力所及之事。因为鲜有人知道人类确切的能力，可人人都能知道，他们所选之人是否比大部分人的知识更为渊博。

代表机构被推选出来，也不该是为了对那些他们无法做好的事情给出有效的决定。而是为了制定法律，或者看人们是否有效地执行他们所制定的法律，这是他们能够做好的事情，而且只有他们可以做得好。

在一个国家中，总有那么一些因出生、财富或者荣誉而杰出的人，但如若他们与人们混在一起，如果他们和别人一样只有一份投票权，那么，公共的自由就是他们的束缚，他们也没有必要来捍卫这份自由，因为大部分的决定与他们的意愿是相悖的。因此，他们在立法中所拥有的份额应该与他们在国家中所占据的其他优势成正比。如果他们组建了一个有权阻止民众侵害的群体，就像民众能够阻止他们的侵害一样，上面说的就有可能实现。

这样，立法权将会托付给贵族集团和那个选举产生的代表人民的集团。这两个集团持不同的观点、代表不同的利益，分开集会、分开商议。

在我们讨论的三权中，从某种观点看来，司法权并不存在。那就只剩下两种权力，但却需要一种支配权(puissance réglante)来缓和二者，由贵族构成的立法集团则非常适合担此重任。

贵族集团必须是世袭的。首先，它们生性如此，其次，必须有强烈的意愿维持它们的特权，这些特权本身就是可恶的，而且在自由国家中，它们一直处在危险中。

然而，因为继承权会诱使它们追随自己的利益，而遗忘民众的利益，在极易腐化的事情上，就像在征收银币的法律中，贵族集团只能通过否决权参与立法，而非创制权①(faculté de statuer)。

我所说的创制权，即由自己颁布法律或者修改他人已颁布法律的权力。我所说的否决权(faculté d'empêcher)，即让别人作出的决定不具法律效应，这就是罗马执行官的权力。尽管拥有否决权的人也能拥有赞成权(le droit d'approuver)，但这种赞同只是一个申明，即人们没有使用否决权，而且赞成权来自否决权。

行政权必须掌握在君主手中，因为这个政府部门几乎需要随时行动，因此最好由一个人执掌，而非多人。反之，属于立法权的部门最好由多人管理，而非一人。

如果没有君主，如果将行政权交给从立法部门推举出来的某些人，自由将不复存在，因为这两种权力可能会合并，同样一批人有时候会且总是会既参与立法权，又参与执行权。

如果立法部门在相当长的时间内没有集会，自由将不复存在。因为以下两种情况，必有一种会发生：要么不再有立法机构的决议，国家陷入无政府状态；要么行政机构作出决定，国家变得专制。

立法机构也无须经常集会。这对代表们来说极不方便，还会占用大量的行政权，行政部门不会想着去执行，而是考虑捍卫它们的特权——行政权。

此外，如果立法机构不断集会，我们很可能只有用新议员来填补已故议员的位置。在这种情况下，立法机构一旦腐败，便无法补救。当不同的立法机构相继而来，对现有立法机构不满的民众，就可以理所当然地将希望寄托在下一任机构上。然而，如果一直是同一个机构，民众一旦发现它腐败了，也就不再会寄希望于它们的法律了，民众就会变得狂暴愤怒，或麻木不仁。

立法机构不该自行集会，因为一个机构只有在成员聚齐时才应有意志。如果并非全体集会，人们无法得知哪一部分人才能真正代表立法机构：集会者，还是缺席者。如果立法机构有自行延期召开会议的权利，可能就永远不会延期。若立法机构预谋反对行政权，这就会很危险。此外，的确有更合适的时间召开立法机构的集会，因此，应该由行政部门根据其所了解的情况，来决定这些集会的时间和期限。

---

① statuer 在法语中有三种意义，决定(décider)、支配(régler)、创立(établir)，为了兼顾这三重意思，故将其翻译为创制。——译者注。

如果行政机构无权制止立法机构的损害越权之举，立法机构将会变得专制。因为它可以将自己能够想到的一切权力赋予自己，且会废除其他所有的机构。

反之，立法机构不应阻碍行政机构。因为行政机构本质上是有界限的，无须对其加以限制。况且，行政机构总是被用于处理暂时性事物。罗马行政官员不仅能阻碍立法，还能阻碍行政，他们拥有的权力是邪恶的，因而造成了极大的弊端。

如果在一个自由国家中，立法部门无权阻碍行政部门，它有权且必须审查其所制定的法律是以何种方式在执行。这就是英格兰政府优于克里特和斯巴达政府的地方，克里特的国务官和斯巴达的监察官从未汇报过他们的行政工作。

然而，不论是何种审查，立法部门无权审讯个人，因此，也就无法审讯执法者的行为了。执法者本身是神圣的，为了不让立法机构变成专制的部门，这对国家来说是有必要的。一旦执法者被控告或者审讯，自由将荡然无存。

在这种情况下，国家就不是君主国，而是不自由的共和国。然而，若无邪恶参赞，执法者是绝不会错误执行。这些参赞，作为大臣，他们憎恶法律，作为人，却受到法律的恩惠，他们理应受到法律的追求和惩罚。这就是英格兰政府优于尼多斯政府之处。在尼多斯，法律不允许起诉民选官员①，即使是任期之后也是如此②，民众遭受到的不公正永无平反之日。

通常情况下，尽管司法权不应与立法权合并，但基于受审人的个体利益，有三种情况可以例外。

大人物总是遭人妒忌。如果他们被民众审判，就有可能陷入危险。他们无法拥有在一个自由国家中即使是无足轻重的公民都会拥有的权利，即由地位相同的人进行审判。因此，贵族不应该在国家的普通法庭中接受传讯，而应该在由贵族所构成的立法机构中进行。

法律既是英明的，也是盲目的，因此，它可能在某些情况下会过于严苛。然而，就像我们说的那样，国家的法官们只是法律的代言人，是冷冰冰的存在，他们既无法缓和法律的权威，也无法减少它的严酷。因此，我们刚刚提到的由贵族构成的立法机构，在另外一个场合，是必不可少的法庭，在这个场合也是如此。考虑到法律自身，正是这个法庭至高无上的权威通过作出比法律更加宽和的判决，从而缓和了法律的严酷。

也可能会发生如下情况，某位公民在公共事务中侵害了他人权利，并且犯了一些任期

---

① 民众每年选出来的行政官员。参见拜占庭的埃蒂安(Étienne de Byzance)。(拜占庭的埃蒂安，为公元六世纪的拜占庭作家，代表作《伦理学》。——译者注)

② 在古罗马，官员卸任后可以被控告。参见哈利卡阿索斯的德尼斯。(哈利卡阿索斯位于爱琴海的安纳托里斯古城，现为土耳其境的博德鲁斯。哈利卡阿索斯的德尼斯(公元前53年—公元前8年)生于哈利卡阿索斯，修辞学家、语法学家、史学家。代表作《古罗马》《论词汇安排》《论摹仿》等。——译者注)

内行政官员不能或不愿惩办的罪行。然而，一般情况下，立法部门无法审判。在这种特殊的情况下，更不能行使审判权，它代表的利害方是人民。因此，立法机构只能充当控诉人。但它应该向谁提起控诉呢？难道它要屈尊向下属部门法庭提出诉讼？法庭和立法部门一样均由民众构成，难道他们不会被强大的控诉方的权威所牵制么？若想答案是否定的，为了维护人民的尊严和个体的安全，人民的立法部门就必须向贵族的立法部门提出诉讼，两者既没有相同的利害关系，也没有相同的情感。

这就是英格兰政府优于大部分古代共和国的地方，在古代共和国，存在着这种恶习，人民既是法官，又是控诉人。

就像我们已经说过的那样，行政部门必须通过其否决权参与立法。若无否决权，行政部门的特权立马就会被剥夺。然而，如果立法部门参与行政，行政机构同样也会丧失其特权。

如果君主通过其创定权参与立法，自由就不复存在。然而，君主为了维护自己仍须参与立法，他必须通过否决权来参与。

罗马政体发生改变的原因如下，元老院拥有一部分行政权，行政官员则拥有另一部分行政权，他们却不像民众那样拥有否决权。

因此，这就是我们所说的英格兰的基本政体构成。立法部门由两部分构成，通过行使对彼此的否决权而相互钳制。两者均受到行政部门的约束，而行政部门也将受到立法部门的约束。

三权本应形成一种静止或者无为状态。然而，由于事物必然的运动，强制它们前行，而且迫使它们齐心协力共同前行。

行政部门只能通过其否决权参与立法，它不能参与讨论立法事务。行政部门无须提案，因为它总能反对提案，那也能够反对它本就不愿我们提出的法案。

在某些古代的共和国中，民众集体商讨事务，行政部门会自然而然与民众一起提出事务、商议事务。如果不这样的话，决议可能混乱不堪。

如果行政部门对公众税收有决定权，而不只是赞成权，自由将不复存在，因为在立法最关键事务上，行政部门将会成为立法部门。

如果立法机构不是逐年决定公众税收，而是一次说了算，那么，它就有可能失去自由，因为行政权不会再依赖它。当人们可以永远掌握同样的权利，人们到底是从自己手中获得权利，还是从别人手中获得，已经无关紧要了。如果立法机构可以决定本该归行政机构管理的海军和陆军问题，而且不是逐年决定，而是一劳永逸，结果也会一样。

为了让行政机构无法实施压迫，人们交付给它的军队必须由人民构成，拥有人民的意识，就像马略(Marius)之前的罗马一样。要做到这些，只有两种方法：其一，招入军队的人应品行端正，不负民众，能为自己的行为负责，且只需服役一年，就像罗马当年的做法。其二，如果我们拥有一支常备军，且军人是国内的穷凶极恶之徒，那么，只要立法机构愿意，它就能撤销这支军队。军队应与民同住，无须另设军营、营地和堡垒。

一旦军队建成，就不再隶属立法部门，而属于行政部门，这是由事物性质决定，它的特征在于行动而非商议。

在思考人类时，人们总是重勇气、轻怯懦，重行动、轻谨慎，重强力、轻建议。军队总是鄙视元老院议员，但却敬重军官。那些被军人们视为怯懦的人所构成的机构下达的命令，军人们绝对不会执行，因为他们认为怯懦的人不配指挥军队。因此，一旦军队属于立法机构，政府就会变成军政府。若非如此(若在这种情况下，军队没有变成军政府)，那也是某些特殊情况使然。这里的军队常常分散，且由多个军团构成，而这些军团又隶属于它们各自的省份。大城市都是极佳的位置，它们独特的形势即可防守，因此无须军队。

荷兰比威尼斯更加安全，它可以淹死叛军，饿死他们。叛军没有驻扎在那些可以维持他们生计的城市，故而生计堪忧。

如果军队被立法机构掌控，即使由于特殊情况，政府没有变成军政府，人们也会陷入另外的麻烦。两种麻烦必有其一：要么军队摧毁政府，要么政府削弱军队。

军队被削弱的致命原因在于政府自身的软弱。

如果我们阅读塔西佗著名的《日耳曼尼亚志》①，就会发现英格兰人是从日耳曼人的政治治理形式中获得的理念。这一杰出的体系是从森林中②获得的。

正如人间万物皆有尽头，我们所说的国家失去了自由，就会覆灭。罗马、斯巴达和迦太基无不如此。当立法机构比执法机构还要腐败，国将不国。

我无意于探讨英格兰人现在是否享受这种自由。于我而言，只需说出是由他们的法律构建了自由，至于其他，无须深究。

我并非借助英国政体来贬损其他政府，也不是要说这种极端的政治自由必须羞辱那些拥有温和自由的政府。我怎么会那么说呢？我认为，过度理性并非人类所欲，人们总是更能接受中庸，而非极端。

哈林顿在其《大洋国》中同样考察了国家整体所能承受的自由制高点。然而，我们可以说，他是在误解自由后采取探索自由的，他在建造卡尔西东时，眼前却是拜占庭的海岸。

（艾士薇　译）

① 小事由酋帅们商议，大事则由全部落议决。人民虽有最后决议之权，而事物仍然先由酋帅们彼此商议。（译文来自塔西佗：《阿古利可拉传、日耳曼尼亚志》，马雍、傅正元译，商务印书馆，1985 年，第 60 页。）

② 据《日耳曼尼亚志》记载，“日耳曼人中，没有一个部落是居住在城郭内的，就是个别的住宅也不允许毗连。他们零星地逐水泉、草地或树林而居。”（塔西佗：《阿古利可拉传、日耳曼尼亚志》，马雍、傅正元译，商务印书馆，1985 年，第 63 页。）这里的森林指代的是居住在森林中的日耳曼人。——译者注。

【小班研讨】

1. 如何看待“人的自由”？是“免除干涉”还是“自律自主”？试举例说明。

2. 法谚云：“法无禁止即可为。”“自由”与法是什么关系？

3. 孟德斯鸠所说的“政治自由”是个人本位的自由还是国家本位的自由？为什么？

4. 如何理解权力制约与公民自由之间的关系？

5. 2017 年年底，成都女子吴某丢失了爱犬莱恩，多方寻找后得知小狗在何某处，但何某始终未透露自己的住址，吴某将何某的信息发到网上后，在网友的帮助下获知了何某的住址并上门寻找。何某试图用绳子把小狗从 8 楼放下，绳子断裂后小狗重伤不治而亡。事后，大批网友不断向何某的住处邮寄殡葬用品。试从“自由”的角度谈谈你对此事各方当事人的看法。

【课外博览】

1. [法]路易·戴格拉夫：《孟德斯鸠传》，许明龙，赵克非译，商务印书馆 1997 年版(新版本：浙江大学出版社 2016 年版)。

2. [美]乔治·萨拜因：《政治学说史：民族国家(上)》(第四版)，邓正来译，上海人民出版社 2015 年版。

3. [法]施特劳斯：《从德性到自由——孟德斯鸠〈论法的精神〉讲疏》，潘戈编，黄涛译，华东师范大学出版社 2017 年版。

4. [美]朱迪·斯克拉：《孟德斯鸠》，李连江译，中国政法大学出版社 2018 年版。

5. 黄裕生：《权利的形而上学》“中　历史篇　从自然法到自由法”，商务印书馆 2019 年版。

第十一章
《国富论》与理性

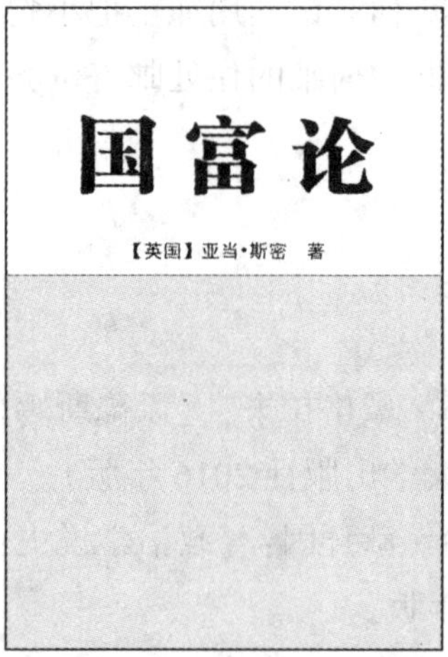

亚当·斯密(Adam Smith, 1723年—1790年), 英国经济学家和伦理学家, 古典经济学的集大成者, 现代经济学之父。代表性著作有《道德情操论》和《国民财富的性质与原因的研究》(简称《国富论》)。《道德情操论》系统论述了人类的道德情感世界, 分析了基于同情心而产生的各种利他性质的行为。《国富论》提出了"看不见的手"的原理, 对市场机制作了精辟的论述, 也对人的利己心和理性进行了描述, 彻底否定了重商主义思想, 奠定了现代经济学的雏形。斯密的两部著作都对后世产生了深远影响, 使他成为人类历史上最杰出、最伟大的思想家之一。

【大班导引】

天下熙熙皆为利来，天下攘攘皆为利往。太史公在《史记》里用冷峻的笔触，精准刻画了一个商业化的盛世汉朝：熙熙攘攘，人来人往，忙忙碌碌，繁荣昌盛。其实，这何尝不是描述了我们今天的市场经济过程呢？

如果你仔细观察，会发现周边有很多勤奋的人。黎明四点，马路上奔驰的三轮车、小货车，正从城市边缘的农副产品集散中心向市内各菜市场、农贸市场运送新鲜的蔬菜；黎明五点，环卫工人开始清扫街道了；早晨六点，早班的公交车正穿梭在街道上；早晨七点，所有的早点摊已经笼罩在一片热气腾腾中……这些场景每一天都在上演，搭建这些场景的是辛辛苦苦的菜贩、环卫工、司机和早点铺老板。他们奔波着、忙碌着，用自己的辛勤汗水营造了你我每一天生活的便利美好。

他们和我们素昧平生，为什么会如此热心快肠地为我们付出？是他们心胸高远、情怀深厚？还是他们大公无私、一心为人？或者他们是传说中的圣人？还是活雷锋？都不是！他们和你我一样是芸芸众生，他们何曾主动想过他人之利？所做一切无不是为自己讨得一口饭吃，通过满足你我的需求而养活他们自己。这个世界就是如此奇妙，在每一个人都对自己的利益孜孜以求时，市场机制将他们的努力协调起来，让每个人的利益都得到实现，社会因此而繁荣。

这个奇妙的机制，亚当·斯密在《国富论》里作了详细的阐述。斯密指出：实际上，他一般情况下并未想到要促进公共利益，也不知道他促进了多少的公共利益，他只会想着自己的利益。但当他这样做时，一只看不见的手牵引着他，实现了一个他本未打算实现的目的。

一、经济学的开山之作和百科全书

《国富论》是关于以市场经济为基础的一国经济活动的鸿篇巨著，由市场机制形成的“看不见的手”若隐若现地牵动了全书。全书主线正如其书名：一国财富是如何形成和增进的？隐藏于其后的性质又是什么？亚当·斯密以国民财富为切入点，对市场经济从微观到宏观进行了全面系统的剖析，既描述了市场机制的作用机理，描述了它是如何推动分工和交换从而提高劳动生产率增加国民财富的，也深入分析了人们的自利行为在市场机制背后所起的作用，即人们寻求个人利益的行为促成了市场活动，增进了社会利益。

全书的核心和精髓是第一篇，它对市场机制和价格价值进行了系统深入的分析。本篇以“分工”开端，用了三章分析分工带来的生产率提高，指出人们的“利己心”自然而然地带来分工，分工又造就了市场机制，国民财富因此而创造。第四章也和分工有关。因为分工带来市场交易，市场交易需要货币作为媒介，因此第四章讨论了货币的性质。第五章至

第七章从价格和价值的角度描述了市场机制的运行。一方面，亚当·斯密区分了价值和价格，指出价值是商品的本质属性，是由劳动决定的，价格是这个本质属性的外在表现，受到市场供求的影响；另一方面，亚当·斯密分析了供求如何影响价格，并对市场机制进行了描述性分析。本篇的第八章至第十一章属于专题性质，分析了影响价格的各种重要因素，包括工资、利润和地租。

《国富论》第二篇论述资本的性质。第三篇类似于经济史，从财富的性质和原因的角度剖析了当时各国的经济状况。第四篇则属于经济思想史，对当时的学者们有关财富的不同思想进行了评论，而其基础仍然立足于第一篇的理论。第五篇是公共经济学和公共财政，志在为国王和政府支招。由此可见，说《国富论》是其所处时代的经济学百科全书，亦不为过。

二、《国富论》所描述的基本人性

《国富论》剖析了财富和繁荣背后的原因，而盖茨、马斯克、扎克伯格等参与了财富和繁荣的创造。如果你能身处其中，也一定能感受到商业世界的魔力之炫、活力之美，当然前提是这个商业世界得健康有序。可是，躲藏在其背后的人类行为基础却是让人们欲言又止的自利心。

2000多年前，司马迁就深刻论述了人性逐利的一面。到18世纪，斯密又系统论述了自利带来的繁荣。《国富论》里多处明确地说，每个人都本没打算为他人谋福利，他们都在寻求自己的利益，这样才有了分工和交换。尤其是，通过追求自己的利益，他总是能实现社会的利益，而且比他有意实现社会利益更有效率。道理很简单，鞋穿着是否舒适，脚知道。因此，各人寻求自己的利益要比我为人人来得好。在欧·亨利的《麦琪的礼物》中，吉姆有一块祖传金表，德拉有一头美丽秀发。圣诞节来了，吉姆卖掉金表为德拉买了梳子；德拉剪掉长发卖了为吉姆买了一条白金表链。他们都为对方舍弃了自己最宝贵的东西，而换来的礼物却因此变得对他们而言毫无用处。那么，是自利好还是利他好？中国古人还说过，人不为己天诛地灭，这丑陋得让人情何以堪。但是国家也说了，要满足人们对美好生活的向往。这不也是人伦之常吗？那么，自利是天使还是魔鬼？而且，既然我们周边有着大量的“吉姆”和“德拉”，例如，比尔·盖茨挣了上千亿美元，也捐出去几百亿美元；汶川地震时，全国乃至全世界人民也纷纷捐款相助。那么《国富论》里的自利心假设还成立吗？

必须指出的是，自利心并非《国富论》的全部，更不是亚当·斯密的全部。在《国富论》里，亚当·斯密只是洞察到市场经济活动中自利心的关键作用，但并未鼓吹自利心。亚当·斯密还完成了另外一本鸿篇巨著——《道德情操论》，他在书中分析了人性的另外一面，即美好的同情心和同理心，这促成了利他心。《道德情操论》对人类社会的影响绝不亚于《国富论》，甚至还有过之。因此可以说，亚当·斯密长了两只看不见的手，一只是市场中的利己心，另一只是社会中的利他心。两只“手”的和谐配合让人变得强壮而高大：强壮是效率、公平和功利，高大是得体、优雅和高尚(不过，标准的说法是，“看不见的手”指的是市场机制；相应地，政府调节是“看得见的手”)。据说诺贝尔经济学奖获得者米尔顿·弗里德曼赞叹亚当·斯密时说：不读《国富论》不知道应该怎样才叫“利己”，读了《道德情操论》才知道“利他”才是问心无愧的“利己”。

三、字里行间中的理性

从《国富论》到现代经济学，人的理性统领着一切。如果一个人思考问题和作出选择时非常冷静，有计算能力，不会因为情绪化而犯错误，清楚自己的目标也清楚如何达到目标而且能够达到目标，这个人被称为精明，经济学则称其为理性。在现代经济学里，人的理性非常明确地构成了所有理论的出发点，但是理性并不必然与利己心关联。而在《国富论》里，理性是隐藏的主线，书中市场机制的运行是基于每个人的理性选择，而且，书中的理性是利己心导向的。因此，《国富论》中的人是一个理性的自利者，现代经济学称之为经济人。

确切一点说，理性就是：

第一，这个人清楚地知道自己想要什么，就如同《射雕英雄传》里的郭靖，清楚地知道自己爱黄蓉，而不是华筝公主，绝不是《倚天屠龙记》里的张无忌，期期艾艾，犹犹豫豫，自己都不知道到底喜欢赵敏多一些，还是周芷若多一些；

第二，知道自己有能力要什么，不会有非分之想，《天龙八部》里的慕容复就不够理性，执意为不可为之事，逆潮流而动，最后不是疯了吗；

第三，知道如何获得自己想要的。

这三点，从经济学的角度来说，就是理性，从数学的角度来说，就是在约束条件下寻求最优化。理性？最优化？这么高端的词？好吧，通俗一点，其实就是我们经常说的，那个人很聪明，很精明。理性再极端一点，就是老奸巨猾。

还记得人工智能 AlphaGo 吗？就是那个打败了韩国棋手李世石和中国棋手柯洁的谷歌研发的围棋机器人。当 AlphaGo 和人类下围棋时，AlphaGo 就是完全理性的，人类九段棋手是接近完全理性的，如果人类棋手是一个资质平平的小孩，那就是非理性的。

理性就是不傻！理性就是一步闲棋也不走！

要指出的是，经济学中的理性与哲学上的理性主义是不同的，后者是指人是理智的，是能够思考的，是能够通过思考获得对自己和对世界的正确认识。

相信你有点困惑：通读《国富论》几乎看不到理性这个词啊？但是，如果你和鲁迅先生读封建礼教一样去读《国富论》，那么横竖睡不着，不如干脆仔细看半页，就可以从字缝里看出字来，满本都写着两个字：理性！

四、市场之美

我们生活在一个商业社会，置身于财经时代。很多人认为商业活动充满了铜臭，灯红酒绿、纸醉金迷、骄奢淫逸就是市场的关键词，金钱至上、唯利是图就是人的原动力。其实并非如此。要把这些贬义词全部扣在市场头上，还真是冤枉它了。这些不是市场的原色，而是贪婪的人添加上去的颜色。要知道，契约精神、自由竞争、一诺千金，这些才是市场所追求的，是市场的底色与初心。

商业世界、财经时代绚丽多姿、生机勃勃，充满令人心动的活力与朝气。略略看一眼我们周围的世界，看一眼我们这个时代：马路上的车辆川流不息，夜色降临后霓虹灯五彩闪烁，写字楼里精彩的创意层出不穷，生产线上变魔术一样地改变着产品的模样，年轻的经理们借助着波音飞机变身空中飞人，将“朝秦暮楚”升级到“朝华暮美”“朝欧暮日”。产品越来越琳琅满目，经济在不断蓬勃成长，我们的生活水准在持续更新升级。这是一个动态的充满活力的过程。这样的商业社会、财经时代难道不美吗？不令我们向往吗？再具体一点，当你入手那些制作精良、功能万千的产品，比如中国华为手机、德国双立人刀具、日本象印电饭煲，触摸它们，凝视它们，感受它们，难道不能发现美吗？

这些美，都来自市场这个精巧、美妙的设计。而读《国富论》，可以帮我们看清楚这个设计，就如同将钟表的表壳变得透明，让机芯的脉动映入眼帘：

第一，市场的良好运作，建立在个人的理性计算和利己动机这两个行为基础之上。每个人追求个人利益，也会计算个人利益，因此随时能够嗅到盈利机会的味道，知道利之所在，知道是投资房地产挣钱，还是投资股市挣钱，或者是投资实体经济挣钱。在实体经济制造业领域，人们知道是生产汽车挣钱，还是生产电脑挣钱。

第二，每个人在自己利益驱动下所做的事情，恰好符合了社会利益，满足了他人需要。一方面，这是因为社会的利益是通过价格高低体现出来的，通过价格的变化体现出来的。越是社会需要的商品，价格就会相对越高，或者上涨越快，因此市场机制通过价格信号将社会大部分人最迫切需求的产品排了序。另一方面，因为生产者、投资者的逐利特性和计算能力，他们会把更多资源用于生产价格上升最快，从而最代表社会最为需求的产品，把较少的资源用于生产价格上升慢一点，代表人们需求不那么迫切的产品。这样一来，资源得到有效率的配置，配置到社会最需要的地方去了。

第三，市场机制相对于中央计划在信息处理上有着独特优势。相对于计划经济所采用的集中决策而言，通过分散在各地的交换，市场机制中的分权决策可以更有效地处理分散而瞬息万变的信息。你在海南需要什么商品，我在湖北有什么样的资源，他在四川有什么样的生产线，我们的朋友在北京的工厂遇到什么样的事故，这些信息每天都如白云过隙、瞬息万变，远在北京的计划机构是无法在短时间捕捉到这些事无巨细、千头万绪的信息的。当计划机构获知了这些信息时，信息已经是过去时，又有新的信息处于正在进行时，还有更多的信息是将来时，正在蓄势待变，中央计划机关又哪里能一一掌控在手？反观市场，则完全不同，它可以迅速而有效率地处理飞速流动的信息。这是因为，处理这些信息是他们的利益所在，而且他们只处理与自己相关的信息。种植粮食的农民只关注种子化肥涨不涨价，不用考虑石油价格的走势；石油公司只关注各国工业是否蓬勃发展，没必要在乎比特币的价格涨涨跌跌。

因此我们不仅疑惑，是亚当·斯密穿越到今天，实地考察了市场机制是如何缔造经济繁荣和经济增长的，然后返回他的书斋，完成皇皇巨著？还是亚当·斯密是一个先知，他在 240 年以前就将经济繁荣的密码藏入《国富论》中？

五、价值之谜

本书所选的文本一是关于分工，二是关于著名的价值之谜。亚当·斯密说："具有极大使用价值的东西往往只有很少的或没有交换价值，相反，那些具有极大交换价值的东西往往很少或没有使用价值。再没有比水更有用的东西了，但水却不能购买任何东西，没有东西和水交换。相反，钻石几乎没有任何价值，但却经常可以交换到大量的其他商品。"

这类现象太多了。梵高的画能当饭吃吗？可是他的《加歇医生》或《向日葵》可以拍卖到上亿美金。然而你要知道，梵高在世时可是一贫如洗，只是靠着对艺术的执着追求而活着，是靠他哥哥接济度日的。就算他画得痛苦至极时割掉自己的耳朵送给一个荷兰失足妇女，貌似《加歇医生》和《向日葵》的生产成本因此增加了，可是问题是这两幅画在当时也只卖了一个普普通通的价格。宋朝的官窑瓷器也就是能盛饭盛菜，而且还不能放进微波炉里加热，可是它价格动辄上百万元。虽然是人民币不是美元，那也是够贵的了。至于亚当·斯密说到的钻石就更没有用了，丈夫给妻子手指上戴上一颗光芒万丈的钻戒，除了亮瞎我们的眼睛外，还真能确保美满姻缘恒久远、无尽恩爱永流传吗？戴两颗都不一定管用。

价值之谜说白了就是两个问题：价值是什么？价值由什么决定？为解决这两个问题，亚当·斯密提出了很多概念，包括：价值、使用价值、效用、交换价值、名义价格、真实价格、市场价格、自然价格。这些概念的关系是：价值、使用价值和效用是商品的属性，而交换价值、名义价格、真实价格、市场价格和自然价格都是和价值相关。简言之，这里有两类概念，一类是价值属性——是指能不能交换其他商品，一类是商品本身的属性，包括使用价值——用起来有什么好处或功能与效用——是指商品的功能是否带给使用者愉悦。

使用价值从字面上都能看到它的意思，是商品的客观物理属性。高铁让你在 4 小时之内从上海到北京，喝咖啡和茶叶让你提神，穿羽绒服让你全身温暖，饮酒让你反应迟钝、情绪亢奋、酒后吐真言。

效用是指满足和开心，是人们消费商品时的主观感受，它来自使用价值。同样是穿羽绒服，冬天和夏天都会让你身体加温，但是冬天舒适、效用大，夏天难受、效用低，除非你把穿羽绒服当成乞丐版的桑拿，那夏天穿着也还是能起到作用的。饮酒也是如此，任何时候都让你激情满怀、壮志凌云，顿觉天老大地老二我老三，让你说出平时想说不敢说的话，一吐心中块垒，那是何等的豪气干云！但是酒醒后才暗暗感觉不妙，发现刚刚是和自己一直怀恨在心的老板上司在进行公务宴请。这饮酒的使用价值没变，可是获得的效用就经受了冰火两重天的改变。高铁昨天把你从上海运到北京，今天再把你从北京送回到上海，但是，要是你坐错了车，本来今天应该是从北京到武汉的呢？花了钱，也实现了使用价值，可是效用是负值。

使用价值与效用的区别是，前者是客观物理现象，永远如一；后者是主观心理感受，因人、因地、因时而不同。套用当前的热词——获得感——来说就是，“获得”是使用价值，“感”是效用。很可能你收入增加了，但是你在同学中的收入排名却大大降低了，这就是有获得而无感了。

那么亚当·斯密是怎么解释价值之谜的呢？最为根本的是，他认为价值的来源是劳动。然后在坚持劳动价值论的基础上，他也认为竞争的市场供求会影响到商品生产所用劳动的多少，从而影响价值，这其实就是后来的供求均衡价格论，只是他没有明确说而已：在竞争市场，商品的价格千变万化，这就是市场价格；当供给和需求均衡时，市场价格就稳定下来，这就是商品的自然价格(在现代经济学里，叫作均衡价格)。

补充解释一下，交换价值是指一个商品交换其他商品的比例。如果商品先和货币交换，再用货币和其他商品交换，那么它和货币的交换比例就是名义价格。而真实价格是商品中所包含的劳动的另外一种说法。

亚当·斯密价值理论的难以读懂之处就在于，为了“解谜”，他定义了太多不必要的概念，把问题复杂化了，反而让读者费解。而且有些概念定义不稳定，有时候有区分，有时候又混用，比如价值有时候又等同于交换价值。这显示了理论不严谨的一面。现代经济学就避免了这些问题，继承了亚当·斯密的理论，但是用了新的语言体系。大道至简，在满足解释力的前提下，理论越简单越好。现代经济学只用价格和均衡价格就把价值之谜解释清楚了，取得了所有经济学家的共识。

六、今天的我们还要读过去的《国富论》吗

本质上，今天的各国经济运行逻辑与亚当·斯密那个时代没有差别，今天的教科书已经将其阐述得淋漓尽致、纤毫无遗。然而，教科书中的思想早在240多年前就已经由亚

当·斯密阐述清楚了。无论教科书用了什么现代化的方法——曲线、方程、函数、模型，其最基础的逻辑仍然传承自斯密。无论经济学论文运用到何等高深的数学、复杂的方法，其思想基础的部分仍然与斯密的论述关联。

那么，既然斯密已经做了系统的阐述，现代经济学还有必要不断发表新的论文、出版新的教科书吗？是有必要的。一方面，斯密给出的是基本的逻辑框架，翔实的细节内容仍然需要填充完善，更需要严谨的证明，斯密未论及的部分还需要补充，经济发展过程中出现的一些新的现象需要有新的理论。另一方面，在斯密的时代，各门人文社会科学的分野没有现在那样界限分明、术有专攻。在这个背景下，《国富论》用受过普通良好教育的人都能懂的语言阐述了经济理论。就是说，它使用的是非专业性的语言和非专业性的工具。它的好处是通俗易懂，适合各领域的读者，弊端是不够简洁清晰，依赖于读者的理解领悟能力，从而易生歧义。在现代科学规范的情况下，各门学科各自发展了自己的专用术语、方法与工具，借助于它们，同行之间的交流得以更为通畅高效。当我们读教科书时，基本上是不会遇到在理解上的困惑，就算有，通过讨论也会恍然大悟。对教科书中原理的理解只有深浅不同，但是不能有不同的解读。而对古典著作的理解则容易出现分歧，可是现代教科书里的原理的核心部分可能恰恰是来自古典著作，经济学就是这样。之所以出现这种差别，正是因为发展到今天的各种学科都引入了科学方法，比亚当·斯密那个时代更为逻辑严谨、表述准确。想象一下，杨振宁与李政道讨论时是用普通人的语言更有效率，还是用物理学的专用术语和原理更有效率呢？

可是，既然现代经济学远比斯密的时代完善先进，我们还有必要再读斯密吗？这取决于你。你是仅仅满足成为一个专业人士，能熟练利用所学知识高效率地解决程序化的问题呢？还是希望成为一个有思想的人，能改进方法、应付挑战、勇对不确定性、完成复杂的任务呢？如果是后者，读懂历史上的斯密们是有意义的，你可以从这些先哲那里汲取思想上的营养，他们会指导你获取自己的力量。其实，我们大可不必这么功利，一定要从阅读经典中获得好处。《国富论》充满了理论之美，其逻辑的严谨、层次的清晰、结构的完整、论证的深入会让你折服的，它会让你沉浸在美妙的思想世界。

【经典悦读】

《国富论》(节选)

第一章 论劳动分工[1]

劳动生产力最大的改进，以及劳动在任何地方运作或应用中所体现的技能、熟练和判断的大部分，似乎都是劳动分工的结果。

通过考察劳动分工在某些具体的制造业中是怎样起作用的，可以更加容易地懂得它在社会一般业务中所产生的结果。人们普遍认为，在某些微不足道的制造业中，劳动分工最细；这或许并不是因为这些制造业比更为重要的制造业的分工更细，而是因为，在那些为少数人的小量需求作出供应的微小制造业，雇用的工人总数必然很少，每个不同工作部门中雇用的工人常常可以集中在同一个工场中，使观者一眼就能看到。反之，大型制造业为大多数人供应巨大的需求，每一个不同的工作部门都雇用大量的工人，不可能将他们全都集中在同一个工场内。我们在同一个时间能够看到的，只是在一个小部门中所雇用的工人。因此，虽然在这种制造业中，比起那些微小的制造业，工作实际上分成了更多的部门，分工却不是十分明显，因而较少被人注意到。

因此，要从一个微不足道的但它的劳动分工常常被人注意到的制造业来举一个例子，这就是制针业。一个没有受过这种业务(劳动分工已经使它成为一个独立的行业)训练，而又不熟悉它所使用的机器(同样的劳动分工使这种机器的发明成为可能)的工人，用他最大的努力，或许一天制造不出一枚针，肯定不能制造 20 枚。但是按照这种业务现在进行的方式，不仅整个工作是一个专门的行业，而且它所分成的若干部门大部分也是专门的职业。一个人抽丝，另一个人拉直，第三个人切断，第四个人削尖，第五个人磨光顶端以便安装针头；做针头要求有两三道不同的操作；装针头是一项专门的业务，把针刷白是另一

---

① 劳动分工一词如果在此以前有人使用过，那也是并不常见的。它在此处出现，可能是由于孟德维尔《蜜蜂的寓言》第 2 卷(1729)对话 V1 第 335 页中的一段话……

译者按：另据《新帕尔格雷夫经济学大辞典》(经济科学出版社)第 3 卷第 321 页载：

孟德维尔阐明了一种自行组织和通过市场分配资源的经济。为了发展这一观点，他对社会的劳动分工的原因和后果进行了许多锐敏的考察。他认为劳动分工是多年来经济发展的手段。对于“野蛮人”来说，这是“改善他们的状况的最可信赖的方法”。因为“……如果一个人全身心地生产弓和箭，而另一个人提供食物，第三个人建造房子，第四个人做衣服，第五个人生产器具，那么，各行各业在同样的年数里会比五个人杂乱地进行生产有较大的提高”(《蜜蜂的寓言》，第 2 卷，第 284 页)。

虽然人们可以说出可能对亚当·斯密有关劳动分工的著名观点有影响的几位前辈，但是可以肯定，斯密确实阅读了孟德维尔的著作，并仔细地进行了消化。

项；甚至将针装进纸盒中也是一项专门的职业。这样，制针这一重要的业务就分成了大约18道不同的工序，在有些工厂中，每一道都由不同的人手担任，在其他的工厂中则有时由一个人担任两三道工序。我见过一个这样的小厂，那里只雇用了10个人，因此有些人担任两三道不同的工序。他们很穷，因而必要的机器也装备不足，但是他们在奋力而为时，却能每天造针12磅。每磅将近有中等大小的针4000枚。因此，10个人每天能制针48000枚。每个人制造48000枚针的1/10，就是每天制针4800枚。但是如果他们全都独自分别工作，没有一个人受过这种专门业务的训练，那他们肯定不能每人每天制造出20枚针，或许连一枚也造不出来；这就是说，肯定不能完成他们现在由于适当分工和各种不同操作的结合所能完成的工作量的1/240，或许甚至不能完成其1/4800。

在每一种其他的工艺和制造业中，劳动分工的效果也同在这种微不足道的制造业中一样；虽然在它们之中的许多行业，劳动不能如此细分，每项工序也不能变得如此简单。可是在每一种工艺中，只要能采用劳动分工，劳动生产力就能成比例地增长。各种不同行业和职业的彼此划分，似乎也是由这种好处造成的。在享有最发达的产业和效率增进的那些国家，分工也进行得最彻底；在未开化社会中一人从事的工作，在进步社会中一般由几个人担任。在每一个进步的社会，农民一般就只是一个农民，制造业者一般就只是一个制造业者。为生产任何一种完全的制造品所必要的劳动，也几乎总是在大量的人手中间划分。在麻织业和毛织业的每一个部门中，有多少不同的手艺人在从事工作啊：从亚麻和羊毛的生产，到麻布的漂白和烫平，或是到呢绒的染色和整理，都由不同的人担任！的确，农业的性质与制造业不同，不容许做那么细致的劳动分工，也不容许将一种业务同另一种业务截然分开。不可能把畜牧人的业务同谷农的业务彻底划分，像把木匠的行业同铁匠的行业普遍分开那样。纺纱工同织布工几乎总是两个不同的人；而犁地、耙地、播种和收获则常常由同一个人担任。随着一年季节的变化就需要进行这些不同种类的劳动，不可能使一个人固定从事其中的任何一种。不可能把农业中使用的所有各种不同种类的劳动做完全彻底的划分，或许是在这种技艺中劳动生产力的改进不能总是和制造业中的改进保持相同步伐的原因。的确，最富裕的国家在农业方面也像在制造业方面一样，一般都超过它们所有的邻国；但是它们普遍都以制造业的优越性而不以农业的优越性著称。富国的土地一般耕种得更好些，投在土地上的劳动和支出更多些。产量按土地的面积和天然肥沃程度的比例来说也更大些。但是这种产量方面的比较多，很少在比例上超过在劳动和支出方面投入比较大的。在农业中，富国的劳动并不总是比穷国的劳动有更大的生产力；或者至少是，从来没有像普通在制造业中那样有更大的优越性。因此，富国的谷物，就同一品质而言，在市场上并不总是比穷国的谷物价格更低廉。同一品种的波兰谷物同法国的谷物一样低廉，尽管法国的富裕和劳动生产力改进优于波兰。在法国产谷省份产出的谷物同英格兰的谷物一样好，在大多数年份差不多是同一价格，虽然在富裕和生产力改进方面，法国或许不及英格兰。然而，英格兰的谷地比法国的谷地耕种得好些，而法国的谷地据说比波兰的谷地耕种得更好些。但是穷国尽管在耕种上处于劣势，却能在某种程度上以其谷物的价廉物美而与富国竞争，在制造业方面它是无法这样竞争的；至少是，如果这些制造业适合于富国的土壤、气候和地理位置的话。法国的丝绸比英格兰的更好些、更便宜些，因为丝织业，至少是在现时对生丝进口课征高关税的情况下，不那么适合于英格兰的气候，不像在法国那样。但是英格兰的铁器和粗毛织物却远远优于法国的，就同一品质而言价格也低廉得多。在波兰，据说很少有什么制造品，除了国家生存所必不可少的少数粗糙的家用制造品以外。

这种由于劳动分工而使同一数量的人所能完成的工作数量得到巨大增长，是由于三种不同的情况：第一，由于每一个工人的熟练程度的提高；第二，由于节约了从一种工作转向另一种工作普通所丧失的时间；第三，由于发明了很多的机器，便利和简单化了劳动，使一个人能干许多人的活。

第一，工人熟练程度的改进必然使他所能完成的工作数量增多；而劳动分工，通过使每一个人的业务降为某种简单的操作并使这种操作成为他终生的唯一职业，必然使工人的熟练程度提高许多。一个普通的铁匠，尽管习惯于使用铁锤，但却从来没有做过钉子，如果一旦有必要让他去试着做钉子，我确信他一天做不出两三百枚，而且是很坏的钉子。一个惯于做钉子的铁匠，但他的唯一的或主要的职业不是钉匠，用他最大的努力，也很难每天制造出比 800 枚或 1000 枚更多的钉子。我见到几个 20 岁以下的青年，他们除了制钉以外没有做过任何其他的手艺，当他们奋力而为时，每人每天能造出 2300 枚钉子。可是，造钉绝不是一种最简单的操作。同一个人要拉动鼓风炉，有时要搅动或调整火力，把铁烧热，锤打钉子的每一个部分；在锻造钉头时，他还不得不改变他的工具。制造一枚针或一个金属纽扣所划分的不同操作全都要简单得多，一生唯一的职业就是从事这种操作的人，其熟练程度常常要高得多。完成这些制造品的某些操作的速度，在那些没有亲眼所见的人看来，好像是人手不可能达到的。

第二，从节约由一种工作转到另一种工作所丧失的时间得来的好处，比我们骤看起来所能想象的要大得多。人们不可能很快地从一种工作转到另一种在不同地点、用不同工具进行的工作。一个农村织布匠，同时也耕种一小块土地，从他的织布机走向地里，又从地里回到织布机，必然要损失大量的时间。当两种手艺能在同一个工场内进行时，损失的时间无疑地要少得多。但即使在这种场合，损失也是很大的。一个人把他的手从一种业务转向另一种业务时，一般都要闲荡一会儿。当他最初开始新的工作时，很少是非常全神贯注的；他像他们所说的，心不在焉，有一些时候磨磨蹭蹭，并不认真干活。每一个农村劳动者，每隔半个小时就得改变他的工作和工具，一辈子几乎每天要干 20 种不同的活，自然而然地或者说必然地会养成闲荡和漫不经心的习惯，使得他几乎总是懒懒散散，即使在最紧迫的场合，也不能用力冲击。因此，除了他在熟练方面的欠缺，单是这个原因，也必然总是要大大减少他所能完成的工作量。

第三，也是最后，每一个人必然知道，应用适当的机器能在多大程度上便利和简化劳动。不必举例了。因此，我们只想说，使劳动得以如此便利和简化的所有那些机器的发明，最初似乎都是由于劳动分工。当人们的全部注意力集中在单独一个目标上，而不是分散在许许多多的事物上时，他们就更有可能发现比较容易和比较迅捷地达到任何目的的方法。但是由于劳动分工，每一个人的全部注意力自然而然地集中在某个非常简单的目的上。因此，自然可以预期，从事每一个具体劳动部门的那些人，总有某一个人不久就会找出完成他自己的具体工作的比较容易和比较迅捷的方法，只要工作的性质容许作出这种改进的话。在劳动分工最细的那些制造业中所使用的机器，大部分最初都是普通工人的发明，他们每个人都从事非常简单的操作，自然要用心去找出完成工作的比较容易和比较迅捷的方法。惯于去参观这些制造业的人，常常会看到一些非常美妙的机器，这就是这类工人的发明，用来便利和简化他们自己担任的那部分工作的。最初的蒸汽机常常要雇用一个男孩，当活塞上升或下降时，就去打开或关闭汽锅与汽缸之间的通道。有一个贪玩的孩子注意到，用绳子把开闭这个通道的活门的柄系在机器的另一部分上，活门就能自动开闭，于是他可以自由地去和同伴玩耍。自从这种机器初次发明以来，最大的改进之一就这样由一个想节约自己劳动的儿童发现了。①

然而，机器的改进绝非全都是有机会使用机器的人的发明。许多改进是出于机器制造人的聪明才智，当制机器变成了一个专门行业时。也有些是出于所谓哲学家或思想家的聪明才智，他们的职业就是什么事也不做，但是要观察每一件事情；因此，他们常常能把相距遥远和极不相同的事物的力量联结在一起。在社会进步的过程中，哲学家或思想家也像每一种其他的职业那样，变成了某一类公民的主要的或唯一的行业和职业；而在哲学中的这种职业细分，也像在每一种其他的业务中一样，提高了熟练程度，节约了时间。每一个人都变得对他自己的那部分工作更加内行，整体说来完成了更多的工作，而科学的数量亦由此大大增加了。②

由于实行劳动分工的所有不同行业的产量成倍增长，在一个治理得很好的社会出现普遍的富裕，推广到了最底层的人民。每一个工人自己劳动的产品，除了供应自己的需要而

---

① 这个小故事（至少大部分）是虚构的。

② 下面承认由自然最适于生产某些商品的国家去生产这种商品的全部或大部分的好处（第425页），但要做到这一点必须有劳动分工这一事实则未被注意到。劳动分工能让不同的工人完全去做最适于他们的非由教育和实践得来的品质（如年龄、性别、身材大小和体力）的那种工作，这一事实部分地被忽视了，部分地被否认了，下面第15、16页。劳动分工或专业的不利之处，在下面第734~736页讨论。

外，还可大量出售；每一个其他的工人也完全一样，能用自己的大量产物去交换他人的大量产物或其等价品。他对他们的需要作出丰富的供应，他们也对他的需要作出同样丰富的供应，于是社会的所有不同阶级都变得普遍富裕起来。

看一看一个文明的和兴旺发达的国家中最普通的工匠或日工的生活用品(accomodation)，你会知道，为了使他们能享受这种生活用品，必须提供其自己工作的一部分(虽然是一小部分)的人是多得不可胜数的。例如，日工所穿的毛织品上衣，尽管看起来很粗糙，却是大量工人联合劳动的产品。牧羊人、选毛人、梳毛人、染工、梳理工、纺工、织工、蒸洗工、缝工，和许许多多其他的人，必须全都结合他们不同的手艺，以便完成这种即使是家常的产品。此外，把这些材料从某些工人运输到常常住在国内最遥远的地方其他工人手中，需要有多少商人和运输人啊！尤其是，需要有多少商业和航运，需要有多少造船人、航海人、制帆人、制绳人，以便把染匠所使用的不同染料带到一起，这些染料常常来自世界各个最遥远的角落！要生产这些最卑贱的工人所使用的工具，也必须有多少种不同的劳动啊！且不要谈那些复杂的机器，如航海人的船舶、蒸洗工的磨坊，或是织布匠的织机，让我们只来看看牧羊人用来剪羊毛的剪刀这一非常简单的机械，它就需要有各种不同的劳动。采矿工、熔矿炉制造工、伐木工、熔矿炉所用焦炭的烧炭工、造砖人、泥水匠、护炉工、磨坊设计与建筑人、锻工、铁匠，全都必须把他们的不同手艺结合起来，才能生产出剪刀。假如我们用同样的方式来考察一下他的衣着和家用器具的所有不同部分，他贴身穿的粗麻衬衫，他脚上穿的鞋，他睡的床，以及组成床的所有不同部件，他准备膳食的厨房炉灶，备膳所使用的从地层挖出的煤炭，这或许是通过遥远的海路和陆路运到他那里的，他厨房中所有其他的器皿，所有餐桌上的用具、刀子和叉子，用来盛上和分送饭菜的陶瓷盘子和锡镴盘子，为他制作面包和啤酒所使用的不同人手，用来放进热气和光线并抵御风雨的玻璃窗户，为了准备玻璃这种美妙的幸运的发明所需要的知识和技艺，没有玻璃，世界上这些北方国土就不可能提供一个非常舒适的住所，连同在生产这些不同的便利品中所使用的所有不同工人手中的工具；哎呀，假如我们考察一下所有这些东西，看一看每一种都要使用多少不同的劳动，我们就会了解到，没有成千上万人的帮助和合作，一个文明社会中的最卑贱的工人，就不可能得到他一般所得到的那种(按照我们的非常错误的设想是)平常的简单的生活用品。的确，同富贵人家的极度豪华奢侈相比，他的生活用品看来无疑的是极其简单而又平常的；然而，这或许又是真事，一个欧洲君主的生活用品，并非总是大大超过一个勤劳节俭的农民的生活用品，而这个农民的生活用品却总是超过许多非洲君主的生活用品，这些君主正是数以万计的赤裸野蛮人的生命与自由的绝对主宰啊。

第二章 论引起劳动分工的原因

劳动分工提供了那么多的好处，它最初却并不是由于任何人类的智慧，预见到并想要得到分工所能带来的普遍富裕。它是人性中某种倾向的必然结果，虽然是非常缓慢的和逐渐的结果，但这是一种互通有无、进行物物交换、彼此交易的倾向，它不考虑什么广泛的功利。

这种倾向是不是人性中无法给予进一步的解释的最初本能之一；或者更有可能的是，它是不是理性和言语这种才能的必然结果，这不是我们现在所要研究的题目。这是所有的人普遍都有的倾向，而其他的动物则没有，一般动物似乎不懂这种交换或任何其他种类的契约。两只猎犬追逐同一只兔子，有时似乎是在协同行动，每一只狗都把兔子赶向它的同伴；或是在同伴把兔子赶向它时力图予以拦截。然而，这并不是任何契约的效果，而只是在某一个时候出于对同一目标的欲望的偶然契合。没有人看到过两只狗用两根骨头彼此进行公平的有意识的交换。没有人看到过，一只动物用姿势或自然嚎叫向另一只动物表示：这是我的，那是你的；我愿意用这个交换那个。当一只动物想要从人或另一只动物得到什么东西时，它除了获得它所乞求的对方的好感之外，没有其他的说服、劝诱的手段。一只小狗向母狗摇尾乞怜，一只长毛垂耳狗做出千般姿态，去吸引餐桌上主人的注意，以便从而得到食物。人对他的同胞有时也使用相同的手腕，当他无法使他们按照自己的意愿行事时，就百般卑颜屈节、阿谀奉承，企图博得他们的欢心。可是，他没有时间每一次都这样去做。在文明社会中，他在任何时候都需要有大量的人的合作和帮助，而他的整个一生，不足以交上几个朋友，在几乎每一种其他的动物中，每一个体当长到成年时，都是全然独立的，在这种自然状态中不需要有其他动物的帮助。但是人总是需要有其他同胞的帮助，单凭他们的善意，他是无法得到这种帮助的。他如果诉诸他们的自利之心(self-love)，向他们表明，他要求他们所做的事情是于他们自己有好处的，那他就更有可能如愿以偿。任何想要同他人做买卖的人，都是这样提议的。给我那个我想要的东西，就能得这个你想要的东西，这就是每项交易的意义；正是用这种方式，我们彼此得到自己所需要的帮助的绝大部分。我们期望得到的饭食，不是出自屠夫、酿酒师和面包师的恩惠，而是出自他们自利的打算。我们不是向他们乞求仁慈，而是诉诸他们的自利之心，从来不向他们谈自己的需要，而只是谈对他们的好处。除了乞丐之外，没有人完全依靠自己的同胞们的仁慈来生活。即使乞丐，也并不完全依靠他人的仁慈。乐善好施的人的施舍行为，诚然为他提供了全部的生存资源。但是尽管从这里最后为他提供了他所需要的全部生活必需品，却没有也不可能随时随地满足他的日常需要。他的大部分日常需要是通过和其他人同样的方式去满足的，就是通过契约、通过交换、通过购买。他用一个人给他的钱去购买食物。他用另一个人给他的旧衣服去交换比较适合于他的另外的旧衣服，或住所，或食物，或钱，用这钱他又能购买食物、衣服或住所，随心所欲。

就像我们通过契约、交易、购买彼此获得我们所需要的绝大部分的帮助那样，劳动分工最初也是从这种交换倾向产生的。在一个以狩猎或游牧为生的部落中，例如，某一个人能比任何其他的人更加迅捷、更加熟练地制造弓箭。他常常用弓箭来和他的同伴交换牲畜和鹿肉；他最终发现，他这样得到的牲畜和鹿肉，比他自己到野地里去捕捉到的要多。因此，由于考虑他自己的利益，他就把制造弓箭变成了他的主要职业，他成为一种制造武器的人。另一个人长于制造他们的小茅屋或移动房屋的框架和屋顶。他习惯于用这种方式来为他的邻居们服务，邻居们也按照同样的方式，用牲畜和鹿肉报酬他，最终他发现，完全从事这种职业、成为一种造房木匠，是符合自己的利益的。依同样的方式，第三个人变成了铁匠或铜匠；第四个人变成了毛皮或皮革的硝皮人或鞣革人，毛皮或皮革是野蛮人衣着的主要组成部分。这样，由于肯定能把自己产品的所有剩余部分(这是他自己消费不了的)，去交换自己所需要的他人劳动产品的剩余部分，这就鼓励了每一个人去从事一种专门的职业，并培养和完善他所具有的从事这一职业的才能或天资。

不同的人所具有的天赋才能的差异在实际上比我们所想象的要小得多；成年人从事不同的职业所表现出来的非常不同的才能，在许多场合，与其说是劳动分工的原因，不如说是劳动分工的结果。① 最不相同的人物之间的差异，例如一个哲学家和一个普通的街头搬运夫之间的差异，似乎不是由于天赋，而是由于习惯、风俗和教育所产生的。当他们来到这个世界上，在六岁或八岁之前，他们或许非常相像，他们的父母或游戏伙伴看不出他们有什么显著的不同。大约在那个年龄，或随后不久，他们开始从事非常不同的职业。于是，才能的不同开始被注意到，并且逐渐扩大，直到最后，哲学家的虚荣心就不肯承认有任何的相似之处。但是如果没有互通有无、以物易物、彼此交换的倾向，每一个人就必须为自己备办自己需要的每一种必需品和便利品。每一个人都有相同的责任要履行，都有相同的工作要做，那就不可能有什么职业上的不同，也就不可能有任何重大的才能上的差异。

就像交换倾向形成了不同职业的人们之间才能上的差异一样，交换倾向也使得这种才能差异成为有用。许多种被认为全都属于同一族的动物，它们的天资比起人们在未受到风俗和教育的熏陶以前所表现出的天资来，要显著得多。在天资和天性方面，一个哲学家的天赋同一个街道搬运工的天赋的不同，远远不及大猛犬之于猎犬，或猎犬之于长毛垂耳犬，或长毛垂耳犬之于牧羊犬。可是这些不同种类的动物，虽然属于同一族，却对彼此没

① 这显然是针对哈里斯(Harris)《货币与硬币》第 1 编第 11 节的，是和休谟的观点一致的，休谟请读者“考虑，在受到教育的培养以前，所有的人在体力方面，甚至在智力和才能方面，差不多都是相等的”。见《道德和政治论文集》，1748 年，第 291 页。

有任何用处。大猛犬的力气，并不因猎犬的迅速、长毛垂耳犬的伶俐或是牧羊犬的驯良而有丝毫的增益。这种不同的天资和才能的效果，由于缺乏交易和交换的能力，不能变成一种共同的财富，使同种的动物得到较好的供应和方便。每一动物仍然不得不独自分别地维持自己、捍卫自己，丝毫得不到自然赋予它的同伙的那种不同才能的好处。反之，在人中间最不同的才能对彼此都有用处；他们靠各自才能生产的产品，通过互通有无、交易和交换的一般天性，仿佛变成了一种共同的财富，在这里每个人都可以购买到他所需要的其他人靠才能生产的产品的一部分。

第五章　论商品的真实价格和名义价格，或论用劳动表示的商品价格和用货币表示的商品价格

一个人是富还是穷，依他所能享受的生活必需品、便利品和娱乐品的程度而定①。但是在劳动分工一旦完全确立以后，一个人自己的劳动只能供应他所需要的这些东西的很小一部分。其他绝大部分他必须从他人的劳动去获得，而他是富还是穷，必然依他所能支配的或能购买得起的他人劳动的数量而定。因此，任何商品的价值，对拥有它但不想自己消费它而是要用它来交换其他商品的人来说，等于该商品能使他购得或支配的劳动的数量。因此，劳动是衡量一切商品的交换价值的真实尺度。

每一件东西的真实价格，即每一件东西对于想要得到它的人的实际价值，是获得它时所付出的辛苦和麻烦。每一件东西对于已经得到它并想要处理它或用它来交换别的东西的人来说，它实际所值，是他能为自己省去的并能加诸于他人身上的辛苦和麻烦。用货币购到的或用货物交换来的东西，都是用劳动购来的东西，就像我们用自己的辛苦得来的东西一样。那种货币或那种货物诚然为我们省去了自己的辛苦。它们包含了一定数量劳动的价值，我们用来交换在当时假定包含同等数量劳动的价值的东西。劳动是为购买一切东西支付的首次价格，是最初的购买货币。用来最初购得世界上的全部财富的，不是金或银，而是劳动；财富的价值，对于拥有它并想要用它来交换某种新产品的人来说，正好等于它能使他们购得或支配的劳动的数量。

正如霍布斯先生所说，财富就是权力。② 但是获得或继承了一笔巨大财产的人，不一定就能获得或继承任何的政治权力，不论是民政的还是军政的。他的财产或许能使他有获得两者的手段，但是仅仅拥有财富并不一定能使他得到两者。拥有财富立即地直接地给他带来的权力是购买力，一种对所有劳动的支配力，或对当时在市场上的所有劳动产品的支

① 坎梯隆，《文集》，第1、2页。

② 霍布斯，《利维坦》，第一编，第10章。

配力。他的财产的大小，与这种力量的大小成精确的比例；或与他所能购得的他人劳动的数量，或他人劳动产品的数量成精确的比例。每一件东西的交换价格，一定总是恰恰等于它给它的拥有者带来的这种力量的大小。

但劳动虽然是所有商品的交换价值的真实尺度，商品的价值普通却并不是用劳动去衡量的。常常难于确定两种不同数量的劳动之间的比例。单是在两种不同的工作上所花费的时间，并不总是能确定这种比例。工作时所忍受的不同程度的艰苦，以及所运用的不同程度的智巧，也必须考虑到。一个小时的艰难的工作比一个小时的容易的工作可能包含更多的劳动；或者说，要花费十年才能学到的行业，比起普通的平常的职业来，前者一小时的操作比起后者一个月的勤劳来，可能包含更多的劳动。对于艰难或智巧，不可能找到任何精确的衡量方法。诚然，在不同种类的劳动的不同产品互相交换时，普通也对艰难或智巧作出相当的认可。可是，这不是用任何精确的尺度来调节的，而是通过市场上的讨价还价，根据足以使普通生活的日常业务得以进行的大致的而不是精确的平等。①

此外，每一种商品更频繁地是同其他商品而不是同劳动相交换，从而相比较。因此，它就更加自然地是用某种其他商品的数量而不是用它所购得的劳动的数量去衡量它的价值。大多数人对于用一种具体商品的数量所表示的东西比用一种劳动数量所表示的东西更加理解。前者是看得见、摸得着的东西，而后者则是一种抽象的观念，虽然可以使它被人充分理解，却不是十分自然和明显的。

但当物物交易停止进行、货币成为商业的普遍媒介时，每一件具体商品更频繁地是同货币而不是同任何其他的商品相交换。屠夫很少把自己的牛肉或羊肉带到面包师或酿酒师那里去，交换面包或啤酒；他把肉带到市场上，用它交换货币，然后用货币交换面包和啤酒。他因此得来的货币的数量，规定着他后来所能购买的面包和啤酒的数量。因此，对他来说，更自然更明显的是，要用货币的数量，即他用肉直接换来的商品的数量去衡量他的肉的价值，而不是用面包和啤酒的数量，即他只有通过其他商品的干预才能交换到的商品的数量去衡量；即是说，他拥有的肉每磅值三便士或四便士，而不是值三四磅面包，或三四夸特淡啤酒。因此，事情就这样发生了：每一件商品的交换价值，更频繁地是用货币的数量去衡量，而不是用它所交换的劳动的数量或任何其他商品的数量去衡量。

然而黄金和白银，也像每一种其他的商品一样，价值是变动的，有时便宜些，有时贵些，有时比较容易购到，有时比较难以购到。任何特定数量的金银所能购到或支配的劳动的数量，或所交换到的其他商品的数量，总是随这种交换进行时所已知的矿藏的丰饶或贫瘠为转移。16 世纪在美洲发现了丰富的矿藏，使欧洲的金银价值比原值下降了 1/3 左

① 没有提到在第十章中对这个题目进行冗长的讨论，这是奇怪的。

右。[①] 由于把这些金属从矿区送到市场所花费的劳动较少，所以当它们送到那里时，它们所能购买或支配的劳动也较少；金属价值上的这次变革虽然或许是最大的，但根据历史的记载绝不是唯一的一次。但是作为数量的尺度，像一步之长、伸开两臂之宽或一手所握之重这种本身数量不断变化的自然尺度，绝不能作为衡量其他东西的数量的精确尺度；因此，本身价值不断变化的一种商品，绝不能成为其他商品的价值的精确尺度。同等数量的劳动，在所有的时间和地点，可以说是对劳动者具有同等的价值。按照他的普通的健康、体力和精神状态，按照他的技能和熟练程度的普通状态，必然总是牺牲相同部分的安逸、自由和快乐。他所支付的价格必然总是相同的，不管他得到回报的货物的数量如何。诚然，这种劳动所购到的货物的数量，可能有时多一些，有时少一些；然而，变动的是这些货物的价值，而不是用来购买它们的劳动的价值。在所有的时候和地方，凡是难于找到或是要花费许多劳动才能得到的东西，价格就贵；凡是容易找到，或只花很少劳动就能得到的东西，价格就贱。因此，只有本身价值绝对不变的劳动，才是最后的真实的标准，一切商品的价值在任何时候和地方都可以用它来衡量和比较。劳动是商品的真实价格，货币只是商品的名义价格。

但是，虽然同等数量的劳动对劳动者来说总是具有同等的价值，对于雇用他的人来说，却似乎有时价值大些，有时价值又小些。他有时用较大量、有时用较小量的货物去购买这同等数量的劳动，对他来说，劳动的价格也同所有其他货物的价格一样，是变化的。从他看来，劳动似乎有时贵一些，有时贱一些。可是，实际上，那只是一时的货物贱一些，一时的货物贵一些。

因此，按照这种一般的看法，劳动也像商品一样，可以说是有真实价格和名义价格。劳动的真实价格可以说是由为取得劳动而给予的生活必需品和便利品的数量构成；而劳动的名义价格则是由货币的数量构成。劳动者是富还是穷，是报酬得好些还是坏些，与他的劳动的真实价格成比例，而不是与其名义价格成比例。

商品和劳动的真实价格和名义价格的区分，不仅仅是一件理论上的事情，而且有时在实践上具有重大的用处。同一真实价格总是具有同一价值；但是由于金银价值的变化，同一名义价格有时具有非常不同的价值。因此，当一宗地产出售并保留永久地租时，如果想要使地租总是具有相同的价值，对为其保留的那个家庭来说，重要的是地租不应当用特定的钱数来规定。如果用钱数，地租的价值会遇到两种不同的变化：由于同一面额铸币，在不同时候所包含的金银数量的不同，而引起的价值的变化；由于同等数量的金银，在不同时候所具有的不同价值，而引起的价值变化。

君主和国家常常设想，减少自己的铸币所包含的纯金属的数量可以得到暂时的利益；

① 参阅后面，第191页。（指原书页码，下同——编者注）

但是很少设想，增加这种数量会有好处。因此，我相信在所有的国家，铸币包含的金属的数量几乎是不断地减少，而没有任何增加。因此，这种变化几乎总是在降低货币地租的价值。

在美洲发现的矿藏降低了欧洲金银的价值。普遍认为，这种降低仍在逐渐地进行，可能会持续一段很长的时间，虽然我不知道这是否有任何可靠的根据。因此，根据这种假设，这种变化只会减少而不会增加货币地租的价值，尽管货币地租不是用一定数量的某种面额的货币来规定的(例如，多少英镑)，而是用多少盎司的纯银，或一定标准的白银来规定的。

用谷物规定的地租比用货币规定的地租更能保持地租的价值，即使在铸币的面额没有变化的地方。伊丽莎白第十八年有法律规定，所有各大学出租土地的地租，有 1/3 必须用谷物支付，或用实物，或按最近的公共市场的时价折成货币。从这种谷物地租得到的货币，最初虽只占全部地租的 1/3，在现时，按照布莱斯通博士的计算，普遍已接近其他 2/3 地租的二倍。按照这种算法，各大学旧时的货币地租必然几乎降至原值的 1/4，或者说，不超过其原来所值谷物的 1/4。但是自从腓力普和玛丽当政的时候起，英格兰铸币的面额变动很少或根本没有变动，同一数目的镑、便士和先令包含了非常相近的数量的纯银。因此，各大学货币地租价值的跌落，完全是由于白银价值的跌落。

当白银价值下落和同一面额的铸币包含的白银数量减少相结合时，损失常常更大。苏格兰的铸币面额比英格兰的铸币面额经历了更大的变化，法国的铸币面额又比苏格兰的经历更大的变化，这样，两国的古老地租原先虽具有很大的价值，现在却落到几乎一钱不值。

同等数量的劳动，在不同的时候，更可能用同等数量的谷物(劳动者的生活资料)而不是用同等数量的金银或任何其他商品去购得。因此，同等数量的谷物，在相隔很远的时候，具有差不多相同的真实价值，能使其持有者购得或支配差不多相同的他人劳动。我说的是，等量谷物比等量的几乎任何其他商品更可能购得或支配等量劳动；因为，即使是同等数量的谷物也不会购得绝对相等数量的劳动。劳动者的生活资料或劳动的真实价格，我在下面将要说明①，在不同的场合是非常不同的；在一个走向富裕的社会比在一个停滞不前的社会要丰富一些；在一个停滞不前的社会又比在一个趋向没落的社会丰富一些。然而，每一种其他的商品在某一个具体的时候所能购到的劳动的数量，其大小与它在当时所能购到的生活资料的数量大小成比例。因此，用谷物规定的地租，只受用一定数量的谷物所能购到的劳动数量的变化的影响。但是用任何其他商品规定的地租，不仅要受一定数量的谷物所能购到的劳动数量变化的影响，而且要受一定数量的该种商品所能购到的谷物数

① 下面，第 71~75 页。

量变化的影响。

但是应当注意，谷物地租真实价值的变化，从一个世纪到另一个世纪来说，比货币地租真实价值的变化要小得多，但是从一年到另一年来说却要大得多。我在后面将要说明①，劳动的货币价格不是逐年随着谷物的货币价格波动的，它似乎不与生活必需品的暂时的或偶然的价格相适应，而是与生活必需品的平均的或普通的价格相适应。我在后面也将说明②，谷物的平均的或普通的价格，是受白银的价值、受向市场供应白银的矿藏的丰富或贫瘠、受把任何特定数量的白银从矿场送到市场所必须雇用的劳动的数量因而必须消费的谷物的数量所调节的。但是白银的价值，虽然有时从一个世纪到另一个世纪变动很大，但从一年到另一年却变动不大，在半个世纪甚至一个世纪中，常常保持不变，或者几乎不变。因此，谷物的普通的或平均的货币价格在一个那样长的时期内也可能保持不变或几乎不变；同它一道，劳动的货币价格也是一样，只要社会在其他方面保持相同的或大体相同的状况。与此同时，谷物的暂时的和偶然的价格却常常在这一年比上一年高出一倍，或者波动，例如，从每夸特 25 先令涨到 50 先令。但当谷价涨至 50 先令时，谷物地租的真实价值和名义价值都要比从前高出一倍，能支配双倍数量的劳动或双倍大部分的其他商品；但在所有这些波动中，劳动的货币价格，随之还有大多数其他商品的货币价格，均保持不变。

因此，劳动显然是唯一普遍的、唯一精确的价值尺度，它是在所有的时候和所有的地方都可以用来作为比较不同商品的价值的唯一标准。大家都承认，我们不能用购买商品的白银数量，来衡量不同商品从一个世纪到另一个世纪的真实价值。我们也不能用谷物的数量来衡量从一年到另一年的这种价值。然而我们可以用劳动的数量十分准确地衡量不同商品从一个世纪到另一个世纪和从一年到另一年的真实价值。就从一个世纪到另一个世纪来说，谷物是比白银更好的衡量尺度，因为等量的谷物比等量的白银更能支配等量的劳动。反之，就从一年到另一年来说，白银是比谷物更好的衡量尺度，因为等量的白银更能支配等量的劳动。

但是，区分真实价格和名义价格在订立永久地租或缔结长期租约时虽然有用，而在日常生活的普通交易中却毫无用处。

在同一时间和地点，所有商品的真实价格和名义价格彼此保持准确的比例。例如，在伦敦市场上，你出售任何商品得到多少货币，它就能使你在当时当地购买或支配多少劳动。因此，在同一时间和地点，货币是所有商品的真实交换价值的准确尺度。然而，只是在同一时间和地点，它才是如此。

---

① 下面，第 74、85、86 页。

② 下面，第十一章，特别参阅第 191 页。

尽管在相隔很远的地方商品的真实价格和名义价格之间不存在一定的比例，从一地向另一地贩卖货物的商人却只考虑它们的货币价格，即购入所用白银和卖出可能得到的白银之间的差额。在中国广州，用半盎司白银可能支配比在伦敦用一盎司白银所能支配的更大数量的劳动和生活必需品与便利品。因此，在广州售价半盎司的一种商品，对在广州拥有这种商品的人来说，比起在伦敦售价一盎司的商品对在伦敦拥有这种商品的人来说，可能在实际上更有价值，更为重要。可是，如果一个伦敦商人能用半盎司白银在广州购入一种商品，随后在伦敦以一盎司售出，他通过这笔买卖就获利百分之百，仿佛一盎司白银的价值，在广州和在伦敦完全一样。至于广州的半盎司白银比伦敦的一盎司白银能使他支配更多的劳动和更大数量的生活必需品和便利品，对他来说是不关重要的。他所关心的，只是在伦敦一盎司白银总是比半盎司白银能支配两倍的劳动和生活必需品与便利品。

因此，由于货物的名义价格或货币价格最终决定一切买卖行为的适当与否，从而调节普通生活中几乎全部涉及价格的业务，所以它比真实价格受到更大的注意是不足为奇的。

……

第七章　论商品的自然价格和市场价格

在每一个社会或其邻近地区中，在劳动和资本的每一种不同的用途中工资和利润都有一个普通率或平均率。我将在后面说明，① 这种比率部分地是受社会的一般情况，它们的富裕或贫穷，它们的进步、停滞或衰落的状况自然调节的；部分地是受每种用途的具体性质自然调节的。

在每个社会或其邻近地区中，同样有一个普通的或平均的地租率，我将在后面说明②，这种比率部分地是受土地所在的社会或其邻近地区的一般情况调节的，部分地是受土地的自然的或改良的肥沃程度调节的。

这种普通的或平均的比率，可以称为在当时当地通行的工资、利润和地租的自然率。

当任何商品的价格不多不少，恰恰足以支付在生产、制造这种商品并将其送入市场所使用的土地、劳动和资本的地租、工资和利润时(根据它们的自然率)，这种商品就可以说是按它的所谓的自然价格出售的。

因此这种商品就恰恰是按照它的价值出售的，或者说恰恰是按照将其送入市场的人的真实成本出售的；虽然按照普通的说法，任何商品的所谓原始成本并不包括将其再行售出的人的利润，然而如果他按照不让他在当地获得普通利润率的价格售出，他显然在这笔交

① 下面，第八、九章。
② 下面，第十一章。

易中会遭受损失；因为如果他用其他方法运用他的资本，他就会获得这种利润。此外，他的利润就是他的收入，是他的生活资料的正当来源。就像他在制造货物并将其送入市场时对工人垫支工资或生活费一样，他也对自己垫支了生活费，这与他从出售货物中可以合理预期的利润相当。因此，除非他们付给他这笔利润，否则他们就没有把可以正当地称作他的实际成本的部分偿还给他。

虽然让他获得这种利润的价格并不总是一个商人有时出售其货物的最低价格，那却是他在相当长的时期内愿意出售货物的最低价格；至少是在有完全自由的地方，或者是在他可以随意经常改变行业的地方，情况是这样。

任何商品普通出卖的实际价格，称为市场价格。它可能低于或高于商品的自然价格，或与之恰好相等。

每一种具体商品的市场价格，是受实际送到市场的数量与愿意支付商品自然价格的人即愿意支付将商品送入市场所必需的地租、劳动〔工资〕和利润的全部价值的人的需求两者的比例调节的。这种人可称为有效需求者，他们的需求可称为有效需求；因为它足以使得将商品送入市场。它与绝对需求不同。一个赤贫的人在某种意义上可以说是有拥有一辆轿式大马车和六匹骏马的需求，他可能很想得到这些，但他的需求不是有效需求，因为这些商品绝不会送入市场去满足它。

当送入市场的商品数量少于有效需求时，所有愿意支付将商品送入市场所必需的地租、工资和利润的全部价值的人不能得到他们所需数量的供给。其中有些人不愿就此罢休，宁肯出更高的价钱。他们中间立即开始了竞争，而市场价格将或多或少高出自然价格，依短缺数量的多少与竞争者的富有程度和奢侈习性所造成的竞争的激烈程度或大或小而定。在同等富有和奢侈的竞争者中，相同的短缺程度一般会引起或大或小的激烈竞争，依获得这种商品对他们的重要性是大是小而定。因此，当城市受到封锁或在灾荒时，生活必需品价格奇昂。

当送入市场的商品数量超过有效需求时，它就不能全部卖给那些愿意支付将商品送入市场所必需的地租、工资和利润的全部价值的人。有一些货物必须卖给那些出价较低的人，他们付出的低价必然会降低全部商品的价格。市场价格会降到自然价格以下，降低多少，依超过的数额在多大程度上增加卖主的竞争，或依立即脱手商品对他们的重要性是大是小而定。容易腐烂的商品的进口过多，与耐用品的进口过多尽管程度相同，引起的竞争却更为剧烈，例如，橘柑之于旧式铁器。

当送入市场的商品数量恰好足以供给有效需求时，市场价格自然会与自然价格完全吻合，或者相差不远。手头的全部商品可以按这个价格售出，但不能售价更高。不同商人之间的竞争使得他们不能不接受这个价格，也使他们不能接受更低的价格。

每种商品送入市场的数量，自然会自行适应有效需求。对凡是在将任何商品送入市场中使用其土地、劳动和资本的人来说，数量不超过有效需求于他们有利；对其他的人来说，数量不低于有效需求于他们有利。

如果在任何时候市场商品超过有效需求，其价格的某些组成部分所得的支付必然低于其自然率。如果那是地租，地主的利润必然促使他不久即撤回一部分土地；如果那是工资或利润，劳工或其雇主的利益会促使他们从这种用途中撤回一部分劳动或资本。送入市场的商品数量不久就会变得只足以供给有效需求。商品价格的所有组成部分均将升至各自的自然率，而商品的整个价格亦将升至自然价格。

如果相反，送入市场的商品数量在任何时候少于有效需求，它的价格的某些组成部分必然会高于自然率。如果那是地租，所有其他地主的利益自然会促使他们准备更多的土地用来生产这种商品；如果那是工资或利润，所有其他劳工或商人的利益不久就会促使他们使用更多的劳动和资本，去制造这种商品并将其送入市场，运去的数量不久就会足以供给有效需求。商品价格的所有组成部分不久就会降到自然率，整个价格亦降到自然价格。

因此，自然价格仿佛就是中心价格，所有商品的价格都继续不断地向它移动。各种偶然事件有时使它们停留在中心价格之上，有时又迫使它们下降。甚至略低于中心价格。但是不管有什么障碍阻止它们固定在这个静止和持续的中心，它们总是经常地趋向这个中心。

每年将各种商品送入市场所使用的劳动总量，自然也按这种方式自行适应有效需求。其目的自然总是在把足以供应有效需求而不会供应过多的准确商品数量送入市场。

但在某些行业中相同的劳动数量在不同的年份生产出非常不同的商品数量；① 而在其他的行业，生产的商品数量总是一样，或者非常近似。在农业中，同样多的劳动者在不同的年份会生产数量非常不同的谷物、葡萄酒、油类、啤酒花等。但是，同样多的纺工和织工每年生产的麻布和呢绒则数量相同或几乎相同。只是一种产业的平均产量才能在各个方面适应有效需求；由于它的实际产量比平均产量有时大得多，有时又小得多，所以送入市场的商品数量比起有效需求来，有时超过很多，有时又少很多。因此，即使有效需求经常保持不变，商品的市场价格也会有巨大的波动，有时大大高于其自然价格，有时又大大低于其自然价格。在其他产业中，等量劳动的产品总是相同或接近相同，它就能更加准确地适应有效需求。因此，当需求保持不变时，商品的市场价格也会保持不变，与自然价格完全一致，或接近一致。每一个人凭经验就会知道，麻布和呢绒的价格同谷物的价格相比，变动既不那么频繁，幅度也不那么大。麻布和呢绒的价格只随着需求的变化而变化，而谷物的价格则不仅随着需求的变化而变化，而且还随着送入市场以满足那种需求的商品数量的巨大的频繁的变化而变化。

---

① 参阅下面，第116页。

任何商品的市场价格的偶然的暂时的波动，主要是影响到价格中的工资和利润两个组成部分。地租受到的影响较小。用货币规定的地租，不论在价值上还是在比率上，均不受市场价格波动的影响。按天然产物的一定比例或一定数量规定的地租，由于天然产物的市场价格的所有偶然的和暂时的波动，在其每年的价值上无疑会受到影响；但在每年的比率上则无影响。在确定租约条件时，地主和农场主均力图按照自己的最佳判断，将每年地租的比率按产物的平均的和普通的价格，而不是按照它的暂时的和偶然的价格去规定。

这种波动对工资和利润二者的价值和比率的影响，依市场上商品或劳动的积存过多还是不足、依工作已经完成还是有待完成而定。一次国丧会提高黑布的价格(在这种场合，市场的黑布积存几乎总是不足)，增加持有大量黑布的商人的利润。它对织工的工资没有影响。市场上是商品的积存不足，而不是劳动的积存不足；是已经完成的工作不足，而不是有待完成的工作不足，它会提高裁缝的工资。市场上这种劳动积存不足，对更多的劳动、对完成更多的工作有着有效需求。它会降低彩色丝绸和白布的价格，从而减少手头持有大量这种产品的商人的利润。它也会降低从事制造这种商品的工人的工资，对这种商品的需求会停止 6 个月或者 12 个月。在这方面，市场积存的商品和劳动都过多了。

但是，每一种具体商品的市场价格虽然可以说是按这种方式不停地移向自然价格，但有时由于某种意外事件，有时由于自然的原因，有时由于某种警察规章，许多商品可以使市场价格长期维持在远远超出自然价格的水平上。

当有效需求增长、某种商品的市场价格因而大大超出自然价格时，运用其资本以供应这种市场的人常常小心翼翼地对这种变化保守秘密。如果大家都知道，他们的巨额利润就会诱使许多新竞争者用同样的方式来运用他们的资本，于是有效需求得到充分满足，市场价格不久就会降到自然价格，或许有些时候甚至更低。如果市场离供应商的住所很远，他们有时可以一连几年保守这种秘密，因而在几年中享受这种超额利润，不受新竞争对手的威胁。可是，必须承认，这种秘密是不能长期保守的；秘密一经泄露，超额利润就不能保持。

制造业中的秘密能比商业中的秘密保持更久。一个染匠发现了用某种染料去生产某一种颜色，这种染料比普通所用染料便宜一半价钱，只要经营得好，他可以终生享受他的发现的好处，甚至将其传给子孙后代。他的超额利得，产生于付给他们的私人劳动的高价钱。这种利得确实是由那种劳动的高工资构成的。但是由于他的资本的每一部分一再享有这种利得，因而利得全额同资本保持一定的比例，这种利得普通就被认为是资本的超额利润。

这样抬高的市场价格显然是某种意外事件的效应，而它的作用有时可能持续许多年。

有些自然产物要求有特殊的土壤和位置，一个大国适于用作生产的全部土地可能不足以供应有效需求。因此，送入市场的全部产品，可以售予那些愿意支付比生产所用土地的地租、制造和送往市场所用劳动的工资和所用资本的利润(按其各自的自然率计算)更高价钱的人。这种商品可能持续几个世纪按这种高价出售；其中支付的土地地租一般高于其自然率。提供这种珍贵产物的土地的地租，如法国的某些具有特优土壤和位置的葡萄园的地租，与其邻区其他同等肥沃和同等耕种良好的土地的地租就没有任何正常的比例。反之，将这种商品送往市场所使用的劳动的工资和所使用的资本的利润，却很少超出对在邻近地区用于其他业务的劳动的工资和资本的利润的自然比例。

市场价格的这种抬高，显然是由于自然原因的效果，自然原因可能使有效需求永远得不到充分供给，因而可能持续地永远起作用。

给予个人或贸易公司的垄断权利，同贸易或制造业的秘密具有相同的效果。垄断者通过使市场经常存量不足，通过绝不使有效需求得到充分供给，就可以将其商品大大超出自然价格出售，使自己得到的报酬(不论为工资或利润)大大超出其自然率。

垄断价格在任何时候都是所能得到的最高价格。反之，自然价格或自由竞争价格，诚然不是在任何时候，但却是在长时期内所能接受的最低价格。前者在任何场合都是从买主能够勒索到的，或者可以认为是他们同意支付的最高价格。后者是卖主普通可以接受而又不妨碍其继续营业的最低价格。

同业公会的排他特权、学徒法规以及所有那些在某一行业中将竞争人数限制在比可能进入的人数更少的法律①，亦有相同的倾向，虽然程度较小。它们是一种扩大了的垄断，常常可以在多少世代里，在整个的行业中，使某些商品的市场价格保持在自然价格以上，使其中的劳动工资和资本利润维持在比自然率略高的水平上。

市场价格的这种抬高，在造成此种结果的警察规章的有效期内，可能持续下去。

任何商品的市场价格虽可在长时期内居于自然价格之上，却很少能长期继续处于自然价格以下。不论价格的哪个组成部分的所得低于自然率，利益受到影响的人会立即感到遭受了损失，因而会立即将用在上面的土地、劳动或资本撤出一部分，使其投入市场的数量不久就只足以供给有效需求。因此，它的市场价格不久就会升至自然价格。至少在有完全自由的地方，情况会是这样②。

诚然，同一学徒法规和其他同业公会法规，当制造业兴旺发达时，使工人能把工资提高到大大超出自然率以上，当其衰落不振时，有时又迫使他们不得不将工资降到大大低于自然率。在前一场合，这些法规把许多人排除在他的行业以外；在后一场合，又把他排除在许多行业之外。可是这种法规的效果，在使工人的工资降到自然率以下方面，不及将其提高到自然率以上那么持久。这些法规的作用，在前一场合可能维持许多世

① 参阅下面，第118~130页。

② 上面，第56页；下面，第99页。

纪，在后一场合则只能维持当行业兴旺时受到培训的那些工人的有生之年。当他们逝世以后，接受这种行业的教育的人在数目上就会自行适应有效需求。警察必须像印度和古埃及的警察那样凶暴(在那里，宗教教义规定每一个人必须从事父亲的行业，如果改行就是犯了最严重的渎圣之罪)，才能在任何一种行业中，在长达几代人的时间内，使劳动工资或资本利润降到它们的自然率以下。

关于商品的市场价格偏离自然价格，不论是偶然的或持久的，我想我现在必须说的就只这些了。

自然价格本身，随着其组成部分即工资、利润和地租的自然率变动而变动；在每一个社会，这种自然率的变动依社会的情况为转移，即依社会的贫富，社会的进步、停滞或衰落状况为转移。我将在下面四章力图尽可能详尽而明确地解释这些不同变化的原因。

第一，我将力图说明是哪些情况自然而然地决定工资率，这些情况以何种方式受到社会贫富，社会进步、停滞或衰落状态的影响。

第二，我将力图说明，是哪些情况自然而然地决定利润率，这些情况又是怎样受到社会贫富，社会的进步、停滞或衰落状态影响的。

虽然在劳动和资本的不同用途中货币工资和货币利润非常不同，但是在所有不同行业的劳动中的货币工资，在所有不同用途中的资本的货币利润，普通似乎存在某种比例；以后将要看到，这个比例部分地依存于不同用途的性质，部分地依存于所在社会的不同法律和政策。但是，这一比例虽然在许多方面依存于法律和政策，却很少受到社会贫富的影响，也很少受到社会进步、停滞或衰落状态的影响；在所有这些情况下，它始终保持不变，或几乎不变。

第三，我将力图说明规定这个比例的一切不同情况。

第四，也是最后，我将力图说明，是什么情况支配土地的地租以及提高或降低土地所产一切物品的实际价格的那些情况。

(译文选自杨敬年译：《国富论》，陕西人民出版社 2010 年版。原书注释保持原貌)

【小班研讨】

1. 经济学公认亚当·斯密为经济学之父，现代主流经济学理论的核心内容仍然来自《国富论》的论述，那么既然有了《国富论》，为什么全世界每一年还在出版新的教科书？既然有了这些教科书，我们还有必要读《国富论》吗？

2. 分工、交换、价格、财富、自利心是《国富论》中的主要关键概念，斯密是怎么把它们关联起来的？

3. 斯密区分了市场价格与自然价格，两者的关系是什么？市场价格和自然价格各自是由什么决定的？斯密说自然价格长期稳定，市场价格围绕其上下波动，你认为现实中是这样的吗？在现代经济体系利，到底应该怎样理解这两个价格？

4. 怎么理解价格与价值的区别？斯密认为商品的价值源泉是劳动，你怎么看？

5. 在《国富论》里，市场机制起作用的一个重要基础，就是人的行为，而《国富论》认为人是自利的。你怎么看待这个问题？

6.《国富论》和《道德情操论》是亚当·斯密的两部最重要的著作，两者在历史上的地位也是等量齐观的，甚至有很多学者认为后者的历史影响更为深远。在《国富论》里，斯密认为人是自利的，这个人是经济的人；在《道德情操论》里，斯密认为人是有同情心和同理心的，人性里有利他主义成分存在，这个人是道德的人。请问斯密到底是怎么看待人性的？你又是怎么看的？

7. 现代主流经济学关于人的行为的假设与亚当·斯密关于人的行为的假设是否有区别？理性与经济人是否含义相同？

8.“看不见的手”究竟是指什么？

【课外博览】

1. 陈其人：《亚当·斯密经济理论研究》，上海人民出版社 2014 年版。

2. 杨敬年：《影响世界历史进程的书：国富论》，陕西人民出版社 2011 年版。

3. 晏智杰：《晏智杰解读〈道德情操论〉与〈国富论〉》，华夏出版社 2018 年版。

4. [英]埃蒙·巴特勒：《解读亚当·斯密》，王巧玲，陈叶盛译，陕西人民出版社 2009 年版。

5. 王雪琦：《21 世纪再读〈国富论〉》(图解版)，人民邮电出版社 2015 年版。

第十二章
《正义论》与正义

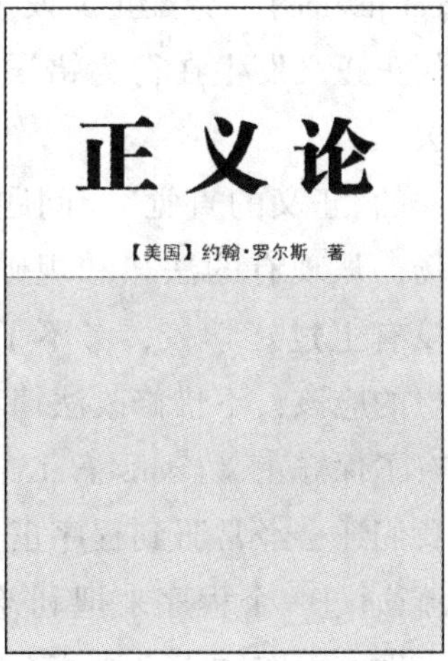

约翰·罗尔斯(John Bordley Rawls，1921 年—2002 年)，西方新自然法学的主要代表之一，20 世纪西方最重要的政治哲学家。代表作有《正义论》(1971，1999)、《政治自由主义》(1993)、《万民法》(1998)、《作为公平的正义——正义新论》(2001)等，这一系列著作产生了全球性的影响。因“帮助整整一代美国人恢复了他们对民主的信念”，罗尔斯于 1999 年荣获美国国家人文奖。

【大班导引】

“正义”是人类恒久追求的价值之一。柏拉图说，明智(prudence)、勇敢(courage)、节制(temperance)和正义(justice)是四种最基本的美德；而正义最为重要：它能让前三种美德恰到好处。罗尔斯认为，正义是“社会制度的第一美德”。

在我们的直觉中，正义不外乎是，得到应该得到的，失去应该失去的。高考考了什么分数，就上什么样的大学，这是正义的；要是高考分数很低，却上了一个好大学，则是不正义的。这样的正义，跟每个个体应该如何被对待相关。在派生的意义上，正义也可以用于不同的群体，尤其是国家或社会在不同的群体间进行资源分配时。

正义的直觉包括得与失两个方面，我们可以从中引申出分配正义(distributive justice)与纠正正义(correct justice)。分配正义发生在分配者和接受分配者之间：得到应该得到的，是你的就给你。纠正正义发生在行为错误者与相关的利益受损者之间：失去应该失去的，不是你的要退回去。

我们都有这样的“正义的直觉”。问题的焦点在于，如何判断得失的“应该”。我们既可以持保守的立场，从现有的法律和规则出发来判断，比如说，高考按分数从高到低录取，我家里穷，没有上过好学校，考不了好分数，那只能怪命不好；也可以持激进的立场，为了心中理想的应该，不惜修改法律和规则，比如说，让大学针对特定人群降低录取分数线。这样就有了保守正义(conservative justice)和理想正义(ideal justice)的不同。

在生活中，我们还会经常听到程序正义(procedural justice)和实质正义(substantive justice)的说法。人们通过一个程序来把利益和损失分配给不同的个人或群体，程序正义关心这个程序的正义性；而实质正义则指分配结果的正义性。这两种正义并不总是一致的，情况不同，人们在乎的正义也不尽相同。

不难看出，正义具有一些有趣的特点。首先，严格来说，正义只能用来评价行动者(agent)或他们所造成的某种结果。因为，只有他们才有能力作出某种有意的改变。讨论一场地震、一次风暴正义还是不正义，并没有意义。其次，正义具有某种强制性。正义之事，容不得推脱；而其他美德应许之事，不一定如此。我们可以要求，企业家在公司内部所修订的工资制度必须合乎正义，却不能要求，企业家每年必须捐多少钱给战乱难民，以体现他足够仁慈。就应得性而言，公司员工之索求合理报酬，要远胜于战乱难民之渴求捐赠。最后，正义还具有不偏不倚和遵守规则的特点。正义不能是武断、任意的，如果情况相同，就应该得到相同的对待。因此，歧视并不正义。

罗尔斯很可能是20世纪后期最为重要的哲学家，哲学家们几乎在所有问题上都争吵不休，但关于罗尔斯，评价却罕见地一致：大多数哲学学者认为，罗尔斯的《正义论》复兴了这个学科；是实践哲学史上的一个“轴心式转折点”(哈贝马斯语)。

约翰·罗尔斯生于美国马里兰州的巴尔的摩，并在那里长大。父亲是律师，母亲是妇女选民联盟一个分会的负责人，父母都热心于政治话题。在获得普林斯顿大学博士学位后，罗尔斯先后在普林斯顿大学、康奈尔大学、麻省理工大学工作，并于1962年加入哈佛大学，在此执教30余年。他的主要著作包括《正义论》(*A Theory of Justice*, 1971, 1999)、《政治自由主义》(*Poli-tical Liberalism*, 1993)和《万民法》(*The Law of Peoples*, 1999)等。《正义论》主要涉及分配的正义；《政治自由主义》力求阐明，在宗教和哲学观点各不相同的背景下，公民如何才能够更好地共处。《万民法》处理了全球正义的问题。

《正义论》一书是罗尔斯多年思考的结晶。在该书的“序言”中，他说要把过去十余年间的思考，综合成一个前后连贯的观点。

在罗尔斯思考正义问题的年代，功利主义在道德哲学中占据着优势。功利主义者相信，一个行为的好坏或正义与否取决于它是否增进效用。快乐是常见的效用。经济学家则是常见的功利主义者。罗尔斯同情功利主义的批评者，但他认为，当时的批评不足以撼动功利主义。他希望提出一种理论，可以替换传统功利主义对正义的解释。为此，他发展了洛克-卢梭-康德的社会契约论传统，他相信，在各种传统观点中，最接近我们的正义直觉的是契约论。唯有契约论，才是民主社会最恰当的道德辩护。

每一个人都生活在社会里，每一个人都希望生活于其中的社会是正义的。如何让社会正义起来呢？一个也许可行的办法是，让这个社会以合乎正义的某种原则来运作。然而，不同的人持有不同的原则，比如，目的论(结果好才是真的好)、利己主义(对自己好才是真的好)、直觉主义(感觉好才是真的好)等。罗尔斯推荐了以下两条正义原则(《作为公平的正义——正义新论》)：

“第一原则：就平等的基本自由的一个完全适当的方案而言，如果这个方案跟针对所有人自由的相同方案相容，那么，每个人对此都拥有不可剥夺的相同权利。

第二原则：社会和经济的不平等要满足两个条件：(1)跟它们联系在一起的公职和职位要向所有人开放，其开放以机会的公平、平等为条件；(2)它们最大限度地有利于社会中的获利最少者(差别原则)。”

他推荐的理由是，这样的正义是公平的(justice as fairness)；在公平的条件下，人们通过理性思考，一致同意这些原则(契约论)。

人们对此的一致同意，在“原初状态”(original position)中达成。一群人分饼，要得到公正的分法，最好是分饼者最后拿。分饼者不知道别人会怎么拿，他一定会尽量平均地切分，以保证自己不吃亏。推广开来，罗尔斯假定，各方都处在无知之幕(the veil of ignorance)后，对自己的地位、出身、天赋，甚至对自己关于什么是善的看法，对所在社会的经济和文明水平，都一无所知，只知道跟选择有关的一般事实。这样，当他们替自己做选择时，就不得不同时替所有人作出选择：他们的选择将不会被特定利益绑架。同时，为了让选择得以正常进行，罗尔斯还假定，选择中的社会是中等匮乏的，人们的欲求不能得到完全满足，人与人之间，不得不既合作，又竞争。对于这些人，罗尔斯进一步假定，他们关系冷漠，既不过分自私，也不过分无私。大家关注的焦点是保护自己的利益，而非损害他人的利益。简言之，罗尔斯所推荐的正义原则，将在无知之幕下的中等匮乏和相互冷漠中被挑选出来，成为普遍共识：社会应该由这样的原则来维系。

通常，我们让一个社会达成正义的方式，是爱心加知识。道德和传统教育我们要有爱心，经验告诉我们要有知识。用爱心去保证分配的合意性，用知识来保证分配品的充足性和分配的科学性。从罗尔斯的原初状态达成正义，比起基于爱心和知识达成正义，要现实得多。因为，跟中等匮乏和相互冷漠相比，爱心和知识的要求显得太高了。

在写作《正义论》之前，罗尔斯经历了1929—1933年美国的严重政治经济危机，感受到了第二次世界大战所带来的无序和灾难，以及战后麦卡锡主义泛滥造成的伤害，见证了如火如荼的20世纪60年代黑人民权运动和美国群众运动。我们有理由相信，《正义论》所讨论的平等、自由，以及差别原则对获利最少者的偏护，是对这些现象背后的深层问题的一个学理解决。

《正义论》全书共分三编。第一编阐述正义的理论，涉及作为公平的正义、正义的原则和原初状态。第二编具体说明两个正义原则的内容，描述了满足正义原则的社会基本结构，以及正义原则所产生的义务和责任。第三编通过讨论前述各章所预设的善的理论及其道德心理学基础，探讨了正义感的形成问题、作为公平的正义的相对稳定性，并证明了正义与善的一致性。值得一提的是，后来出版的《作为公正的正义——正义新论》(*Justice as Fairness*: *A Restatement*, 2001)，改进了《正义论》中的一些关键表述。

了解罗尔斯的学说，最好的途径当然是阅读《正义论》。遗憾的是，出于版权的考虑，我们的选文来自罗尔斯的四篇论文，它们分别是在《正义论》出版之前的《分配正义》(1967)、《分配正义：一些补充》(1968)，以及《正义论》出版之后的《作为公平的正义：政治性的而非形而上学的》(1985)和《社会统一与基本益品》(1982)，聚焦于他对分配正义、正义原则及原初状态、基本益品等的思考。这些内容，对于罗尔斯的理论而言，具有关键意义。

【经典悦读】

一、关于正义概念、两条正义原则，以及第二原则的详细解释

第七篇 分配正义(1967)

I

我们可以将一个人类社会看作一个大体上自足的联合体，它由一个共同的正义的观念来规导，此正义观的目的是推进提升此联合体成员的善好。① 作为为相互利益而进行的一种合作冒险，该联合体的基本特征是：成员间的利益既存在着冲突，又存在一致性。说存在着一致性，是因为社会合作使所有人都有可能过一种比他仅靠自己的努力所能过的生活更好的生活；但同时，这些人对由他们协力产生的较大利益怎样分配并不是持一种无所谓的态度，因为为了追求他们的目的，他们每个人都更喜欢得到较大的非较小份额。一种正义的观念，就是指导人们在确定利益分配的各种不同社会安排之间进行选择的一系列原则，这些原则也指导人们在有关什么是恰当的分配份额(distr-ibutive shares)这个问题上达成共识。

初看之下，最理性的正义观念看来是效用主义的正义观。因为考虑到：每个追求他自己的善好的人，都肯定根据他自己的所得来权量他自己的所失是否值得。因此，我们就有可能在目前做出某种自我牺牲，以得到未来的较大利益。既然一个人，在不影响其他人的情况下，能恰当地行动去获取他自己的最大的善好，尽可能地达成自己的目的；那么，一个社会为何就不能按照同样的原则去行动？并在一个人的情形中，如此行动如果是理性的，那么一群人也这样去做不也同样是理性的吗？因此，最简单、最直接的正当的观念(conception of the right)，并且也是正义的观念，就是最大化善好(maximizing the good)的观念。这预设了一个关于什么是善好的先在的理解，但我们可以将善看作是由理性的个体的利益来界定的。正如个体选择的原则是要去达成一个人最大的善，最大程度地推进一个人自己的理性欲望的体系那样；那么，社会选择的原则，就是去实现社会所有成员的(相同的定义的)最大善好的总和。这样，我们以一种自然的方式得到了效用原则：一个社会，当它的制度被设计得使满足的总量(sum of satisfactions)最大化时，这个社会的安排就是正

① 在这篇文章中，我主要的工作是：尝试从在本文集第三篇"作为公平的正义"中所讨论的正义两原则中引出一些推论。

当的，并因此也是正义的。

效用原则的突出特征是：它认为满足的总量怎样在个人之间进行分配的问题并不重要(除了间接地使之变得重要的情形)，正如一个人在不同的时间如何分配他的满足是不重要的一样(除了间接地使之变得重要的情形)。因为某种分配方式会影响满足的总量，因此在对社会制度做出安排时，必须要考虑到此事实；但此原则对常识性的正义准则以及它们具有的严格性特征的解释是：这些常识性的正义准则，是经验告诉我们应当严格遵守的，并且仅仅在可以最大限度地增加利益总额的例外情况下才可背离。这些正义的准则也仍然是从达到满足的最大净余额的这个目的中推导出来的。这样，就没有原则上的理由来否认可用一些人的较大得益来补偿另一些人的较少损失；或可以为使多数人分享较大利益而剥夺少数人的自由。效用主义者没有这样去做，只是因为在大多数情况下，最大利益都不是通过这种方式达到的。从效用主义的立场看，无疑，常识性正义观念的严格性有一定用处，但将它们作为一种哲学准则是非理性的。

如果我们相信，社会的每一成员都被认为是具有一种基于正义的不可侵犯性，这种不可侵犯性，即使是出于对所有其他人的福利的考虑也不能逾越；并且如果我们也相信为了一些人能享受到较大利益，并不能正当化剥夺另一些人自由的行为的话，那么我们就不得不去寻找对正义原则的另一种解释。效用原则无能力解释如下事实：在一个正义的社会里，平等公民的各种自由权被看作是确定不可侵犯的，由正义保障的诸种权利不受制于政治的讨价还价或社会利益的权衡。那么，对效用原则的最自然替代，就是它的传统对手——社会契约论。契约学说的目的，正是要对正义的严格性做出说明，它把正义的原则看作是源自处于平等原初状态中自由、独立的人们的协议，并且体现了作为订约各方的理性的人们的完整(integrity)和平等的主权。效用主义认为，正当以及正义的观念，只是把个人选择原则扩展并应用到作为一个整体的社会中去，而契约学说假定属于社会的理性个人，必须通过共同的行动一起挑选出用于判断在他们中间什么可算作是正义和不正义的原则。他们相互之间将一次性地并为所有人(once and for all)确定他们的正义观念是什么。这个决定被认为是在一个恰当地设定的原初状态中做出的；这个原初状态的一个突出特征是，没有人知道自己的社会地位，或在自然禀赋和能力的分配中的自己的状况如何。永久地约束所有人的正义原则，将在缺乏这类明确的信息的情形下被选择出来。一种无知之幕(a veil of ignorance)将防止任何人从社会阶级和运气的偶然性中获利或因此变得不利；因此，日常生活中因为拥有这些信息而进行的讨价还价，将不会影响对原则的选择。那么，根据契约学说，正义理论，实际上也可以说伦理本身，是一般性的理性选择理论的一个部分，这一事实，在对它的一种康德式阐释中表现得非常明显。

一旦正义被认为是从这样的一种原初性协议中得出来的，那么效用原则的问题就表现得很明显了。因为，具有不同目的体系的理性的个体，谁会同意为了其他人享受满足的一种更大的剩余额而让自己的自由权受到侵犯呢？看起来，一个更可行的假定是：当处于权利平等的原初状态时，他们会要求制度对任何被要求做出的牺牲都要相应地给予利益的补偿。一个理性的人，将不会接受那些要求最大化利益总额却不关心这种最大化对他的利益的影响的制度。看起来，效用原则将会被拒绝作为正义的一个原则，尽管我们在这里无法讨论这个重要的问题。我们在此的主要目的，是简单地梗概下在社会合作成果份额分配这个问题上，从那个在原初状态中似乎会被选择的正义原则中能够推导出怎样的观念。对效用主义的哲学诉诸，看起来提供了一个单一原则，以此单一原则为基础，一个一致、完整的正当观念能够被发展出来。问题是：如何制定一个如果不是具有与之完全相同的优点，也是具有可与之相匹敌的优点的契约主义的替代观念呢？

Ⅱ

在我们的讨论中，对于我们要检视的正义两原则，我们将不会讨论它们的推导问题，也不会尝试表明它们就是在原初状态中会被选择的原则。① 它们将会被选择是看似合理的，或它们至少比各种传统理论的标准形式更值得偏爱，这就足够了。我们在此主要关注如下三个问题：第一，怎样去对这些原则做出诠释，以便它们可以确定一种一致和完整的正义观念？第二，满足或至少接近满足正义两原则的宪政民主的制度安排是否可能？第三，这些原则所确定的分配份额观念，与常识性的正义观念是否兼容？这些原则的重大意义在于它们解释了正义主张的严格性，并且如果它们可以得到恰当理解并产生一种一致和完整的观念的话，那么对效用主义的契约主义替代看起来就更具吸引力了。

我们将要讨论的正义两原则可以表述如下：第一，参与进一种制度或受此制度影响的每一个人，在与所有人同样的自由兼容的情况下，都有平等的权利去拥有最广泛的自由；第二，由制度确定的或由它所培育的不平等将会是任意的，除非可合乎情理地期望这些不平等将会符合每个人的利益，并且假定与不平等相依系的或从不平等中获利的地位和职位，对所有人开放。这些原则通过控制整个社会结构的权利和义务的分派(从确立一部政治宪法开始，并与此宪法相一致的方式应用到立法上去)，来规制制度的分配方面。分配份额的正义性，正是取决于对社会的基本结构以及它的权利和义务的根本体系的正确

① 本文集第三篇第Ⅲ部分很简略地讨论过此问题。直观的理念是这样的：给定原初状态的环境，一个理性的人会选择的原则可以看作这样得来的：如果让他去设计一社会，在此社会里，他的位置在哪里将由他的敌人决定，那么他脑海里会想到的东西就会是他所选择的原则。因此，尤其是给定相关知识的缺乏(因此使得人们在不确定的情况下做决定)，加上此决定关涉一个人的生活的总体前景，且此决定将会受到对第三方的责任(如一个人的后裔)以及对特定价值的义务(如宗教真理)的约束，这些事实会使得人们变得比较保守，并倾向于做出与最大化最小值原则(the maximin principle)相一致的选择。如果以此方式来看待相关情形，那么在第Ⅳ部分对正义原则给出的诠释就是足够理性的。还有，怎样对效用原则做出诠释也变得很明显了；它就类似于在不确定情况下做选择的拉普拉斯原则(the Laplacian Principle)。(关于这种选择标准的讨论，参见 R. D. Luce and Howard Raiaffa, Games and Decisions, New York: John Wiley & Sons, 1957: 275-298。)

选择。

正义两原则首先应用到此基本结构的情形中去，也就是应用到社会体系的主要制度及它们的安排，以及它们相互结合的方式上。因此，此结构包含着政治宪法、原则性的经济和社会制度，它们一起定义着一个人的诸种自由权和权利，影响着他的生活前景、他能期望什么东西以及他所能期望的遭遇有多好。此处的直观理念是：那些出生在社会体系中的不同地位、不同阶层的人，有着确定的不同的生活前景，这部分是因为政治自由权和个人权利体系的不同，以及在这些地位上可利用的经济和社会机会的不同。社会的基本结构正是以此种方式显示它对某些特定的人的偏爱，而这些基本的不平等，将会对一个人的总体生活前景产生影响。正义两原则被设计出来，主要的就是要处理此类被认为在任何社会都无法避免的不平等。

现在，正义的第二原则认为，不平等，只有在如下情况下才被允许：有理由认为与制度相伴随或被制度所允许的那些不平等，将会使得每一个参与此制度的人受益。在基本结构的情形中，这意味着所有影响人们生活前景的不平等，例如存在于社会不同阶层之间的收入、财富的不平等，必须对每一个人都有利。因为原则是应用于制度的，我们可将此解释为：不平等必须对每个社会地位上的相关代表人有利；它应该能够改善每个这样的代表人的期望。在这里，我们假定每个社会地位上都附着一个期望，这种期望是整个制度性结构的一个函数：通过在整个体系中对权利和义务进行分配，我们就能提升或降低这种期望。因此，任何地位上的代表人的期望取决于其他人的期望，而这又转而取决于基本结构所确立的权利和义务的样式。但说不平等应该要对每一个人都有利，这究竟意味着什么是不清楚的，因此产生了我们要讨论的第一个问题。

……

Ⅳ

……我们这样来诠释正义的第二原则：它坚持认为，社会体系中处于较有利地位的人的更高期望，当它在整个社会体系的运转中扮演某种角色时，必须要有助于改善地位最不利者的期望；只有这样，该社会生活前景上的差异才是正义的。当较幸运的人的获利提升最不幸运者的福祉时，也就是当他们的获利的下降将会使得最不幸运者的境况变得比原来更糟糕时，基本结构的各方面就都是正义的。当最不幸运者的前景得到了可能得到的最大改善时，基本结构就是完全正义的。

在对正义的第二原则(或更准确地说是第二原则的前半部分，基于明显的理由，我们可将之称为差别原则)做诠释时，我们可以假定第一原则要求一种所有人的基本的平等自由。当条件成熟时，这样产生的政治体系，就是某种形式的宪政民主。它必定包含着人身自由、政治平等，以及良心、思想自由。这一类平等的公民身份，定义着适用于所有人的共同地位。我们还假定，在某些合理限制的基础上，相关的职位上必须存在机会平等和公平竞争。现在，给定这些背景，仍有待作辩护的是在这样一个体系的基本结构中无可避免地产生的经济和社会的各种不平等。这些不平等产生自收入和财富的分配，以及与各种地位和阶层相依附着的社会特权和地位的不同。差别原则认为：这些不平等是正义的，当且仅当它们是一个更大体系的一部分，在此体系中，这些不平等符合最不幸运的代表人的利益。因此，由基本结构来确定的正义的分配份额，是由此有限制的最大化原则(constrained maximum principle)来界定的。

因此，分配正义的主要问题，是考虑财富分配对从不同的收入阶层中开始他们人生的人的生活前景的影响。这些收入阶层确定着相关的代表人，而社会体系正是根据这些代表人的期望来判断的。(在一个资本主义社会里)企业家阶层的一个成员的儿子，比一个非技术工人的儿子有着一种更好的生活前景。即使现存的社会不正义被移除并且两个人的天赋能力也相同，这一点也似乎成立；更不用说，上述那些不正义无法被移除，就好像家庭之于人类一样。那么，什么可以为这些生活前景上的不平等作辩护呢？根据正义第二原则，当且仅当这些不平等有利于处于最糟糕地位的代表人(在这个例子中是那个作为代表的非技术工人)的利益时，它们才是有辩护的。这种不平等是可以被允许的，因为如果降低这种不平等的话，它将使工人阶层状况变得比之前更坏。给定职位开放的原则(第二原则的第二部分)，企业家可以拥有的较大期望，大概就能鼓舞他们做促进劳动者阶级长远利益的事情。期望上的不平等给他们一种刺激，使得经济过程更有效率，工业革新加速进行等；最后的结果是在整个社会合作体系中，有更多的物质和其他的利益可供分配。当然，所有这些都是为人们熟悉的，无论它在特定情形中真实与否；若要使这些收入和财富的不平等在差别原则看来可接受，我们就应该去做论证的就是这样的分配。

现在，我们就应该去证实，对正义第二原则的这种诠释，给出了“每个人的境况都改善了”的一种自然意义。让我们假定，这些不平等之间有一种链式联系(chain-connected)。也就是说，如果一种不平等提高了地位最低的代表人的期望，它也就提高了最低与最高之间所有各地位的代表人的期望。例如，如果企业家代表人的较大期望有利于非技术工人，它们也同样有利于半技术工人。让我们进一步假定这些不平等都是紧密啮合的(close-knit)，即不可能增减任何代表人的期望而不影响到所有别的代表人的期望，特别是它不可能不以这样或那样的方式影响最少得益者的期望。也就是说，这些期望相互影响的方式，并没有松动脱节的地方。这样，在这些假设下，每个人的确从满足差别原则的不平等中获益，并且我们所阐述的第二原则得到了正确的解读。在任何一对比较中，允许那些状况较好的代表人从不平等中获利，而那些状况较差的人则从这些不平等所带来的贡献中获利。

当然，链式联系和紧密啮合的假定可能并没有得到满足；但是在这种情况中，那些状况较好的人不应有权否决可为最不利者提供的利益。我们应遵循对第二原则的一种更加严格的诠释，所有的不平等都应该被安排得符合最不幸运者的利益，即使一些不平等不符合处于最好与最差之间的那些地位的代表人的利益。如果这个条件不满足，那么第二原则就应该以另一种方式来阐述。

人们也许可以观察到，第二原则实际上代表了这样一种原初协定，即无论自然禀赋和才能在人们之间的分配状况如何，该协定都同意人们应分享这种分配带来的利益，以便尽可能地减轻产生于我们在社会的初始出发点上的任意的不利因素的影响。那些先天有利的人，无论他们是谁，只有通过改善那些不利者的状况才能从他们的幸运中得利。在天赋上占优势者不能仅仅因为他们天分较高而得益，而这些得益只能用于抵消训练和培育他们的禀赋的费用，且这些利益只能因为他们将其天赋用于帮助较不利者而获得。如果我们希望以如下方式来安排社会基本结构，我们就被引导到了差别原则：在这种基本结构里，任何人都不会因为他在天赋和能力的自然博彩中的运气或者社会中的最初地位而得益(或受损)但又不同时给出(或收到)某些补偿利益(我们并不是说，原初状态中的各方被这种理念所吸引并同意它；毋宁说，给定它们的所处位置的对称性，以及尤其是它们相关知识的缺乏，它们会发现，同意按这种方式理解的原则是符合它们的利益的)。并且我们还应该注意到，当差别原则完全地得到满足时，该基本结构从效率原则看来也是最优的。在不使一些人(最不利者的代表人)状况变坏的情况下，没有办法使得另一些人变得更好。因此，正义的第二原则是以一种与效率原则相容的方式来确定分配份额的，至少当我们上升到这样高度抽象的层次时是这样。如果我们希望说(我们的确想这样，尽管我们不能在此给出论证)正义的要求较之效率具有一种压倒性的分量，那么当我们记住完美的正义制度同时也是有效率的制度时，此主张看起来就没有那么的矛盾。

第八篇　分配正义：一些补充(1968)

I

在这篇文章中，我希望进一步阐明我已在其他地方阐述过的分配正义观。这种观念是从一种社会正义的理想中推导出来的，而这种理想是隐含在“作为公平的正义”这篇文章中提出的正义两原则中的。然而这些讨论需要以两种方式做补充：首先，第二原则的两个部分是含混不清的，每一部分的一个关键表述，都可以有两种诠释。正义两原则是：第一，每一个人，在与所有人同样的自由兼容的情况下，都有平等的权利去拥有最广泛的基本自由；第二，社会和经济的不平等要这样安排，以便它们能同时(a)可合乎情理地期望这些不平等将会符合每个人的利益，以及(b)与不平等相依系的地位和职位对所有人平等地开放。[①] 第二原则中两个模糊不清的表述是(a)部分的“每个人的利益”(everyone's advantage)以及(b)部分的“对所有人平等地开放”(equally open to all)。我将考察这些含混性以及由这些含混性所产生的对正义两原则的几种诠释。我将会把与第一原则相联系的那些困难搁置一边，并假定第一原则的含义是清晰的(对于我们的目的而言是足够清晰的)且一直保持不变。

在“分配正义”这篇文章的大部分，我讨论了对正义两原则的我相信是最值得捍卫的诠释；并且我尝试指出这种诠释怎样应用到实践中去。但我没有将此诠释与其他诠释做比较，而只是草草略过；而且我也没有阐明选择上述诠释的理由。这些理由是我现在打算去阐明的。尤其是，我将提出差别原则(它的含义将在下面解释)使得人们可以对如下概念和理念给出一个合乎情理的解释：博爱(fraternity)概念以及康德的总是应该把人当作目的而不仅仅是手段来对待的理念。还有，此原则考虑到了补偿原则(the principle of redress)，并且恰当地规管了自然禀赋和社会偶然性的分配对分配份额的影响。最后，差别原则相比其他传统的观点，看起来更加符合相互性(reciprocity)这个合乎情理的要求。在讨论这些问题时，不可避免地与上一篇文章有所重合；为使这些重合处于一定限度之内，所以我先在下一节梗概一下“分配正义”这篇文章中需要我们记住的主要观点。

Ⅱ

我们并不需要讨论正义两原则可以从中得出的契约论。我们可以暂且搁置“作为公平的正义”的这个方面的问题。在此，指出如下一点就足够了：理性的人在一种原初状态中，我想他们会选择上述正义两原则作为他们共同的正义观念，或此两原则至少比其他传统的观点更值得偏爱。让我们假定，如果我们将包含着正义两原则、效用原则(及其各种变体)以及共同善好原则这些选项的清单展现在原初代表面前，他们会偏向于选择正义两原则。这种原初契约状态的一个突出特征是，没有人知道自己的社会地位，或在自然禀赋(智商、力量等)的分配中的自己的境况如何。原初性的契约是在一种无知之幕的遮蔽下订立的。这种原初状态的另一个本质特征是：尽管订约各方被假定为对其他人的利益没有兴趣，若有也是非常有限的兴趣，但是他们具有某些兴趣和责任要求他们保护其他人的各种自由。例如，他们认可一种保障他们后代权利的义务以及确保他们的宗教责任或文化利益得到实现的义务。订约各方是家庭的家长而不是个体。这里的论证意图是：给定对原初选择状态的一种充分描述，那么正义的两原则就是上述备选清单中最值得偏爱的。但我不打算在此

① 正义两原则的表述有轻微的变动，但我想不涉及意义上的改变。

阐述这个问题。我主要是想比较下对正义两原则的几种诠释以及考察下差别原则的优点。

现在，我要陈述下建立在“分配正义”的讨论基础上而预设的几个要点：第一，正义两原则的首要主题，是社会的基本结构，也就是社会体系的主要制度以及它们相互结合的方式。此结构包含着政治宪法、原则性的经济和社会制度，它们一起定义着一个人的各种自由权和权利，影响他总体的生活前景。那些出生在社会体系中的不同地位、不同阶层的人，有着确定的不同的期望和生活机会，这部分是因为政治自由权和个人的公民权利(personal civil rights)①的体系不同，以及因为对这些地位开放的经济和社会机会的不同。社会的基本结构正是以此种方式显示它对某些特定的人的偏爱，而这是一些根本性的不平等。正义两原则被设计出来，主要的是应用到界定着这类不平等的社会体系中，而此类不平等被认为在任何社会都无法避免。这类原则规制的是作为一个整体的社会秩序的基本框架。它们不是要去规范各种范围有限的社会组织以及日常生活中规模较小的各种情形。我还没考虑过正义两原则在这些情形中多大程度上仍然是正确的。但很明显，在所谓的“救生艇”的情形(lifeboat situation)②以及其他一些相似情形中，正义两原则的应用的确面临困难。在这种类型的情形中，我们面临着原则的严重冲突，且我们对特定情形的详细知识加剧了这种冲突。一般认为，对这些情形中的道德难题是没有合意的解决方案的。并且，事实上，我们应该准备去承认大多数道德问题，只算抽象的可能性的话，可能都是没有合理答案的。在任何情况下，我相信社会正义的问题，理解成基本结构的正义性问题比理解为去解决日常生活中的棘手例子，更有希望获得确定的解决方案。通过将讨论的高度提升至更加一般的问题上，并将特殊的信息以及关于某些偶然性的知识搁置一边，切入对正义问题的讨论就变得更加容易。

第二，正义原则预设其主要关注的问题是：权利和义务的分配，以及它们在社会的根

---

① 全书出现的“civil rights”或“civil liberties”将依语境译为“公民权利”或“公民自由权”等，它特指那些保障公民作为个体过一种体面的私人生活的自由和权利，如人身自由、迁徙自由、结社自由以及良心自由、思想自由等，可参考本文集边码第468页罗尔斯的解释。罗尔斯常常将之与诸种政治自由权(political liberties)——保障公民都具有参与政治、谋求公职和影响政治决定之结果的公平机会的权利——平行列举。当然，与civil rights、political rights并列的还有一种权利，也就是社会和经济权利(social and economic rights)：免于匮乏、要求获得最低生活保障的权利。中文语境中，广义的公民权利(citizens' rights)一般包括上述三种权利，但与政治权利、社会和经济权利对举的公民权利(civil rights)要按上述狭义来理解；下同。——译者注

② 所谓的“救生艇”的情形是伦理学里经常会用到的一个思想实验，在这种情形里，我们经常会面临道德两难的选择：如在潮水快速上涨的海面上有4个人等待营救，但其中A站在一块岩石上，其他B、C、D三个人站在被海水隔开的另一块岩石上。现在只有一艘救生艇可以用来营救他们，且在潮水把岩石淹没之前，时间只足够救一块岩石上的人。假定这三个人和那一个人都没有道德上相关的不同，且他们对出现这样的险境都没有责任，那么我们该用救生艇去救那三个人而让另一个人白白等死吗？当然，“救生艇”的情形还会有很多变体：如A站的是一块稍高的岩石，并无生命危险；而B、C、D三个人的情形同上，亟待救援。但若要救另外那三个人的话，救生艇就必须从A所站的岩石边上通过，而救生艇螺旋桨搅动海水会直接导致A在救生艇经过他身边时就被海水卷走，这时，我们还坚定地选择去救那三个人吗？——译者注

本安排中如何被配置。正义两原则的表述已经预设了我们可以有益地将社会结构划分成多少是有些区别的两个部分，第一原则应用于其中一个部分，第二原则应用于另一部分。我们在社会体系的如下不同方面做出区分，也就是确定和保障公民的各种平等自由权和平等机会的方面，以及确立或允许社会和经济不平等的方面。基本的自由权项，也就是各种政治权利、良心自由和思想自由、基本的公民权利等——第一原则要求所有人都平等地拥有这些自由。第二原则应用到对收入和财富的分配，以及应用到政治和经济制度的结构上(涉及组织权威上有差异的制度)。尽管对财富以及组织性权威的分配并不要求平等，但这种分配必须符合每一个人的利益，也就是社会体系上每一个相关的代表人，当他把这些社会合作的安排视为一种将持续运作下去的事业时，必须可以合乎情理地期望从这种分配中获益。还有，职位和地位必须对所有人开放。现在我暂且将诠释的问题放到一边。在这里要强调的是，我们将尝试去设计一种权利和义务的体系，假定这个体系被恰当地执行的话，那么由此产生出来的给特定个人分配的收入和划拨的特定物品，无论结果如何，就都是正义的(或至少不是不正义的)。此体系包含了一种纯粹程序正义的要素。

一个密切相关考虑的问题是这样的：分配正义不是指存在一定量的物品，我们要决定在已知其欲望和偏好的特定人群中如何分享它们的问题。我们不能将分配正义看作配给正义(allocative justice)的典型例子：例如这样的一种情形，一个富人，在知道可能成为他的行善对象的人们的欲望和需求的情况下，决定如何划分他的资产的问题。在此情形中，关于特定的人们的一种知识与配给的决定是相关的，并且他们的欲望和需求被看作确定的；而在考虑作为一个整体的社会体系的正义问题时，我们只考虑一般性的事实，也就是政治学、经济学和心理学等的一般特征，它们体现在相应学科的法则定律中。因为我们是尝试去建立一个可行的和正义的体系，并且因为此体系本身将会影响人们产生什么样的欲望和偏好，因此他们的欲望和偏好不能被视为是确定的。相反，人们必须部分地根据社会体系将会制造和鼓励哪些欲望和需要，而决定选择哪种社会体系。为了对这些欲望和需要做出判断，某些标准就是必需的，正是在这一点上，正义的观念以及其他的道德原则就有了用武之地。

最后，关于“每个人的利益”的表述，有两点预备性的评论。说“每个人”，我理解为对社会体系做判断的所有相关代表人。我假定他们是对应于广泛范围内的具有不同收入和财富的代表性的(平等)公民和代表性的个人。因此最少受惠者就是最低收入阶层(鉴别出这样的阶层是可行的)的代表人。这个阶层大体上可以等同于非技术工人，也就是接受最少教育和没掌握多少技术的工人。对社会体系做判断时，人们就从此代表人的观点出发。注意，我们并不要求说，在对刑法做评价时，我们要从被宣告有罪的重犯代表的观点出发去看。第二点预备性评论是：我们需要一些方式来确定代表人的期望，因为期望确定着什么是对他有利的。现在我将假定，期望是由对基本益品(primary goods)的期望样式来确定的，基本益品指的是理性的人，无论他们特殊的欲望是什么，他们都希望得到那些东西。无论人们更特殊的目的是什么，他们都对拥有这些益品感兴趣。例如，在这些益品中，包括自由和机会，财富和收入，健康和培养出来的智力等。最重要的基本益品可能是自尊，它是对一个人自我价值感的确信，对自己所做的事情和计划要做的事情是值得的坚定信念。稍后，我们将看到，自尊的善在表明正义两原则的优点上可以发挥作用；但为了简明起见，我们的讨论大多是参考其他的基本益品来进行的。因此，我将提出：当一个代表人可以合乎情理地期望获得一种更大的基本益品的指标时，也就是一种更值得偏爱的自由和机会、收入和财富的样式时，我们就可以说他比之前过得更好了。如果不平等提升了每个代表人以此方式理解的期望，那么我们就可以说不平等符合每一个人的利益。

……

V

初看起来，差别原则如果不是怪异的，也似乎是不可行的。要消除此种印象，必须谨记：此原则是应用于社会基本结构以及由它所定义的代表性群体的。但是，如在“分配正义”这篇文章中指出的那样，关键点在于：差别原则可以被看作一种将自然禀赋的分配作为一种共同财产，并分享此种分配(无论这种分配的结果如何)带来的利益的一个协议。那些先天有利的人，不论他们是谁，只能在改善那些不利者状况的条件下从他们的幸运中得利。在天赋上占优势者不能仅仅因为他们天分较高而得益，而这些得益只能用于抵消训练和培育他们禀赋的费用，且这些得益是因为他们将其天赋用于帮助较不利者。没有一个人被认为是应得(deserve)他的更大的自然才能或一个社会中较有利的出发点。但这并不是说，应该消除或成比例地缩小这些差别。我们另有一种处理它们的办法。社会基本结构可以如此安排，以便利用这些偶然因素来为最不幸者谋利。这样，如果我们希望以如下方式来安排社会基本结构，我们就被引导到了差别原则：在这种基本结构里，任何人都不会因为他在自然禀赋的分配中的任意位置或者社会中的最初地位而得益(或受损)，但又不同时给出(或收到)某些补偿利益。支持此原则的各种理由以各种方式关涉到此基本理念。

作为开始，我先指出差别原则将一定分量赋予那些由补偿原则所挑选出来的考虑。此原则认为不应得的不平等要求补偿；由于出身和天赋的不平等是不应得的，这些不平等就将要给予某种补偿。① 因此补偿原则就认为，为了平等地对待所有人，提供真正的平等机会，社会必须更多地关注那些天赋较低和出身于较不利的社会地位的人们。这个观念就是朝着平等的方向补偿由偶然因素造成的倾斜。为追求此原则，较大的资源可能要花

① 参见 H. Spiegelberg，A Defense of Human Equality，Philosophical Review，53(March，1944)：101：113~123；D. D. Raphael，Justice and Liberty，Proceedings of the Aristotelian Society，new series，51(1950-1951)：187。

费在智力较差而非较高的人们身上，至少在人们生活的某一阶段，如早期学校教育期间就是这样。

据我所知，补偿的原则并没有被提议作为正义的单一标准，或者作为社会秩序的唯一目标。它是可行的，因为和大多数这种原则一样，只是作为一个初步的原则，作为一个要与其他原则相权衡的原则。例如，我们将之与提高生活的平均标准的原则，或与推进共同利益的原则进行比较衡量。① 但无论我们采取什么原则，都要把补偿原则的要求列入考虑。它被认为是体现了我们的正义观念的诸多要素中的一个。

因此，尽管差别原则不是补偿原则，但它的确达成了后者要达成的某些目的。它改革了基本结构的目的，以便整个制度体系不再强调社会效率和技术性的价值。机会平等不再作为抛弃那些运气不好的人的权利，并因此一种精英社会冷酷无情的一面也得以避免。

Ⅵ

差别原则的另一优点是它提供了对博爱原则的一种诠释。与自由、平等相比，博爱观念在民主社会中地位比较次要。它不被看作一个专门的政治概念，本身并不定义任何民主的权利，而只是表达某些心灵态度；但没有它们，我们就看不到这些权利所表现的价值。② 或与这一点紧密相关，博爱被认为是体现了社会尊重(social esteem)的一种特定的平等，这种平等表现于各种公共习俗和诸如屈从和奴性的这样态度的阙如之上。③ 毫无疑问，博爱意味着这些东西，以及一种公民友谊和社会团结，但如此一来它就没有表达出任何确定的要求。而差别原则看来正符合于博爱的一种自然意义，即对应于这样一个观念：如果不是有助于境况较差者的利益，就不要指望去占有较大的利益。在家庭的一种理想观念中，是拒绝最大限度地增加利益总额的原则的；并且在一个家庭中，除非一个人所做的能促进家庭其他处境较差的成员的利益，否则他不希望从中获利。而按照差别原则行动正好也产生这一结果。那些处境较好者愿意只在一种促进较不利者利益的体系中获取他们的较大利益。

博爱的理念，有时候被认为涉及一些情感的纽带，而期望在社会成员之间建立这种纽带是不现实的。但如果把它诠释为包含进差别原则的各种要求中，它就不再是一个不现实的观念了。情况看来是，我们最有信心地认为是正义的那些制度和政策，的确满足了它的要求，至少是在它们所允许的不平等有助于较不利者的福利的这个意义上。按照这一解释，博爱的原则就是一个可遵循的可行标准。一旦我们接受了这一点，我们就可以把自由、平等、博爱的理念与对正义两原则的民主诠释按照如下方式联系起来：自由对应于第

① 例如，参见 H. Spiegelberg，A Defense of Human Equality，Philosophical Review，53(March，1944)，120~121。

② 参见 J. R. Pennock，Liberal Democracy：Its Merits and Prospects，New York：Rinehart，1950：94~95。

③ 参见 Ralph Barton Perry，Puritanism and Democracy，New York：Vanguard Press，1944，第 19 章第 8 节。

一原则，平等对应于公平机会的平等，博爱相对于差别原则。这样我们就在对正义两原则的民主诠释中为博爱的观念确立了一个位置，并且我们看到它对社会的基本结构提出了一种确定的要求。

还可以用差别原则去对康德的如下理念给出一个解释：总是应该把人当作目的而不仅仅是手段来对待。① 在此，我将不去考察康德的观点，而是根据正义两原则自由地表述此理念。现在，康德的理念很明显需要做诠释。当然我们并不能说，这其实是相当于以相同的一般性原则来对待每一个人。这种诠释使得它等同于形式的正义，也就是相同的情形(由原则的体系来确定，无论它是什么)相同地处理；但即使一个种姓社会或奴隶社会都可以符合此条件。根据“作为公平的正义”这个正义观，我可以说“总是将人当作目的，绝不仅仅作为手段”起码意味着，当我们与他人交往时，要根据他们在平等的原初状态中可以同意的那些原则去对待他们。因为在此情形中，人们作为将自己视为目的的道德人，得到了平等的体现；而他们所接受的原则，是理性地设计出来去保护他们自身的主张的。那么，这种正义观念就赋予康德的理念一种意义。但这种诠释是抽象的，并且会出现是否此理念可通过任何实质性的原则表达出来的问题；或换句话说，如果契约各方希望在他们的制度的结构中明确地表达出：他们希望总是将彼此视为目的而不仅仅永远当作手段，那么他们在原初状态中应该采纳什么原则呢？

现在看来，依据民主的平等来诠释的正义两原则能够达成此目的：因为所有人都具有一种平等的自由，并且差别原则坚持认为，没有任何人能从社会体系的基本不平等中获利，除非这种获利以各种方式增进了地位最不利者的利益。差别原则说明了仅仅将一个人当作手段和将他们看作自身即目的的区别。在社会的基本设计中，把一个人看作他自身即目的来对待他，意味着放弃那些无助于改善他的期望的得利。作为对比，把一个人仅仅当作手段来对待他，就是准备为了充分地补偿其他人更高的期望以及增进福利总额而将一种更糟糕的生活前景强加到他身上。效用的原则使人从属于共同的善或更大的满足的净剩余额，这种方式是“作为公平的正义”的观念所拒斥的。因为效用原则，至少在理论上允许为了让一些人(即使他们是境况较好的人)得到更多的东西而使那些较不幸运者的利益受损。

效用主义者可能会反对上述看法，他们认为效用原则同样也能赋予康德的理念一种意义，也就是由边沁的公式(密尔认为此公式是边沁提出的)——“每个人都只能计为一个，没人能多于一个”②——所提供的意义。这意味着，如密尔所论，一个人的幸福如果被认为是在程度上等同于另一个人的幸福的话，那么就相同地计算它们。它们在体现效用原则所要求的增加功能方面的分量，对每个个体而言都是相同的，因此很自然地将它们算作一

① 参见 Immanuel Kant, the Foundations of the Metaphysics of Morals, 427~430 of Vol. IV of Kants *Gesammelten Schriften*, Preussische Akademie der Wissenschaften(Berlin, 1913), 在那里，康德介绍了绝对命令的第二个公式。

② 参见密尔《效用主义》(*Utilitarianism*), 第五章第 36 段。

份。因此，效用原则可以说它的原则总是把人当作目的而不仅仅是手段来对待，因为所有人的福祉都被赋予了相同的分量，没有任何人的幸福将会被忽略不计。

没有理由否认效用原则可以给出这样的诠释。毋宁说，包含着差别原则的正义两原则提供了一个更加可行的或至少是一个更加强大的解释。因为看起来，将其他人当作手段的自然意义，是要求他们索取更少而牺牲更多，以便服务于改善那些占据较有利地位的人的福利。要求一个人为了改善那些境况已经比他好的人的福利而接受更少，这就是将此人仅仅当作服务于那些人的福利的手段。人们可以说，效用原则同时将人们当作手段和目的来对待。它通过赋予每个人的福利同等的权重而将他们看作目的；它将人看作手段，是因为它允许将一些人的所得看作抵消了另一些人的所失，尤其当损失的人是那些社会中的最少受惠者时。差别原则，通过排除将人看作其他人的福利的手段的趋势，给康德的理念提供了一个更强的诠释。它赋予此理念的一种更加严格的变体一种意义：总是将人单单作为目的来对待，永远不以任何方式将他们当作手段。①

Ⅶ

支持差别原则的一个进一步的理由，是它满足一种合乎情理的相互性(reciprocity)标准。实际上，它构成了一个互利(mututal benefit)的原则，因为当它得到满足时，每一个代表人都可以将基本结构接受为是设计出来以推进他的利益的。社会制度对每一个人而言都是有辩护的，尤其是对那些状况最不利者而言更是如此。与效用原则对比，它排除了要求那些与其他人相比境况更糟糕的人，为其他境况较好的人获得更多而接受更少。此条件看起来是相互性理念的一个本质部分，并且差别原则满足了此条件而效用原则却没有做到。

但是，有必要更详细地讨论这种互利的条件是如何得到满足的。考虑一下任何两个代表人 A 和 B，且假定 B 就是那个境况较糟糕的代表人。实际上，因为我们的主要兴趣在于与最少受惠的人做比较，让我们假定 B 就是这样的一个个体。现在，很明显 B 可以接受 A 的境况比他好，因为 A 的得利方式有利于改善 B 的前景。如果 A 不被允许去获得其更好的地位，那么 B 的境况将会比之前更糟糕。此论证如果存在困难的话，就在于如何去表明 A 不存在抱怨的基础。可能 A 会抱怨说，相比于在他的获益方式不需要有利于改善 B 的前景的情况下的得益，他被允许得到的过少了。那么我们能对这些境况较好的人说些什么？首先，每个人的福祉都取决于社会合作的体系，离开了它，没有人能过上一种称心如意的生活。其次，这样的一个体系应该能唤起每一个参与进此体系的人们的合作意愿，而只有人们为合作提出了合乎情理的条款时，我们才可以要求他人的合作意愿。那么，差别原则看起来就是一个公平的基础，在此基础上那些禀赋较好的人，或处于较好的社会境况的人

① 关于此理念，我得益于 Anton-Hermann Chroust。

(当一些行之有效的计划是每个人的福利的必要条件时)，可以期望其他人表达出的合作意愿。①

存在着一种自然的倾向去反对那些状况较好者应得他们能为自己获取的较大利益，而不管这些利益是不是以惠及他人的方式得到的。在此，有必要去澄清关于应得(deserve)的理念。当然，给定作为一种公共规则体系的正义合作体制和由它建立的各种期望，那些希望改善自己的状况而又做了这一体制宣布要奖赏的事情的人，是有资格去得到他们的利益的。在此意义上，较幸运者应得他们更好的状况；他们的主张是由社会制度建立的合法期望，共同体有义务满足它们。但是这种意义上的应得，预设了合作体系的存在；这无关乎该合作体系一开始是如何设计出来的，它是否符合差别原则或别的标准的问题。

也许有人认为，那些自然禀赋较好的人应得这些使得他的发展成为可能的天赋才能以及优越的品性(character)。因为他在这种意义上是更有价值的，所以他应得那些他们能为自己获取的较大利益。但是，这种观点当然是错误的。看起来，人们广泛同意，没人应得他在自然天赋的分配中所占的地位，正如没人应得他们在社会中的最初出发点一样。还有，说一个人应得那些能够使他努力培养他的能力的优越品性，也同样是成问题的；因为这种品性在很大程度上依赖于幸运的家庭和早期生活的环境，而他不能主张这些条件是应属于他的。应得的理念，看来不适用于这些情况。因此，境况更好的代表人不能说，并且如果他是合乎情理的话就不会说：他应得并因此有一种权利享受如下东西，即在一种合作体系中，他应被允许去以一种无助于改善其他人的福利的方式去获取他的利益。不存在着这样一个基础，在此基础上，他可以提出这样的主张。

这样一来，差别原则对于境况较差和较好的人而言都是可接受的。互利的原则应用到境况较好的人的得益的每一份增加量上，也就是改善这些个体处境的每一单位的收益增加，只有在它有助于改善地位最不利者的境况的情况下才能被允许。一般而言，可以肯定的是，效用原则并没有满足相互性的原则；在效用主义那里，不存在一种确定的意义说每个人都必须从效用原则所允许的不平等中获益。看起来，说每个人比他在自然状态中的境况要好，或比如果社会合作体系完全崩解的情况下要好，或甚至说与某个历史性的基准点相比要好，这都是不相关的。我们希望能够说，在社会合作体系正常运转的情况下，这种体系所允许的不平等对每个人的福祉都有贡献。

体现了相互性原则的正义两原则，对于该正义观念的稳定性是重要的。一种正义观在如下情况下才是稳定的：给定人类心理学和道德学习的法则，满足该正义观的制度倾向于产生出一种自我支撑(generate their own support)的力量，至少在该事实得到公共确认的情况下是如此。稳定性意味着，正义的安排在那些参与进此安排的人身上产生了相应的正义

① 这些论证，我得益于 Allan Gibbard。

感，也就是应用和按照恰当的正义原则行动的欲望。假定作为一条基本的心理学原则——我们都倾向于珍视那些肯定我们的善的东西，而拒绝那些对我们造成伤害的东西，那么所有生活在符合正义两原则的一种基本结构里的人，都倾向于产生出对他们的制度的依恋，无论他们在此制度中处于什么样的地位。这是因为所有代表人都从该合作计划中获益。但是，在一个效用主义的社会里，这一点是没有保证的；并因此如果上述心理学原则成立的话，那么效用原则就是一种较不稳定的正义观。考虑到如下事实，上述结论就更加明显了：认可康德的理念的一种更强的形式——总是把人仅仅当作目的来对待，绝不以任何方式将人当作手段——的社会体系，必定为人们的自我价值感——人们对于自己所做的事和计划去做的事是值得做的一种坚定自信——奠定一个更加稳固的基础。因为反映着我们的自我价值感与我们的自尊，部分地取决于其他人向我们表达的尊重；没人能够在别人的长期蔑视和冷漠之下还可以长久地对自己的价值怀有一种确信。正是通过对按照民主的平等的诠释来理解的正义两原则的公共认可，一个社会才可以说是遵循康德的理念而运行的，并且使得该社会的公民对彼此作为道德人的尊重通过制度明确可见地展现出来。① 因为我们的自我价值感可能是最重要的基本益品，这些考虑就构成了支持民主的诠释的强论据，也使得正义两原则比效用原则更加值得偏爱。

需要指出的是，密尔倾向于赞同此结论。在《效用主义》中，他注意到，随着文明的发展，人们越来越认可这一点：人们彼此组成的社会，除了建立在兼顾所有人的利益这个基础上之外，其他基础很明显是不可能的。政治制度的改进，移除了对利益的压制以及那些鼓励个体、社会阶层漠视其他人的利益的藩篱和不平等。这种发展的自然目的是人类心灵的一种状态，在这种状态里，每个人对于其他人的效益功用都有一种感觉。这种心灵状态如果趋至完美的话，就会使得一个人“绝不会去想或欲求一种不惠及他人而只是自己得利的状况”。个体的自然欲求之一是“他的感觉目的与他的同类的感觉目的之间的一种和谐状态”。他期望知道“他的真正目的和他们的真正目的不相互冲突；他并不使自己处于他们真正想要的东西(他们的善)的对立面上，相反，他是想对他人的善有所促进”。② 密尔在这里所描述的欲望，其实是按照差别原则而非效用原则行动的欲望。当然，密尔可能没有注意到这种差别；但是，他似乎直觉性地认可，一个完全正义的社会，人们的目的被和谐地协调起来的社会，将会是遵循由差别原则所表达出来的相互性的概念而行事的社会。一种能够产生出自我支撑的力量的、保障人们对于效益的自然情感和对他人的同伴情感的稳定的正义观，很可能是遵循此理想而非效用主义标准的正义观。

① 这些评论类似于 Perry 引入(在[边码]167 页脚注②所引的段落的后一个段落里)的一种强意义上的博爱，例如，他说道：“充分的博爱精神，认可他人正义的自尊心，且首先给予那些他人自尊所要求的东西。这是两个有自尊的人们之间唯一可能的关系。”

② 参见密尔《效用主义》(*Utilitarianism*)，第 III 章第 10-11 段。

二、关于原初状态的成熟思考

第十八篇 作为公平的正义：政治的而非形而上学的(1985)

Ⅳ

我现在转入到对原初状态理念的讨论。[①] 引入这一理念，是为了弄清楚，如果我们将社会看作自由而平等人之间的一个合作体系的话，那么，哪一种传统正义观念，或这些观念中的某一个的变体，可以界定最适合实现自由与平等的价值原则。假定我们都记住我们要实现的目标，那么我们为什么要引入原初状态的理念呢？它又是如何服务于此目的的？

再考虑一下社会合作的理念。我们问：如何决定合作的公平条款？它们只是那些不参与合作的外部人制定的吗？或者它们是根据上帝的律法来制定的吗？或者，这些条款是由那些平等的个体们通过参考他们关于某一独立的道德秩序的知识来予以认可的吗？比如说，这些条款被认为是自然法所要求的，或是通过理性直觉所知晓的价值王国所要求的吗？抑或，这些条款是通过那些人根据自身认为是相互有利的事业来确立的？我们给出的答案不同，所得到的社会合作观念也各不相同。

因为“作为公平的正义”复兴了社会契约学说，它采纳最后一个回答：它将公平的社会合作条款，设想是那些参与社会合作的人会一致同意的条款，也即是那些生活在该社会中的，作为自由而平等人的公民都可以同意的条款。但是，他们的一致同意，和其他有效的同意一样，必须在恰当的条件下达成。特别地，这些条件必须使自由而平等的人们处于一种平等的位置上，绝不能允许某些人比其他人占有更有利的讨价还价的优势。进而言之，必须排除强力与威胁、欺骗和弄虚作假等因素。

到目前为止，一切还算顺利。前述各种考虑都是日常生活中为人们所熟悉的。但是日常生活中的各种协议，是在基本结构的制度背景之内、在某些多少还算明晰的具体情况下达成的。但我们的任务是将协议的理念(the idea of aggreement)扩展到这种背景框架本身。但在此，任何使用契约理念(无论是社会契约，还是其他的)的政治性正义观念，都必须面对一个困难。这个困难是：我们必须找到某种观点，它能排除那种无所不包的背景框架中的独特特征和环境，使得我们不受其干扰，以便从这样一种观点出发，自由而平等的个人之间可达成一个公平的协议。原初状态，连同我称之为“无知之幕”的东西，就是这样一种观点。[②] 原初状态必须从社会世界的各种偶然因素中抽象出来，不能受它们影响的理由

---

① Ibid., Sec. 4, Ch. 3，以及索引。

② 关于无知之幕，参见 ibid., Sec. 24，以及索引。

是：在自由平等的人之间就他们的政治正义原则达成一种公平协议必须满足一些协议条件，而必须从这些条件中消除各方讨价还价的优势；这些讨价还价的优势，是在任何社会的背景制度内，由各种累积性的社会、历史和自然趋势带来的不可避免结果。这些来自过去的偶然优势和偶发性影响不应该影响在正义原则上达成的协议，这些原则从现在到将来都规制着基本结构的各种制度本身。

但至此，我们又面临第二种困难，尽管这种困难只是表面上的。解释一下：如前所述，我们可以清楚地看到，原初状态被视为是一种代表设置，因而各派所达成的任何协议都必须被看作假设性的和非历史性的。但如果这样的话，由于假设性的协议不能产生约束力，原初状态又有什么意义呢？① 答案隐含在我们已经说过的东西中：答案由原初状态作为一种代表设置(a device representation)的各种特征所起的作用给出的。因此，如果把各派看作自由平等的公民代表，在公平条件的约束下寻求达成一种全体一致的协议的话，那么这就要求要把各派相互对称地安置在原初状态之内。进一步，我假定，我们的一个深思熟虑的信念是：我们占据某一特殊社会地位这一事实，并不是我们提出或期待别人也接受一种有利于这种社会地位的正义观念的充分理由。为了在原初状态中塑造这种信念，就不能允许各派知晓他们的社会地位；同样的做法扩展到其他情形中去。我们是通过把各派都说成是处在无知之幕背后的，来象征性地表达上述思想。总括起来，原初状态只是一种代表设置：它把各派——每一派都对自由平等人的根本利益负责——描述成是得到公平地安

① 这个问题是德沃金(Ronald Dworkin)在他富有启发性的，于我而言非常有教益的论文中提出来的，参见他的 Justice and Rights(1973)，reprinted in Taking Rights Seriously，Cambridge，MA：Harvard University Press，1977。德沃金考察了在那些运用社会契约理念来对正义观念进行说明的理论中，对原初状态的使用的几种解释方式。在他的论文的最后一部分(第173~183页)，在考察了"作为公平的正义"的一些建构主义的特征(第159~168页)以及认为它是一种以权利为基础而非以义务或目的为基础的观点之后(第168~177页)，他主张说，带有无知之幕的原初状态，可以看作是在塑造着自然权利的力量：在设计规制个体行为的政治制度时，个体拥有"获得平等关注和尊重"的自然权利(第180页)。他认为这种自然权利是"作为公平的正义"的基础，原初状态就是作为一种工具，检测哪种正义原则是这种自然权利所要求的。这是一个有独创性的建议，但我在行文中并未采纳这一说法。我倾向认为，"作为公平的正义"并非是以权利为基础的观点；实际上，德沃金的以权利为基础、以义务为基础或以目的为基础的分类体系(第171~172页)太过狭窄，以至于遗漏了一些重要的可能性。因此，正如前面第II节所表明的那样，我认为"作为公平的正义"是将某些根本性的直觉观念，如自由平等人的理念，组织有序社会的理念，一种政治正义观念的公共角色理念整合进一个理想化的观念中，并且由一个更加根本和综合性的直觉理念——社会作为世代相继的公平合作体系的理念来将上述直觉理念联结起来。权利，义务和目的只是这样一个理想化观念中的要素。因此，"作为公平的正义"是以观念为基础的(conception-based)，或如 Elizabeth Anderson 向我建议的，它是以一种以理想为基础的观点(ideal-based view)，因为这些根本性的直觉理念反映的是隐含或潜藏于一个民主社会公共文化中的各种理想。在这种背景下，原初状态作为一个代表设置所塑造的并非是"平等关注和尊重"这样的自然权利的力量，而是这些根本性直觉理念的力量，这些理念由我们在恰当反思中接受的正义原则的理由所标示出来。作为这样的一种设置，它的任务是聚合并聚焦于那些挑选一个最适合民主社会的正义观念的所有理由的合力(在这样做的时候，平等关注和尊重的自然权利的力量将会以另一些方式得到体现)。对原初状态的使用的这种说明，效仿了被德沃金在其论文第一部分(特别是第153~154页)所拒绝的说明的某些方面。由于我的《正义论》中的许多观点本身就存在许多模糊性，所以我在此并不是批评德沃金，而只是指出我理解的原初状态是怎样异于他的理解。当然，其他人也许会偏爱他的说明。

置的、并在遵循对什么可算做好理由的恰当限制下去达成协议的。①

那么，上面所提到的两个困难，都可以通过把原初状态看作一种代表设置而得到克服：它塑造了我们视为公平条件的东西，在这些条件下，自由平等人的代表将确定适用于社会基本结构的公平合作条款；而且，由于它在这种情形中也塑造了对各派选择此协议而非彼协议的理由的约束条件(这些条件是我们认为可以接受的)，那么各派将会选择的那个正义观，就等同于是此时此地的我们认为是公平的、和得到最佳理由支持的正义观。我们希望以此种方式塑造对各派选择原则的理由的限制，以便非常清楚地表明作为公民代表的原初各派，会选择哪一个协议。即使对每一个正义观，都存在着(事实上将肯定存在着)支持和反对的理由，但也许对理由做一个总体的平衡后，就会清楚地显示出某个正义观念比其他的正义观更值得偏爱。作为一种代表设置，原初状态的理念是作为一种公共反思和自我澄清的手段来发挥作用的。假定我们把社会设想为自由平等公民之间世代相继的合作体系，一旦我们能够采纳一种清晰、有条理的有关正义要求什么的观点，那么我们可以使用原初状态来帮助把我们目前的想法落实下来。原初状态作为一种起联合作用的理念(unifying idea)，把我们在所有普遍性层次上深思熟虑的信念联合到一起并使它们相互发生作用，以便达成更能体现相互性的协议，以及达致一种更深层次的自我理解。

总结一下，我们之所以引进一种像原初状态这样的理念，是因为：似乎还没有任何更好的方式，能从作为自由平等公民之间的一种公平合作体系的社会这个根本性的直觉理念出发，为基本结构阐明一种政治性正义观念。但是使用这种理念时，总是存在某些危险。作为一种代表设置，其抽象性容易招致误解。尤其是，它对各派的描述似乎预设了一种关于人的形而上学观念：如认为人的本质独立于且先于他们的偶然属性，包括他们的终极目的和情感依附，以及他们作为一个整体的品格。但这是由于没有把原初状态作为一种代表设置所导致的错觉。作为这种原初状态的一个显著特征的无知之幕，没有任何特殊的有关自我本性的形而上学意涵；它并不意味着，自我在本体论意义上先于那些不允许有关各派所知晓的关于人的事实。只要我们对正义原则的推理接受所列举的条件限制，我们仿佛可

① 原初状态模拟康德式的建构主义的一个基本特征：也就是合情理性(the reasonable)与理性(the rational)的区分，并使得合情理性优先于理性(对这区分的解释，参见本文集第十六篇第一讲第Ⅴ~Ⅵ节各处)。该区分在这里的相关性是，《正义论》在多少还算一致的意义上谈到了正义原则的论证必须符合合乎情理的(或者有时说成是合适的或适当的)，而不是理性的约束条件(参见该书第18~19，20~21，120~121，130~131，138，446，516~517，578，584~585页)。原初状态的种种设定体现了这些约束，因而是强加给各派的：它们的慎思要服从于且绝对服从于合乎情理的条件，而正是因为原初状态的种种设定体现了这些合乎情理的条件，使得原初状态成为公平的。因此，合情理性就优先于理性，并由此带来了正当的优先性。因此《正义论》第16页和第583页中将正义理论描述为一种理性选择的理论的一个部分，是错误的(且是一个极具误导性的错误)。我应该指出的是，“作为公平的正义”只是在合乎情理的条件的限制下，使用一种理性选择的解释来描述作为自由平等人的代表的各派的慎思；而所有这些，都是发生在政治性的正义观念(它当然是一个道德观念)的框架之内。绝对不能认为，我是尝试着从一个仅仅使用理性选择理念作为规范性理念的框架中导出正义的内容的。这种想法，与任何一种康德式观点都不相容。

以在任何时候进入这种原初状态中去。当我们以这种方式模拟处于原初状态时，我们的推理就不再使我们必定要承诺一种关于自我本性的形而上学说，而是像去玩大富翁游戏一样，只不过是迫使我们把自己想象成地主，正在参与一场赢者全得的孤注一掷的敌对游戏那样。① 我们必须记住，我们是在努力尝试表明：作为一种社会公平合作体系的社会的理念如何才能展开，以便界定一些原则，它们最适合于实现自由平等公民的平等和自由制度。

三、关于正义两原则的成熟表述，以及基本益品/善品的成熟思考

第十七篇 社会统一与基本益品(1982)

Ⅱ

在上述导言之后，让我们转到对基本益品以及它们在“作为公平的正义”所使用的正义两原则②中的角色的说明上来。这两原则是：

1. 每一个人，在与所有人同样的自由权体系兼容的情况下，都有平等的权利去拥有最广泛平等的基本自由权体系；

2. 社会和经济的不平等要符合两个条件：这些不平等必须(a)符合处于最不利地位者的最大利益；以及(b)与这些不平等相依系的地位和职位在机会平等的条件下对所有人开放。

这些原则应用到我将称为的“社会的基本结构”上去，也就是应用社会主要制度如何相

① TJ，138~139，147。原初状态中的各派，被说成是(第147页)一个从理论上加以定义的个体，它的动机是由对原初状态的说明来界定的，而不是由关于人类在现实中是如何被驱动的心理学观点来界定的。这就是我说(第121页)对特定的正义原则的接受并不能推测为心理学上的法则或者或然性问题，而是来自对原初状态的充分描述。我们希望论证成为一种演绎性的“道德几何学”，尽管这种想法不能完全实现。在本文集第十六篇“康德式建构主义”中(第一讲，第Ⅵ节)，各派被描述成是存在于建构程序中的人为的代理者。因此，我认为R. B. Brandt认为原初状态的论证建立于有缺陷的心理学，是错误的。参见他的 A Theory of the Good and the Right，Oxford：Clarendon Press，1979：239~242。当然，人们也许会批评原初状态，认为它塑造的人的观念和各派的慎思的方式，对于一个政治性的正义观念的目的而言是不合适的；但这种批评里，心理学的理论并不直接相关。另一方面，在《正义论》第Ⅲ编中关于正义观念的稳定性的考量中，心理学理论是相关的。参见后面脚注33。同样地，我认为桑德尔(Michael Sandel)认为原初状态涉及一种关于自我的观念的看法是错误的。他认为这种自我的观念是“……剥夺了所有偶然地赋予给自我的所有属性”的，一种“预设了一种超经验地位的……以及先于其目的的，纯粹是能动性和占有性的主体、并且最终是单薄的”自我观念。参见他的 Liberalism and the Limits of Justice，Cambridge：Cambridge University Press，1982：93~95。在此，我不能从细节上考虑这些批评。最本质的东西不是(如我在本文导论中提到的那样)《正义论》中的某些段落是否支持这样的解读(如果说它们支持，我表示怀疑)，而是在那里提出的“作为公平的正义”这个正义观，能否根据我在这篇文章以及之前的讲座中提出的诠释来理解，我相信答案是肯定的。

② 进一步的讨论，参见TJ，68~83；最完整的陈述，参见302~303。

互结合形成一个体系的方式上去。这些制度分配基本权利和义务，并且通过相互作用，它们影响着由社会合作产生的利益的划分。正义两原则中第一原则优先于第二原则，因此所有公民平等的基本自由权都得到了保障；同样地，第二原则的(b)部分优先于(a)部分，因此为所有人保障了机会的公平平等这个条件。

第二原则的(a)部分要求界定“有利”和“利益”这样的观念，以便“最不利地位者的最大利益”的理念能够得到充分的阐明。这种界定，在其一般形式上，就是将某种权重(weights)赋予到某些基本益品上，并且公民对这些益品公平分享的份额(fair shares)由使用这些权重的一种指标来界定。基本益品可以如下五个标题开列出来：

(a) 以一种清单形式开列出来的各种基本自由权项，例如，思想自由和良心自由；结社自由；有人身的完整性和人身自由所定义着的自由，以及法治；最后还有诸种政治自由；

(b) 移居的自由以及多种机会背景下选择职业的自由；

(c) 各种职位的权力、特权以及各种位置上的职责，尤其是主要政治和经济制度中的位置上的职责；

(d) 收入和财富；

(e) 自尊的社会基础。

给定正义第一原则优先于第二原则，第二原则中的(b)部分优先于(a)部分，那么一个组织有序社会的所有公民就具有相同的平等的基本自由权，并且享有机会的公平平等。公民间唯一允许出现差别，是他们对(c)，(d)和(e)项基本益品的分享份额。那么，在一般情况下，我们就要有关于这些益品的一种指标。不过，在本文的大部分，我将使用正义两原则的“最简单的形式”：也就是，第二原则的(a)部分(“差别原则”)引导着社会基本结构的安排，以便使得处于最不利地位者依照收入和财富来衡量的终生期望，在保障平等的基本权利和确立公平的机会平等的确定制度背景下，变得尽可能地高。这种最简单的形式是使用基本益品去做人际比较的一个例子；但它忽略了(c)和(e)之下的基本益品，并以此避免了定义一种指标的问题。假定私有产权的民主与民主社会主义的比较会牵涉(c)，(d)和(e)之下的基本益品的权重问题，那么在差别原则中单单使用收入和财富可能就无法解决两者的比较这个历史性问题。尽管我有时候谈论关于基本益品的一种指标，但在这篇文章中，我不考虑适用于一般情形的一种指标该如何定义的问题。① 我们使用那个最简

① 比较 Allan Gibbard，Disparate Goods and Rawls's Dierence Principle：A Social Choice Theoretic Treatment ，Theory and Decision ，11(1979)：267~288。通过避免建构一种指标的问题和只考虑收入这种基本益品，Gibbard 检验了我所在文中称为差别原则的“最简单形式”。Gibbard 表明，这种形式的差别原则与帕累托原则是不相容的。考虑一下在正义的问题中使用基本益品作为人际比较的基础的理由，并对这些理由进行衡量后，我并不认为他指出的是一个严重的问题；并且在“作为公平的正义”中，帕累托原则(特别是其福利主义诠释)只是处于一种从属的地位。也可以参见 Gibbard 的评论，第 280~282 页。

单的形式作为一个例子去确定各种理念。由于我们在此目的，是在如何构想人际比较这个问题上，把“作为公平的正义”与效用传统作比较，因此我们使用那个最简单的形式就足够了。

关于基本益品，还有几点值得在此交代一下。首先，基本益品是制度的某些特征，或与制度相关的公民的处境的特征。基本结构是否能确保平等的良心自由或思想自由，这是由基本结构的那些制度所定义的权利和自由权的内容以及它们事实上如何被诠释和贯彻来确定的。我们并不需要去检视公民们的心理态度或他们的福祉的相对水平；并且决定该问题的相关制度因素是对公共的观点开放的。当然，这样说并不是要去否认这个问题有时候是难以回答的。再重申一次，尽管对收入和财富的量度并不是件容易的事；但假定有这样一种量度的话，那么公民的相对地位就是一种原则上可以公共地确定的事情。

其次，我们用基本益品的一种相同指标去比较每一个人的社会地位，因此这种指标定义着在正义问题上的人际比较的一个公共基础。但是，基本益品并非适用于所有情形下的人际比较，而只是适用于在基本结构中产生的基本正义问题。基本益品在其他情形中是否是一个恰当的比较的基础，这完全是另一个问题。原初状态中的各派知道基本益品的一种指标，是正义两原则的一个部分，并因此是他们达成的协议(当这些原则被原初各派采纳时)的一部分。

最后，处于最不利地位者，从他们一生的生活前景看，他们就是那些拥有最低基本益品指标的人。此定义意味着社会流动没有被考虑为一种基本益品。事实上出生于这个群体的个体们可能拥有改善他们处境的机会，并流动到地位较有利的群体中去；但无论这种可能性是多少，它都是不相关的，因为根据定义，地位最不利者是指那些出生于此群体并且终其一生都留在其群体内的人。正义的两原则通过机会公平平等的原则而允许社会流动：它并不是一种有待在指标中进行衡量的基本益品(当然，确保机会平等的环境，也是由正义两原则一起运作建立起来的背景正义框架的一部分)。最后，在第Ⅰ节我们就已经指出了，在一个组织有序的社会里，必须在如下问题上达成一种公共的理解：在正义问题上公民提出什么样的主张才是恰当的。恰当主张的满足界定了什么被公共地算做是有利的和改善公民的处境的。在由正义两原则来规制的组织有序社会中，恰当的主张就是对于某些基本益品的主张，而这样的主张的相对分量是由正义原则来确定的，该正义原则包含着关于这些益品的一种指标。但这些基本益品是在什么基础上被接受的呢？或者如我们在第Ⅰ节所问的：考虑到公民们持有相互冲突和不可化约的善观念，那么在“什么是恰当的主张”这个问题上达成共享的理解是如何可能的呢？

Ⅲ

答案来自对“作为公平的正义”具有根本意义的那种人观念，以及基本益品的实践本性。首先考虑一下“作为公平的正义”所使用的那种人观念：因为一种正义观是应用于被视为社会合作的一个体系的社会基本结构的，那么我们就从将公民看作自由和平等的道德人开始，这种道德人能够有贡献于为增进所有人的相互利益而进行的社会合作，并且也能尊重为确保社会合作顺利进行而设立的约束。社会合作并不仅仅是为达成某些集体目的而有效地组织起来的相互协调的社会活动。毋宁说，它预设了一种公平合作条款的理念，这种条款是可期望每一个参与者在其一生的整个过程中都是可接受的；它还预设了参与者追求不同的终极目的，而正是这些目的界定着每一个人的善好。“作为公平的正义”将每一个人都看作能够并且希望参与互利的社会合作的人。因此，在为社会的基本结构制定一种正义观时，我们从如下这点出发，即将每一个人都看作是由两种最高阶的利益——也就是去实现和运用两种道德人格能力的利益——来驱动的人。这两种能力是：一种正当感和正义感能力(尊重社会合作的基本条款的能力)，以及形成、修正和理性地追求一种善观念的能力。道德人还具有一种较高阶的(与前述最高阶相对)利益，也就是推进他们在任何既定时候所具有的占主导地位的善观念(这种善观念由特定、具体的终极目的和抱负来界定)的利益。总之，此种人观念把具有规制地位的首要性(regulative primacy)赋予两种最高阶的利益，因此，道德人被说成是具有与其他人一起为了相互的利益而根据公平的条款进行社会合作的能力和欲望的；而这预示着人们有一种规制性的欲望去将自己对善好的追求以及对他人提出的要求，服从那种可以期望所有人都能合乎情理地接受的公共正义原则的约束。①

现在，为了为社会基本结构找到合乎情理的原则，我们假定在《正义论》我称为的“原初状态”当中，每一个公民都由原初各派来代表。各派将在某些正义原则上达成一个协议，而在达成协议过程中，各派是服从它们所代表的那些人的指示的。这些指示引导各派在服从原初状态约束的前提下(如对可知信息的限制，原初各派被对称性地安置于原初状态之内的事实等)尽可能地去为它们所代表的人争取最大利益。给定原初状态的设置，那么我们就可以假设原初各派，通过考虑哪些原则能够最可靠地为所有公民提供上述基本益品来对备选原则做选择，从而最好地代表作为自由平等的道德人的公民。为了为此假设提供根据，我们要解释一下，为什么各派根据所需的基本益品去评估正义的原则是理性的？②

① 在TJ中，一直存在一个模糊不清的地方：对基本益品的说明，究竟单单是社会理论中的一个问题呢，还是说它本质上取决于一种人观念呢？在本节中，我澄清了这个问题。参见TJ第15节，第92~95页，在那里，基本益品首次得到比较详细的讨论，不过并没有讲清楚上述那个含糊之处。同时参考第142~143页，第253，260页，以及433~434页。我要感谢Joshua Cohen，Joshua Rabinowitz，T. M. Scanlon以及Michael Teitelman，感谢他们在这重要一点上给予有益的批评和澄清。

② Allen Buchanan对此进行了更充分的讨论，参见他的Revisability and Rational Choice，Canadian Journal of Philosophy，3(1975)：395~408。至于一个更加一般化的解释(基本益品在那里只是一种特殊的情形)，可参见T. M. Scanlon，Preference and Urgency，Journal of Philosophy，72(1975)：665~669。

(i) 基本自由权项(思想自由和良心自由等)：这些自由是发展和运用两种道德能力去决定、修正以及理性地追求一种善观念所必需的背景性制度。同样地，对于在自由政治、社会条件下正当感和正义感的发展和运用而言，这些自由也不可或缺。

(ii) 移居的自由和多种机会背景下选择职业的自由：这些自由允许人们追求他们的终极目的，以及会影响人们修正和改变这些终极目的的决定，如果人们希望这样做的话。

(iii) 各种职位的权力、特权以及各种职责：这些职权与职责给各种各样的自治和自我社会能力的发挥提供了空间。

(iv) 收入和财富，宽泛地理解为可用于所有目的的(具有一种交换价值的)手段：它们对于直接或间接地达到一种广泛范围的目的来说是必要的，无论这种目的碰巧是什么。

(v) 自尊的社会基础：这些基础通常是基本制度中的本质方面，如果个体想要获得一种活生生的作为道德人的自我价值感，并希望能带着自信去实现其最高阶利益的话。

这里的这些观察必须足以表明各派依赖于基本益品来评价正义原则是理性的。为了达到对这些益品进行排序的目的，各派参考作为道德人的公民的最高阶利益，以及参考它们并不知道公民的决定性的善观念是什么的事实。发展和运用两种道德能力者中最高阶的利益，连同人类社会生活的正常条件一起，不仅挑选出基本益品是什么，而且还界定了它们的相对重要性。因此，正义两原则中第一原则优先于第二原则、第二原则的(b)部分优先于(a)部分，反映了那个人观念中的最高阶利益的优先地位以及这些利益之间的关系。

当然，所有这些，尤其是包含了自由权的优先性问题的最后一点，我在这里尚未能进行充分的讨论。基本益品是实现上述道德人格能力的必要条件，而且是达到充分广泛范围内的各种终极目的的通用手段，这一点预设了各种各样的一般性事实：包括关于人类的欲求和能力的事实，他们人生的独特阶段以及人本性要求的事实，他们的社会相互依赖关系的事实，等等。还有，我们至少要对理性的生活计划做出说明，以表明为什么生活计划通常是具有某种结构的，并且解释清楚为什么人们要依赖并根据基本益品来形成、修改和执行他们的生活计划。我将假定，所有这些都能得到恰当的阐明，以满足本文的讨论目的。但要注意，不要这样理解这些益品，认为它们对于达到像如下这样界定的终极目的而言也都是本质性的：即认为通过一种广泛的经验或历史调查可以知道的、人们在所有社会条件下通常掌握或正常地都共同具有的终极目的。如果说确有这类终极目的的话，也是少之又少的；并且它们可能也不能作为一种正义观念的目的。对基本益品的描述并不依赖于这样的历史或社会事实。尽管基本益品的确定的确涉及关于社会生活的一般环境和要求的知识，但这种涉及只是因为一种预先给定的人观念的要求。

如前所述，我们要回答的问题是：考虑到公民们持有相互冲突和不可化约的善观念，那么在“什么是恰当的主张”这个问题上达成共享的理解是如何可能的呢？至此，我们就可以为此问题提供一个完整的回答了。在此，我们要引入关于基本益品的实践本性(practice nature)的讨论。说“实践本性”，我的意思是：我们事实上可提供一个平等的基本自由权的体系，当这一体系成为政治宪法的一部分并且在(作为正义的首要主题的)社会基本结构内制度化时，假定某些通用手段在所有人中间得到了公平分享的话，它就能确保他们的最高阶利益的发展和运用。当然，我们认识到：要使人们有能力去追求他们所有的终极目的，而无论这些终极目的是什么，这既不可能也不可欲；因为，例如，某些人会将压迫他人视为是一种自为目的。但是我们可以说，该体系可以容纳一种充分广泛范围内的诸多目的，以确保各种完全值得人们努力追求的生活方式。这样一种社会合作的框架，是可以制度化的，并且在实践可能性的意义上，不可能单单从具有两种最高阶利益的人观念中推导出来，也不可能单单从如下事实中推导出来：给定理性生活计划的正常结构，那么如基本益品这样的东西可以作为一种通用手段。这两个要素，必须紧密结合进作为社会合作的一个基本框架的、能有效运作的和稳定的基本结构中去……

(译文选自罗尔斯著：《罗尔斯论文全集》(上)，陈肖生等译，吉林出版集团有限责任公司 2013 年版)

【小班研讨】

1. 几乎可以确定，罗尔斯无知之幕的思想实验并不符合真实历史。那么，其价值何在？

2. 罗尔斯的理论，尤其是差别原则，有一种平等主义甚至是平均主义的倾向。他甚至认为，从道德来看，天赋不是应得的，要求把天赋当成是社会共同资产，以尽可能缩小因出身和天生禀赋而造成的差距。这样做对天才公平吗？是否会助长懒汉，造就尼采笔下的不思进取的平庸人生？

3. 按照罗尔斯理论建构起来的社会是一个最好的社会吗？他这样设计的初衷是什么？在现实中推行他的理论，会遇到什么样的困难？

4. 罗尔斯希望让国家干预资源的分配，以达到理想中的公平。可是，国家凭什么把一些人的财富交给另一些人，特别是当一些人不乐意的时候？为了创造更为公正的社会，我们能不能通过抽签决定一些双肾完好的人必须无条件为重度肾衰竭者提供肾源？对于那些受惠于此者而言，这是他们应该得到的吗？

5. 我们能用跟正义的两个原则类似的原则来形成友谊、爱情、学术的共同体吗？为什么？

6. 当今世界正在经历百年未有的大变局，国家间的关系正在发生复杂而深刻的变化。你心中最为理想的国家关系是什么样的？试仿照正义的两个原则的表述与论证过程，阐述你心中的国家关系原则。

【课外博览】

1. [美]罗尔斯：《正义论》，何怀宏，何包钢，廖申白译，中国社会科学出版社 2009 年版。

2. [英]亚当·斯威夫特：《政治哲学导论》，萧韶译，江苏人民出版社 2006 年版。

3. [法]卢梭：《社会契约论》，李平沤译，商务印书馆 2011 年版。

4. 何怀宏：《正义理论导引——以罗尔斯为中心》，北京师范大学出版社 2015 年版。

5. 俞可平：《国家底线：公平正义与依法治国》，中央编译出版社 2014 年版。

后　记

对于大学教师来说，五月是忙碌的，六月是伤感的：似乎所有的应届生都“挤”在五月答辩，一场又一场，一天又一天；似乎所有的毕业生都“赶”在六月离校，一班又一班，一拨又一拨，只留下空空荡荡的校园和寂寂寥寥的老师。

阳光明媚的六月的珞珈山，看见毕业生兴高采烈地向空中抛撒他们的学位帽，心中却莫名地生出自责和担忧：我们是否教会或者说交给学生足够的能力，以至于他们在走出校园之后，足以应对外面世界的复杂多变，足以承受人生旅途的曲折坎坷？

大学通识教育有一个目标：培养学生的“迁徙能力”。这里所说的“迁徙”是多面向的，既指向空间(从大学校园到世界上的任何一个地方)，也指向时间(从青年到中年到壮年再到老年)，还指向职业(从学有专攻、学有专长，到所学或非其所用、所用或非其所学)。学生若从大学通识教育之中成功获取“迁徙能力”，则毕业之后，无论何时，无论何地，也无论从事何种职业，他们所具有的认知力、判断力、批判力、决策力、执行力、掌控力、承受力等，都足以支撑各自的职业生涯，足以铺就各自的人生坦途，足以为社会为人类作出各自的贡献。

上述诸“力”还不是最重要的。最重要的是周叶中副校长在《总序》中所提出也是这门课所要回答的问题：如何认知人的天性、理性和悟性？如何养成人的博雅、美感和自由？武汉大学通识教育的目标，是要塑造正确的价值观，养成健全的人格，扩展思维方式和提升学习能力。《礼记·学记》谈到古之“大学”的培养目标有“小成”和“大成”的区别：诸如读经断句、专心学业、讨论学问等，皆谓之“小成”；而触类旁通且有独立见解，则谓之“大成”。在这个意义上说，武大通识教育追求的是“大成”，是《礼记·学记》所强调的“大德不官，大道不器，大信不约，大时不齐”。

《人文社科经典导引》有一个课程单元名曰“《史记》与使命”，两大《导引》课程团队的全体成员都是有“使命感”的：太史公那种“究天人之际，通古今之变”的使命，《礼记·大学》那种“明明德，新民，止于至善”的使命。众所周知，依照现代大学体制，每一位教师必定归属于特定的专业(学科)和特定的单位(院系)。通识教育是跨专业的，两大《导引》的课程团队并非严格意义上的“单位”。团队的60多位老师，怀着共同的使命感走到了一起，满腔热情也是尽心尽责地做一件从来没有人做过的事：为武汉大学全体本科生准备两门以中外经典导读为核心的通识教育必修课。

从总体策划到教材编撰，从集体说课到分组录课，大家付出了艰辛而不懈的努力。本书的编撰者以及部分西学经典的汉译者全部来自《人文社科经典导引》的课程团队，名单如下。

本书作者(导读撰写、原文注释、部分汉语经典今译以及思考题拟定等)：梁静(第一章)、廖璨璨(第二章)、高文强(第三章)、鲁家亮(第四章)、李建中、李远(第五章)、鲁小俊(第六章)、何元国(第七章)、潘迎春(第八章)、苏德超(第九、十二章)、项焱(第十章)和文建东(第十一章)。

本书译者(部分西学经典选文翻译)：何元国(希罗多德《历史》)和包向飞(席勒《审美教育书简》《论崇高》)。

感谢两大《导引》课程团队的全体老师。

感谢武汉大学出版社的领导和责编，他们为两大《导引》的编辑工作与版权事宜付出了大量心血，就后者而言，他们几乎是完成了一件不可能完成的事情。

感谢武汉大学本科生院的领导和通识教育中心的同仁，大家为这两门通识教育必修课的设计和实施作出了卓有成效的努力。

感谢华中师范大学阮忠教授、武汉大学曾晓平教授、武汉大学新闻与传播学院2014级本科生胡青山同学和哲学学院2014级本科生曾梓煜同学，他们认真审读了书稿并提出了宝贵意见。

感谢所有关心和支持武汉大学通识教育的海内外朋友。

还要特别感谢本书的第一批读者：武汉大学2018级的7200名新同学。两大《导引》将随着《录取通知书》寄送到每一位新生手中，这将使得2018级新生的大学生活提前开始：

开始于对两大《导引》的“家中预习”。

遥想四年之后即2022年的6月，当2018级即2022届同学兴高采烈地向空中抛撒学位帽时，相信他们已经从通识教育之中真正获得了“迁徙能力”，真正实现了“博雅弘毅，文明以止，成人成才，四通六识”的目标。

李建中

2018年6月16日于珞珈山振华楼

第二版后记

《人文社科经典导引》(还有《自然科学经典导引》)首次出版于2018年7月，随后连同当年的《录取通知书》一并寄送给2018级新生，此举在武汉大学开历史先河，在国内亦属首创，引起较大的社会反响，主流媒体如《中国青年报》、《中华读书报》、新华网、人民网等皆有专题报导。作为经典导引类的图书，两大《导引》出版后，受到海内外读者欢迎，一时珞珈纸贵，一书难求。在刚刚结束的2019年第四届湖北读者"我最喜爱的10种图书"网络推荐评选活动中，《人文社科经典导引》高票进入前10名。

2018年9月10日，周一，教师节，两大《导引》正式开课。那天晚上，我在武大一区教四楼203教室听梁静老师讲"《论语》与仁性"，她说的第一句话是："18年前，我考入武汉大学……"朴素的话语开拓出历史的纵深感。八周之后，《人文社科经典导引》第一轮授课结束，我在一区教五楼211教室听张晶老师讲"《红楼梦》与爱恨"，在《好了歌》感伤的旋律中张晶微笑着说："好就是了，了就是好……"于形而上层面对"好了"作乐观旷达之解读。

这是一个有思想有情怀有梦想有奉献精神的教学团队，用苏德超教授的话说，大家聚在一起的时候，心中只有学术和学生，非常纯粹。我们坚持每两周一次的集体备课，共同解决《人文社科经典导引》授课中的诸多难题：基本理念(何以成人)，基本路径(用"人"系列关键词导读中外人文社科经典)，基本线索(学术背景-问题导入-经典导读-关键词诠释)，基本文献(其书、其人、其事、其世)，基本资源(音频、视频、动画、图像、PPT)……

这也是一个有风骨有个性有审美追求的教学团队。同样是讲慧能，叶李老师是博采众材、海纳百川，高文强老师则是佛系套路、风轻云淡；同样是讲席勒，陈溪老师是不即不离，收放自如，杨云飞老师则是诗性为妙、思理为高。教学团队的老师来自不同的院系，有不同的教学风格：如果说来自历史学院的何元国教授属于“无一字无来历”的杜甫型，那么来自文学院的汪超副教授则是“且放白鹿青崖间”的李白型，而政管学院的刘伟教授是“空翠湿人衣”的王维型，哲学学院的廖璨璨副教授是“令学道者顿悟菩提”的慧能型。刘勰说，经典的魅力“譬春台之熙众人，乐饵之止过客”；而解读经典的《人文社科经典导引》课也是有魅力的，她能吸引学生，能留住学生，哪怕下课铃声早已响起。

这次修订工作由本书副主编苏德超教授主持，修订内容包括原文校勘、注释订正、译文润饰和思考题增删等。特别感谢武汉大学文学院的乔惟德教授，他认真校读了本书甲、乙两编的全部文字，并提出了诸多宝贵意见。

当新的一版《人文社科经典导引》问世时，2019级新生就要入校了。人杰地灵的珞珈山水和辞美意深的两大《导引》，共同等待着新同学的到来。

李建中

2019年6月26日于珞珈山振华楼

第三版后记

2021年6月17日是一个普通的日子，对于武汉大学通识教育却是一个坐标性时间节点：武汉大学20级本科7200多位同学参加基础通识课（两大导引）结课考试，这标志着《人文社科经典导引》和《自然科学经典导引》开课整整三学年。

两大导引开课三学年，两大导引教材第三次修订。在这篇“第三版后记”中，我想说说“三”这个数字。

套用《文心雕龙》开篇的话语模式：“三”之为数也大矣！与天地并生者何哉？“三”这个数非同小可。东方的儒道释文化，原始儒家，《周易》八经卦之首的乾卦讲天地人“三才”；原始道家，老子《道德经》讲“道生一，一生二、二生三、三生万物”；佛教从印度传到中国，一以贯之地讲“等观三界”。同处人类轴心期文明，古希腊的毕达哥拉斯学派，讲数与数之间的关系构成整个世界，甚至认为世界的本质是由数构成的。如果说“0”与“1”是当代互联网文明的数字密钥，那么“3”（“三”）则是大学通识教育的文化内核。

在某种意义上说，“三生万物”这个哲学命题，隐喻式道出大学通识教育的天覆地载和千姿百态。“三”为何能生出“万物”？其根本原因是“道生一”。道生一，道也就是一，《荀子·儒效篇》：“百王之道一是矣，故诗书礼乐之道归是矣。”可见“一”既是数词又是动词，可释为“归一”或

“统一”。中国大学的通识教育，不同的学校有不同的课程体系和课堂模式，但归于一，则是立德树人。“一”就是道，是根本，是本体论和价值论。武汉大学的通识教育已有30多年的历史，30多年如一日地坚持“人才培养为本、本科教育是根”，坚持以“成人”教育统领“成才”教育。30多年的实践证明，以“人”为第一关键词的大学通识教育，是实现“立德树人”根本目标的必由之路。

“道”的原初释义为“导”，道者，导也。就两大导引而言，“导”有三义：导体，导游，导演。两大导引所精选的22部中外经典以及编撰者所精心撰写的22篇导读，可称之为“导体”，既是对人类文明之精华的传导，也是对经典阅读之路径和方法的引导。大班授课时，教师是“导游”，带领同学们“游于艺”，游于从“前轴心”到“后现代”的人类文明之巨川；小班研讨时，教师(还有研究生助教)则是“导演”，从话题到方式，从文献到台词，导演们殚精竭虑，运筹帷幄，参古定法，望今制奇。“道”还有“返”的意思，也就是老子说的“返者道之动”。两大导引的教学强调“三返”：返回文本现场，返回历史现场，返回生活现场。“文本现场”和“历史现场”之“返”，其实就是孟子所说的“以意逆志”和“知人论世”；而“生活现场”之“返”则是要使经典导读与大一同学的青春、生命、精神、人格息息相关。

中国优秀传统文化既讲“天行一道”也讲“兼和两端”，两大导引在坚持“立德树人”价值观的前提下，以“兼和两端”的方法论打破种种壁垒和偏执，实现武汉大学通识文化的“四通”：一通古今，二通中外，三通文理，四通知行。两大导引的“一生二”，具体表现为：人文与自然的相融相合，大班与小班的互动互惠。中国古代的学校有多种别称，如辟雍、黉门、泮宫、杏坛等，这些命名以兼和自然与人文的方式，标举学校教育的功能及特质。武汉大学坐拥山水，有得天独厚的自然环境；武汉大学历史悠久，有博雅厚重的人文底蕴。在自然与人文兼和圆融的校园，我们既讲人文导引也讲自然导引，既阐释人文精神也诠解科学精神。我们还围绕两大导引的中外经典及相关主题，邀请海内外名家在樱顶老图书馆开坛演讲。樱花城堡的通识大讲堂，兼和人文与自然，既是两大导引的课外延伸，也是大学通识教育的高端平台。

两大导引的课堂模式是“大班授课+小班研讨”。坦率地说，三年前刚试行这种模式时，我们的感受是：大有大的难处，小有小的困境。大班授课的难处有三：一是主讲教师的“跨专业之窘”，二是“绩点至上”的同学不太愿意花时间预习，三是同一大班的各小班指导教师和研究生助教“不相往来”甚至“难觅踪影”。小班研讨的难处亦有三：一是主题发言“同质化”，二是问题争论“标答化”，三是研讨形式“单一化”。为破解难题、走出困境，课程团队采取了一系列措施，诸如大班老师集体备课，小班老师模拟研讨，研究生助教上岗培训，小班同学点评研讨效果，等等。有付出就会有收获，有汗水就会有成果，我们看着同学们在大班课堂上心领神会，在小班研讨中辩才无碍，在结课论文中才华横溢。

学期末批阅同学们的结课论文是一种极大的享受，常常为本科同学的思想和才华而欣喜和感叹，借用中国古代文学理论家刘勰的话说，受益于两大导引及通识教育的武大学子，是“智术之子，博雅之人，藻溢于词，辩盈乎气”。我们每学年从15000余篇结课论文中评选出百余篇优秀论文结集出版，武汉大学党委书记韩进和校长窦贤康院士先后为优秀论文集作序。

两大导引的“三生万物”根源于“一”“二”而繁盛于“三”：“一”是价值观，“二”是方法论，“三”则是体系化、多样性和影响力。武大通识3.0作为一个体系，既是通识文化、通识管理和通识课程及课堂的三位一体，又是指通识文化及课程中人文精神、科学精神和中国精神的三位一体。就后者而言，又有广义与狭义之别：广义的三位一体，是指所有的通识课程必须将人文精神与科学精神的融合落实于培养有使命感和担当的中国人，落实于培养中国特色社会主义事业的建设者和接班人；狭义的三位一体，则是指三门课程，亦即已开课三学年的两大导引和已开课一学期的《中国精神导引》。

就两大导引而言，由“三”所标识的多样性，可分为“大班三型”和“小班三式”，前者指大班课程的内容框架，后者指小班研讨的呈现方式。两大导引的大班授课，一直倡导共享集体备课资源与彰显个体课堂风格相结合，或者说是统一性与多样性相结合。我们的“一”(价值观)是统一的，“二”(方法论)是多样的，于是才有“三生万物”。以人文导引为例，王怀义教授独创“人生成长系列”：童年习《庄子》及“天性”，少年习《文心雕龙》及“博雅”，青年习《红楼梦》及“爱恨”，壮年习《坛经》及“顿悟”。袁劲副研究员建构“文化分合系列”：先分别讲授儒家的《论语》、道家的《庄子》和佛禅的《坛经》，最后讲授三教合一的《文心雕龙》。我自己则尝试“中西比较系列”：在“社会之人”层面讲《论语》与《国富论》，在“自然之人”层面讲《庄子》与《审美教育书简》，在“不死之人”层面讲《历史》与《史记》，在“必死之人”层面讲《斐多篇》与《红楼梦》。大班授课多样化，小班研讨更是多样化，后者的方式多达十余种，大体上又可分为三大类：学术式、艺术式和体验式。

用“三生万物”来描述两大导引的影响力是最为形象也是最为贴切的。前几天“武大通识教育”公众微信号推送了一篇助教专访，受访人是做过四届导引课助教的传统文化中心研究生赵龙同学，他说两大导引课与其他课很不一样，大学里面很多课可能是上完就“结课”了，但两大导引课与同学们的陪伴远不止一个学期。同学们结课后，沿着导引课程中感受到的有兴趣的路径，继续去读一些书，深入地了解一些问题，继续思考，继续探讨。同学们以这种方式陪伴两大导引走得更远。赵龙同学说的“与两大导引相伴”，也就是我们说的本科同学、研究生助教和授课教师“三方受益”：无论是人格养成、能力提升，还是通专相融、教学相长，“三方”均不同程度地受益于两大导引。一个月以前，第五届大学通识教育联盟年会在武汉大学召开，来自全国120多所高校的400多位代表相聚珞珈山，共同探讨中国大学通识教育的多样性途径及未来发展，并兴致勃勃地观摩了两大导引的大班授课和小班研讨，留下了他们的酷评和灼见。

最后，我想用“三”来说说这一版教材的修订工作。这是《人文社科经典导引》的第三次修订(首版于2018年7月，再版于2019年7月)，第三版修订由高文强教授主持，包括三个方面，由三位老师负责：一是改为融媒体，由鲁家亮负责；二是修改导读，由高文强和陈溪共同负责；三是重译《论法的精神》，由艾士薇(译)和刘伟(校)负责。每部经典的选编者都参与了本书的修订工作，其具体事项包括：导读文字的修改，经典原文的校订，思考题的调整，参考文献的增删，各类数字化资源(图片、音频、视频)的收集、遴选和提供等。

本书每一章的“融媒体”部分，皆包含三项内容：一是大班导引MOOC，二是经典原文朗诵，三是小班研讨数据库。全书12章MOOC的讲授教师依次为：余婉卉、廖璨璨、高文强、吴兆丰、李建中、鲁小俊、何元国、潘迎春、陈溪、刘伟、文建东和杨云飞。经典原文的朗诵者为武汉大学新闻与传播学院2019级本科生付秦轩同学(蔡沐真同学参与了《红楼梦》部分内容的朗诵)。小班研讨数据库的整理，主要由鲁家亮和苏子洲两位老师负责，张楠、刘纯友和李培蓓等研究生以及武大通识教育协会(学生)的部分同学参与了资料搜集与整理工作。

武汉大学出版社数字分社任翔社长、本书责任编辑陈红和沈岑砚以及黄冈师范学院方圣德教授，为这部“融媒体”教材的问世付出了辛勤的劳动，在此谨致谢忱。

李建中

2021年6月26日于珞珈山振华楼